T0219725

Edition <kes>

Mit der allgegenwärtigen IT ist auch die Bedeutung der Sicherheit von Informationen und IT-Systemen immens gestiegen. Angesichts der komplexen Materie und des schnellen Fortschritts der Informationstechnik benötigen IT-Profis dazu fundiertes und gut aufbereitetes Wissen.

Die Buchreihe Edition <kes> liefert das notwendige Know-how, fördert das Risikobewusstsein und hilft bei der Entwicklung und Umsetzung von Lösungen zur Sicherheit von IT-Systemen und ihrer Umgebung.

Die <kes> – Zeitschrift für Informations-Sicherheit – wird von der DATAKONTEXT GmbH im zweimonatigen Rhythmus veröffentlicht und behandelt alle sicherheitsrelevanten Themen von Audits über Sicherheits-Policies bis hin zu Verschlüsselung und Zugangskontrolle. Außerdem liefert sie Informationen über neue Sicherheits-Hard- und -Software sowie die einschlägige Gesetzgebung zu Multimedia und Datenschutz. Nähere Informationen rund um die Fachzeitschrift finden Sie unter www.kes.info.

Heinrich Kersten · Klaus-Werner Schröder

ISO 27001: 2022/2023

Management der Informationssicherheit
nach den aktuellen Standards

Heinrich Kersten
Meckenheim, Deutschland

Klaus-Werner Schröder
IT-Sicherheitsberatung
Remagen, Rheinland-Pfalz, Deutschland

ISSN 2522-0551   ISSN 2522-056X (electronic)
Edition <kes>
ISBN 978-3-658-42243-1   ISBN 978-3-658-42244-8 (eBook)
https://doi.org/10.1007/978-3-658-42244-8

Die Deutsche Nationalbibliothek verzeichnet diese Publikation in der Deutschen Nationalbibliografie; detaillierte
bibliografische Daten sind im Internet über http://dnb.d-nb.de abrufbar.

© Der/die Herausgeber bzw. der/die Autor(en), exklusiv lizenziert an Springer Fachmedien Wiesbaden GmbH,
ein Teil von Springer Nature 2023

Das Werk einschließlich aller seiner Teile ist urheberrechtlich geschützt. Jede Verwertung, die nicht ausdrücklich
vom Urheberrechtsgesetz zugelassen ist, bedarf der vorherigen Zustimmung des Verlags. Das gilt insbesondere für
Vervielfältigungen, Bearbeitungen, Übersetzungen, Mikroverfilmungen und die Einspeicherung und Verarbeitung
in elektronischen Systemen.
Die Wiedergabe von allgemein beschreibenden Bezeichnungen, Marken, Unternehmensnamen etc. in diesem
Werk bedeutet nicht, dass diese frei durch jedermann benutzt werden dürfen. Die Berechtigung zur Benutzung
unterliegt, auch ohne gesonderten Hinweis hierzu, den Regeln des Markenrechts. Die Rechte des jeweiligen
Zeicheninhabers sind zu beachten.
Der Verlag, die Autoren und die Herausgeber gehen davon aus, dass die Angaben und Informationen in diesem
Werk zum Zeitpunkt der Veröffentlichung vollständig und korrekt sind. Weder der Verlag noch die Autoren oder
die Herausgeber übernehmen, ausdrücklich oder implizit, Gewähr für den Inhalt des Werkes, etwaige Fehler
oder Äußerungen. Der Verlag bleibt im Hinblick auf geografische Zuordnungen und Gebietsbezeichnungen in
veröffentlichten Karten und Institutionsadressen neutral.

Planung/Lektorat: David Imgrund
Springer Vieweg ist ein Imprint der eingetragenen Gesellschaft Springer Fachmedien Wiesbaden GmbH und ist
ein Teil von Springer Nature.
Die Anschrift der Gesellschaft ist: Abraham-Lincoln-Str. 46, 65189 Wiesbaden, Germany

Das Papier dieses Produkts ist recyclebar.

Vorwort

Das vorliegende Buch beschäftigt sich mit der *Informationssicherheit,* d. h. mit Sicherheitsfragen bei der Speicherung, Verarbeitung und Übertragung von Daten.

Das Sicherheitsthema ist seit Jahrzehnten hoch aktuell: Seine Bedeutung für Unternehmen und Behörden („Organisationen"), aber auch für den privaten Bereich nimmt nicht ab – im Gegenteil: Wir werden zurzeit geradezu überschwemmt mit Meldungen über Sicherheitsvorfälle, Spionageaktivitäten und gezielte Attacken auf Organisationen und staatliche Infrastrukturen (Stichwort *Cybersecurity*).

Kann man sich gegen solche Risiken schützen? Sicherlich nicht in vollem Umfang, aber man kann als Organisation einiges tun: ein angemessenes Management der Informationssicherheit einführen und geeignete technisch-administrative Sicherheitsmaßnahmen aufsetzen. Hiermit lassen sich die Risiken erheblich reduzieren.

Die internationale Normung hat dieses Thema vor ca. 20 Jahren aufgegriffen, und zwar durch Herausgabe einer spezifischen Normenreihe: die ISO/IEC 27000. Diese Reihe ist in den vergangenen Jahren ausgebaut worden und beinhaltet aktuell ca. 50 veröffentlichte Einzelnormen. Einige Normen der Reihe haben schon mehrere Aktualisierungen erhalten, um sie an geänderte Rahmenbedingungen und den technologischen Fortschritt anzupassen.

Kern der Reihe ist die Norm ISO 27001, in der das *Management* der Informationssicherheit behandelt wird. In einem Anhang werden weiterhin *Controls* – grob übersetzt: Maßnahmen – aufgelistet, deren Umsetzung für eine Organisation in Frage kommen kann. Der genannte Anhang wird in der umfangreichen (begleitenden) Norm ISO 27002 vertieft.

Im Jahr 2022 sind beide Normen nach entsprechender Überarbeitung in einer dritten Version erschienen (nach 2005 und 2013). Neben Änderungen das Managementsystem betreffend, sind vor allem umfangreiche Änderungen an den Controls vorgenommen worden.

Entsprechende Entwürfe für eine deutsche Übersetzung liegen bereits vor, ihr offizielles Erscheinen in 2023/2024 ist anzunehmen.

Vor diesem Hintergrund erläutert und kommentiert dieses Buch die neuen Normfassungen – mit vielen Beispielen und Hinweisen zur Umsetzung. Dabei werden *alle*

Anforderungen aus der ISO 27001 an das sog. *Managementsystem* eingehend betrachtet und analysiert, ebenso *alle* 93 Controls aus dem Anhang.

In Kap. 1 geben wir einen kurzen Überblick über die Normenreihe und erläutern zentrale Begriffe für die gesamte Reihe in Form eines ausführlichen, im Zusammenhang lesbaren Glossars.

Damit sind wir gut gerüstet für die Analyse der Anforderungen an ein *Managementsystem* für die Informationssicherheit in Kap. 2.

Was mögliche Sicherheitsmaßnahmen anbetrifft, werden in Kap. 3 alle *Controls* aus dem Anhang der ISO 27001 ausführlich kommentiert.

Einen *Fahrplan* zur Umstellung eines vorhandenen Managementsystems auf die neuen Normfassungen stellen wir in Kap. 4 vor.

Die Umstellung bedeutet Aufwand, den man vor allem solchen Organisationen nicht ersparen kann, die nach der ISO 27001 zertifiziert sind – auch wenn hier gewisse Übergangsfristen bestehen. Organisationen, die diese Normen unabhängig von einer Zertifizierung nutzen oder aufgrund anderer Auflagen einhalten müssen, können sich ebenfalls an dem Fahrplan orientieren.

Im Kap. 5 geben wir ergänzend einige Erfahrungen aus Audits wieder, und zwar speziell aus dem Bereich der Energieversorgung als Teil der kritischen Infrastrukturen (KRITIS) in Deutschland. Energieversorger sind nach dem IT-Sicherheitsgesetz bzw. nachgeordneten Sicherheitskatalogen gehalten, ein entsprechendes ISMS zu betreiben.

Noch ein wichtiger Hinweis für die Leser/innen:

Dieses Buch enthält *nicht* die Texte der Normen ISO 27001/27002: Wer sich eher professionell mit der Informationssicherheit beschäftigt, wird diese Normen ohnehin zur Verfügung haben oder kann sie sich bei den entsprechenden Normenverlagen beschaffen. Aber: Zum Verständnis der Normen und ihrer Umsetzung sind die Erläuterungen und Kommentierungen im vorliegenden Buch absolut ausreichend.

An dieser Stelle einen herzlichen Dank an Herrn Imgrund und das Lektorat bei Springer Fachmedien für die gute Betreuung unseres Buchvorhabens.

Im Juni 2023   Heinrich Kersten
                                                                    Klaus-Werner Schröder

Inhaltsverzeichnis

Abkürzungsverzeichnis

ACL	Access Control List
AGB	Allgemeine Geschäftsbedingungen
BC	Business Continuity
BCM	Business Continuity Management
BCMS	Business Continuity Management System
BDSG	Bundesdatenschutzgesetz
BIA	Business Impact Analysis/Geschäftsauswirkungsanalyse
BS	British Standard
BSI	Bundesamt für Sicherheit in der Informationstechnik
BYOD	Bring Your Own Device
CC	Common Criteria
CERT	Computer Emergency Response Team
CSF	Cybersecurity Framework
DAC	Discretionary Access Control
DIN	Deutsches Institut für Normung e. V.
DLP	Data Leakage/Loss Prevention/Protection
DMZ	Demilitarisierte Zone
DNS	Domain Name System
DoS	Denial of Service
DSFA	Datenschutz-Folgenabschätzung
DS-GVO	Datenschutz-Grundverordnung
EVU	Energieversorgungs-Unternehmen
FTP	File Transfer Protocol
GAU	größter anzunehmender Unfall
GPS	Global Positioning System
ICT	Information and Communication Technology
IDS	Intrusion Detection System
IKT	Informations- und Kommunikationstechnologie
IMAP	Internet Message Access Protocol
IPS	Intrusion Prevention System

ISMS	Information Security Management System/ Informationssicherheits-Managementsystem
ISO	International Organization for Standardization
IT	Informationstechnik, informationstechnisches…
ITIL	Information Technology Infrastructure Library
IT-SG	IT-Sicherheitsgesetz
KI	Künstliche Intelligenz
KRITIS	Kritische Infrastrukturen
LAN	Local Area Network
LDAP	Lightweight Directory Access Protocol
MAC	Mandatory Access Control
MDM	Mobile Device Management
NDA	Non Disclosure Agreement
NEA	Netzersatzanlage
NTP	Network Time Protocol
OLA	Operational Level Agreement
OTA	Over-the-Air
PDCA	Plan-Do-Check-Act
PIM	Personal Information Management
PIN	Personal Identification Number
PKI	Public Key Infrastructure
PTB	Physikalisch-Technische Bundesanstalt
PTP	Precision Time Protocol
QM	Quality Management
RB	Risikobehandlung
RBAC	Role Based Access Control
RPO	Recovery Point Objective
RTO	Recovery Time Objective
RZ	Rechenzentrum
SDK	Software Development Kit
SDM	Standard-Datenschutzmodell
SLA	Service Level Agreement
SoA	Statement of Applicability/Erklärung zur Eignung
SSD	Solid State Drive
SSL	Secure Socket Layer
SÜG	Sicherheitsüberprüfungsgesetz
TAN	Transaktionsnummer
TK	Telekommunikation(s-)
TOM	technisch-organisatorische Maßnahme
TPM	Trusted Platform Module
USB	Universal Serial Bus

USV	Unterbrechungsfreie Stromversorgung
VM	Virtual Machine
VPN	Virtual Private Network
VS	Verschlusssache
WBT	Web-based Training
WLAN	Wireless LAN

Die Normenreihe ISO/IEC 27000 und ihre Grundbegriffe

1

▶ **Trailer**

In diesem Kapitel geben wir einen Überblick über die Normenreihe ISO/IEC 27000, die eine Vielzahl von Sicherheitsthemen abdeckt und ständig weiterentwickelt wird.

Im Weiteren erläutern wir Grundbegriffe und Zusammenhänge, die für das Verständnis der Normenreihe wesentlich sind.

Die Begriffe sind nicht alphabetisch sortiert, sondern sachlich so angeordnet, dass man den Text der Reihe nach lesen kann, ohne zwischen den Stichwörtern hin- und herspringen zu müssen.

Wir werden in den folgenden Kapiteln auf die erläuterten Stichwörter Bezug nehmen. Wer begrifflich „firm" ist, kann dieses Kapitel überspringen oder später bei Bedarf selektiv lesen.

1.1 Übersicht und Verfügbarkeit

Ursprung der Normenreihe ISO 27000[1] ist der zweiteilige British Standard (BS) 7799 aus den Jahren 1999/2002 – genauer: BS 7799-2 wurde in die ISO 27001 überführt, aus BS7799-1 wurde ISO 27002.

Die Normenreihe beschäftigt sich mit unterschiedlichen Aspekten der Informationssicherheit sowie deren Ausgestaltung in bestimmten Anwendungen und Branchen.

Die englischen Webseiten *ISO27k Information Security* unter www.iso27001security. com vermitteln einen guten Überblick über die Normenreihe insgesamt, den aktuellen

---

[1] Zur Notation: Zusätze in der Normbezeichnung wie „IEC", „DIN EN" usw. lassen wir im Folgenden zur Vereinfachung weg, wenn keine Missverständnisse zu befürchten sind.

© Der/die Autor(en), exklusiv lizenziert an Springer Fachmedien Wiesbaden GmbH, ein Teil von Springer Nature 2023

H. Kersten and K.-W. Schröder, *ISO 27001: 2022/2023*, Edition <kes>, https://doi.org/10.1007/978-3-658-42244-8_1

Stand der Einzelnormen und die laufende Entwicklung der Reihe. Sie umfasst zurzeit[2] ca. 50 veröffentlichte Einzelnormen – darunter einige, die als *Technical Report* (TR) oder *Technical Specification* (TS) gekennzeichnet sind.

Die Normen sind – in allen Ländern – nur gegen Entgelt verfügbar. In Deutschland ist der Beuth-Verlag[3] Anlaufpunkt für den Erwerb der Normen, in Österreich die Austrian Standards[4] und in der Schweiz die Schweizerische Normen-Vereinigung (SNV)[5].

Die in diesem Buch erwähnten Normen der 27000er Reihe sind nicht separat in unseren Literaturverzeichnissen aufgeführt: Wir verweisen dazu auf die genannten Normenverlage bzw. auf die oben genannte Website *ISO27k Information Security*.

1.2   Die Basisnormen

Als *Basisnormen* der Reihe ISO 27000 bezeichnen wir diejenigen, die Modellvorstellungen, Methoden und Verfahren behandeln, welche auf die Informationssicherheit anwendbar sind und den Hintergrund der gesamten Reihe bilden. Das sind nach gegenwärtigem Stand die ersten zehn Normen ISO 27000 bis ISO 27009.

Die erste Norm der Reihe – die Einzelnorm **ISO 27000** – trägt den Titel *Informationssicherheitsmanagementsysteme – Überblick und Terminologie*. Sie gibt eine Einführung in das Management der Informationssicherheit und definiert sodann – in Form eines stichwortartigen Glossars – wesentliche Begriffe, die in der gesamten Reihe zur Anwendung kommen.

Die englische Fassung der ISO 27000 ist die einzige Norm der Reihe, die kostenfrei downloadbar ist[6].

Die **ISO 27001** beschäftigt sich mit den Anforderungen an ein *Informationssicherheits-Managementsystem* (ISMS). Auf diese Norm nehmen alle weiteren Normen der Reihe Bezug, weil die Existenz eines ISMS sozusagen die Grundlage für alle weiteren Überlegungen und Aktivitäten zur Informationssicherheit darstellt.

Während im *Hauptteil* dieser Norm die genannten ISMS-Anforderungen aufgeführt sind, werden im (einzigen) *Anhang A* sog. *Controls* beschrieben: Sie beinhalten typische Anforderungen und Maßnahmen für die Informationssicherheit einer Organisation. Diese Controls sind zu beachten, aber nicht zwingend umzusetzen.

Der *Anhang* unterscheidet sich von allen früheren Normfassungen durch einen kompletten Umbau, zahlreiche Aktualisierungen sowie einige neue Controls, gleichzeitig ist die *Anzahl* der Control deutlich reduziert worden, und zwar von 114 auf 93 – woraus man aber nicht schließen sollte, dass dadurch für die Umsetzung weniger Arbeit anfällt.

---

[2] Stand Juni 2023.

[3] www.beuth.de.

[4] https://shop.austrian-standards.at/

[5] https://connect.snv.ch/de/

[6] https://standards.iso.org/ittf/PubliclyAvailableStandards/c073906_ISO_IEC_27000_2018_E.zip.

Die relativ abstrakt gehaltene Darstellung der Controls im Anhang A wird in der umfangreichen Norm **ISO 27002** mit vielen Anmerkungen und Beispielen vertieft.

Zur Umsetzung der ISMS-Anforderungen aus dem Hauptteil der ISO 27001 liefert die **ISO 27003** Begründungen, Erklärungen und vor allem Umsetzungshilfen. Viele Pläne und Ablaufdiagramme erleichtern die Realisierung eines normgerechten ISMS.

Die Norm **ISO 27004** befasst sich mit dem wichtigen Thema der Überwachung, Messung, Analyse und Bewertung eines ISMS – und zwar im Hinblick auf seine Eignung, Wirksamkeit und Angemessenheit. Diese Norm ist sehr hilfreich bei der Umsetzung der entsprechenden Anforderungen aus der ISO 27001: Sie liefert ein Gerüst für die Planung und Umsetzung eines Überwachungs-/Messprogramms für das ISMS einer Organisation.

Eine zentrale und anspruchsvolle Aktivität im Zuge der Einrichtung und des Betriebs eines ISMS ist die Beurteilung und Behandlung von *Risiken:* Hier werden u. a. die für eine Organisation identifizierten Risiken (und Schwachstellen) analysiert und bewertet. Daran schließen sich eine Priorisierung der Risiken und ihre Behandlung an. Die Norm **ISO 27005** bietet einen Leitfaden für das gesamte Risikomanagement – u. a. mit Übersichten und Beispielen für Gefährdungen/Bedrohungen und Risikoklassen.

Die Norm **ISO 27006** besteht aus zwei Teilen: Teil 1 richtet sich an Institutionen, die Audits und/oder Zertifizierungen nach der ISO 27001 anbieten. Es werden die Anforderungen[7] an solche Institutionen und ihr Personal spezifiziert wie z. B. Unabhängigkeit, Kompetenznachweise, Qualitätsmanagement usw. Teil 2 beschreibt analog Anforderungen an Stellen, die Audits/Zertifizierungen für *Datenschutz*-Managementsysteme[8] offerieren.

Für ein normgerechtes ISMS besteht die Verpflichtung, regelmäßig eigene, d. h. *interne* Audits durchzuführen, um die Übereinstimmung des ISMS mit der ISO 27001 sicherzustellen bzw. Defizite zu erkennen. Sofern darüber hinaus eine Zertifizierung beabsichtigt ist, sind auch *externe* Audits durchzuführen, und zwar von Auditoren einer Institution gemäß ISO 27006 Teil 1.

Ob intern oder extern – ein entsprechendes Audit soll den Vorgaben der **ISO 27007** gemäß erfolgen: Es geht hier um Themen wie Personalauswahl, Planung, Durchführung und Ergebnisdarstellung. Wichtig: Die hier gemeinten Audits beziehen sich im Schwerpunkt auf das *Managementsystem (ISMS)*.

Dagegen betrachtet die **ISO 27008** Audits hinsichtlich der *Controls* und ihrer Umsetzung – verkürzt ausgedrückt: Es geht schwerpunktmäßig um eher technische Audits. Es ist aber festzuhalten, dass die Durchführung solcher (technischer) Audits weder von der ISO 27001 generell noch im Rahmen einer Zertifizierung gefordert ist. Die Praxis sieht allerdings häufig so aus, dass bei den Management-Audits die Controls und ihre Umsetzung zumindest stichprobenartig überprüft werden. Dabei stehen die korrekte Umsetzung der relevanten Controls und ihre Wirksamkeit im Vordergrund.

---

[7] Die Anforderungen in der ISO 27006-1 sind nicht abschließend: Die genannten Stellen müssen zusätzlich die ISO 17021–1 [1] und die ISO 19011 [2] erfüllen.

[8] Privacy Information Management System (PIMS).

Tab. 1.1 Basisnormen

Norm	Teile	Stand-E	Stand-D
27000		2018-02	2020-06
27001		2022-10	2023-04 (Entwurf)
27002		2022-02	2022-08 (Entwurf)
27003		2017-03	–
27004		2016-12	–
27005		2022-10	
27006	ISO 27006-1 ISO 27006-2	2015-10 + Korrektur 2020 2021-02	2023-05 (Entwurf) –
27007		2020-01	2022-10[9]
27008		2019-01	–
27009		2020-04	2022-09

Da fast alle Basisnormen der Reihe auf einem relativ abstrakten Level gehalten sind, entsteht bei speziellen Themen, in besonderen Branchen oder Markt-Sektoren häufig die Notwendigkeit, die Anforderungen z. B. der ISO 27001 an das ISMS geeignet zu interpretieren, zu verfeinern oder zu ergänzen – was je nach Umfang bedeuten kann, dass de facto ein eigener Standard entwickelt bzw. aus der Norm abgeleitet wird. Dies kann sich auch auf die Controls aus dem Anhang A beziehen, die für bestimmte Anwendungen angepasst und ergänzt werden. Die Norm **ISO 27009** stellt insofern Anleitungen bereit, wie solche branchen- oder sektorspezifischen Standards aus der ISO 27001 abgeleitet werden können, was dabei zu beachten ist – und was auf keinen Fall passieren darf: Widersprüche zur ISO 27001, Wegfall/Abschwächung von Anforderungen usw.

> **Übersicht**
> Die folgende Tabelle gibt eine Übersicht über die Basisnormen mit Angaben zum Stand und zur Sprache.
> Die Spalte „Stand-E" gibt Stand des englischen Originals an, „Stand-D" betrifft die deutsche Fassung, sofern es eine solche gibt. Leider gibt es nur für einen Teil der Normen eine aktuelle deutsche Übersetzung. Den Ausgabestand Jahr-Monat einer Norm geben wir bspw. mit 2018-02 an, wobei 02 den Monat angibt.
> Die Tabelle gibt die Daten zum Zeitpunkt Juni 2023 wieder, aktuellere Angaben können ggf. den Webseiten des Beuth-Verlags, der Austrian Standards und der SNV entnommen werden (Tab. 1.1).

---

[9] Als OENorm 2022–07, als SNV-Norm 2022–01.

1.3 Weitere Normen der Reihe im Überblick

Zählt man die veröffentlichten Normen und solche im Entwurfsstadium („Draft") zusammen, so nähern wir uns der 100er-Marke. Wir wollen diese nicht einzeln angeben oder kommentieren, sondern ein wenig Ordnung schaffen, indem wir die thematischen Gruppen zusammenstellen und einige Stichwörter geben[10]. Der Zusatz „(mehrteilig)" zeigt an, dass die entsprechende Norm aus mehreren – getrennt veröffentlichten – Teilen besteht.

Erweiterte Anwendungen der ISO 27001
27013 – Gemeinsame Umsetzung 27001 und ITIL
27701 – ISMS gleichzeitig für Informationssicherheit und Datenschutz
27014 – Governance der Informationssicherheit
27016 – ISMS und Wirtschaftlichkeit
27021 – Kompetenzen, Erfahrungen und Kenntnisse des ISMS-Personals
27022 – Übersicht über ISMS-Prozesse

Normen für spezielle Branchen/Communities
27010 – sektor- und organisationsübergreifende Kommunikation
27011 – Telekommunikationsanbieter
27019 – Energielieferanten und -erzeuger
27036 – Informationssicherheit für Lieferketten (mehrteilig)
27799 – Gesundheitswesen

Technische Themen
27033 – Netzwerksicherheit (mehrteilig)
27034 – Applikationssicherheit (mehrteilig)
27038 – Anforderungen an digitales Schwärzen
27039 – Intrusion Detection and Prevention Systems
27040 – Speicher-Sicherheit
27099 – Public-Key-Infrastrukturen

Cloud Services
27017 – Controls für Cloud Services
27018 – Datenschutz in Public Clouds
27070 – Aufbau von Virtual Roots of Trust in der Cloud mit HSMs
27071 – Vertrauenswürdige Verbindungen zwischen Geräten und (Cloud) Diensten

---

[10] Die hinter den jeweiligen Nummern angegeben Stichwörter betreffen den Inhalt der Norm, sind aber nicht notwendigerweise identisch mit dem Normtitel.

Cybersecurity

27032 – Cybersecurity/Internet Security

27100 – Cybersecurity-Konzepte: Übersicht

und einige weitere Normen ab der Nummer 27102 (u. a. Cyber-Versicherungen, Ausbildung und Training im Rahmen der Cybersecurity)

Business Continuity

27031 – ICT[11] Widerstandfähigkeit und Wiederherstellung

27035 – (Security) Incident Management (mehrteilig)

Privatheit und Datenschutz

27018 – Personenbeziehbare Daten in Public Clouds

27046 – Informationssicherheit und Datenschutz für "Big Data"

27091 – Privatheit und Datenschutz bei KI-Systemen

und viele weitere Normen zu Datenschutzthemen ab der Nummer 27550 (u. a. Datenschutz-Engineering, biometrische Authentisierung, sichere Löschung, Anonymisierung, Altersverifizierung, Smart City)

Internet of Things (IoT)

27400 – Sicherheit und Privatheit für das Internet of Things

und einige weitere Normen ab der Nummer 27402 (IoT-Sicherheit aus Anwender- und Herstellersicht)

Digitale Beweismittel und Forensik

27037 – Identifizieren, Sammeln und Erhalten digitaler Beweismittel

27041 – eForensic (elektronische Forensik)

27042 – Analyse und Interpretation digitaler Beweismittel

27043 – Untersuchung von Incidents

27050 – eDiscovery (elektronische Erkennung) (mehrteilig)

Big Data

27045 – Framework für "Big Data"

27046 – Anleitung für Sicherheit und Datenschutz bei "Big Data"

Künstliche Intelligenz

27090 – Angriffe auf KI-Systeme

27091 – Datenschutz in KI-Systemen

---

[11] ICT = Information and Communication Technology, im Deutschen meist mit IKT oder IuK abgekürzt.

Wer z. B. im Rahmen eines Normen-Abonnements Zugriff auf die veröffentlichen Titel hat, kann sich hier nach Belieben einlesen. Wer keinen solchen Zugriff hat, müsste sich die einzelnen Normen beschaffen, was preislich schnell in die Höhe geht. Deshalb der wichtige Hinweis: Für die Einrichtung eines ISMS kommt man mit ISO 27001und ISO 27002 bestens aus. Die weiteren Normen ab der Nummer 27010 spezialisieren diese Basisnormen meist nur auf das jeweilige Thema, sind aber nicht verpflichtend anzuwenden bzw. umzusetzen – auch nicht bei einer Zertifizierung.

Es kann jedoch aus geschäftlicher bzw. Marketing-Sicht sinnvoll sein, auch weitere Normen einzubeziehen. Ein Beispiel: Für Cloud-Anbieter könnte es ein Kompetenznachweis sein, neben der 27001 auch die oben unter dem Stichwort *Cloud Services* angegeben Normen umzusetzen – und dann in einem ISO 27001-Zertifikat als mitgeltende Norm erscheinen zu lassen.

1.4 Grundbegriffe und Zusammenhänge

Wir kommentieren folgende Schlüsselbegriffe der Normenreihe ISO 27000 in der angegebenen Reihenfolge:

1. Organisation
2. Prozesse
3. Rollen
4. Ressourcen und Assets
5. Ziele, insbesondere Sicherheitsziele
6. Daten und Klassifizierungen
7. Events und Incidents
8. Dokumentation
9. Aufzeichnungen
10. dokumentierte Information
11. Kontext
12. Interessierte Parteien
13. ISMS und Anwendungsbereich
14. Kontinuierliche Verbesserung
15. Schnittstellen
16. Risiken
17. Risikobeurteilung
18. Risikobehandlung
19. Messen und Überwachen im ISMS
20. Leit- und Richtlinien

Wenn wir im Folgenden von der *Norm* sprechen, meinen wir explizit die ISO 27001.

1. Organisation

In der ISO 27000-Reihe ist häufig die Rede von der *Organisation,* was stellvertretend für ein Unternehmen, eine Behörde oder jede andere Institutionsform steht, die die Norm nutzen bzw. anwenden will.

Was den internen organisatorischen Aufbau anbetrifft, sprechen wir von *Aufbauorganisation,* im Zusammenhang mit den internen Prozessen bzw. Abläufen einer Organisation verwenden wir den Begriff *Ablauforganisation.*

2. Prozesse

Ein Prozess ist eine vernetzte Struktur aus einzelnen Aktivitäten mit einer definierten Verarbeitungsrichtung: Ein Prozess benötigt auf der Eingangsseite gewisse Ressourcen (Input) und liefert unter deren Nutzung ein Ergebnis (Output), z. B. ein Produkt oder eine Dienstleistung. Die Abb. 1.1 visualisiert den Sachverhalt.

Ein Verwaltungsprozess z. B. einer Behörde erbringt in der Regel eine Dienstleistung, die durch gesetzliche Vorgaben festgelegt ist bzw. hiervon gefordert wird. Auch in Unternehmen gibt es solche Verwaltungsprozesse – z. B. das Management der Finanzen und das Personalmanagement. Die Kernaufgabe eines Unternehmens besteht jedoch darin, Produkte und Dienstleistung gegen Entgelt anzubieten, weshalb man auch von *Geschäftsprozessen* spricht: Mit ihrer Hilfe werden z. B. Produkte hergestellt und vertrieben – analog werden Dienstleistungen bereitgestellt und zur Nutzung angeboten.

Da es für die Sicherheit von Prozessen meist unerheblich ist, ob es um einen Verwaltungs– oder Geschäftsprozess geht, wollen wir uns der Einfachheit halber auf *einen* Begriff beschränken und sprechen in diesem Buch – auch im Fall von Behörden oder Verwaltungen – meist nur von *Geschäftsprozessen.*

Neben den Geschäftsprozessen existieren in Organisationen unterstützende bzw. begleitende Prozesse wie z. B. die Revision, das Qualitätsmanagement, das Controlling und das Management der Informationssicherheit.

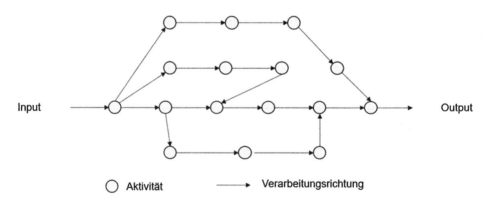

Abb. 1.1 Prozess(ablauf)

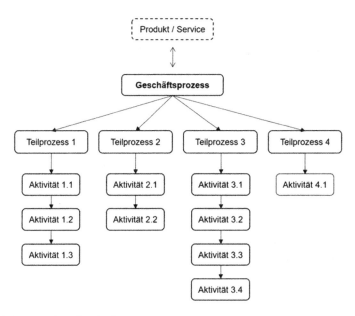

Abb. 1.2 Zerlegung eines Geschäftsprozesses

Einen Prozess – gleich welcher Art – kann man in mehreren Stufen zerlegen (Prozess-hierarchie). Meist geschieht dies, um die Übersichtlichkeit zú verbessern, Komplexität zu reduzieren, Abhängigkeiten zu erkennen und Analysen zu vereinfachen. Die Abb. 1.2 gibt ein Beispiel dazu an: Ein Geschäftsprozess ist in 4 Teilprozesse zerlegt worden, in denen einzelne Aktivitäten aneinandergereiht sind. Diesen Aktivitäten könnten in der nächsten Ebene die beteiligten IT-Anwendungen und/oder manuelle Arbeiten zugeordnet sein.

Alle in einer Organisation festgelegten Prozesse bilden gemeinsam die oben schon genannte *Ablauforganisation*. Im Zuge einer gewissen Professionalität gehört zu einem Prozess zunächst eine für alle Belange des Prozesses verantwortliche Stelle[12]. Dann sollte eine Prozessdokumentation[13] vorhanden sein, in der

- Aufgaben und Ziele (u. a. Sicherheitsziele) des Prozesses,
- im Prozess mitwirkenden *Rollen* bzw. Personen sowie deren Aufgaben,
- sonstige benötigte *Ressourcen,* die jeweiligen Abläufe und die erwarteten Ergebnisse beschrieben sind.

Eine zügige Anpassung des Prozesses bei Änderungsbedarf (einschließlich Überarbeitung der Prozessdokumentation) wird geboten sein, ebenso wie eine Überwachung des Prozesses

---

[12] Rolle, Person oder Organisationseinheit – häufig als Prozessverantwortliche(r), im Englischen als Process Owner bezeichnet.

[13] Prozesshandbücher, Verfahrensbeschreibungen o. ä.

betreffend korrekter Umsetzung, der Ergebnisse und der Zielerreichung. Weiterhin müssen auftretende Probleme, Abweichungen und Fehler behoben werden können – z. B. im Rahmen des Incident Managements (s. weiter unten).

3. Rollen

Unter *Rolle* verstehen wir eine Instanz mit zugewiesenen Aufgaben, Pflichten und Rechten (z. B. der/die Sicherheitsbeauftragte, die System-Administration).

Eine Rolle kann durch *eine* Person oder *mehrere* Personen besetzt sein (Beispiel: die Rolle der System-Administration, die meist mit vielen Administratoren besetzt ist).

Da man für eine Rolle nicht nur *einen* Rolleninhaber, sondern fast immer auch Stellvertretungen benötigt, haben also solche Rollen mindestens zwei Personen als Besetzung. Die betreffenden Personen tragen gemeinsam die Verantwortung dafür, dass die zugewiesenen Aufgaben korrekt und termingerecht erledigt werden.

Ein grundlegendes Prinzip für Rollen besteht darin, Tätigkeiten/Aufgaben ganz oder teilweise an andere Personen delegieren zu können, d. h. der Rolleninhaber macht Vorgaben für die zu delegierende Tätigkeit oder Aufgabe und kontrolliert die Durchführung der Tätigkeit bzw. das Ergebnis der Aufgabe.

Eine Person kann formal mehrere Rollen innehaben – was natürlich nur sinnvoll ist, wenn die Rollenhäufung tatsächlich leistbar ist und wenn es zwischen diesen Rollen keine Interessenkonflikte gibt. Wir nennen zwei Beispiele für solche Konflikte:

1) Sollen die Verantwortlichkeiten für den Datenschutz und die IT-Sicherheit *einer* Person zugewiesen werden? Dieser Punkt wird durchaus kontrovers diskutiert. Betrachten wir folgenden Fall: Zur Aufklärung manipulativer Handlungen könnte sich die Notwendigkeit ergeben, Log- und Zugriffsprotokolle auszuwerten. Diese stellen aber personenbezogene Daten dar. Wäre die gleiche Person für beide Themen zuständig, müsste sie sich sozusagen selbst die Genehmigung zur Einsicht in die Protokolle erteilen oder versagen – eine nicht tragbare Situation. Dies könnte man dadurch auflösen, dass solche Überprüfungsaufgaben auf eine andere Rolle verlagert werden.

2) Kann die IT-Leitung gleichzeitig die Rolle des/der IT-Sicherheitsbeauftragten übernehmen? Bei einem vermuteten Hacker-Angriff könnte die IT-Leitung die Präferenz haben, mit Rücksicht auf die Kunden die IT weiterlaufen zu lassen, während die/der Sicherheitsbeauftragte die IT-Systeme herunterfahren, zumindest aber „vom Netz" nehmen möchte – ein Interessenkonflikt.

4. Ressourcen und Assets

Jeder Prozess benötigt *Ressourcen*: Daten, Personal, technische Hilfsmittel, informationsverarbeitende Systeme[14], Versorgungen wie Strom, Klimatisierung und Internetzugang,

---

[14] IT-Systeme, IT-Anwendungen, andere IT-Geräte wie z. B. Speichersysteme, Drucker, Server, Smartphones, Router, Switches, Access Points.

oft auch unterstützende Dienstleistungen von Lieferanten[15] (z. B. Internet-Provider, Cloud Provider) sowie die betrieblich genutzten Liegenschaften und Gebäude.

Viele dieser Ressourcen sind unverzichtbar, weil ohne sie die erwarteten Ergebnisse eines Prozesses nicht erzielt werden können. Damit stellen sie für die Organisation einen *Wert* dar. Solche Ressourcen haben meist auch einen finanziellen Wert, möglicherweise auch einen Wert für das Image der Organisation oder für die Qualität ihrer Produkte usw.

Auch die Geschäftsprozesse selbst stellen Werte dar, ebenso das in der Organisation vorhandene Know-how, besondere Betriebsgeheimnisse usw. Soweit solche Werte im Zusammenhang mit der Informationsverarbeitung stehen, werden sie auch *Informationswerte* genannt.

Für (Informations-)*Wert* wird im Englischen der Begriff (Information) *Asset* verwendet.

In den Werten gibt es eine gewisse Hierarchie: Einige Werte sind mit anderen, sozusagen als Unterstützung, verbunden. Betrachtet man z. B. eine IT-Anwendung als Wert, so werden zu ihrem Betrieb Server und hierfür dann auch Strom benötigt. Server und Stromversorgung wären bei diesem Beispiel mit der IT-Anwendung *verbundene Werte*.

Das Management der Assets ist ein eigener (unterstützender) Prozess: Es ist ein Assetverzeichnis zu erstellen, neue Assets sind hinzuzufügen, ausgemusterte Assets zu entfernen, d. h. das Verzeichnis ist stets aktuell zu halten. Vor allem in größeren Organisationen findet man ein *Asset Management* bzw. die Rolle des *Asset Managers,* der für die skizzierten Aufgaben verantwortlich ist.

5. Ziele, insbesondere Sicherheitsziele

Im Zusammenhang mit der Informationssicherheit werden als *erwartete Ergebnisse* häufig sog. *Sicherheitsziele* formuliert: Die bekanntesten Ziele sind die Vertraulichkeit von Informationen, die Integrität und die Verfügbarkeit von Daten und anderen Objekten.

- Vertraulichkeit: Die betreffenden Informationen dürfen nur einem festgelegten Personenkreis – den Befugten – zur Kenntnis gelangen.
- Integrität: Die betreffenden Daten dürfen nur in beabsichtigter/zugelassener Weise und von dazu autorisiertem Personal verändert werden.
- Verfügbarkeit: Die betreffenden Daten müssen zum beabsichtigten Zeitpunkt für eine Bearbeitung durch autorisiertes Personal bereitgestellt werden können – ggf. kann dabei eine gewisse Verzögerung akzeptiert werden.

In dieser Aufzählung wird zwischen *Information* (bei Vertraulichkeit) und *Daten* (bei Integrität und Verfügbarkeit) unterschieden: Jede Information kann auf viele Arten in Daten umgesetzt und dann gespeichert werden. Hinsichtlich der Vertraulichkeit muss neben solchen Daten auch die Information selbst bzw. als Ganzes betrachtet werden.

---

[15] *Lieferant* (Supplier) ist der Begriff der Norm für jede Art von Dienstleister, hierunter fallen auch z. B. Produktlieferanten, Wartungstechniker, Entsorgungsdienstleister, Berater.

Bei den eingangs genannten *Objekten* kann es sich um *informationsverarbeitende Einrichtungen*[16] handeln, für die eigene Ziele definiert werden. Typisch sind z. B. die Sicherheitsziele der

- Verfügbarkeit von IT-Anwendungen, IT-Systemen und Netzwerken,
- Integrität von IT-Anwendungen, IT-Systemen und anderer informationsverarbeitender Systeme.

Bei der Integrität geht es dabei um den Ausschluss von unbefugten und unzulässigen Änderungen an der Software oder Hardware.

Neben diesen drei klassischen Zielen gibt es weitere Sicherheitsziele wie z. B. die Authentizität von Daten (beweisbare Quelle und ggf. unveränderte Attribute wie z. B. das Erstellungsdatum), die Authentizität von Personen (beweisbare Identität), die Nicht-Abstreitbarkeit des Sendens oder Empfangs von Daten (Non-Repudiation), die Einhaltung von Service Level Agreements (SLA), die Zuverlässigkeit von Dienstleistungen.

In der Norm werden auch umfassendere bzw. erweiterte Ziele angesprochen, die eine Organisation erreichen möchte[17]. Solche Ziele können auf unterschiedlichen Ebenen und für sehr verschiedene Sachverhalte formuliert sein. Wir geben einige Beispiele:

- Die eigene Organisation könnte sich das Ziel setzen, ein „sehr schnelles" Incident Management aufzusetzen *(Strategieebene)*.
- Aus externen Vorgaben (z. B. Gesetze) ergibt sich möglicherweise, dass unsere Organisation für bestimmte Tätigkeiten Aufzeichnungen zu erstellen hat, etwa als Nachweis gegenüber Aufsichtsbehörden. Die Verantwortlichen könnten insofern entscheiden, die Nachweisführung in alle betroffenen Prozesse einzubauen *(Prozessebene)*.
- Kunden könnten z. B. Anforderungen an die Kompatibilität von Datenformaten oder die Interoperabilität mit bestimmten Kundensystemen oder -anwendungen stellen, was dann in entsprechende Ziele der Organisation einfließt *(Daten-/Systemebene)*.

Solche erweiterten Ziele können einen Einfluss auf die Informationssicherheit haben oder durch die Informationssicherheit – sozusagen als Nebeneffekt – realisiert werden. Man kann sie deshalb nicht vom ISMS trennen.

6. Daten und Klassifizierungen

Im Zusammenhang mit der Vertraulichkeit kommt die Klassifizierung[18] von Daten und damit verbundenen Werten ins Spiel. Was versteht man darunter?

---

[16] Informationsverarbeitende Systeme, Dienste, Standorte, Versorgungseinrichtungen.

[17] In der Norm wird u. a. die Formulierung „intended outcome" als Zusammenfassung der Ziele (oder Erwartungen) verwendet.

[18] Solche Klassifizierungen existieren auch für die Integrität von Daten, sind aber in der Praxis weniger gebräuchlich.

Ein sehr einfaches Beispiel stellt die Klassifizierung nach OFFEN und VERTRAULICH dar: Unterlagen, die intern zu halten sind und nicht an die Öffentlichkeit gelangen sollen, werden mit dem Stempel VERTRAULICH versehen. Unterlagen ohne Stempel sind grundsätzlich als OFFEN anzusehen – bedürfen also hinsichtlich der Vertraulichkeit keines weiteren Schutzes.

Diese zweistufige Klassifizierung ist für manche Bereiche zu grob: Man möchte Dokumente detaillierter klassifizieren bzw. *einstufen.* Im behördlichen Geheimschutz verwendet man vier Stufen mit den Bezeichnungen VS-NFD[19], VERTRAULICH, GEHEIM, STRENG GEHEIM. Diese Stufen deuten an, wie kritisch ein Dokument in punkto Vertraulichkeit ist: Je höher die Einstufung, desto höher der Schaden für die Organisation, falls das Dokument in die falschen Hände gelangt.

Um dies auszuschließen, werden Regeln u. a. für das Lesen und Schreiben von eingestuften Dateien festgelegt. Eine Person, die z. B. für die Stufe VERTRAULICH *ermächtigt* ist, darf Dokumente dieser Stufe und niedrigerer Stufen lesen (Read Down). Schreiben dagegen ist nur erlaubt in Dateien der Stufe VERTRAULICH und höherer Stufen (Write Up): Die Schreibregel verhindert, dass man höher eingestufte Daten in eine niedriger eingestufte Datei schreibt und sie damit sozusagen „herabstuft" – eine im diesem Umfeld unzulässige Operation. Wendet man die Lese- und Schreibregeln gleichzeitig an, darf unsere Beispiel-Person eine Datei nur dann nach Belieben lesen, ändern und ergänzen, wenn diese Datei als **VERTRAULICH** eingestuft wurde, d. h. wenn Einstufung der Datei und Ermächtigung der Person übereinstimmen. (Abb. 1.3)

Soll nun ein solches eingestuftes Dokument als Datei auf einem Datenträger gespeichert, in einem IT-System bearbeitet, ausgedruckt oder in einem Netzwerk transportiert werden, ist dies nur zulässig, wenn diese Einrichtung (Speicher, IT-System, Drucker, Netzwerk) für die jeweilige Einstufung geeignet und zugelassen ist. Keinesfalls darf es passieren, dass bspw. ein als GEHEIM eingestuftes Dokument in einem nur für VERTRAULICH freigegebenem Netzwerk übertragen wird. Dies könnte allenfalls dann gestattet werden, wenn das Dokument ausreichend sicher verschlüsselt ist – eben mit einem für GEHEIM freigegeben Algorithmus. Die Eignung von Geräten und Netzwerken bzw. Netzwerkstrecken für

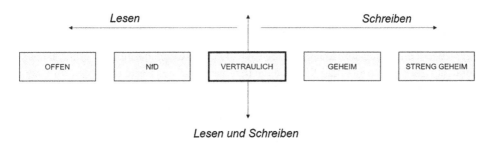

Abb. 1.3 Lese- und Schreibregeln im VS-Bereich

---

[19] NfD = Nur für den Dienstgebrauch, VS = Verschlusssache.

eine bestimmte Geheimhaltungsstufe muss vorab festgestellt und durch eine Freigabe bzw. Zulassung bekanntgegeben werden.

Ein anders Beispiel stellt die Klassifizierung nach Sachgebieten dar: Hier werden beispielsweise Stufen mit den Bezeichnungen PROJEKTDATEN, PRODUKTIONSDA-TEN, KUNDENDATEN, PERSONENBEZOGENE DATEN angewendet. Die Sachgebiete werden auch als *Compartments* bezeichnet. Auch hier gibt es Regeln und Einschrän-kungen – etwa, dass ein Bearbeiter Daten der Klasse PERSONENBEZOGENE DATEN nicht in das Compartment PRODUKTIONSDATEN hineinschrieben darf. Zulässig wäre möglicherweise der Transfer einer Datei aus KUNDENDATEN nach PROJEKTDATEN.

Noch ein weiteres Beispiel: Im Zusammenhang mit dem KRITIS-Bereich[20] werden Dokumente nach den Klassen WHITE, GREEN, AMBER, RED eingestuft: Für jede Klasse gibt es Regeln für die Weitergabe von Dokumenten (bzw. allgemein von Informationen).

IT-Systeme, die klassifizierte Daten unterschiedlicher Stufen verarbeiten sollen, müssen die Einstufung jeder Datei in den Abläufen beachten und stets mit der jeweiligen Ermäch-tigung eines Bearbeiters vergleichen, bevor ein Zugriff gestattet wird. Systeme, die dazu in der Lage sind, tragen meist den Zusatz *Multi Level* und *Compartment Mode* in ihrer Produktbezeichnung. Diese Bezeichnungen werden auch bei Datenbanken angewendet, die (unterschiedlich) klassifizierte Datensätze speichern und verarbeiten.

Die jeweilige Zugriffskontrolle wird auch *Mandatory* Access Control genannt, weil die Prüfung von Zugriffen auf der Basis *vorgeschriebener* Regelsätze erfolgt.

7. Events und Incidents

Bei der Informationsverarbeitung in einer Organisation mit ihren Prozessen, Zielen, Maß-nahmen, dem Personal und vielen anderen Ressourcen sind im laufenden Betrieb ständig Zustandsänderungen zu verzeichnen. Einige solcher Zustände sind aus Sicht der Sicher-heit „verdächtig", weil möglicherweise Sicherheitsziele verletzt sind, Richtlinien/Regeln nicht eingehalten wurden, Sicherheitsmaßnahmen nicht korrekt funktioniert haben oder eine andere Situation mit Auswirkungen auf die Sicherheit einzutreten droht oder bereits eingetreten ist. Für Letzteres könnte z. B. das Bekanntwerden von Schwachstellen in einem IT-System der Organisation ein Beispiel sein.

Ein solcher „verdächtiger" Zustand wird in der Norm als (Informationssicherheits-) *Ereignis* oder (Information Security) *Event* bezeichnet.

Ein Event muss nicht zwangsläufig einen Schaden für die Organisation zur Folge haben – wenn dies allerdings droht oder bereits eingetreten ist, wird das Event sozusagen zu einem (Informationssicherheits-)*Vorkommnis* oder (Information Security) *Incident* hochgestuft.

Ein Incident verlangt immer eine qualifizierte Bearbeitung, um Schäden entweder gar nicht erst eintreten zu lassen oder zumindest nach ihrem Eintritt zu begrenzen. Damit ist die Kernaufgabe des *Incident Managements* skizziert.

---

[20] Kritische Infrastrukturen (in Deutschland); die angegebenen Stufen mit den dazu gehörenden Regeln definieren das sog. *Traffic Light Protocol* des BSI zum Austausch von Daten im KRITIS-Umfeld.

Neben Event und Incident kommen weitere Stufen wie *Notfall* (katastrophale Schäden) und *Krise* (über die Organisation hinausgehender Notfall) hinzu – womit wir ein Klassifizierungsschema für Zustände mit vier Stufen haben.

Die Bearbeitung von Incidents wird in der Praxis durch Tools unterstützt, in der Regel durch ein sog. Ticket System, in dem für jedes Incident ein Ticket angelegt wird und darunter die Bearbeitung dokumentiert und nachverfolgt werden kann. Ticket–Systeme sind in der Lage, einzelnen Tickets eine Klassifizierung (z. B. unsere vier Stufen) und/oder eine Bearbeitungspriorität zuzuordnen.

Die im Laufe der Zeit entstehenden Tickets können einer Auswertung zugeführt werden, um präventive Maßnahmen passgenau aufzusetzen (Verhinderung weiterer gleichartiger Incidents), die durchschnittliche Behebungsdauer statistisch zu erfassen, Personalbedarf abzuleiten usw.

8. Dokumentation

Aus einer Prozessbeschreibung (s. Stichwort *Prozesse*) sollte man – gerade bei umfangreichen und/oder komplexen Abläufen – für jede beteiligte Rolle eine *Arbeitsanweisung* ableiten, in der alle bei der Bearbeitung anfallenden Schritte für diese Rolle beschrieben sind.

Regeln, die bei bestimmten Tätigkeiten zu beachten sind, haben ihren Platz in (Sicherheits–) *Richtlinien*: Sie gelten meist für eine Gruppe von Prozessen oder möglicherweise sogar für *alle* Prozesse einer Organisation. Beispiele: Eine Richtlinie für das Verhalten am Arbeitsplatz (gesamtes Personal), Richtlinie für die Bearbeitung von Sicherheitsvorkommnissen (Personal beim Incident Management), Richtlinie zur Einrichtung von Zutritts- und Zugriffsberechtigungen (Personal in der Rolle der System-Administration).

Die Bedeutung der Informationssicherheit für die Organisation und die Strategie zu ihrer Umsetzung – z. B. die Ausrichtung an der ISO 27001 – werden üblicherweise in einer sog. (Sicherheits-)*Leitlinie* dargestellt. Hierin enthalten sind weiterhin gewisse Grundsätze und Regeln der Organisation, die alle Mitarbeiter/innen einer Organisation betreffen – und zwar unabhängig von konkreten Geschäftsprozessen. Als Beispiel sei die Meldepflicht bei vermuteten Sicherheitsvorfällen genannt.

Die Abb. 1.4 gibt einen ersten Überblick über den Aufbau der Dokumentation in Sachen Informationssicherheit.

9. Aufzeichnungen

Ein typisches Erfordernis in einer Ablauforganisation ist es, *Aufzeichnungen* über den realen Verlauf eines Prozesses anzufertigen, und zwar automatisiert durch beteiligte technische Systeme oder manuell durch beteiligtes Personal.

Aufzeichnungen entstehen also im *laufenden Betrieb* von Prozessen: Sie dienen der Überwachung und Kontrolle sowie der späteren Analyse des Ablaufs bei Abweichungen oder besonderen Vorkommnissen, können aber auch Nachweiszwecken dienen – etwa gegenüber aufsichtführenden Stellen.

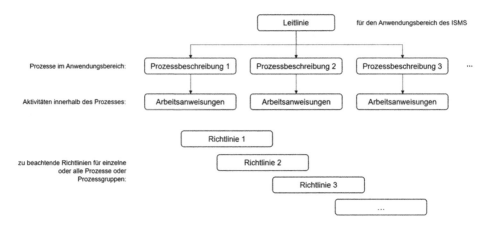

Abb. 1.4 Dokumentationsübersicht

10. Dokumentierte Information

Die ISO 27000-Reihe verwendet den Begriff *dokumentierte Information* als Oberbegriff für Dokumente **und** Aufzeichnungen.

Dokumentierte Information liegt heute überwiegend elektronisch vor, sodass sich die Frage stellt, wo die entsprechenden Daten gespeichert werden sollen (Speicherort und -medium), wie die Speicherung erfolgt (z. B. offen, verschlüsselt, integritätsgesichert, mehrfach redundant) und wie lange die Daten gespeichert oder aufbewahrt werden sollen (Speicher- und Archivierungsfristen), wer welche Art von Zugriff haben soll usw.

Wir bewegen uns mit der Aufzählung schon in Richtung des *Managements* dokumentierter Information, welches Gegenstand der Norm (in ihrem Hauptteil) ist – wir kommen in Kap. 2 darauf zurück.

11. Kontext

Jede Organisation arbeitet in einem Umfeld, das ihre Geschäfts- und Verwaltungstätigkeit beeinflusst und steuert. Hierzu zählen gesetzliche Anforderungen – aus allen Ländern, in denen die Organisation tätig ist, aber auch von überstaatlichen Einrichtungen –, Vorgaben von Aufsichts- und Meldestellen, Anforderungen und Erwartungen von Kunden, Geschäftspartnern und Anteilseignern – schließlich auch eigene Anforderungen der Organisation z. B. hinsichtlich der Verbesserung von Produkten/Dienstleistungen.

Bei länderübergreifender Tätigkeit sind auch mentalitätsbedingte, soziale, kulturelle Unterschiede in den einzelnen Ländern als Teil des Umfeld zu betrachten.

Zumindest Hinweis- und Empfehlungscharakter haben (technische, administrative) Vorgaben von (Branchen-)Verbänden und Vereinigungen.

Dieses Umfeld einer Organisation wird in der ISO 27000-Reihe insgesamt als *Kontext* einer Organisation bezeichnet. Dieser Kontext ist der Ausgangspunkt für die Einrichtung des sog. Informationssicherheits-Managementsystems, abgekürzt ISMS. Alle den Kontext beschreibenden Informationen werden als *Kontextinformationen* bezeichnet.

Sortiert werden sie nach ihrer Quelle: Von außen an die Organisation herangetragene Anforderungen bzw. Erwartungen gehören zum *externem Kontext,* aus der Organisation selbst stammende Anforderungen/Erwartungen bilden den *internen Kontext.*

12. Interessierte Parteien

Hierunter werden in der Norm externe Personen oder Institutionen verstanden, die von der Informationssicherheit unserer Organisation betroffen sind und/oder daran bestimmte Erwartungen knüpfen[21]. Hierzu einige Beispiele:

- Gesetzgeber, Aufsichtsstellen/-behörden, Meldestellen, Ministerien/Konzernleitungen können Vorgaben für die sichere Informationsverarbeitung (und damit für unser ISMS) in Form von Gesetzen, Richtlinien und Empfehlungen erlassen.
- Einfluss auf unser ISMS können auch Best Practices eines zuständigen Branchen-Verbands oder (in Deutschland) Maßnahmenvorschläge des BSI haben.
- Weiterhin könnten unsere Kunden, Partner oder Dienstleister Einfluss auf unser ISMS nehmen oder von unserem ISMS betroffen sein. Möglicherweise macht ein potenzieller Kooperationspartner oder Kunde die Zusammenarbeit mit uns sogar von der Existenz eines normgerechten ISMS abhängig.
- Betroffen vom ISMS sind sinngemäß auch natürliche Personen, deren personenbezogene Daten von unserer Organisation verarbeitet werden.

Sobald eine solche Partei *Erwartungen* an die Informationssicherheit unserer Organisation hat und diese Erwartungen für die Organisation *relevant* sind, sind sie als Teil des Kontextes zu betrachten. Relevant ist eine Erwartung beispielsweise dann, wenn es um eine verbindliche Vorgabe geht, eine berechtigte Kritik geäußert wird oder eine (anwendbare) Empfehlung zur Verbesserung der Informationssicherheit gegeben wird.

13. ISMS und Anwendungsbereich

Sucht man nach einer Definition für *ISMS,* so findet man häufig nur eine längere Aufzählung, was alles zu einem ISMS gehört. Man kann es aber auch wie folgt darstellen:

▶ Als ISMS bezeichnen wir ein System miteinander verbundener Prozesse und Regeln, durch deren Anwendung die Organisation ihre Ziele in Sachen *Informationssicherheit* erreichen und aufrechterhalten will.

Wir kommentieren die Begriffe in dieser Definition:

---

[21] Der ältere Begriff war: *Stakeholder.*

Die genannten *Prozesse* sind **nicht** zu verwechseln mit den Geschäfts- oder Verwaltungsprozessen der Organisation – es geht vielmehr um Prozesse, die die Informationssicherheit unterstützen – wie beispielsweise das Management dokumentierter Information, die Risiko-Analyse und das Incident Management.

Im Hauptteil der Norm wird die Einrichtung einiger solcher *ISMS−Prozesse* verbindlich gefordert – im Anhang A der Norm kommen weitere hinzu, deren Umsetzung jedoch fakultativ ist.

Dass zu jedem ISMS-Prozess Ziele, Aufgaben, Abläufe und Rollen gehören, haben wir etwa weiter oben schon für Prozesse generell dargestellt – ebenso die Tatsache, dass jeder Prozess Ressourcen benötigt.

Die in der Definition erwähnten *Regeln* sind teilweise der Norm und ihrem Anhang zu entnehmen – werden aber zu einem großen Teil durch die Organisation selbst festgelegt, z. B. in Leit- und Richtlinien.

Anwendung findet ein ISMS üblicherweise auf die Organisation als Ganzes. Es ist nach der Norm aber durchaus zulässig, Informationssicherheit nur für einen Teil der Organisation anzustreben – z. B. für einige Abteilungen, bestimmte Standorte oder für eine Auswahl von Geschäftsprozessen. Ob man den Anwendungsbereich groß oder klein „schneidet", liegt in der Entscheidung der Organisation.

Ein Anwendungsbereich kann durchaus auch über die Organisation hinausreichen. Dazu sei das Beispiel eines Konzerns genannt, der mit vielen Zulieferern komplexe Produkte herstellt. Nutzt der Konzern etwa eine gemeinsame Cloud-Plattform zum Datenaustausch mit den Zulieferern, würde die Cloud sicher zum Anwendungsbereich des ISMS gehören. Inwieweit das ISMS noch in die einzelnen Zulieferer hineinwirkt, muss geklärt bzw. definiert werden. Ein wichtiges Argument könnte sein, dass der Konzern Sicherheitsprüfungen bzw. Audits auch bei den Zulieferern durchführt bzw. durchführen lässt, um dort die Sicherheit der Informationsverarbeitung zu garantieren.

Mögliche *Sicherheitsziele* (und andere) der Organisation haben wir schon kurz kommentiert. Da sich die Geschäftstätigkeit der Organisation im Laufe der Zeit ändern kann, der externe und interne Kontext sich verändert und die Technologie sich stetig weiterentwickelt, werden sich auch die Sicherheitsziele der Organisation verändern.

Insofern: Die Ziele zu einem bestimmten Zeitpunkt zu *erreichen* ist *eine* Angelegenheit – eine andere, die Zielerreichung *aufrechtzuerhalten:* Hierzu sind u. a. Überwachungen, Überprüfungen und Messungen unabdingbar, um den Grad der Zielerreichung zu ermitteln und ggf. zu verbessern. Weiterhin wird man im Zuge der erwähnten Veränderungen (Ziele, Kontext, Technologie) immer wieder Anpassungen vornehmen müssen.

Vielleicht vermisst man in der obigen Definition des ISMS die Controls bzw. Sicherheitsmaßnahmen: Sie sind das Ergebnis des ISMS-Prozesses der *Risikobehandlung* (s. Stichwort *Risiken* weiter unten) müssen also in der Definition nicht separat erwähnt werden.

Noch eine wichtige Ergänzung: Im Zuge der Standardisierung sind die von der ISO betrachteten Managementsysteme alle gleichartig aufgebaut, sodass man in einer

Organisation zunächst abstrakt *ein* Managementsystem aufbauen kann, das dann für unterschiedliche Themen gemeinsam Anwendung findet, etwa für das Informationssicherheits-, Umweltschutz- und Qualitätsmanagement. Hierdurch kann der Aufwand für Einrichtung und Betrieb solcher Systeme erheblich reduziert werden.

14. Kontinuierliche Verbesserung
Eine wesentliche Grundlage für ein funktionierendes ISMS bildet der Prozess der *kontinuierlichen Verbesserung*. Hiermit ist *nicht* gemeint, die Sicherheit immer höher zu treiben. Vielmehr soll Verbesserungspotenzial ausgeschöpft werden, um sich der *gewünschten oder erforderlichen* Sicherheit schrittweise anzunähern. Dass es in aller Regel nicht gelingt, diese Sicherheit schon in einem ersten Schritt zu erreichen, ist eine bekannte Erfahrung.

Wir werden uns in den folgenden Kapiteln häufig auf die kontinuierliche Verbesserung beziehen, wollen an dieser Stelle jedoch auf eine spezielle Ausgestaltung dieses Prozesses eingehen, nämlich auf das PDCA = Plan-Do-Check-Act. (Abb. 1.5)

Das Verfahren besteht darin, die vier Phasen der Planung (PLAN), Umsetzung (DO), Überprüfung (CHECK) und Verbesserung (ACT) regelmäßig zu durchlaufen, um sich einem bestimmten Ziel zu nähern:

- PLAN-Phase: Planung, wie das Ziel erreicht werden soll;
- DO-Phase: Umsetzung des Plans aus der PLAN-Phase;
- CHECK-Phase: Überprüfen, ob Planung und Umsetzung in der Praxis die Zielerreichung ermöglicht haben;
- ACT-Phase: Auswerten des Prüfergebnisses aus der CHECK-Phase, um ggf. Verbesserungsmöglichkeiten erkennen und notwendige Änderungen ableiten zu können.

Hat man in der ACT-Phase Verbesserungspotenzial erkannt und die erforderlichen Änderungen festgelegt, beginnt man wieder bei der Planung der dazu notwendigen Schritte (PLAN), setzt die Änderungen entsprechend um (DO) usw. Bei mehrfachem Durchlaufen dieser vier Phasen erreicht man zwangsläufig eine immer stärkere Annäherung an das jeweilige

Abb. 1.5 PDCA−Zyklus

Ziel. Im Grunde handelt es sich beim PDCA also um ein Regelkreis—Modell – auch als PDCA-Zyklus bezeichnet.

Bei welchen Aktivitäten wird man diesen PDCA-Zyklus in der Praxis anwenden? Wir nennen Beispiele:

- Kontext der Organisation: regelmäßige Ermittlung und Auswertung der Kontextinformationen (Ziel: Berücksichtigen aller aktuellen Kontextinformationen bei der Ausgestaltung des ISMS)
- Übereinstimmung des ISMS mit der Norm: regelmäßige Überprüfungen z. B. durch Audits, um Abweichungen/Defizite feststellen und beheben zu können (Ziel: Konformität des ISMS zur Norm)
- Incident Management: aus eingetretenen Sicherheitsvorkommnissen lernen, ableiten von Maßnahmen zur Vermeidung zukünftiger Vorkommnisse (Ziel: Reduktion von Sicherheitsvorkommnissen)
- Aktualisierung bestehender Dokumente: Abgleich zwischen Realität und Dokumentation (Ziel: Übereinstimmung zwischen „Theorie und Praxis")

Bei den Punkten der Aufzählung handelt es sich um zentrale Anliegen in einem ISMS, sodass man die vier Phasen P-D-C-A nicht nur durchlaufen, sondern darüber auch entsprechende Aufzeichnungen als Nachweise erstellen sollte. Viele weitere Aktivitäten im ISMS wird man ebenfalls nach PDCA ausführen – aber möglicherweise nur informell, d. h. ohne schriftliche Nachweise.

Um den Aufwand für das PDCA zu begrenzen, hat es sich in der Praxis bewährt, für die vier Phasen ein (Mindest-)Zeitraster einzuführen, z. B. eine Phase pro Quartal abzuarbeiten – also ein kompletter Zyklus pro Jahr. Auch eine Bearbeitung nach besonderen Vorkommnissen kann natürlich in Betracht gezogen werden.

15. Schnittstellen

Ein ISMS ist kein geschlossenes System, sondern hat eine Reihe von *Schnittstellen* zur „Außenwelt" – z. B. zu

- Kunden der Organisation, die bestimmte Services der Organisation in Anspruch nehmen,
- Lieferanten, die von der Organisation benötigte Dienste erbringen,
- Aufsichtsbehörden, die die Einhaltung gesetzlicher Anforderungen überwachen,
- Revisoren z. B. der Konzernzentrale oder des Ministeriums mit gewissen Kontrollaufgaben,
- Auditoren (Durchführung von externen Audits) und Beratern (mit vielfältigen Unterstützungsfunktionen für die Organisation).

Schnittstellen besonderer Art ergeben sich, wenn der Anwendungsbereich des ISMS *verkleinert* wurde. In der Regel wird es zwischen dem Anwendungsbereich und dem Rest der Organisation (außerhalb des Anwendungsbereichs) einen Austausch geben, d. h. es bestehen Schnittstellen. Nebenbei: Genau diese Problematik erschwert das Verkleinern des Anwendungsbereichs eines ISMS.

16. Risiken

Die ISO 27001 verfolgt einen Risiko-gestützten Ansatz, d. h. die Notwendigkeit von Maßnahmen orientiert sich immer an den Risiken[22] für die Organisation. Bei unserem Thema sind das vor allem die Risiken für die Informationssicherheit. Die Risikobetrachtung kann sich somit an den Sicherheitszielen der *Informationssicherheit* als Ganzes orientieren. Die Praxis zeigt jedoch, dass dieser Ansatz zu grob ist, Detailziele und -risiken sind meist nicht mehr erkennbar.

Im ISMS können auch für die *Geschäftsprozesse* der Organisation Sicherheitsziele formuliert werden – insofern kann man auch von Risiken für diese Ziele (Erreichung und Aufrechterhaltung) sprechen. In der Praxis geht man dabei so vor, dass die Risikobetrachtung an den einzelnen Geschäftsprozessen selbst festgemacht wird. Dies ermöglicht die Erkennung von Risiken für einzelne Geschäftstätigkeiten – was sinnvoll ist, da jeder Geschäftsprozess letztlich andere Ziele und Risiken haben wird. Bei gleichartigen Prozessen kann man natürlich eine geeignete Gruppierung vornehmen und die Ziele und Risiken für eine solche Gruppe gemeinsam betrachten.

Man kann natürlich auch – sozusagen auf unterster Stufe – bei den Informationswerten (Assets) der Organisation beginnen und hierfür jeweils alle Risiken beurteilen. Dieses Vorgehen erscheint jedoch sehr viel aufwendiger: einmal wegen der großen Zahl von Assets und dann wegen der häufigen Änderungen bei den Assets.

Zunächst ist also der Ausgangspunkt für die Beurteilung von Risiken festzulegen. Im Folgenden gehen wir aus von den Geschäftsprozessen der Organisation. Für andere Ausgangspunkte müssen die entsprechenden Arbeitsschritte entsprechend interpretiert werden.

Die Abb. 1.6 gibt einen ersten Überblick über die Arbeitsschritte.

17. Risikobeurteilung

Wir gehen diese notwendigen Arbeitsschritte im Einzelnen durch.

Risiko-Identifizierung

Es sind für jeden betrachteten Geschäftsprozess (bzw. für eine Gruppierung) relevante Risiken zu ermitteln.

Hierfür stellt man eine Liste potenzieller Risiken zusammen. Als Input nutzt man zunächst die eigene Erfahrung (z. B. durch Auswertung eingetretener Fälle), dann Informationen von

---

[22] Das Risiko-Thema taucht in vielen Anwendungsgebieten (nicht nur bei der Informationssicherheit) auf. In den ISO-Normen wird es deshalb weitgehend standardisiert, d. h. es gibt spezifische Begriffe und definierte Verfahrensschritte. Maßgeblich dafür ist die ISO 31000 [3], die von den themenspezifischen ISO-Normen – auch der ISO 27001 – zu beachten ist.

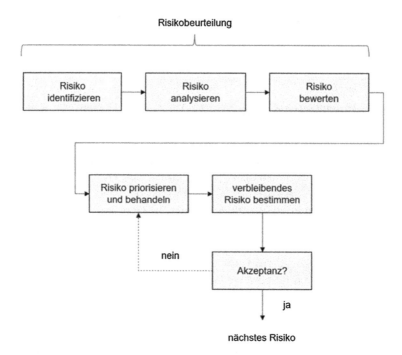

Abb. 1.6 Risiken bearbeiten

fachkundigen Stellen (z. B. kommerzielle CERT-Dienste[23]), auch Gefährdungskataloge des BSI oder Risikotabellen aus der Norm ISO 27005.

Ob ein Risiko aus dieser Liste tatsächlich *relevant* ist, hängt davon ab, ob mit dem Risiko Sicherheitsziele für den Geschäftsprozess beeinträchtigt werden. Die Risiko-Liste und die Beurteilung der Relevanz sollten vor diesem Hintergrund mit den Verantwortlichen für die betroffenen Geschäftsprozesse erarbeitet werden.

Risiko-Analyse

Für die identifizierten relevanten Risiken ist jeweils die *Höhe* des Risikos zu bestimmen.

Sie wird typischerweise durch eine Kombination aus Eintrittshäufigkeit des Risikos und der Höhe des verursachten Schadens bestimmt[24]. Leider sind beide Faktoren häufig nicht zahlenmäßig ermittelbar. Man behilft sich damit, für die Häufigkeit „weiche" Klassen einzuführen und jedem Risiko eine dieser Klassen zuzuordnen. Analog arbeitet man auch bei der Schadenhöhe mit entsprechenden weichen Klassen. Mit beiden Klassen ermittelt man

---

[23] CERT = Computer Emergency Response Team, s. für Deutschland unter www.cert-verbund.de, für Österreich: http:/cert.at, auch http://www.onlinesicherheit.gv.at, für die Schweiz: www.govcert. admin.ch.

[24] In der Praxis wird bei jedem Eintritt des Risikos die Schadenhöhe unterschiedlich sein, hier ist dann der maximal auftretende Schaden anzusetzen. Die „Kombination" ist häufig ein *Produkt*.

Häufigkeitsklasse	SEHR SELTEN	SELTEN	OFT	HÄUFIG	SEHR HÄUFIG
GERING	R11	R21	R31	R41	R51
MITTEL	R12	R22	R32	R42	R52
BETRÄCHTLICH	R13	R23	R33	R43	R53
HOCH	R14	R24	R34	R44	R54
SEHR HOCH	R15	R25	R35	R45	R55

(Schadenklasse)

Abb. 1.7 Risiko-Analyse

aus einer Tabelle – wie in der Abb. 1.7 – eine Risikoklasse, d. h. im Ergebnis ist dann jedem Risiko eine Risikoklasse zugeordnet, die stellvertretend für die Höhe des Risikos steht.

Die Zahl der Klassen für Häufigkeit und Schaden kann verändert werden, sie kann auch für beide Faktoren unterschiedlich sein. Damit ändert sich dann aber entsprechend die Risikotabelle.

Risikobewertung

Risiken sind im Hinblick auf ihre *Auswirkungen* auf die Organisation zu bewerten.

Meist geschieht dies in Form von Bewertungsstufen mit sprechenden Bezeichnungen wie z. B. TOLERABEL, MITTEL, GRAVIEREND, KATASTROPHAL. Ausgehend von der obigen Risikotabelle kann man durch Markierung einzelner Felder eine Bewertung ganzer Risikoklassen vornehmen (s. Abb. 1.8), die Bewertung einzelner Risiken kann aber anschließend noch individuell angepasst werden.

Die drei erläuterten Schritte der Risiko-Identifizierung, Risiko-Analyse und Risikobewertung werden in der Norm zusammenfassend als *Risikobeurteilung* bezeichnet.

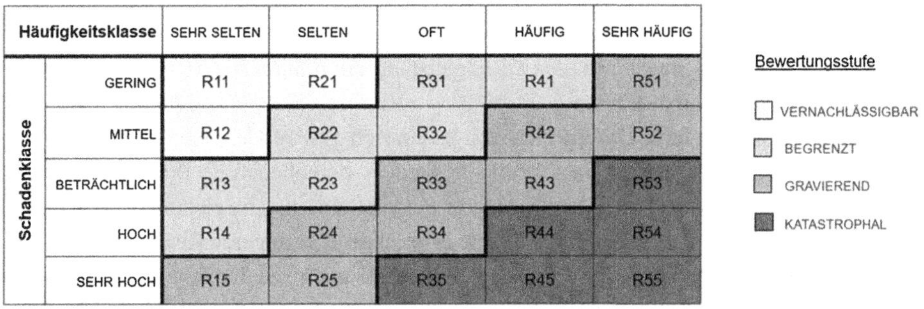

Häufigkeitsklasse	SEHR SELTEN	SELTEN	OFT	HÄUFIG	SEHR HÄUFIG
GERING	R11	R21	R31	R41	R51
MITTEL	R12	R22	R32	R42	R52
BETRÄCHTLICH	R13	R23	R33	R43	R53
HOCH	R14	R24	R34	R44	R54
SEHR HOCH	R15	R25	R35	R45	R55

(Schadenklasse)

Bewertungsstufe

☐ VERNACHLÄSSIGBAR
☐ BEGRENZT
☐ GRAVIEREND
☐ KATASTROPHAL

Abb. 1.8 Risikobewertung

18. Risikobehandlung

Risiken sind für die Reihenfolge der Bearbeitung zu priorisieren und jeweils mit geeigneten Maßnahmen zu behandeln.

Sortiert man die Risiken nach ihrer Bewertungsstufe, ergibt sich eine natürliche Bearbeitungsreihenfolge: die Risiken mit der höchsten Stufe werden als erste bearbeitet, dann diejenigen der zweiten Stufe usw. Spätestens bei der untersten Stufe wird man überlegen, ob es überhaupt etwas zu bearbeiten gibt: Die Bezeichnung TOLERABEL sagt ja schon alles – zumindest in unserem Beispiel.

Für die Behandlung der Risiken wird zunächst nach einer Behandlungs*option* gefragt. Die klassischen Optionen sind:

- **Akzeptanz:** Das infrage stehende Risiko wird ohne weitere Maßnahmen akzeptiert. Das kann dadurch begründet sein, dass die Akzeptanzkriterien nach ISMS-6.1.2 Punkt (a) dies hergeben – oder z. B. die Leitungsebene im Einzelfall entschieden hat, das Risiko zu akzeptieren. Eine solche Leitungsentscheidung kann auch mal bei einem sehr hohen Risiko vorkommen, sollte aber die Ausnahme bleiben.
- **Verlagerung:** Bei der Verlagerung besteht immer die Idee, eine risikobehaftete Aktivität an einen anderen Ort (z. B. einen anderen Standort der Organisation) oder eine andere Partei (z. B. einen qualifizierten Dienstleister) zu verschieben. Ein solches Vorgehen kann zielführend sein, wenn am anderen Ort oder beim Dienstleister die gewünschte Verarbeitung mit einem *geringeren* Risiko durchgeführt werden kann. Bei der Dienstleister-Option muss man allerdings beachten, dass Risiken meist nur im Innenverhältnis vom Auftraggeber auf den Dienstleister verlagert werden können – rechtlich bzw. in ihrer Außenwirkung verbleiben sie in den allermeisten Fällen bei der verlagernden Organisation. Hinsichtlich einer Verlagerung schlagen natürlich auch Kosten zu Buche, die als negativer Begleiteffekt die Risikobilanz wieder etwas trüben können.
- **Minderung:** Das ist die klassische Vorgehensweise, bei der ein gegebenes Risiko durch Maßnahmen in der eigenen Organisation gemindert wird, d. h. es werden eigene technisch-administrative Maßnahmen vorgesehen – aber keine Verlagerungen nach außen in Betracht gezogen. Für die Maßnahmen gibt es letztlich keine Einschränkungen, sie können aus allen Bereichen (Organisatorisches, Personal, Infrastruktur, Technik) kommen. Bei der Behandlung eines Risikos wird es meist auf ein *Bündel* speziell zugeschnittener Einzelmaßnahmen hinauslaufen.
- **Umstrukturierung bzw. Umbau:** Risiken lassen sich ggf. mindern oder entfallen sogar, wenn die Organisation sich entschließt, besonders risikobehaftete Prozesse geeignet umzubauen (Änderungen im Ablauf, anderer Personaleinsatz, abweichende Ressourcen, andere Standorte u. v. m.) oder durch andere Prozesse mit geringeren Risiken zu ersetzen.
- **Einstellung:** Wenn nichts hilft, mag im Einzelfall auch die Entscheidung getroffen werden, einen Geschäftsprozess komplett einzustellen – wegen eines zu hohen bzw. unkontrollierbaren Risikos. Entscheidend ist hier die Frage nach der Risikofreudigkeit der Organisation(sleitung).

Bevor man sich für eine Behandlungsoption entscheidet, sollte man die in der Organisation bereits *vorhandenen* Sicherheitsmaßnahmen systematisch erfasst haben. Es ist durchaus möglich, dass diese Maßnahmen für viele Risiken schon eine ausreichende Risikominderung bewirken. Eventuell muss man hier jedoch „verstärkend" eingreifen, möglicherweise sogar komplett neue Maßnahmen festlegen oder andere Optionen wählen.

Hat man eine passende Option und ggf. weitere Maßnahmen gewählt, wird folglich das betrachtete Risiko verändert: Wir sprechen vom *verbleibenden Risiko*.

Verbleibendes Risiko bestimmen

Trotz aller Optionen und Maßnahmen wird das betrachtete Risiko nicht komplett verschwinden – es verbleibt in der Regel ein mehr oder weniger großer „Rest", der ermittelt und bewertet werden soll.

Dieses *verbleibende Risiko* – manchmal auch Restrisiko genannt – muss weiter betrachtet werden, der Umgang damit ist festzulegen (z. B. Inkaufnahme, Versicherung, sonstige Maßnahmen wie z. B. eine intensivere Überwachung des betreffenden Geschäftsprozesses).

Möglicherweise kommt man auch zu dem Schluss, dass das verbleibende Risiko zu hoch (bewertet) ist, und muss dann erneut in die Risikobehandlung einsteigen, um „bessere" Maßnahmen zu konzipieren. Hier deutet sich ein iteratives Vorgehen an.

19. Messen und Überwachen im ISMS

Das Überwachen (im Englischen: *Monitoring*) hat generell das Ziel, den Status eines Systems, eines Prozesses, einer Maßnahme oder einer anderen Tätigkeit/Aktivität zu bestimmen. Werden dabei bestimmte Zahlen/Werte erfasst, handelt es sich um sog. Messungen (im Engl. *Measurement*).

Zunächst legt man für jede Überwachungs-/Messaktivität den Zweck fest. Hat man dann über eine gewisse Zeit überwacht und gemessen, müssen die erfassten Daten analysiert und ausgewertet werden, und zwar im Hinblick auf den festgelegten Zweck. Hieran schließt sich die Frage an, was aus der Analyse/Auswertung für die Organisation abzuleiten ist: also eine Bewertung des Ergebnisses.

Im Zusammenhang mit dem ISMS geht vor allem es darum, die *Leistung* des ISMS zu überwachen. Dazu werden im laufenden Betrieb Daten erfasst, die Auskunft darüber geben können,

- ob das ISMS *prinzipiell* geeignet ist, die Sicherheitsziele der Organisation erreichen und aufrechterhalten zu können *(Eignung)*,
- ob das ISMS mit seinen Prozessen, Regeln, Controls/Maßnahmen die Sicherheitsziele der Organisation *tatsächlich* erreicht *(Wirksamkeit)*,
- inwieweit das ISMS im Aufbau, in der Ausstattung und im Betriebsablauf angemessen im Vergleich zum angestrebten Sicherheitsniveau ist *(Angemessenheit)*.

Für die *erweiterten* Ziele der Organisation (s. Stichwort *„Ziele…"* in diesem Abschnitt) können ebenfalls Überwachungen/Messungen aufgesetzt werden.

Für alle diesbezüglichen Überwachungen/Messungen soll im ISMS ein entsprechendes Programm (im Folgenden verkürzt als *Messprogramm* bezeichnet) eingerichtet werden. Was dazu alles erforderlich ist und wie das Programm ausgestaltet werden kann, behandeln wir in Kap. 2 zu Normabschnitt ISMS-9.1.

Um das Messprogramm im ISMS vernünftig, vor allem *einheitlich* zu organisieren, wird in der ISO 27004 ein standardisiertes Modell für Messungen vorgeschlagen. Wir wollen es an einem einfachen Beispiel erläutern und nehmen dazu den ISMS-Prozess des Incident Managements, mit dem potenzielle und eingetretene Sicherheitsvorfälle bearbeitet werden sollen.

Das Bekanntwerden von Schwachstellen in technischen Systemen – und zwar solcher Systeme, die in unserer Organisation eingesetzt werden – ist immer als ein *Incident* einzustufen.

Wie erhält die Organisation Kenntnis von solchen Schwachstellen? Entsprechende Meldungen könnten von CERT-Diensten, von Fachbehörden wie dem BSI oder von Auditoren, die in der Organisation tätig waren, stammen – oder aufgrund eigener Expertise aufgedeckt werden.

Trifft eine solche Meldung ein, ist Handlungsbedarf gegeben: Ziel ist es, die Meldung zügig zu bearbeiten, bei einer relevanten Schwachstelle diese zu beseitigen bzw. zu kompensieren.

Wir unterstellen, dass für jede Meldung dieser Art Datum und Uhrzeit des Eingangs aufgezeichnet werden, ein entsprechendes Ticket angelegt und einem Bearbeiter zugewiesen wird.

Der Bearbeiter wird zunächst prüfen, ob die gemeldete Schwachstelle zu einem Risiko für die Organisation führen kann und wie hoch das Risiko ggf. zu bewerten ist. Liegt es oberhalb der Akzeptanzschwelle, ist eine Beseitigung der Schwachstelle erforderlich, und zwar je höher das Risiko, umso dringender! Ist die Bearbeitung der Meldung abgeschlossen, wird im Ticketsystem Datum/Uhrzeit des Abschlusses eintragen.

Aus den im Ticketsystem erfassten Daten lässt sich nun die Bearbeitungsdauer für die betreffende Meldung ableiten.

Um den Prozess der Schwachstellen-Bearbeitung aus Sicht der Organisation zu beurteilen, soll u. a. eine Messung der durchschnittlichen Bearbeitungsdauer aufgesetzt werden. Diese Messung könnte – nach den Vorstellungen in der ISO 27004 – wie folgt beschrieben werden:

- **Gegenstand:** Incident Management.
  Das ist das Sachgebiet, zu dem die Messung gehört.
- **Attribut:** durchschnittliche Bearbeitungsdauer von Schwachstellen-Meldungen.
  Das Attribut wählt einen bestimmten Aspekt des Incident Managements aus. Hier sind auch andere Aspekte denkbar und als Attribut für eine Messung verwendbar.

- **Methode:** Bearbeitungsdauer berechnen anhand der Daten aus dem Ticket-System, und zwar für Tickets aus einem festgelegten Zeitraum, danach Durchschnittswerte ermitteln. An dieser Stelle sollte die Methode näher beschrieben werden, und zwar in einem Detaillierungsgrad, der vergleichbare Messungen (s. u.) ermöglicht.
- **Rohdaten:** E = Datum/Uhrzeit des Eingangs der Meldung, A = Datum/Uhrzeit des Abschlusses der Bearbeitung.
  Das sind die vorliegenden Daten, auf denen unsere Berechnung fußt.
- **Abgeleitete Größe:** Dauer der Bearbeitung (Differenz A zu E), in Stunden ausgedrückt. Hier ist Berechnung sehr simpel, in anderen Fällen kann es auch um komplexe statistische Auswertungen gehen.
- **Indikatorwert:** Durchschnitt der Bearbeitungsdauer im betrachteten Zeitraum.

Was macht man nun mit diesem Indikatorwert? Vor Beginn der Messungen legt man bewertbare Bereiche fest, z. B. Indikatorwert unterhalb 24 h – gutes Ergebnis, zwischen 24 und 72 h – unbefriedigendes Ergebnis, oberhalb von 72 h – nicht tolerierbares Ergebnis. Natürlich kann man mehr oder weniger Intervalle festlegen und auch die Schwellenwerte ändern.

Bei den Noten *unbefriedigend* und *nicht tolerierbar* ist nach Gründen zu suchen, zumindest bei *nicht tolerierbar* ist die Leitungsebene zu informieren und eine Verbesserung der Situation in die Wege zu leiten (z. B. durch höheren Personaleinsatz?).

Zu kritisieren ist, dass alle Schwachstellen gleichermaßen in die Note eingehen – unabhängig davon, wie hoch jeweils das Risiko für die Organisation ist. Ein anderer Indikatorwert ist deshalb aussagekräftiger: Wenn man die Bearbeitungsdauer aus jedem Ticket mit der Risikostufe der zugehörigen Schwachstelle gewichtet und dann erst Durchschnittswerte berechnet, gehen hohe Risikostufen stärker in das Ergebnis ein – der Durchschnittswert würde dann nicht durch vielen Schwachstellen mit kleinem Risiko schöngerechnet. Eine solche Anpassung der Messung wäre z. B. auch im Zuge der kontinuierlichen Verbesserung durchzuführen.

Für Messungen dieser Art stellt die Norm einige grundsätzliche Anforderungen:

- Vergleichbarkeit: Werden zum gleichen Gegenstand mehrfach (z. B. in bestimmten zeitlichen Abständen) Messdaten erhoben, sollen die Ergebnisse untereinander vergleichbar sein, d. h. nicht in anderen Maßeinheiten gemessen oder unter anderen Randbedingungen (soweit dies Einfluss hat) ermittelt worden sein.

Soweit *Personen* an der Messung beteiligt sind, soll weiterhin gelten:

- Wiederholbarkeit: Wird eine Messung durch die gleiche Person wiederholt – bei gleichen Randbedingungen – soll sich das gleiche Ergebnis einstellen.
- Reproduzierbarkeit: Wird eine Messung – bei gleichen Randbedingungen – durch eine *andere* Personen wiederholt, soll das gleiche Resultat herauskommen.

In der Praxis ist man meist schon zufrieden, wenn bei wiederholten Messungen sich *annähernd* gleiche Resultate ergeben und der subjektive Einfluss begrenzt ist.

20. Leit- und Richtlinien

Eine Informationssicherheitsleitlinie (kurz: *Leitlinie*) ist ein Dokument der Organisation, mit dem Orientierung in Sachen Informationssicherheit vermittelt werden soll.

Zielgruppe der Vermittlung sind alle Personen, die im Anwendungsbereich des ISMS arbeiten oder von diesem betroffen sind: Personal der Organisation, ggf. auch Fremdpersonal, je nach Erfordernis können auch Externe (z. B. Lieferanten/Dienstleister) adressiert werden.

Eine typische Gliederung einer Leitlinie sieht so aus:

1. namentliche Nennung der Organisation
2. Übersicht über den Geschäftszweck bzw. die Aufgaben
3. Zusammenfassung des Kontextes[25] der Organisation
4. Bedeutung der Informationssicherheit für die Organisation
5. Angabe des Anwendungsbereichs des ISMS
6. Übersicht über Sicherheitsziele/Risiken[26]
7. Nennung von Verantwortlichkeiten (Rollen) im ISMS
8. Grundlegende Verfahren, Regeln und Richtlinien für die Informationssicherheit
9. Verpflichtung der Betroffenen zur Einhaltung aller Vorgaben

Was die *Verfahren* unter Punkt 8 anbetrifft, könnte in der Leitlinie Erwähnung finden,

- dass in bestimmten Bereichen der Organisation sicherheitskritische Abläufe und Tätigkeiten *überwacht* werden und wie dies geschieht (Transparenz),
- wie seitens der Organisation mit den dabei erfassten – meist personenbezogenen – Daten umgegangen wird (Arbeitnehmer- und Datenschutz),
- welche Folgen bei Nichtbeachten von Vorgaben zu erwarten sind (Sanktionsregeln),
- wie alle Betroffenen zur Verbesserung der Informationssicherheit beitragen können (im Rahmen der kontinuierlichen Verbesserung des ISMS).

Was *Regeln* anbetrifft, geht es meist um das sicherheitsgerechte Verhalten des Personals – unabhängig von irgendwelchen Geschäftsprozessen oder Anwendungen. Hier könnten z. B. die folgenden Regeln auftauchen:

- *Clean Desktop Policy* – Pflicht zum aufgeräumten Arbeitsplatz bei Abwesenheit des Nutzers (Vermeiden des Diebstahls von Datenträgern, unbefugten Einblicks in Dokumente – darunter möglicherweise auch Notizen mit Passwörtern usw.)

---

[25] vgl. das Stichwort *Kontext* in diesem Kapitel
[26] Beschränkt auf den Anwendungsbereich des ISMS.

- *Clear Screen Policy* – Vermeiden des Bildschirm-Einblicks durch Unbefugte
- Regelungen zu und Umgang mit Besuchern, Kunden und Dienstleistern
- Meldepflicht bei vermuteten und tatsächlichen Sicherheitsvorkommnissen

Die Leitlinie ist in aller Regel Sache der Leitungsebene, zumindest muss diese – auch nach späteren Änderungen – eine Freigabe erteilen und eine Bekanntmachung der Leitlinie veranlassen.

Informationssicherheitsrichtlinien (kurz: *Richtlinien*) adressieren dagegen Sicherheitsaspekte für bestimmte Geschäftsprozesse, beim Umgang mit kritischen Assets, das Verhalten in besonderen Situationen – jeweils aus Sicht der Nutzer bzw. daran Beteiligter, die somit die jeweilige Zielgruppe einer Richtlinie darstellen.

Zuständig für die Erstellung, Freigabe und Inkraftsetzung sind somit Prozessverantwortliche, Assetverantwortliche, auch besondere Beauftragte für spezielle Themen.

Richtlinien sind den betroffenen Mitarbeiter/innen zur Verfügung zu stellen – besonders zu beachten ist, dass alle Betroffenen tatsächlich erreicht werden. Sicherstellen lässt sich Letzteres durch eine schriftliche Bestätigung des Erhalts bzw. Empfangs. Erst damit wäre eine Richtlinie definitiv *verbindlich*.

Wir nennen einige typische Beispiele für solche Richtlinien:

- Richtlinie zur Nutzung von mobilen IT-Systemen
- Richtlinie für das Home-Office
- Richtlinie für das Verhalten am Arbeitsplatz (in der Organisation)
- Richtlinie für das Management der Zutritts- und Zugriffskontrollen in der Organisation
- Richtlinie für die Nutzung von Kryptografie
- Netzwerk- und Firewall-Richtlinie
- Backup-Richtlinie
- Richtlinie für den Datenaustausch mit Externen
- Richtlinie für System- bzw. Software-Entwicklung
- Entsorgungsrichtlinie betreffend Datenträger (inkl. Papier), auszumusternde IT-Komponenten und IT-Systeme
- Richtlinie(n) für die Inanspruchnahme von Lieferanten/Dienstleistern
- Richtlinien für die Nutzung und das Management von Cloud Services
- spezielle Richtlinien, die von der ISO 27001 gefordert werden (s. Kap. 2 und 3)

Abgesehen von den Richtlinien des letzten Aufzählungspunkts legt jede Organisation selbst fest, welche Richtlinien sie als sinnvoll und notwendig erachtet. In den Controls im Anhang A gibt es dazu viele Hinweise.

Eine typische Gliederung einer Richtlinie sieht so aus:

- Gegenstand der Richtlinie
- Zielgruppe der Richtlinie

- Ansprechpartner bei Rückfragen
- Motivation – warum eine Richtlinie herausgegeben wurde (z. B. wegen hoher Risiken, der Komplexität von Abläufen, der schwierigen Anwendung von Sicherheitsmaßnahmen)
- Erläuterung notwendiger Schulungsmaßnahmen aus Nutzersicht
- Soweit anwendbar:
  - in der Richtlinie behandelte Abläufe: Schritt-für-Schritt Anleitungen, auch separat als Arbeitsanweisungen (ggf. als Anhänge zur Richtlinie)
  - zu beachtende Regeln (z. B. Verhaltensregeln; auch Querbezüge zu anderen Richtlinien)
  - wichtige technisch-organisatorische Maßnahmen und ihre korrekte Anwendung/ Nutzung
  - Überwachungs- und Prüfmaßnahmen
- Verpflichtung der Mitarbeiter/innen zur Beachtung und Einhaltung der Richtlinie
- Verweis auf Sanktionsregeln (die z. B. in der Leitlinie bekannt gemacht wurden)
- Inkraftsetzung der Richtlinie (Datum/Unterschrift)

Manche Richtlinien sollten durch eine Vereinbarung ergänzt werden, um die individuellen Verpflichtungen vertraglich zu fixieren. Als Beispiel seien hier die Richtlinie zur Verwendung mobiler Systeme (für dienstliche Zwecke) und die Home-Office-Richtlinie genannt.

Leit- und Richtlinien sind regelmäßig zu überprüfen und ggf. anzupassen, wobei erfahrungsgemäß Richtlinien häufiger geändert werden.

Der Begriff *Sicherheitskonzept* taucht in der ISO 27001 nicht explizit auf. Möchte man dennoch eine Zuordnung herstellen, wären alle Dokumente und Pläne, die in Kap. 2 und 3 erwähnt bzw. gefordert werden, Bestandteil des Sicherheitskonzeptes: Kontextbeschreibung, Darstellung des Anwendungsbereiches und der ISMS-Prozesse, Risikobeurteilung und -behandlung, SoA und Risikobehandlungsplan (s. ISMS-4 in Kap. 2).

Literatur

1. DIN EN ISO/IEC 17021-1: Konformitätsbewertung – Anforderungen an Stellen, die Managementsysteme auditieren und zertifizieren - Teil 1: Anforderungen, 2015–11 und Berichtigung 2020–06
2. DIN EN ISO 19011: Leitfaden zur Auditierung von Managementsystemen, 2018-10
3. DIN ISO 31000: Risikomanagement – Leitlinien, 2018-10

Anforderungen an das ISMS

2

▶ **Trailer**

In den Kapiteln 4 bis 10 der ISO 27001 sind die Anforderungen an ein ISMS dargestellt, und zwar in textueller Form – was natürlich einen gewissen Interpretationsspielraum zur Folge hat. Vor der Umsetzung dieser Anforderungen tut man insofern gut daran, die Texte nicht nur zu lesen, sondern auch Erläuterungen und Umsetzungshinweise zu inspizieren, wie sie in der ISO 27002, anderen Sekundärquellen oder z. B. auch in diesem Buch angegeben sind.

Wir arbeiten uns in diesem Kapitel Schritt-für-Schritt durch alle ISMS-Anforderungen aus der ISO 27001: Wer die Norm zur Verfügung hat, kann alle Punkte direkt vergleichen[1].

Wichtig: In diesem Buch verwenden wir eine Reihe von Begriffen (z. B. Organisation, Risikobeurteilung, Informationswert, Ziele, ISMS), die in der Normenreihe ISO 27000 eine spezifische Bedeutung haben – manchmal abweichend vom normalen Sprachgebrauch. Erläuterungen und Beispiele zu solchen Begriffen findet man in Abschn. 1.4 dieses Buchs.

Wenn wir uns auf einzelne Kapitel oder Anforderungen aus der ISO 27001 beziehen wollen, verwenden wir die Kapitel- und Abschnittsnummern dieser Norm: **ISMS-4.1** beispielsweise bezeichnet die Anforderung(en) aus dem Abschnitt der 4.1 im Hauptteil der Norm.

Die Titel der Normkapitel und -abschnitte haben wir der letzten deutschen Entwurfsfassung entnommen.

---

[1] Hinweis zur Sprache: Zum Zeitpunkt der Erstellung dieses Buches existieren beide Normen ISO 27001/ISO 27002 in englischer Sprache sowie in einer deutschen Entwurfsfassung. Erfahrungsgemäß dauert es bis zum Erscheinen der offiziellen deutschen Versionen einige Zeit.

© Der/die Autor(en), exklusiv lizenziert an Springer Fachmedien Wiesbaden GmbH, ein Teil von Springer Nature 2023
H. Kersten and K.-W. Schröder, *ISO 27001: 2022/2023*, Edition <kes>,
https://doi.org/10.1007/978-3-658-42244-8_2

Wir starten mit der Kommentierung beim Normkapitel 4, lassen also 0 bis 3 aus: Dabei handelt es sich nur um eine Einleitung, eine Beschreibung des Gegenstands der Norm, sowie um zwei Verweise auf die Normreihe ISO/IEC 27000.

► **Wichtig**

Soweit sich gegenüber der früheren Normfassung Änderungen ergeben haben, weisen wir bei allen Kapiteln/Abschnitten besonders darauf hin.

Manche Änderungen sind rein redaktionell – z. B. wurde die Formulierung „...this International Standard..." in der neuen Fassung durch „...this document..." ersetzt, was nichts an den Inhalten ändert – das erwähnen wir somit nicht weiter.

Ein anders gelagerter Fall betrifft z. B. das Thema *dokumentierte Information,* wofür bisher „retain" (im Sinne von *aufbewahren*) gefordert wurde, was in der neuen Normfassung aber zu "make available" (also *verfügbar machen,* auch *vorweisen können*) geändert wurde. Solche Änderungen berücksichtigen wir natürlich bei der Kommentierung.

2.1   Kontext der Organisation (ISMS-4)

Das erste relevante Normkapitel ISMS-4 beinhaltet vier Abschnitte ISMS-4.1 bis ISMS-4.4, die sich mit dem sog. *Kontext*[2] der Organisation und dem darauf aufbauenden ISMS auseinandersetzen. Hier zunächst ein Überblick:

Der Kontext ist im Grunde die Zusammenstellung (und Auswertung) aller Fakten, Vorgaben und Erwartungen, die das ISMS und seine Ergebnisse beeinflussen und steuern könnten. Das sind zunächst Informationen über den Zweck und die (geschäftlichen) Tätigkeiten unserer Organisation, dann aber auch unsere eigenen Erwartungen, Ziele[3] und Vorgaben, die unser ISMS betreffen.

Weiterhin können auch *Dritte* unser ISMS beeinflussen bzw. von dessen Existenz betroffen sein. Sie werden in der Norm als *interessierte Parteien* bezeichnet. Beispiele: Gesetzgeber, Aufsichtsstellen/-behörden, Meldestellen, Ministerien/Konzernleitungen, Branchen-Verbände, Kunden, Partner oder Dienstleister, Betroffene im Sinne des Datenschutzes (wenn die Organisation deren personenbezogene Daten verarbeitet).

Entsprechende Informationen über solche interessierten Parteien und ihre Anforderungen bzw. Erwartungen gehören immer dann zum Kontext unserer Organisation, wenn wir sie für uns und unser ISMS als *relevant* erachten.

Aus diesen – meist umfangreichen – Kontextinformationen ergeben sich wichtige Gestaltungselemente für unser ISMS. Insbesondere muss man daraus ableiten, wie weit

---

[2] Die Norm verweist für weitere Erläuterungen dieses Begriffes auf die ISO 31000 [5].

[3] Sicherheitsziele und andere, erweiterte Ziele; s. Abschn. 1.4, Stichwort *Ziele...,* in diesem Buch.

unser ISMS reichen soll – das ist der *Anwendungsbereich* des ISMS. Soll es nur *Teile* unserer Organisation oder nur *bestimmte* Geschäftsprozesse umfassen – aber eben nicht alle? Oder soll es doch auf die gesamte Organisation wirken? Bezieht sich unser ISMS vielleicht sogar auf Bereiche außerhalb unserer Organisation? Kurzum: Die Organisation muss analysieren und schlussendlich klar festlegen, was der Anwendungsbereich ihres ISMS sein soll.

Auf der Basis des Kontextes, der Ziele und des Anwendungsbereichs muss unser ISMS schlussendlich in seinen Details geplant, realisiert und in Betrieb genommen werden. Dabei wird es um entsprechende Verantwortlichkeiten, Prozesse und Schnittstellen und viele weitere benötigte Ressourcen (z. B. Personal, Infrastruktur, Technik, Daten und Anwendungen) gehen. Da es immer wieder Änderungen und Anpassungen beim ISMS geben wird, ist auch das Thema *kontinuierliche Verbesserung* des ISMS zu berücksichtigen (vgl. hierzu ISMS-10.1).

Nach diesem Einstieg sind wir für die Besprechung der Anforderungen unter ISMS-4 gut gerüstet. Wir betrachten nun die wesentlichen Punkte im Detail.

ISMS-4.1 – Verstehen der Organisation und ihres Kontextes

Die Anforderung ISMS-4.1 verlangt, dass wir zunächst alle Kontextinformationen ermitteln sollen, die für unsere Tätigkeit (als Organisation) relevant sind und Auswirkungen auf unser ISMS haben können. Dem Normtext folgend, treffen wir eine erste Unterscheidung nach *internen* und *externen* Aspekten des Kontextes (Abb. 2.1).

Bei den *internen* Aspekten handelt es sich um Fakten, Erwartungen und Vorgaben, die von unserer eigenen Organisation ausgehen und unser ISMS beeinflussen können:

- Die Aufbauorganisation: Sind wir klassisch in Abteilungen, Referaten etc. organisiert? Oder haben wir eine „flache" Projekt- oder Produkt-Organisation? Wo ist die IT

Abb. 2.1 Organisation und Kontext

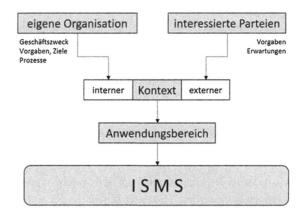

angesiedelt? Gibt es Gremien bzw. Arbeitsgruppen zu Themen der (sicheren) Informationsverarbeitung? Sind besondere Rollen eingerichtet und qualifiziert besetzt? Wie soll unser ISMS in den bestehenden Aufbau unserer Organisation eingegliedert werden?

- Die Ablauforganisation: Denken wir in (Geschäfts- oder Verwaltungs-)Prozessen? Sind die Zuständigkeiten für diese Prozesse geregelt? Sind die Prozesse ganz oder zumindest teilweise dokumentiert? Hierunter fallen auch alle Aspekte, die den Zweck, Umfang und Betrieb der eingesetzten IT betreffen. Zur Ablauforganisation werden zukünftig auch die neu einzurichtenden Prozesse des ISMS gehören.
- Technische und administrative Vorgaben, z. B. Richtlinien, Arbeitsanweisungen, Prozesshandbücher, ggf. auch Standards: Welche davon sind für unsere Tätigkeit bzw. unsere Prozesse wichtig? Gibt es ein leicht zugängliches Verzeichnis aller Vorgaben dieser Art?
- Vorhandenes Risikomanagement: Viele Unternehmen besitzen ein zentrales Risikomanagement, das sich um Unternehmensrisiken insgesamt kümmert. Das dort eingesetzte Verfahren der Identifizierung, Abschätzung und Bewertung von Risiken könnte (und sollte möglichst) auch für die Informationsrisiken genutzt werden und beeinflusst dann auch unser ISMS!
- Vorhandene Unterlagen: Gibt es noch Unterlagen aus früheren Ansätzen zum Thema Informationssicherheit wie z. B. Leit- und Richtlinien, Sicherheitskonzepte und Risiko-Analysen? Was ist davon relevant, aktuell bzw. noch gültig?
- Vorhandene Management-Systeme: Für die Einrichtung eines ISMS kann es sehr hilfreich sein, wenn bereits andere Managementsysteme in der Organisation vorhanden sind: Vielfach trifft man z. B. auf ein gut funktionierendes, zertifiziertes Qualitätsmanagement nach ISO 9001 [4]. Die ISO-Normungsorganisation hat in den letzten Jahren alle Normen für Managementsysteme *vereinheitlicht,* d. h. falls etwa ein QM-System in der Organisation existiert, richtet man auch nach gleichem Muster das ISMS ein und kann von bereits definierten Prozessen (Beispiel: Dokumentenmanagement) profitieren bzw. solche einfach übernehmen.
- Bereich der Ressourcen: Es ist klar, dass unser ISMS je nach Ausbaustand und Anwendungsbereich einiges an Ressourcen *benötigen* wird (z. B. ein laufendes Budget, ausreichend Personal, Mittel für externe Expertise wie Gutachten, Zertifizierungen oder Pen-Tests und nicht zuletzt Mittel und Manpower für die Einrichtung und Überwachung von Sicherheitsmaßnahmen). Andererseits werden die *verfügbaren* Ressourcen beschränkt sein, was unser ISMS direkt beeinflussen wird. Sollten wir möglicherweise den Anwendungsbereich zunächst (!) klein halten – z. B. nur Kern-Geschäftsprozesse absichern – und erst später sukzessive erweitern? Oder wäre es in Ordnung, zu Beginn ein geringeres Sicherheitsniveau als ursprünglich geplant zu etablieren? Es ist klar: Nichts davon ist empfehlenswert, aber was soll man machen?

Als *externe* Aspekte bezeichnen wir solche, die von außen an unsere Organisation herangetragen werden. Hierunter fallen:

- Gesetzliche Vorgaben (Gesetze, Verordnungen, Erlasse), die durch unsere Organisation zu erfüllen sind. Sind wir in mehr als einem Land tätig, kommt hier ggf. einiges zusammen. Nicht zu vergessen sind z. B. EU-Vorgaben in Form von Richtlinien und Verordnungen (z. B. die DS-GVO [1] zum Thema Datenschutz oder die eIDAS-Verordnung [2] über elektronische Vertrauensdienste). Ein Beispiel für *Erlasse* ist der in Deutschland geltende *Umsatzsteuer-Anwendungserlass,* der in § 14.4 Vorgaben zum Thema „Qualifizierte elektronische Signatur und elektronischer Datenaustausch" beinhaltet – diese werden Auswirkungen auf die Sicherheit unserer Informationsverarbeitung haben und sind dann bei unserem ISMS entsprechend zu berücksichtigen.
- Vorgaben übergeordneter Stellen: Hier geht es z. B. um Leit- und Richtlinien von Ministerien für ihre nachgeordneten Behörden und von Konzernleitungen für ihre Tochterfirmen.
- Vorgaben zur Interoperabilität: Die Mitwirkung als Kooperationspartner in einem größeren Verbund kann die Einhaltung bestimmter technischer Vorgaben (etwa die Nutzung eines gemeinsamen Verschlüsselungsprotokolls oder die Einhaltung von SLAs) oder anderer Vorgaben (z. B. Clearing des eingesetzten Personals) erforderlich machen.
- Vorgaben bzw. Erwartungen im Hinblick auf Standards: Dies betrifft beispielsweise die Einhaltung technischer und/oder administrativer Normen und Standards. So könnten etwa Kunden erwarten, dass unsere Organisation sich konform zum IT-Grundschutz des BSI verhält oder eine internationale Norm wie die ISO 22301 zum BCM und IT-Notfallmanagement erfüllt. Standards können sich aber auch auf technische Details beziehen – wie z. B. der Einsatz von elektronischen Zertifikaten nach dem X.509-Standard. Oft geht es bei Standards und Normen auch um den *Nachweis* ihrer Einhaltung – was typischerweise durch eine Zertifizierung (und deren Aufrechterhaltung) erledigt wird.
- Umgang mit Dienstleistern und Lieferanten: In unserer Informationsverarbeitung setzen wir in der Regel eine Vielzahl von unterstützenden externen „Parteien" ein: angefangen beim Stromversorger, über Provider für den Internetzugang oder für bestimmte Cloud Services, bis hin zu Wartungstechnikern, Sicherheitsfirmen für Überwachungstätigkeiten, Entsorgern und Reinigungsdiensten. Diese Parteien *können* von unserem ISMS betroffen sein und insofern gewisse Erwartungen haben, die es bei den externen Aspekten zu berücksichtigen gilt. Andererseits werden wir als Auftraggeber gewisse (z. B. vertragliche) Vorgaben machen – ein Punkt, der Gegenstand von Controls aus dem Anhang A der Norm ist und in Kap. 3 dieses Buches besprochen wird.

Interessant ist die Erfahrung aus Audits, dass bei mittleren und großen Organisationen häufig keine vollständige, präzise Liste aller Dienstleister und auch keine einheitlichen (Sicherheits-) Vorgaben für diese Dienstleister existieren, oft nicht einmal eine ausreichende Überwachung der Leistungserbringung stattfindet. Diese Themen werden uns ebenfalls in Kap. 3 weiter beschäftigen.

- Beziehungen zu Partnern und Kunden: Hier geht es um den Umgang mit diesen Parteien, um bestehende Verträge und Vereinbarungen sowie die ggf. darin beschriebenen Vorgaben und Erwartungen beider Seiten.
- Wettbewerbsaspekte: Dieses vor allem *Unternehmen* betreffende Thema kann Auswirkungen auf unser ISMS haben, sobald es z. B. darum geht,
  - ein bestimmtes Image – etwa hinsichtlich einer hohen Ausfallsicherheit der IT – aufrechtzuerhalten und damit die Akquisition von Aufträgen zu verbessern,
  - den Einsatz moderner Technologie vorzusehen bzw. die IT-Landschaft technisch zu erneuern oder
  - andere Schlüsselfaktoren für den wirtschaftlichen Erfolg zu beachten: Im internationalen Umfeld fällt darunter auch die Beachtung von sozialen/kulturellen Eigenheiten in bestimmten Regionen der Welt.

Hinweise zur Umsetzung von ISMS-4.1

Entlang der obigen Beispiele sammelt man zunächst alle entsprechenden Kontextinformationen und sortiert am besten gleich nach internen und externen Aspekten.

Was die *internen* Aspekte anbetrifft, ist es sehr sinnvoll, sich mit allen maßgebenden Stellen und Personen in der Organisation zu unterhalten und alle wichtigen Aspekte für das ISMS „abzufragen". Es sollten mindestens befragt werden: die Leitungsebene der Organisation, die Leitungen weiterer Organisationseinheiten, das Compliance Management, das Vertragsmanagement (Kunden, Dienstleister, Partner), das Risikomanagement, Leitungen anderer Managementsysteme, die IT-Leitung, das (IT-)Notfallmanagement, die Zuständigen für den Datenschutz – natürlich nur, soweit diese Stellen in der Organisation vorhanden sind. Empfohlen wird auch, solche Gespräche jeweils in einem (abgestimmten) Protokoll festzuhalten.

Alle ermittelten internen Kontextinformationen unterziehen wir einer Prüfung dahingehend, ob sie für unser ISMS tatsächlich relevant sind, und formulieren sie bei positivem Ergebnis als Anforderungen an das ISMS. Anforderungen, die in die gleiche Richtung gehen oder gleiche Sachverhalte betreffen, fassen wir geeignet zusammen (möglichst ohne Informationsverlust). Die verbleibenden Anforderungen nummerieren wir oder geben ihnen „sprechende" Namen.

Ein ähnliches Vorgehen wird auch für die *externen* Aspekte empfohlen – hierzu mehr im folgenden Abschnitt betreffend ISMS-4.2.

ISMS-4.2 – Verstehen der Erfordernisse und Erwartungen interessierter Parteien

Mit den *externen* Aspekten der Kontextinformationen tun wir uns eventuell leichter, wenn wir zunächst eine Liste der infrage kommenden interessierten Parteien zusammenstellen. Für jede Partei auf der Liste ist dann zu überprüfen, ob diese tatsächlich für unser ISMS relevant ist: Wollen bzw. müssen wir deren Ziele und Erwartungen bei unserem ISMS berücksichtigen?

Wenn diese Frage mit *ja* beantwortet wird, erfassen wir dann alle dazu verfügbaren Kontextinformationen: Statt eine Vielzahl von Gesprächen zu führen (wie bei den internen Aspekten), wird man hier für jede der gelisteten Parteien vorhandene vertragliche Vereinbarungen, Gesetzestexte, Vorgaben und Leitfäden usw. auswerten, um zu Kontextinformationen zu kommen – dies schließt direkte Gespräche z. B. mit „wichtigen" Kunden und Partnern natürlich nicht aus.

Hinweise zur Umsetzung von ISMS-4.2
Nach Aufstellung der Liste potenzieller interessierter Parteien prüfen wir (z. B. im Rahmen einer Diskussion in einer Arbeitsgruppe) jeden Eintrag daraufhin, ob diese Partei für uns *tatsächlich* relevant ist; lautet das Ergebnis letztlich „nicht relevant", streichen wir diese Partei von unserer Liste.

Es besteht grundsätzlich die Möglichkeit, eine Anforderung bzw. Erwartung einer interessierten Partei auf anderem Wege bzw. an anderer Stelle als im ISMS zu behandeln. Kommt es zu diesem Beschluss, kann diese Anforderung/Erwartung für die Belange des ISMS ignoriert werden.

Beim Streichen von Anforderungen/Erwartungen oder einer interessierten Partei als Ganzes ist sicherheitshalber eine entsprechende Begründung schriftlich festzuhalten, um die Entscheidung später nachvollziehen zu können.

Bei den verbliebenen Parteien und Kontextinformationen stellen wir ein korrektes Verständnis sicher und prüfen, welche *konkreten* Anforderungen sich daraus an unser ISMS ergeben.

Die so gesammelten externen Anforderungen an unser ISMS fassen wir wie unter ISMS-4.1 geeignet zusammenfassen und nummerieren bzw. bezeichnen sie passend.

Man kann die internen und externen Anforderungen natürlich auch in Form einer entsprechenden Tabelle zusammenstellen, was den Vorteil der Übersichtlichkeit hat und in einer zusätzlichen Tabellenspalte auch Anmerkungen zur Umsetzung etc. ermöglicht.

ISMS-4.3 – Festlegen des Anwendungsbereichs des ISMS

Das ISMS besteht aus einer Vielzahl von Rollen, Prozessen, Regeln und Ressourcen. Worauf soll das alles angewendet werden? Wie eingangs erläutert betrifft dies in der Regel die gesamte Organisation.

Es gibt aber durchaus Fälle, in denen man bestimmte Teile der Organisation oder nur einige Geschäftsprozesse – aber nicht alle – mit dem ISMS abdecken möchte. Analog könnte man beispielsweise den Ausschluss von (unkritischen) Standorten aus dem ISMS vorsehen. Das ISMS wird dann folglich nicht auf die *gesamte* Organisation angewendet.

Möglicherweise besteht aber auch das umgekehrte Problem, nämlich das ISMS über die Organisation hinaus ausdehnen zu wollen.

Diese Auswahl und Festlegung zu treffen, ist die Anforderung unter ISMS-4.3. Im Grunde kann jede Organisation ihren Anwendungsbereich selbst festlegen. Es gibt aber einiges zu beachten:

- Unter ISMS-4.1 und ISMS-4.2 haben wir interne und externen Aspekte bzw. Kontextinformationen erfasst und daraus Anforderungen an das ISMS abgeleitet. Wir müssen darauf achten, dass diese Aspekte bzw. Anforderungen im ISMS berücksichtigt bzw. umgesetzt werden können. Wäre beispielsweise der Anwendungsreich des ISMS zu klein geschnitten, könnte einige Anforderungen Sachverhalte betreffen, die außerhalb dieses ISMS liegen. Kurzum: Keine als relevant erachtete Anforderung an das ISMS darf „leerlaufen".

- Es stellt sich die Frage, ob bei einem *reduzierten* Anwendungsbereich eine vernünftige Informationssicherheit überhaupt realisierbar ist: Geschäftliche Aktivitäten der Organisation *außerhalb* des Anwendungsbereichs könnten Einfluss auf die Sicherheit *innerhalb* des Anwendungsbereichs haben bzw. diese beeinträchtigen. Somit müsste man sorgfältig alle Schnittstellen zwischen dem Anwendungsbereich und allem, was außerhalb liegt, definieren, analysieren und ggf. mit Sicherheitsauflagen versehen.

Als Beispiel zum letzten Aufzählungspunkt sei der Datenaustausch zwischen einer Anwendung innerhalb und einer zweiten außerhalb des Anwendungsbereichs genannt: Bestehen keine weiteren Auflagen, könnte über die Daten z. B. Malware in den Anwendungsbereich des ISMS importiert werden. Eine passende Auflage wäre, dass vor jedem Daten-Import eine Malware-Prüfung durchgeführt werden muss.

- Die gleiche Vorgehensweise (Schnittstellen-Definition und -Analyse) gilt generell, wenn es um Prozesse/Aktivitäten Dritter geht, die mit Prozessen/Aktivitäten *innerhalb* des Anwendungsbereichs der Organisation interagieren.

Die folgende Abb. 2.2 visualisiert noch einmal den Sachverhalt.

Der festgelegte (reduzierte) Anwendungsbereich und die Analyse der internen und externen Schnittstellen müssen nach ISMS-4.3 präzise dokumentiert sein. Nicht zuletzt ist diese Dokumentation der Ausgangspunkt für jede Art von Inspektion, Audit oder Revision des ISMS.

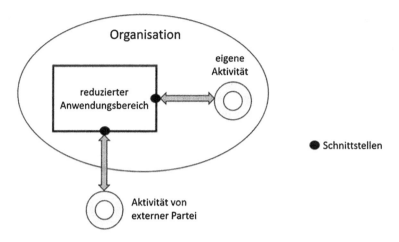

Abb. 2.2 Schnittstellen zum Anwendungsbereich

ISMS-4.4 – Das Informationssicherheits-Managementsystem (ISMS)

Nachdem nun der Kontext der Organisation ermittelt ist, daraus Anforderungen für das ISMS abgeleitet wurden und sein Anwendungsbereich festgelegt ist, kommt die simple Forderung, auf dieser Basis das ISMS einzurichten und zu betreiben.

Hierunter fallen natürlich viele Aktivitäten – sie werden in den folgenden Normabschnitten weiter betrachtet. Einige Beispiele vorab:

- Entsprechende Verantwortlichkeiten bzw. Rollen – soweit noch nicht vorhanden – sind festzulegen und durch qualifiziertes Personal zu besetzen.
- Alle von der Norm geforderten Prozesse sind zu etablieren, u. a. das Management der Risiken, das Change Management, das Management der Dokumentation und Aufzeichnungen. Die regelmäßige Überprüfung und Verbesserung des ISMS (kontinuierliche Verbesserung) ist ebenfalls einzurichten.
- Soweit zwischen solchen Prozessen Schnittstellen bestehen, sind diese zu präzisieren, zu dokumentieren und entsprechend umzusetzen.
- Das ISMS ist in Betrieb zu nehmen und über die Zeit aufrechtzuerhalten.

Fazit zum Normkapitel ISMS-4

Zur Umsetzung von ISMS-4 ist eine Menge an Zeit, Aufwand und Präzision erforderlich. Das Verständnis der eigenen Organisation und ihres Umfelds bzw. Kontextes steht hier im Vordergrund. Häufig hört man, dass erst im Zuge dieser Analysen bestimmte Zusammenhänge und Abhängigkeiten transparent wurden und erst damit ein zielorientiertes ISMS aufgebaut werden konnte.

Manche Organisation betrachten dies allerdings als lästige Vorarbeit und versuchen, sich hier möglichst kurz zu fassen. Die Konsequenzen sind: Im Laufe der Zeit tauchen „regelmäßig" *neue* interne und externe Vorgaben und Ziele auf, der Anwendungs-bereich muss mehrfach umstrukturiert werden, wegen unklarer Schnittstellen werden viele Sicherheitsprobleme in den Anwendungsbereich importiert usw. Das ISMS wird zu einem ständigen Reparaturbetrieb. Mit anderen Worten: Sparen an der falschen Stelle!

Nehmen Sie sich für diesen Einstieg in die Realisierung eines ISMS ausreichend Zeit!◄

Änderungen in ISMS-4 gegenüber der vorhergehenden Normfassung
Es wurden kleine redaktionelle Änderungen vorgenommen:

- In ISMS-4.2 wurden die zu sammelnden Kontextinformationen eingeschränkt durch das Adjektiv „relevant" – gemeint ist: *relevant* aus Sicht der Organisation, was nur der Präzisierung dient, aber keine Neuerung ist.
- An gleicher Stelle wird ausgeführt: Relevante Kontextinformationen brauchen nur dann berück-sichtigt werden, wenn sie im Rahmen des *ISMS* behandelt werden sollen, d. h. es kann auch andere Behandlungsmöglichkeiten außerhalb des ISMS geben.
- Im Text zu ISMS-4.4 wurde hinzugefügt, dass bei der Etablierung, Umsetzung, Aufrechterhal-tung und kontinuierlichen Verbesserung des ISMS auch die ISMS-Prozesse und ihr Zusammen-spiel (Schnittstellen, Informationsfluss etc.) zu betrachten sind. Dieser Sachverhalt war auch früher so verstanden worden, wird jetzt aber explizit erwähnt.

2.2   Führung (ISMS-5)

Dass im Zusammenhang mit der Informationssicherheit und einem ISMS eine Unter-stützung durch die Leitung der Organisation erforderlich ist, liegt auf der Hand. Schließlich werden Ressourcen auf allen Ebenen (Verantwortlichkeiten, Richtlinien, Per-sonal, Technik) benötigt, wofür es einer entsprechenden Genehmigung der Leitungsebene bedarf – und dies im gesamten Lebenszyklus des ISMS.

Im Kapitel ISMS-5 der Norm werden eine Reihe von Anforderungen aufgelis-tet, die aber über die reine Unterstützung hinausgehen und eine Art „gute Führung" etablieren wollen. Dazu zählen charakteristische Elemente der Führung (Leadership), ein entsprechendes Engagement der Leitung (Commitment), die Erklärung bestimmter Grundsätze (Policy), die Delegierung wichtiger Aufgaben an (ggf. neu zu schaffende) Verantwortlichkeiten (Roles, Responsibilities), die über ausreichende Kompetenz und Handlungsfähigkeit (Authority) verfügen.

Die Norm verwendet im Original den Begriff *Top Management* einer Organisation, was klassisch mit *Geschäftsleitung* bzw. *Geschäftsführung* oder auch *Vorstand* zu übersetzen ist. In Behörden wäre das die *Amtsleitung* oder der/die *Minister/in*. Wir verwenden in diesem Buch in gleichem Sinne die Begriffe *Leitung* und *Leitungsebene* – und zwar aufgefasst als Rolle, was jeweils auch mögliche Stellvertretungen einschließt.

Gelegentlich findet man die Situation vor, dass nur ein kleiner Teil einer Organisation (z. B. eine IT-Abteilung) ein ISMS betreiben möchte. Dies ist nach ISMS-4.3 durch geeignete Festlegung des Anwendungsbereichs möglich. Wer ist dann aber das Top Management? Es ist immer die Leitungsebene der gesamten Organisation! Im Beispiel also *nicht* die IT-Leitung! Anders liegt der Fall, wenn es um das ISMS einer Tochterfirma eines Konzerns oder einer nachgeordneten Behörde eines Ministeriums geht – hier wäre die Leitung der Tochterfirma oder der nachgeordneten Behörde das Top Management. Kurz: Wesentlich ist die Legaleinheit als Ganzes, und nicht die einzelne Organisationseinheit!

ISMS-5.1 – Führung und Verpflichtung

Hier geht es darum, als Leitungsebene Führung zu demonstrieren und Engagement für die Belange des ISMS zu zeigen. In diesem Normabschnitt werden folgende Punkte (a) bis(h) angesprochen:

(a) Es soll eine Sicherheitsleitlinie erstellt werden, in der die Sicherheitsziele der Organisation festgelegt sind – alles im Einklang mit der strategischen Ausrichtung der Organisation.

Zunächst: Die Sicherheitsleitlinie ist ein Dokument. An wen richtet es sich? An die **Zielgruppe des ISMS:** Das sind alle Personen, die im Anwendungsbereich des ISMS arbeiten oder von diesem betroffen sind[4].

An diesen Personenkreis sollen die *Sicherheitsziele* der Organisation kommuniziert werden, wie wir sie in Kap. 1 für die Informationssicherheit erläutert haben.

Damit das alles im Einklang mit der strategischen Ausrichtung der Organisation steht, leitet man beides – Sicherheitsleitlinie und Sicherheitsziele – aus den Kontextinformationen (ISMS-4) ab, wobei die entsprechenden Informationen im Hinblick auf die Zielgruppe geeignet zusammenzufassen sind.

Die (delegierbare) Aufgabe, eine Leitlinie zu erstellen und in Kraft zu setzen, liegt nach dieser Norm auf jeden Fall in der Verantwortung der Leitung – mehr dazu bei der Erläuterung von ISMS-5.2.

(b) Es ist sicherzustellen, dass die Informationssicherheit (wie sie im ISMS konzipiert wird) in die Geschäftstätigkeit der Organisation (d. h. in die betroffenen Geschäftsprozesse) integriert wird.

Soweit Konzepte, Richtlinien, Anweisungen etc. erstellt wurden, müssen diese auch in die Praxis umgesetzt werden, d. h. alle Geschäftsprozesse im Anwendungsbereich

---

[4] Im Folgenden nutzen wir den Begriff *Zielgruppe des ISMS* stets in diesem Sinne!

und deren Prozessverantwortliche sind betroffen – hier wird nochmal deutlich, welche Konsequenzen die Festlegung des Anwendungsbereichs (ISMS-4.3) für den Umsetzungsaufwand hat.

Die Leitung muss z. B. durch Pläne und entsprechende Kontrollen sicherstellen, dass die Umsetzung vollständig erfolgt. Existieren für die Geschäftsprozesse (im Anwendungsbereich) Prozessverantwortliche, wird die Umsetzung auf diese delegiert. Sie müssen dann der Leitungsebene über den Stand der Umsetzung regelmäßig berichten – hierdurch erfolgen die notwendigen Kontrollen.

In kleineren Organisationen – ggf. auch ohne Prozessverantwortliche – kann man so vorgehen, dass eine Art Checkliste vorbereitet wird, mit der der Umsetzungsgrad ermittelt werden kann – etwa eine Tabelle mit den relevanten Geschäftsprozessen als Spaltenüberschriften und den für jeden Prozess vorgesehenen Maßnahmen darunter. Den konkreten Abgleich wird die Leitung delegieren – etwa an das Sicherheitsmanagement, einen Auditor oder Revisor.

(c) Die zur Planung, zum Betrieb und zur Aufrechterhaltung des ISMS notwendigen Ressourcen müssen verfügbar sein.

Diese nachvollziehbare Forderung ist in vielen Organisationen natürlich der Knackpunkt: Ressourcen sind immer begrenzt – und wer legt eigentlich fest, was wann und wozu erforderlich ist? Zunächst sollten die für die Informationssicherheit Zuständigen (IT-Sicherheitsbeauftragte, Koordinatoren aus den betroffenen Abteilungen – vielleicht eine Arbeitsgruppe?) einen Ressourcenplan für einen bestimmten Zeitraum (typischerweise 3 Jahre) aufstellen und diesen zur Genehmigung einreichen. Im Plan enthalten sein müssen das erforderliche Personal, alle finanziellen Mittel zur Einrichtung und zum Betrieb des ISMS sowie alle Ressourcen, um die geplanten Sicherheitsmaßnahmen einrichten und nutzen zu können. Für diese Punkte wird man in der Errichtungsphase des ISMS natürlich nur eine Schätzung abgeben können.

In der Diskussion mit der Leitungsebene über die Freigabe der Ressourcen kann es hilfreich sein, auf Empfehlungen von anerkannten Auditoren zu verweisen – deren Ratschläge haben in solchen Diskussionen möglicherweise ein höheres Gewicht – zumal dann, wenn später eine Zertifizierung des ISMS angestrebt werden soll.

Man beachte, dass die Zuweisung ausreichender Ressourcen für das ISMS in der Verantwortung der Leitungsebene liegt. Anders ausgedrückt: Werden nur unzureichende Ressourcen zur Verfügung gestellt, sind die Konsequenzen (Defizite bei der Informationssicherheit) der Leitungsebene zuzurechnen.

(d) Die Leitungsebene soll kommunizieren, wie wichtig eine wirksame Informationssicherheit und die Einhaltung dieser Norm für die Organisation sind.

Für die Zielgruppe im ISMS und auf allen Ebenen der Organisation soll erkennbar sein, dass die Leitungsebene das wichtige Thema Informationssicherheit ernst nimmt und sich dafür engagiert. Auf welche Weise diese Absicht kommuniziert werden soll, ist nicht vorgeschrieben: Denkbar wäre eine schriftliche Mitteilung mit entsprechendem Inhalt, eine mündliche Darstellung z. B. in einer Betriebsversammlung, eine entsprechende Email an die Zielgruppe, eventuell auch ein entsprechender Text in einem Jahresbericht, in dem der genannte Inhalt als Zielvorstellung für das kommende Jahr dargestellt wird.

Wichtig hierbei ist, einen Nachweis zu führen, dass eine solche Kommunikation erfolgt ist und die Zielgruppe erreicht wurde.

Auch wenn sich diese Anforderung zunächst an die eigene Organisation richtet, kann die Zielgruppe durchaus umfassender sein. Lesen Sie dazu nochmal die Ausführungen zum Anwendungsbereich bei den Erläuterungen zu ISMS-4.3.

(e) Die Leitungsebene soll die Zielerreichung des ISMS sicherstellen.

Diese Anforderung soll die Leitungsebene daran erinnern, dass es schlussendlich *ihre* Aufgabe ist, für ein korrekt funktionierendes, wirksames ISMS zu sorgen. Zwar kann die operative Sicherheitsverantwortung innerhalb der Organisation z. B. an die Rolle eines/einer IT-Sicherheitsbeauftragten delegiert werden, die Leitungsebene entledigt sich damit aber keinesfalls der grundsätzlichen Führungsaufgabe und Verantwortung in Sachen Informationssicherheit.

Was kann die Leitungsebene zur Sicherstellung der Zielerreichung tun?

Gerade in der Aufbauphase fällt hierunter, eine effektive Aufbauorganisation des ISMS zu schaffen, benötigte Rollen qualifiziert und frühzeitig zu besetzen und notwendige Ressourcen für das ISMS freizugeben.

In späteren Phasen geht es mehr darum, einen Abgleich zwischen den Erwartungen und den Ergebnissen des ISMS vorzunehmen. Ein wichtiges Hilfsmittel hierzu ist die sog. Management-Bewertung, die regelmäßig (z. B. einmal jährlich) von der Leitungsebene durchzuführen ist. Sie wird uns im Detail im Zusammenhang mit ISMS-10 beschäftigen. Hiermit wird die Leistung und Zielerreichung des ISMS bewertet: Sofern diese nicht ausreichend ist, sind Korrekturmaßnahmen anzuordnen. In die Bewertung eingehen werden hier auch Berichte über eingetretene Sicherheitsvorfälle und die daraus abgeleiteten Konsequenzen.

Für die Zielerreichung bestehen generell *Risiken:* Was kann auf dem Weg zur Zielerreichung passieren und welche Folgen hat es für die Organisation? Folgerung: Ein ISMS benötigt ein qualifiziertes Risikomanagement, das von der Leitungsebene möglichst frühzeitig etabliert werden sollte.

(f) Es muss sichergestellt werden, dass alle Personen aus der Zielgruppe im ISMS ihren Beitrag zur Wirksamkeit des ISMS leisten.

Die genannten Personen müssen für ihren Arbeitsbereich bzw. ihre Arbeitsvorgänge Sicherheitsverantwortung übernehmen, damit das ISMS seine Aufgabe erfüllen kann. Was heißt das konkret? Jede Person aus der Zielgruppe muss zunächst wissen, welche Sicherheitsanforderungen für den eigenen Arbeitsbereich gelten, was das in der Praxis bedeutet, wie Abweichungen festgestellt werden und dass diese zu melden sind.

Als Beispiel für solche Meldungen nehmen wir den „normalen" Anwender in der Organisation, der etwa eine IT-Anwendung nutzt und dort plötzlich lange Antwortzeiten oder inkorrekte Daten feststellt. Hierüber ist das Sicherheitsmanagement unverzüglich zu

informieren. Wird dies unterlassen, könnten sich diese Fehlerzustände aufschaukeln, aus-
breiten und möglicherweise zu einem späteren Zeitpunkt nur mit großem Aufwand oder
Ansehensverlust reparierbar sein – Schadenszenarien, die den Zielen der Organisation
zuwiderlaufen dürften.

Man muss sich an dieser Stelle klarmachen, dass der anfangs genannte Personenkreis
entsprechend sensibilisiert und geschult werden muss, bevor er seiner Sicherheitsverantwortung gerecht werden kann. Hinsichtlich der Meldung von vermeintlichen oder
tatsächlichen Sicherheitsvorkommnissen ist eine entsprechende Kontaktstelle (User Help
Desk, Sicherheitszentrale etc.) einzurichten und ihre Erreichbarkeit bekanntzumachen.
Man erkennt an diesem simplen Beispiel, wie verschiedene Sicherheitselemente ineinandergreifen.

(g) Das Verfahren der kontinuierlichen Verbesserung muss gefördert und möglichst
breit angewendet werden.

Die kontinuierliche Verbesserung beinhaltet die Idee, durch regelmäßige Justierungen
die Leistung des ISMS zu verbessern, d. h. den Zielvorstellungen anzunähern. Im Laufe
der Zeit sollte sich daraus ein stabiles, korrekt umgesetztes und voll wirksames ISMS
ergeben.

Wie könnte man das in der Praxis erreichen? Eine klassische Methode ist das sog.
PDCA-Verfahren, das wir in Abschn. 1.4 (Stichwort *Kontinuierliche Verbesserung*) erläu-
tert haben. Das Kürzel *PDCA* steht dabei für **P**lan-**D**o-**C**heck-**A**ct: Alle Aktivitäten im
ISMS sollen zunächst geplant (P), dann umgesetzt (D) und im Rahmen der Nutzung bzw.
Anwendung überprüft (C) werden. Unter C könnten Fehler oder Abweichungen von den
Vorgaben erkannt werden, oder Sachverhalte erkannt werden, die nicht mehr aktuell sind
usw. Auf dieser Basis wird im vierten Schritt (A) über Maßnahmen zur Behebung der
Probleme entschieden. Deren Planung (P) und Umsetzung (D) erfolgt dann wieder in der
nächsten Runde des Verfahrens.

Diese regelmäßigen Justierungen haben im Grunde den Charakter eines periodisch
getakteten Regelkreises, mit dem man sich gewissen Zielvorstellungen (hier die Informationssicherheit) annähert. Weitere Details hierzu besprechen wir im Zusammenhang mit
ISMS-10.

Generell ist zu bedenken, dass ein solches Verfahren den Beteiligten zunächst durch
Schulungen vermittelt werden muss, vor allem anhand praktischer Beispiele. Der Nutzen muss erkennbar sein – andernfalls bildet sich schnell die Meinung, das sei alles zu
bürokratisch und deshalb obsolet – eine fatale Tendenz.

(h) Die Leitungsebene muss dafür sorgen, dass auf allen weiteren Ebenen der
Organisation ebenfalls Führung in Sachen Informationssicherheit demonstriert wird.

Unter dem Top Management angesiedelte Ebenen (z. B. Abteilungen, Projektbereiche
etc.) sind durch die Leitung dahingehend zu unterstützen, dass sie für ihren Zuständigkeitsbereich die Umsetzung der Punkte (a) bis (g) fördern, dazu beitragen und ggf. auch
fortentwickeln.

Weitere Hinweise zur Umsetzung von ISMS-5.1

Wir haben in den Punkten (a) bis (h) schon einiges angegeben, was bei der Umsetzung hilfreich ist. Es klang auch schon an, dass die Leitungsebene vieles an das Personal *delegieren* kann. Allerdings muss dabei beachtet werden, dass „delegieren" hier immer meint, Vorgaben für die Tätigkeiten zu machen **und** die korrekte Umsetzung bzw. Einhaltung dieser Vorgaben zu kontrollieren. Nur mit Vorgaben allein – ohne Ergebniskontrolle – ist es nicht getan.

Was wir zur Erfüllung von ISMS-5.1 auch immer planen, umsetzen und verbessern – wir sollten stets an *Nachweise* denken:

- Bei Punkt (a) wäre das natürlich die (schriftliche) Leitlinie selbst und deren Bearbeitungshistorie.
- Bei (b) müssen die genannten Prozessverantwortlichen Aufzeichnungen führen und ggf. schriftlichen Bericht an die Leitung erstatten. Auch die genannte Checkliste wäre ein Nachweis.
- Für (c) wird man einen Ressourcenplan sowie Mitteilungen, Besprechungsprotokolle etc. über die Genehmigung bzw. Freigabe von Ressourcen durch die Leitung vorhalten.
- Bei den Punkten (d) und (e) haben wir schon bei den Erläuterungen Möglichkeiten genannt.
- Für (f) könnte man z. B. Schulungsnachweise, Protokolle von erfolgten Meldungen und deren Erledigung sowie Aufzeichnungen von ausgeführten Aktivitäten nach dem PDCA als Nachweise betrachten.
- Im Hinblick auf (g) müsste das Verfahren der kontinuierlichen Verbesserung generell mit Aufzeichnungspflichten versehen sein – zumindest dort, wo es verpflichtend angewendet werden soll.
- Zum Punkt (h) wäre eine Mitteilung der Leitungsebene an die betroffenen Ebenen und Verantwortlichen dienlich, vielleicht auch ein Besprechungsprotokoll über ein entsprechendes Führungs-Meeting.

ISMS-5.2 – Politik

Hier wurde in der deutschen Normfassung das Wort *Policy* mit Politik übersetzt, gemeint ist hier aber die *Leitlinie*.

Diese wurde schon unter ISMS-5.1 Punkt (a) gefordert und wird nun inhaltlich präzisiert, wobei teilweise auf weitere Normanforderungen verwiesen wird.

Zunächst muss der Inhalt der Leitlinie zur Organisation „passen", d. h. sie muss den Kontext der Organisation (ISMS-4) widerspiegeln – zumindest in einer sachlich korrekten Zusammenfassung. Insbesondere sollte die Leitlinie nichts enthalten, was mit dem Kontext unverträglich ist oder relevanten Kontextinformationen widerspricht.

Es sollte auch vermieden werden, Anforderungen aufzuführen, die sich aus dem Kontext gar nicht ergeben. Tritt ein solcher Fall ein, kann die Ursache darin liegen, dass eine relevante Kontextinformation fehlt (z. B. eine Erwartung einer „vergessenen" Partei).

Für die Zielgruppe der Leitlinie ist es wichtig zu erkennen, welche Sicherheitsziele die Organisation mit dem ISMS verfolgt, d. h. diese Ziele müssen in der Leitlinie – zumindest summarisch und in verständlicher Form – aufgeführt werden.

Gerade in großen Organisationen kann es vorkommen, dass eine Vielzahl von Zielen oder sehr komplexe Ziele vorhanden sind, deren Berücksichtigung in der Leitlinie mehr Verwirrung als Klarheit schafft. In solchen Fällen ist es möglich, in der Leitlinie nur die *Grundsätze* darzustellen, nach denen z. B. jeder betroffene Bereich der Organisation seine Ziele *eigenständig* formulieren soll – hierzu wird Näheres in ISMS-6.2 aufgeführt. Innerhalb dieser Bereiche muss dann natürlich dafür gesorgt werden, dass die dort betroffenen Personen über die Ziele unterrichtet werden.

Die Norm fordert, dass sich die Leitungsebene in der Leitlinie *verpflichtet*, die aufgeführten Ziele und Anforderungen *umzusetzen*. Viele schöne Ziele in der Leitlinie zu formulieren ist das eine – es soll aber durch die Verpflichtung in der Leitlinie ein gewisser „Druck" erzeugt werden, diese Ziele tatsächlich umzusetzen.

In gleichem Sinne soll sich die Leitungsebene in der Leitlinie auch zum Gedanken der kontinuierlichen Verbesserung des ISMS „bekennen".

Wir beachten noch, dass sich aus ISMS-5.1 Punkt (f) für die Zielgruppe im ISMS die Verpflichtung ergibt, aktiv zur Sicherheit beizutragen. Darunter fällt u. a. die Meldepflicht bei vermeintlichen oder tatsächlichen Sicherheitsvorfällen. Diese Verpflichtung sollte unseres Erachtens in jeder Leitlinie explizit enthalten sein.

Weitere Angaben zum Inhalt der Leitlinie finden sich in Abschn. 1.4 (Stichwort *Leit- und Richtlinien*).

Nun zu einigen Management-Aspekten: Klar sollte sein, dass die Leitlinie ein *geschriebenes* Dokument sein muss.

Wie zuvor geschildert enthält die Leitlinie *Verpflichtungen* und grundsätzliche *verbindliche Vorgaben* (oder Verweise auf solche). Insoweit ist es sinnvoll, die Leitlinie formell und damit verbindlich in Kraft zu setzen – sie sollte deshalb zunächst von der Leitung unterschrieben werden.

Damit sie ihren Zweck erfüllt, muss die Leitlinie innerhalb der Organisation aktiv bekannt gemacht und verteilt werden. Die *Art* der Bekanntgabe bzw. Verteilung ist nicht vorgeschrieben. Beispiele: Versand in gedruckter Form mit der Hauspost, oder per Email, ggf. auch Versand eines Links auf das (verfügbare) Dokument.

Ein gewisses Augenmerk sollte darauf gerichtet sein, dass die Leitlinie nicht unbefugt geändert werden kann – erreichbar ist das z. B. durch eine elektronische Signatur oder zumindest durch eine wirksame Zugriffskontrolle bei der maßgebenden Urfassung der Leitlinie.

Die Leitlinie kann auch interessierten Parteien außerhalb der Organisation zur Verfügung gestellt werden – soweit die Organisation das im Einzelfall als sinnvoll erachtet. Eine Pflicht besteht hierzu nicht.

Wir erwähnen schon an dieser Stelle, dass eine Leitlinie sinnvollerweise im Rahmen von Schulungsveranstaltungen der Zielgruppe nähergebracht werden sollte – nicht zuletzt, weil das Dokument ja Verpflichtungen für die Zielgruppe beinhaltet und diesbezügliche Unklarheiten vermieden werden müssen.

Aus diesen Erläuterungen ergibt sich auch schon der „Verdacht", dass die Erstellung, Freigabe, Bekanntgabe und Pflege der Leitlinie einen Prozess innerhalb des ISMS darstellt: Richtig, es geht um das *Management der Sicherheitsleitlinie.* Hierfür gelten alle Anforderungen an ISMS-Prozesse aus Abschn. 1.4 (Stichwörter *Prozesse* und *ISMS und Anwendungsbereich*).

ISMS-5.3 – Rollen, Verantwortlichkeiten und Befugnisse in der Organisation

Für Grundsätzliches zu *Rollen,* möglichen Rollenbesetzungen und Rollenkonflikten verweisen wir auf den schon genannten Abschn. 1.4 (Stichwort *Rollen*).

Nun zu den Anforderungen unter ISMS-5.3: Die Leitungsebene muss sicherstellen, dass für die Informationssicherheit relevante Rollen mit klaren Zuständigkeiten versehen, qualifiziert besetzt und mit ausreichenden Befugnissen ausgestattet werden. Diese Rollen müssen innerhalb der Organisation bekannt gemacht werden.

Zunächst: Welche Rollen das im Einzelnen sind, wird durch die Norm *nicht* festgelegt – mit zwei Ausnahmen, die wir etwas weiter unten besprechen.

Von diesen Ausnahmen abgesehen hat man bei der Schaffung von Zuständigkeiten für die Informationssicherheit viel Spielraum. Wie geht man konkret vor? Man kann sich für die Praxis an folgender These orientieren: Jede sicherheitsrelevante Aufgabe – und damit jede entsprechende Tätigkeit im ISMS – muss einer Zuständigkeit zugewiesen werden. Wie man solche Zuständigkeiten zu Rollen zusammenfasst, benennt und gegeneinander abgrenzt, ist Sache der Organisation. Man erkennt, dass man bereits eine detaillierte Vorstellung von den Aufgaben und Tätigkeiten im ISMS haben muss, um diese Anforderung aus ISMS-5.3 vollständig bearbeiten zu können.

Generell sollte man bereits in der Organisation *vorhandene* Rollen dahingehend prüfen, ob sie um einzelne Zuständigkeiten für die Informationssicherheit erweitert werden können, welche *neuen* Rollen sinnvoll oder erforderlich sind – oder auch nach allgemeinem Verständnis vorhanden sein sollten.

Zu Letzteren zählt – zumindest im deutschsprachigen Raum – auch die Rolle des/der IT-Sicherheitsbeauftragten: Man ist vielleicht überrascht, dass diese Rolle in der

Norm ISO 27001 weder gefordert bzw. noch besonders herausgestellt wird[5]. Dies könnte dadurch bedingt sein, dass es in der Welt andere kulturell- und mentalitätsbedingte Auffassungen darüber gibt, ob man das Thema Informationssicherheit *einer* Person verantwortlich zuweisen sollte: Vielleicht ist ja ein Gremium, Board oder Forum etc. innerhalb der Organisation sinnvoller? Eine internationale Norm hält sich insofern bei solchen Punkten etwas zurück.

Weitere sicherheitsrelevante Rollen sind nach allgemeinem Verständnis z. B. Manager/ innen für Fragen der Compliance[6], der Assets, der Risiken, sodann IT-Notfallbeauftragte, Backup-Verantwortliche, Prozess- und Anwendungsverantwortliche, auch die Administration für Systeme, das Netzwerk etc.

Nochmal zur Sicherheit: Die Einrichtung der aufgezählten Rollen ist insoweit optional, als ihre Existenz von der Norm nicht vorgeschrieben wird[7].

Nun zu den zwei Ausnahmen, für die Rollen nach ISMS-5.3 sozusagen „gesetzt" sind, d. h. *verbindlich* einzurichten sind:

1. Es ist eine Rolle erforderlich, deren Aufgabe es ist, die Übereinstimmung des ISMS mit der Norm ISO 27001 sicherzustellen und aufrechtzuerhalten (sofern man sich dieser Norm „verschrieben" hat, was wir hier unterstellen).
2. Eine weitere Rolle muss die Aufgabe übernehmen, der Leitungsebene regelmäßig über die Leistung des ISMS zu berichten.

Bei der Rolle unter 1. gehört es zum Aufgabenbereich, regelmäßig eine Überprüfung des eigenen ISMS vorzunehmen, um ggf. Abweichungen oder auch nur Verbesserungsmöglichkeiten festzustellen zu können und deren Umsetzung zu veranlassen.

Hierbei denkt man sofort an Rollen wie Revisor, Compliance Manager, interner Auditor, wohingegen der/die IT-Sicherheitsbeauftragte – wenn vorhanden – hierfür eher nicht infrage kommt: Die eigenen Tätigkeiten zu überprüfen und zu beurteilen, führt zu einem typischen Interessenkonflikt.

Die Rolle unter 2. muss man im Zusammenhang mit der sog. *Leistungsbewertung* des ISMS sehen, wie sie im Abschnitt ISMS-10 gefordert wird. Wir verschieben die weitere Erläuterung dazu auf den entsprechenden Abschnitt am Ende dieses Kapitels. Das Berichten an die Leitungsebene ist die Mindestanforderung: Natürlich können entsprechende Berichte auch anderen Stellen und Personen zur Verfügung gestellt werden – und zwar von der gleichen Rolle unter 2. oder einer anderen.

---

[5] In der ISO 27001 wird der *Information Security Officer* nur als Beispiel für eine Rolle innerhalb des ISMS aufgeführt, s. das Control A-5.2 in Kap. 3.

[6] Hierunter fällt z. B. auch die Übereinstimmung mit den Datenschutz-Vorgaben (DS-GVO [1] und BDSG [3] und weitere) und somit auch die Rolle des/der Datenschutzbeauftragten.

[7] Im Anhang A der ISO 27001 werden eine Reihe von sicherheitsrelevanten Tätigkeiten genannt, die im ISMS folglich einer Rolle zuzuweisen sind – allerdings ist der Anhang A nicht verbindlich anzuwenden. Näheres dazu s. Kap. 3 in diesem Buch.

Hat man sich über alle notwendigen und erwünschten Rollen verständigt, sollten deren Aufgaben und Befugnisse möglichst schriftlich festgehalten werden – etwa in einer Rollenbeschreibung oder Tätigkeitsdarstellung. Weiterhin ist daraus für die *Besetzung* der Rollen ein Qualifikations- bzw. Anforderungsprofil abzuleiten, anhand dessen jeweils infrage kommende Kandidaten für die Rollenbesetzung ausgewählt werden können. Dies gilt zunächst für neu einzurichtende Rollen, sollte aber sinngemäß auch dann angewendet werden, wenn einzelne Aufgaben *vorhandenen* Rollen zugewiesen werden.

Es wird empfohlen, dieses Auswahlverfahren zur Rollenbesetzung aufzuzeichnen, d. h. Nachweise zu erzeugen, mit denen der skizzierte Ablauf und der erfolgte Abgleich mit den Qualifikationsprofilen belegt werden können.

Spätestens jetzt ist gemäß ISMS-5.3 noch die Aufgabe zu erledigen, alle Rollen innerhalb der eigenen Organisation *bekannt zu machen*. Soweit sinnvoll sollten dabei auch Hinweise über die Zuständigkeiten und Befugnisse gegeben werden.

Zur Bekanntmachung gibt es mehrere Möglichkeiten, z. B. die Rollen

- in der (Sicherheits-)Leitlinie darzustellen,
- in einer separaten schriftlichen Mitteilung bekannt zu geben,
- in einer Betriebsversammlung oder einer Schulungsveranstaltung z. B. anhand einer Präsentation zu erläutern.

Wichtig ist nur, die Zielgruppe vollständig zu erreichen. Die Art der Bekanntgabe sollte man deshalb dokumentieren und ihre Durchführung aufzeichnen!

Leicht zu erkennen ist: Das *Management der Verantwortlichkeiten* (Rollen, Zuständigkeiten, Personalzuweisung, ggf. Fortbildung) ist ein wichtiger Prozess im ISMS.

Fazit zum Normkapitel ISMS-5

Dieses Normkapitel stellt an die Leitungsebene der Organisation in Sachen Informationssicherheit die Anforderungen, eine gute Führung (Leadership) zu demonstrieren und sich in nicht unerheblichem Maße an den Prozessen des ISMS zu beteiligen. Anders ausgedrückt: Ohne eine intensive Mitwirkung der Leitungsebene wird ein ISMS kaum erfolgreich sein.

Das Management der Leitlinie und der Verantwortlichkeiten sind hier als Prozesse des ISMS zu nennen: Für sie gelten die Anforderungen aus Abschn. 1.4 zu den Stichwörtern *Prozesse* und *ISMS und Anwendungsbereich*).◄

Änderungen in ISMS-5 gegenüber der vorhergehenden Normfassung
Die gerade erläuterte Forderung nach Bekanntgabe der Rollen ist in der neuen Norm im Abschnitt ISMS-5.3 um einen Text ergänzt worden, der besagt, dass diese Bekanntmachung *innerhalb der eigenen Organisation* erfolgen soll. Ohne diesen Zusatz könnte man Zweifel haben, ob auch hier wieder interessierte *externe* Parteien zu berücksichtigen sind – nein, sind sie nicht.

2.3   Planung (ISMS-6)

Unter diese Überschrift werden in der Norm alle **Planungen** zum Management von Risiken und Chancen (ISMS-6.1) sowie der weiteren Behandlung von Sicherheitszielen (ISMS-6.2) zusammengefasst. Ein weiterer (neuer) Unterabschnitt ISMS-6.3 behandelt die **Planung** von Änderungen am ISMS und an seinen Prozessen (Change Management).

ISMS-6.1 – Maßnahmen zum Umgang mit Risiken und Chancen

Dieser etwas längere Normabschnitt beginnt mit **ISMS-6.1.1** – praktisch ein *Vorwort*, in dem die Zielrichtung von ISMS-6.1 erläutert wird.

ISMS-6.1.1 – Allgemeines
Unter Beachtung der Kontextinformationen aus ISMS-4.1/4.2 sollen Risiken und Chancen dafür bestimmt werden, dass die Ziele für das ISMS erreicht, unerwünschte Auswirkungen auf die Organisation vermieden (zumindest reduziert) werden – und das ISMS kontinuierlich verbessert wird.

Was meint hierbei der Begriff *Chancen:*

Während Risiken *negative* Auswirkungen auf die Organisation haben können, geht es bei Chancen um Faktoren, die sich *positiv* auf die Organisation auswirken können. Grundsätzlich sollen bei allen Analysen beide Richtungen betrachtet werden. Tatsächlich ist aber bei den weiteren Anforderungen ab ISMS-6.1.2 nur noch von *Risiken* die Rede. Dies entspricht auch der gängigen Praxis. Unsere Ausführungen in Abschn. 1.4 zum Stichwort *Risiken* gehen deshalb auf Chancen ebenfalls nicht explizit ein. Wer dennoch ausdrücklich Chancen in den Analysen berücksichtigen möchte – kein Problem: Chancen sind sozusagen „positive" Risiken und können auch so dargestellt werden, z. B. statt der Betrachtung von Schadenhöhen wird bei einer Chance ihr „Gewinn" für die Organisation zum Ausdruck gebracht.

Wegen des Vorwort-Charakters von ISMS-6.1.1 ist hier für die Praxis nichts zu tun – alles Weitere folgt ab ISMS-6.1.2.

ISMS-6.1.2 – Informationssicherheitsrisikobeurteilung
Zum Verständnis dieses Normabschnitts muss man genau auf die verwendeten Begriffe achten: *Risikobeurteilung* meint den Gesamtprozess bestehend aus Identifizieren (Identify), Abschätzen (Analyse) und Bewerten (Evaluate) von Risiken.

Wer erwartet, dass die Norm den Beurteilungsprozess konkret beschreibt, mag überrascht sein: Die Festlegung eines entsprechenden Prozesses bleibt der jeweiligen Organisation selbst überlassen – es werden nur einige Rahmenbedingungen vorgegeben: die nachfolgenden Punkte (a) bis (e), die dann natürlich auch eingehalten werden müssen.

(a) Es muss ein Verfahren festgelegt werden, anhand dessen die Risiken für die *Informationsverarbeitung* beurteilt werden können. Weiterhin müssen Kriterien zur *Akzeptanz* von Risiken definiert sein.

Zunächst: Es werden *explizit* Kriterien und ein Verfahren gefordert, welche dann später von der Organisation angewendet werden müssen. Stattdessen irgendwelche freitragenden Ideensammlung als Risikobeurteilung auszugeben, ist nicht ausreichend.

Die Kriterien und Verfahren sollen für alle Risiken der *Informationssicherheit* und ihre Sicherheitsziele geeignet und anwendbar sein. Es mag Kriterien/Verfahren geben, die aus anderen Bereichen stammen und hier nicht einsetzbar sind: z. B. aus dem Bereich der Safety (Schutz von Personen, Unfallverhütung, Betriebssicherheit von Anlagen und Maschinen). Die Forderung lautet also, die Anwendbarkeit auf die Informationssicherheit sicherzustellen.

Thema *Akzeptanz:* In der Regel wird man ein Risiko, das eine bestimmte „Höhe" – einen Schwellenwert – nicht überschreitet, ohne weitere Maßnahmen akzeptieren. Liegt eine Überschreitung dieser Grenze vor, sind Maßnahmen erforderlich, um das Risiko ausreichend zu verringern – bis das verbleibende Risiko *akzeptabel* erscheint. So könnte man jedes einzelne Risiko länglich und freitragend diskutieren – die Norm denkt aber in eine andere Richtung: Es sollen *einheitliche Kriterien* für die Akzeptanz von (Rest-)Risiken dokumentiert und angewendet werden, d. h. diese Kriterien und Verfahren sind gleichermaßen auf *alle* Risiken anzuwenden.

Hat man wie üblich Risikoklassen eingeführt (s. Abschn. 1.4, Stichwort *Risikobeurteilung*), schaut man sich die unteren Klassen (mit den geringeren Risiken) an und legt fest, ab welcher Klasse abwärts man die dort einsortierten Risiken noch akzeptieren kann. Diese Klasse ist dann sozusagen der Schwellenwert für die Risiko-Akzeptanz.

(b) Die Kriterien und das Verfahren unter a) müssen so beschaffen sein, dass man bei wiederholter Anwendung auf den gleichen Sachverhalt zu gleichwertigen[8] Resultaten kommt.

Es ist klar, dass ein Verfahren im Grunde wertlos ist, wenn es diese Anforderungen nicht erfüllt – die Ergebnisse wären dann ja eher zufällig, worauf man sicher kein ISMS gründen möchte. Allerdings zeigt die Praxis, dass die Ergebnisse auch bei „guten" Verfahren eine gewisse Schwankungsbreite aufweisen – vor allem im Hinblick darauf, *wer* die Analysen durchführt. Geht man hier von einer „Gruppenarbeit" aus – mehrere Personen werden bei der Analyse beteiligt – ergibt sich ein stabilisierender Effekt. Deshalb sollte man möglichst keine Risikobeurteilungen von einer einzigen Person durchführen lassen! Weiterhin muss die Risikobeurteilung in regelmäßigen Abständen wiederholt werden (z. B. jährlich im Rahmen der kontinuierlichen Verbesserung), wodurch eine weitere Stabilisierung der Resultate eintritt.

In den nun folgenden Anforderungen (c), (d) und (e) werden die einzelnen Arbeitsschritte der Risikobeurteilung behandelt, wie wir sie in Abschn. 1.4 eingehender dargestellt haben (Abb. 2.3).

---

[8] Die Norm spricht genauer von *consistent* (einheitlich), *valid* (stichhaltig/begründet) und *comparable* (vergleichbar).

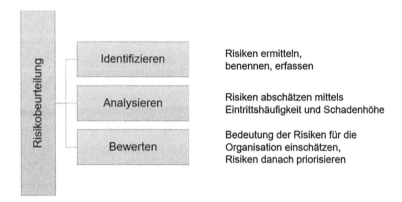

Abb. 2.3 Risikobeurteilung

(c) Der erste Schritt der Risikobeurteilung ist das *Identifizieren* von Risiken für den Anwendungsbereich des ISMS – und zwar im Hinblick auf Verluste bei der Vertraulichkeit, Integrität und Verfügbarkeit, ggf. auch andere Sicherheitsziele betreffend. *Identifizieren* steht dabei für Ermitteln und Benennen.

Die Identifizierung von Risiken kann beispielsweise aufgrund eigener einschlägiger Erfahrungen, mittels Informationen aus dem Internet oder einer Literatur-Recherche, Erkenntnissen aus Penetrationstests oder mit Unterstützung von Sicherheitsberatern vorgenommen werden – in der Regel wird eine Kombination solcher Aktivitäten zur Anwendung kommen. Die Norm lässt das alles offen, verlangt aber ein entsprechendes *dokumentiertes Verfahren* zur Identifizierung von Risiken, das einheitlich angewendet werden soll.

Wir müssen also eine entsprechende Verfahrensbeschreibung erstellen. Sie könnte sich auf die genannten Beispiele der Informationsgewinnung beziehen, die bei der Risiko-Identifizierung zu beteiligenden Rollen und Personen angeben, die entsprechenden Abstimmungs- und Konsolidierungsprozesse vorschreiben sowie Vorgaben zur kontinuierlichen Verbesserung der Risiko-Identifizierung beinhalten. In einem weiteren Gliederungspunkt sollte dargestellt werden, wie mit *neuen* Risiken umgegangen werden soll: Solche werden sich im laufenden Betrieb des ISMS häufig einstellen.

Die zweite Forderung aus dem Normtext besagt, dass jedes identifizierte Risiko innerhalb der Organisation einem *Risiko-Verantwortlichen* zugeordnet werden soll.

Die Aufgabe eines *Risiko-Verantwortlichen* besteht – kurz gesagt – darin, sich um jedes ihm zugeordnete Risiko zu *kümmern:* Durch welche Maßnahmen soll es behandelt werden, wie/wann/von wem werden die Maßnahmen umgesetzt, wie werden die Maßnahmen auf korrekte Umsetzung überprüft, ist das verbleibende Risiko akzeptabel oder soll es noch weiter behandelt werden, wie verändert sich ggf. das Risiko im Laufe der Zeit? Diese Fragen vermitteln schon eine erste Beschreibung der Rolle bzw. Aufgaben eines Risiko-Verantwortlichen.

Bezieht sich ein betrachtetes Risiko auf einen Informationswert bzw. ein Asset der Organisation, existiert ja für das Asset ein Assetverantwortlicher – diese Person wäre die erste Wahl für den Risiko-Verantwortlichen.

Man kann auch Risiko-Verantwortliche für bestimmte Bereiche einführen und ihnen alle Risiken des Bereichs zuordnen – z. B. für Infrastruktur-Risiken oder Netzwerk-Risiken. Damit verändert man allerdings die Aufbauorganisation erheblich – ist sie nicht ohnehin schon komplex genug?

(d) Für jedes identifizierte Risiko sollen die Folgen seines Eintritts *analysiert* werden: Es sind die Häufigkeit des Eintritts und die jeweilige Schadenhöhe zu ermitteln – immer aus Sicht der Organisation[9].

In den allermeisten Fällen ist in unserem Themengebiet nur eine mehr oder weniger grobe Schätzung von Häufigkeit und Schadenhöhe möglich. Man wird in der Regel mit „weichen" Risikoklassen arbeiten (s. Abschn. 1.4, Stichwort *Risikobeurteilung*).

Das Verfahren des Ablaufs dieser Risiko-Analyse ist zu dokumentieren und später dann einheitlich auf alle identifizierten Risiken anzuwenden.

(e) Analysierte Risiken – das Ergebnis von Schritt (d) – sollen im Hinblick auf ihre Bedeutung für die Organisation *bewertet* und darauf gestützt für die Bearbeitung *priorisiert* werden.

Für diese Bewertung verweist der Normtext auf Punkt (a), in dem allerdings nur von *Akzeptanzkriterien* die Rede ist. Zur Bewertung wird man deshalb zunächst Bewertungsstufen einführen und jedem analysierten Risiko eine passende Stufe zuordnen, um seine Bedeutung für die Organisation zu charakterisieren (s. auch dazu Abschn. 1.4).

Für die *Priorisierung* geht man normalerweise nach der Regel vor, die am höchsten bewerteten Risiken zuerst zu behandeln – danach geht man stufenweise tiefer, und zwar mindestens bis zur ersten Stufe, bei der die Risiko-Akzeptanz greift. Ab dort ist ja nichts mehr zu „behandeln", folglich sind die übrigbleibenden Risiken bei der Priorisierung nicht mehr zu berücksichtigen.

Das Verfahren zur Risikobewertung und -priorisierung ist zu dokumentieren und später einheitlich anzuwenden. Nutzt man ein an anderer Stelle beschriebenes Verfahren, reicht für die Dokumentation auch ein Verweis auf die Quelle.

Hinweise zur Umsetzung von ISMS-6.1

Bevor man bestimmte Verfahren zur Risikobeurteilung auswählt oder gar selbst entwickelt, sollte geprüft werden, ob es innerhalb der eigenen Organisation nicht schon an anderer Stelle (z. B. beim unternehmensweiten Risikomanagement) entsprechende Verfahren gibt: Diese dann auch für die Informationssicherheit zu nutzen, wäre auf jeden Fall

---

[9] Dieser Zusatz ist wichtig, um diese Risiko-Analyse von anderen Kontexten abzugrenzen. So werden z. B. im Rahmen des Datenschutzes nach der DS-GVO Risiken vor allem aus Sicht des von den Daten *Betroffenen* analysiert.

die beste Lösung. Möglicherweise lassen sich solche Verfahren auch durch einige Erweiterungen oder Spezialisierungen für die Informationssicherheit „verbessern", wären dann aber immer noch kompatibel mit den in der Organisation schon verwendeten Verfahren.

Entschließt man sich, das in Abschn. 1.4 skizzierte Verfahren der Risikobeurteilung anzuwenden, ist zu bedenken, dass es noch eine Reihe von Freiheitsgraden besitzt, die sich vor der Anwendung feinjustieren lassen: So könnten z. B. Veränderungen an den Risikoklassen und Bewertungsstufen vorgenommen oder Regeln zur Akzeptanz oder Behandlung von Risiken verändert werden. Innerhalb eines bereits laufenden ISMS könnte man solche Anpassungen auch noch später im Rahmen der kontinuierlichen Verbesserung vornehmen – meist ist der Aufwand dann allerdings höher.

Fazit zu ISMS-6.1.1 und ISMS-6.1.2

Der Prozess der Risikobeurteilung – mit seinen Teilprozessen der Risiko-Identifizierung, Risiko-Analyse und Risikobewertung – ist ein zentraler Prozess innerhalb des ISMS, an den eine Reihe von Anforderungen gestellt werden:

- Der zu planende Prozess muss dokumentiert werden und die erläuterten Anforderungen (a) bis (e) erfüllen.
- Der geplante Prozess bedarf einer Freigabe durch die Leitungsebene, bevor er auf die Organisation angewendet werden darf. Die Forderung nach *Anwendung* bzw. Durchführung der Risikobeurteilung findet sich erst im Normkapitel ISMS-8.
- Das mit dem Prozess verbundene freigegebene Verfahren ist regelmäßig zu überprüfen und bei Bedarf anzupassen. Gegenstand der Überprüfung sind die Eignung des Verfahrens insgesamt, die gute bzw. leichte Anwendbarkeit, die konkrete Festlegung von Kriterien, Klassen und Stufen – unter Berücksichtigung der bisherigen Erfahrungen.◄

ISMS-6.1.3 – Informationssicherheitsrisikobehandlung

Nun kommen wir zur Frage der Risiko*behandlung*. Hier stellt sich die Norm ein strukturiertes Vorgehen mit folgenden Arbeitsschritten (a) bis (f) vor.

(a) Für jedes nach ISMS-6.1 bewertete Risiko soll zunächst eine grundsätzliche *Behandlungsoption* ausgewählt werden.

In Abschn. 1.4 (Stichwort *Risikobehandlung*) haben wir die klassischen Beispiele solcher Optionen näher behandelt, wir führen sie deshalb hier nur stichwortartig auf.

- **Akzeptanz:** Das infrage stehende Risiko wird ohne weitere Maßnahmen akzeptiert.
- **Verlagerung:** Eine risikobehaftete Aktivität wird an einen sichereren Ort oder z. B. einen qualifizierten Dienstleister verlagert.

- **Minderung:** Das Risiko wird durch Maßnahmen in der eigenen Organisation behandelt. Die Maßnahmen können aus allen Bereichen (Organisatorisches, Personal, Infrastruktur, Technik) kommen.
- **Umstrukturierung bzw. Umbau:** Ein risikobehafteter Prozess wird geeignet umstrukturiert bzw. umgebaut – mit dem Ziel, die fraglichen Anteile oder beteiligten Assets durch solche mit geringeren Risiken zu ersetzen.
- **Einstellung:** Es wird die Entscheidung getroffen, einen besonders kritischen Geschäftsprozess komplett einzustellen.

Im Rahmen eines realen ISMS können natürlich weitere Behandlungsoptionen zur Verfügung stehen. Es kommt auch vor, dass die eine oder andere Option aus unserer Aufzählung von der Organisation ausgeschlossen wird – z. B. die Verlagerung an einen Dienstleister – im Sinne von *Outsourcing* – wegen zu hoher Sicherheitsbedenken oder wegen zu hoher Kosten.

Deshalb wird dringend empfohlen, die für eine Organisation anwendbaren bzw. zugelassenen Optionen zu dokumentieren (Verzeichnis der Behandlungsoptionen), d. h. alle infrage kommenden Auswahlmöglichkeiten vorab festzulegen und ausreichend detailliert zu beschreiben.

Zur Erfüllung der Anforderung (a) legt man eine Tabelle an, die in der ersten Spalte die betrachteten Risiken enthält, dann in Spalte 2 die Bewertungsstufe, daneben in einer weiteren Spalte die jeweilige Behandlungsoption – z. B. notiert durch eine Nummer aus dem Optionsverzeichnis oder als Volltext. Diese Tabelle gibt also eine erste Auskunft über die Art der Risikobehandlung, weshalb wir sie *Risikobehandlungsplan (RB-Plan)* nennen – der Plan wird in den folgenden Schritten noch ausgebaut.

(b) Für jede unter (a) jeweils ausgewählte Behandlungsoption sollen die notwendigen Controls dokumentiert werden.

Wir wollen diese Anforderung etwas ausführlicher kommentieren, weil sie relativ kompliziert ist: Die Auswahl einer Option ist ja noch relativ unspezifisch. Nehmen wir als Beispiel die Option *Verlagerung* und betrachten zwei Fälle:

- Besteht das Risiko einer IT-Anwendung z. B. in unzureichender Verfügbarkeit, könnte man als Option die Verlagerung auswählen und als konkrete Einzelmaßnahme eine Verlagerung an einen Cloud Service in Betracht ziehen, dessen Anbieter mit hoher Verfügbarkeit aufwarten kann.
- Vor und während der Vernichtung von Datenträgern besteht das Risiko des Verlusts der Vertraulichkeit, wenn solche Datenträger in die falschen Hände fallen. Hier könnte man ebenso eine Verlagerung als Option wählen und als Einzelmaßnahme die Datenträgervernichtung durch einen zertifizierten Entsorger vorsehen. Da ein solcher Entsorger zu vernichtendes Material nur periodisch abholt, käme eine zweite Einzelmaßnahme hinzu, nämlich der „Betrieb eines eigenen, sicheren Zwischenlagers für die zu vernichtenden Datenträger".

Tab. 2.1 RB-Plan

Risiko	Bewertungsstufe	Behandlungsoption	Control1	Control2	...

Vor diesem Hintergrund ist klar, dass man den RB-Plan entsprechend ausbauen muss. Er benötigt jetzt neben den Spalten für Risiko, Bewertungsstufe und Behandlungsoption weitere Spalten, in denen die ausgewählten konkreten Einzelmaßnahmen einzutragen sind. In unseren Beispielen sind das maximal zwei Maßnahmen – in der Praxis kann die Zahl aber durchaus höher sein, was unsere RB-Tabelle „breiter" macht.

Noch eine Stufe komplizierter: An manchen Stellen sind es nicht allein Einzelmaßnahmen, durch die eine Behandlungsoption realisiert wird, sondern es kann notwendig sein, noch weitergehende *Anforderungen* zu stellen: Bei unserem Fall mit der Verlagerung an einen Cloud Service unterstellen wir als Beispiel, es würden personenbezogene Daten verarbeitet. Dann müssten wir als weitere Anforderung hinzufügen: „Der Cloud Service muss die DS-GVO einhalten".

Fazit: Jede Behandlungsoption kann Einzelmaßnahmen *und* weitergehende Anforderungen nach sich ziehen. Beide Varianten sind in der Norm unter dem Begriff **Control** zusammengefasst, weil man mit ihnen Risiken steuern bzw. *kontrollieren* kann. Unsere Dokumentationspflicht nach (b) umfasst deshalb neben den Optionen auch die Controls zu ihrer Umsetzung. Der RB-Plan hat deshalb folgende Spaltenüberschriften (Tab. 2.1):

(**c**) Die Controls im Anhang A der Norm sollen ausgewertet werden, um zu vermeiden, dass im RB-Plan wichtige Controls vergessen werden.

Es wird **nicht** gefordert, dass alle Controls aus dem Anhang A in irgendeiner Form umzusetzen sind. Vielmehr soll der Anhang A nur der Unterstützung und Absicherung bei der Auswahl von eigenen Behandlungsoptionen und Controls dienen.

In der Norm wird dazu weiter ausgeführt, dass die Liste von Controls im Anhang A zwar umfangreich, aber keinesfalls in irgendeinem Sinne vollständig ist – mit anderen Worten: Eigene Controls gemäß (b) sind kein Sonderfall, sondern eher die Regel.

Um Punkt (c) zu erfüllen, gleicht man also seine eigenen Controls unter (b) mit dem Anhang A ab. Stellt man fest, dass ein Control aus dem Anhang A neue Aspekte beinhaltet, die man bisher übersehen hat, ergänzt man diese Controls im RB-Plan. Erkennt man bei dem Abgleich einige Controls aus dem Anhang A als irrelevant für das eigene ISMS, so sollte man sich einige Stichwörter zur Begründung notieren – wir brauchen sie für den jetzt folgenden Punkt (d).

(**d**) Es ist eine *Erklärung zur Eignung*[10] zu erstellen, die alle Controls nach (b) und (c) enthält.

---

[10] Im Englischen: Statement of Applicability, kurz: SoA.

Tab. 2.2 SoA-Tabelle

Control	Quelle	Grund der Berücksichtigung	Maßnahmen vorhanden/geplant	Grund für Nicht-Berücksichtigung

Die Erklärung der Eignung kann ebenfalls in Tabellenform erstellt werden. Die Controls nach (b) und alle Controls aus Anhang A übernimmt man in die erste Tabellenspalte und notiert in weiteren Spalten,

- ob es sich um ein eigenes Control oder ein solches aus dem Anhang A handelt (Quelle),
- aus welchem Grund das Control berücsichtigt wird,
- ob das Control bereits umgesetzt wurde oder hier nur geplant wird,
- warum man das Control ggf. streichen kann, d. h. es ist eine entsprechende Begründung gefordert

Der typische Grund für die Berücsichtigung eines Controls ist sein Beitrag zur Erfüllung eines Sicherheitszieles (oder mehrerer).

Bei der Bearbeitung Tabelle stellt man häufiger fest, dass das eine oder andere Control gedanklich gestrichen werden kann, weil der darin beschriebene Sachverhalt zu keinerlei Risiken für die Organisation führt, schon durch andere Controls abgedeckt oder gar außerhalb des ISMS erledigt wird. Dann ist das ursprüngliche Control obsolet, man lässt es aber in der Tabelle stehen und begründet, warum es nicht berücsichtigt wird.

Diese so entstehende Tabelle wollen wir *SoA-Tabelle* nennen – ihr Layout ist in der Tab. 2.2 angegeben.

Die beiden Spalten mit den Begründungen haben den praktischen Nachteil, dass ein evtl. längerer Text eingetragen werden muss, was die Tabelle verunstaltet. Um das Problem zu lösen, legt man in der gleichen Datei ein weiteres Tabellenblatt „Begründungen" an und trägt dort unter einer fortlaufenden Nummer die entsprechenden Begründungen ein. In der SoA-Tabelle wird dann nur eine Referenz auf die jeweilige Zeile mit der passenden Begründung eingetragen. Oft ist eine Begründung auch für mehrere Controls zutreffend, sodass sich ein „Spareffekt" einstellt.

(e) Es wird ein *Risikobehandlungsplan* gefordert.

Das ist unser RB-Plan bzw. die entsprechende Tabelle nach Punkt (b).

(f) Dieser Risikobehandlungsplan muss mit den jeweiligen Risiko-Verantwortlichen nach ISMS-6.2.1 (c) abgestimmt und von diesen – jeweils für ihren Anteil – genehmigt werden. Diese Genehmigung schließt auch die Akzeptanz der jeweils verbleibenden (Rest-)Risiken ein.

Es ist klar, dass der in (f) angesprochene Genehmigungstakt in nachweisbarer Form, also schriftlich zu erfolgen hat („Mitzeichnung").

Umsetzungshinweise für (d) bis (f)
1) Der Risikobehandlungsplan und die Erklärung zur Eignung können als separate Dokumente erstellt – oder aber miteinander verbunden werden, z. B. durch mehrere Tabellenblätter in einer gemeinsamen Datei. Damit lassen sich dann sofort die vorhandenen Querbezüge zwischen beiden Dokumenten berücksichtigen: So könnte unser RB-Plan – statt die einzelnen Controls detailliert darzustellen – nur Links auf die Controls in der SoA-Tabelle setzen. Hierdurch wird das Ganze etwas wartungs- und änderungsfreundlicher.

2) Die Reihenfolge zur Bearbeitung von (b) und (c) kann auch vertauscht werden, d. h. man beginnt mit den Controls aus Anhang A und prüft dann, ob noch weitere eigene Controls erforderlich sind. Vgl. hierzu auch den Eingangsteil in Kap. 3.

Fazit zu ISMS-6.1.3

Die in den Punkten ISMS-6.1.3 (a) bis (f) beschriebene Risikobehandlung stellt einen weiteren zentralen Prozess im ISMS dar und muss sorgfältig dokumentiert, regelmäßig überprüft und ggf. weiterentwickelt werden.

Um diesen Normabschnitt umzusetzen, soll die Organisation zunächst nur das *Verfahren* planen, wie sie Risiken behandeln will, wie dieses Vorgehen in das ISMS und seine Prozesse integriert und die Wirksamkeit des Vorgehens (später) bewertet werden soll.

Wesentlich ist auch, dass das geplante Vorgehen von der Leitung akzeptiert und freigegeben wird. Erst danach kann das Verfahren auf die Organisation angewendet werden, was dann unter ISMS-8 gefordert wird.

Explizit vorliegen müssen die *Erklärung zur Eignung* (Sammlung der relevanten Controls) und ein *Risikobehandlungsplan* (Gegenüberstellung von Risiken, Behandlungsoptionen und Controls).◄

ISMS-6.2 – Informationssicherheitsziele und Planung zu deren Erreichung

In diesem Normabschnitt geht es um die Sicherheitsziele, die im Zusammenhang mit ISMS-5.1 (a) formuliert wurden.

Zunächst sollen diese Sicherheitsziele – aus Sicht der Organisation als Ganzes – auf alle relevanten Organisationseinheiten „heruntergebrochen" werden, soweit diese im Anwendungsbereich des ISMS liegen. Dabei orientiert man sich an den Aufgaben jeder

Organisationseinheit und stellt fest, welche Ziele der Organisation ganz oder in Teilen auch für diese Einheit gelten bzw. zu welchen Zielen diese Einheit einen Beitrag leisten muss.

Sinngemäß können statt Organisationseinheiten auch entsprechende Rollen betrachtet werden (ggf. auch beides).

Nehmen wir als Beispiel das Sicherheitsziel der Vertraulichkeit von Kundendaten, das für die gesamte Organisation formuliert sei. Das entsprechende Risiko „Verlust der Vertraulichkeit..." müsste dann in der Risikobeurteilung identifiziert worden sein, dabei wurden Risikoverantwortliche bestimmt – in der Regel die Organisationseinheiten, die diese Kundendaten verarbeiten (in welcher Form auch immer). Sie müssen also in ihrem jeweiligen Zuständigkeitsbereich für die Einhaltung der Vertraulichkeit der Kundendaten sorgen. Für eine konkrete Organisationseinheit ist somit die Vertraulichkeit der *von ihr verarbeiteten Kundendaten* das heruntergebrochene Ziel.

Die Weitergabe dieser „heruntergebrochenen" Ziele soll schriftlich erfolgen. Dabei sind die folgenden Anforderungen (a) bis (l) zu erfüllen:

(a) Alle weitergegebenen Ziele müssen mit der Sicherheitsleitlinie kompatibel sein.

Man will also keine inhaltlich neuen Ziele ohne Bezug zur Leitlinie formulieren, oder gar Ziele formulieren, die der Leitlinie in irgendeiner Form widersprechen.

(b) Die Ziele sollten sich möglichst *messen* lassen[11].

Viele Ziele haben die Eigenschaft, dass sich ihr Erreichungsgrad an gewissen Indikatoren erkennen, abschätzen bzw. bewerten lässt. Lesen Sie hierzu die entsprechende Passage zum Stichwort *Messen und Überwachen...* im Abschn. 1.4.

Die Leitungsebene und weitere Management-Ebenen der Organisation haben damit die Möglichkeit, nicht nur Ziele zu definieren und vorzugeben, sondern auch ihren Erfüllungsgrad zu messen – was ein wichtiges Element zur Umsetzung von ISMS-5.1 (e) darstellt.

(c) Die Ziele müssen so gestaltet sein, dass die Kontextanforderungen berücksichtigt werden und sie durch die Risikobeurteilung und -behandlung abgedeckt sind.

Die Berücksichtigung des Kontextes ist ja schon mehrfach angesprochen worden. Was meint das „Abdecken" in Bezug auf die Risiken? Man möchte vermeiden, dass es

- Risiken ohne zugeordnete Sicherheitsziele gibt oder
- für ein Sicherheitsziel keine Risken für dessen Zielerreichung betrachtet werden.

Sobald man seine Risiken und Ziele ermittelt hat, ist der verlangte Abgleich natürlich einfach durchzuführen.

(d) Die Organisation soll den Grad der Zielerreichung laufend überwachen.

Was heißt „laufend"? Darunter fallen

---

[11] Im englischen Original ist von „measure" die Rede, was neben *messen* auch *beurteilen* und *abschätzen* bedeuten kann – dies wäre hier die bessere Übersetzung.

- eine *kontinuierliche* Überwachung – z. B. durch technische Geräte, die bestimmte Daten permanent erfassen bzw. messen,
- ein *in regelmäßigen Abständen wiederholtes* Ablesen, Beobachten oder Erfassen von Daten.

Wenn man aus solchen gemessenen Daten aussagekräftige Indikatoren für die Zielerreichung des ISMS ableiten kann, tut man sich mit der Anforderung (d) relativ leicht. Den Zielerreichungsgrad kann man im einfachsten Fall direkt an den gemessenen Daten ablesen – oder man setzt ein beliebig komplexes mathematisch-statistisches Auswertungsverfahren ein.

Wie geht man vor, wenn man keine messbaren bzw. beobachtbaren Parameter zur Verfügung hat oder ein Sicherheitsziel erst gar nicht als messbar deklariert ist? Hier bleibt einem nichts anderes übrig, als das Messen durch ein „gefühltes" Einschätzen der Zielerreichung zu ersetzen: Das Einschätzen sollte durch ein Team von mehreren Personen vorgenommen werden, wobei die Teamzusammensetzung über eine gewisse Zeit konstant bleiben sollte. Durch diese Mechanismen reduziert man den Grad an Subjektivität, die diese Einschätzung natürlich hat. Dennoch ist ein solches Vorgehen nur ein Notnagel! Man sollte nochmal eingehend prüfen, ob das betreffende Sicherheitsziel nicht doch mit messbaren Zielen versehen werden kann, selbst wenn man dabei nur Teilaspekte des Ziels abdeckt – besser als nichts.

(**e**) Der Grad der Zielerreichung sollte kommuniziert werden.

Die Frage, an wen die Ergebnisse zu kommunizieren sind, bleibt in der Norm scheinbar offen – dem Zweck der Überwachung entsprechend sind die Ergebnisse sicher der Leitungs- und ggf. weiteren Management-Ebenen zur Verfügung zu stellen. Einer Verteilung an einen größeren Adresskreis steht nichts entgegen – die Entscheidung hierüber obliegt der Leitungsebene[12]. Letzteres ist sinnvoll, da möglicherweise einige Zielerreichungsgrade als *vertraulich* oder sensibel eingestuft sein könnten.

(**f**) Die Sicherheitsziele sind regelmäßig zu aktualisieren

Durch Änderungen an den Kontextinformationen, neue Erkenntnisse bei der Risikobeurteilung und Folgerungen aus eingetretenen Sicherheitsvorfällen kann sich der Bedarf ergeben, Sicherheitsziele zu verändern, neue Ziele zu ergänzen oder bisherige Ziele zu streichen. Dadurch ergibt sich auch beim Herunterbrechen der Sicherheitsziele auf einzelne Organisationeinheiten oder Rollen ein Aktualisierungsbedarf, insbesondere bei Änderungen an der Aufbauorganisation, bei der Einführung neuer Rollen oder Änderung vorhandener Rollen.

Die diesbezügliche Überprüfung der Ziele soll regelmäßig erfolgen.

(**g**) Die Sicherheitsziele sind zu dokumentieren.

Diese erwartbare Forderung schließt ein, dass auch die Änderungshistorie bei den Sicherheitszielen dokumentiert werden sollte.

---

[12] s. auch ISMS-5.1 Punkt (e).

Sobald wir für unsere Sicherheitsziele die Anforderungen (a) bis (g) erfüllt haben und die aktuellen Ziele innerhalb der Organisation auf entsprechende Einheiten und Rollen heruntergebrochen wurden, geht es um den *Umsetzungsplan* für diese Ziele! Dazu sind folgende Fragen aus der Norm zu beantworten bzw. abzuarbeiten:

(**h**) Was ist konkret zu tun?

Es ist für jedes heruntergebrochene Ziel zu beschreiben, was für seine Umsetzung *konkret* zu tun ist. Je nach Komplexität des betreffenden Ziels kann dies eine längliche Beschreibung werden.

Dabei wird man das Gefühl nicht los, diese Dinge doch schon an anderer Stelle aufgeschrieben zu haben. In der Tat: Unter ISMS-6.1.3 haben wir ja die Behandlungsoptionen und Controls für die Zielerreichung festgelegt – insbesondere sind die vorgesehenen Maßnahmen bereits bekannt und den Zielen zugeordnet. Wir müssen „nur" den Arbeitstakt leisten, diese Controls auf die gerade betrachtete Organisationeinheit (oder Rolle) zu übertragen: Das Control ist entweder komplett zu realisieren – oder eben nur mit dem Teil, der die betrachtete Organisationseinheit (oder Rolle) betrifft.

Handelt es sich bei dem Control um eine konkrete Einzelmaßnahme, hätten wir auf diese Weise schon eine Beschreibung der Maßnahme und damit (h) erfüllt. Stellt das Control nach ISMS-6.1.3 Punkt (b) eine weitergehende *Anforderung* dar, müsste deren Umsetzung noch genauer beschrieben oder – falls sinnvoll – an eine andere Stelle delegiert werden.

(**i**) Wer ist konkret zuständig?

Wie schon erläutert kann dies eine Organisationseinheit als Ganzes, eine Rolle oder vielleicht sogar eine konkret benannte Person sein – je nach Maßnahme kann ggf. auch ein Dienstleister unterstützend tätig sein.

(**j**) Welche Ressourcen stehen zur Verfügung?

Hierzu zählen die nötigen finanziellen Mittel, die für die Umsetzung zur Verfügung stehende (begrenzte) Manpower, technische Hilfsmittel, erforderliche Software- und Hardware-Komponenten (z. B. ein von der Organisation festgelegtes Verschlüsselungsprodukt) und bereitstehende Dienstleistungen Dritter (z. B. eines Cloud Providers). Die Idee ist, bei jeder Maßnahme aus dem Umsetzungsplan die notwendigen bzw. zur Verfügung stehenden Ressourcen anzugeben.

(**k**) Wann soll die Umsetzung abgeschlossen sein?

Dies ist ein Element der *Terminplanung*, die im konkreten Fall sicherlich einige weitere Termine – z. B. für die Feinplanung, für Abstimmungs- und Überprüfungsaktivitäten – enthalten wird.

(**l**) Wie wird die Korrektheit der Umsetzung überprüft und bewertet?

Es sollte bereits hier geplant werden, wer, wann und mit welcher Methode eine Überprüfung der umgesetzten Optionen und Controls vornimmt. Ziel ist es, Abweichungen zwischen der Planung und Realisierung von Maßnahmen feststellen zu können. Die Erfahrung zeigt, dass sich hierbei meist eine längere Liste ergibt.

Fazit zu ISMS-6.2

Dieser Normabschnitt beschreibt das Vorgehen, um die Sicherheitsziele der Organisation geeignet zu dokumentieren, sie auf alle betroffenen Einheiten und Rollen herunterzubrechen und ihre Zielerreichung zu messen. Für alle Organisationeinheiten und Rollen sind entsprechende Umsetzungspläne zu erstellen.◄

ISMS-6.3 – Planung von Änderungen

Welche Änderungen sind gemeint? Beispiele hierfür sind neue Kontextinformationen, neue Organisationspläne bzw. Rollen, Änderungswünsche den Anwendungsbereich des ISMS betreffend, Aktualisierung einer Sicherheitsleitlinie, Anpassungen bei Kriterien und Verfahren (z. B. aus ISMS-6), die Einbeziehung neuer Dienstleister – aber auch ganz klassisch Änderungen bei IT-Anwendungen, Servern, Netzwerken etc. Kurz gesagt: alles, was zum ISMS gehört bzw. dieses ISMS und seine Prozesse tangiert.

Wie soll nun mit solchen Änderungen umgegangen werden? Zunächst stellt die Organisation aus eigenem Antrieb oder auf Antrag fest, dass eine entsprechende Änderung erforderlich ist und delegiert die Umsetzung an einen Verantwortlichen. Dieser erstellt einen detaillierten *Plan* – andernfalls würde man ja „planlos" arbeiten, was aus Sicht eines ISMS nicht toleriert werden kann. Der Plan ist einer formellen Genehmigung zuzuführen, welche je nach Sachverhalt z. B. durch die Leitungsebene, ein entsprechendes Gremium oder die IT-Leitung (abgelehnt oder) erteilt wird.

Nach der Genehmigung darf die Änderung ausgeführt bzw. vollzogen werden. Anschließend ist die Korrektheit der Umsetzung durch eine andere Instanz zu überprüfen. Bei positivem Votum ist die Umsetzung der Änderung abgeschlossen – entsprechende Aufzeichnungen (Plan, Umsetzungs- und Prüfprotokoll) sind zu archivieren, um den gesamten Ablauf später nachvollziehen zu können. (Wie geht's weiter bei negativem Votum bzw. Ablehnung der Änderung… ?).

Hinweis zur Umsetzung von ISMS-6.3

Falls in der Organisation ein Change Management für den Bereich der IT existiert – möglicherweise sogar Tool-unterstützt –, kann ISMS-6.3 dadurch realisiert werden, dass dieses vorhandene Change Management auf alle Elemente des ISMS ausgedehnt wird.

Änderungen in ISMS-6 gegenüber der vorhergehenden Normfassung

Es sind einige geringfügige Textanpassungen in ISMS-6.1 und ISMS-6.2 – ohne weitere Auswirkungen – vorgenommen worden. Wesentlich sind nur die beiden neuen Punkte ISMS-6.2 (d) und (g) mit Anforderungen an die Überwachung der Zielerreichung.

Weiterhin wurde in der neuen Normfassung ein Abschnitt ISMS-6.3 ergänzt, der die Organisation verpflichtet, jedwede Änderung an ihrem ISMS nur in geplanter Form vorzunehmen.

2.4   Unterstützung (ISMS-7)

In den vorausgehenden Normabschnitten war schon häufig die Rede von benötigten, verfügbaren oder unzureichenden Ressourcen für das ISMS. Das Normkapitel ISMS-7 gibt jetzt hier einige Präzisierungen in ISMS-7.1. In den weiteren Abschnitten geht es um besondere „Ressourcen" wie Kompetenzen, Sicherheitsbewusstsein, Kommunikation und dokumentierte Information.

ISMS-7.1 – Ressourcen

Diese Anforderung ist sehr kurz, hat es aber in sich: Die Organisation soll alle Ressourcen ermitteln und bereitstellen, die für die Planung/Umsetzung, den Betrieb, die Überprüfung/ Wartung und die kontinuierliche Verbesserung des ISMS erforderlich sind.

In den meisten Organisationen dürfte es Richtlinien und Vorgaben geben, wie neue Projekte – wie z. B. die Einführung eines ISMS – hinsichtlich Kosten und Aufwand zu planen sind. Diese sind auch für Einrichtung und Betrieb des ISMS anzuwenden. Die nachfolgenden Umsetzungshinweise sollen hierfür einige Anhaltspunkte liefern, ersetzen aber keine detaillierte Planung.

Klar ist auf jeden Fall: Wir brauchen einen *Ressourcenplan.*

Hinweise zur Umsetzung von ISMS-7.1
Da bei der Einführung des ISMS in der Planungs- und Umsetzungsphase ein stark erhöhter *Erstaufwand* entsteht, könnte dieser zunächst separat ermittelt werden, während der weitere Betrieb des ISMS mit allen genannten Phasen dem *Betriebsaufwand* zugeschlagen wird. Für Letzteren ist zunächst festzulegen, welcher *Zeithorizont* betrachtet werden soll. Hier wird es von der Organisation sicherlich Vorgaben geben (z. B. vom Controlling). Es hat sich ansonsten bewährt, Zeiträume von jeweils 3 Jahren zu betrachten, was einen Kompromiss zwischen Änderungshäufigkeit und Planungsaufwand darstellt[13].

Die Aufwände für die Prozesse der Überprüfung/Wartung und die kontinuierliche Verbesserung des ISMS könnte man separat bilanzieren – oder dem Betriebsaufwand zuschlagen, da ja beide Prozesse im normalen Betrieb sozusagen mitlaufen.

Bei den ISMS-Prozessen wie Risikobeurteilung, Change Management, Management der Dokumentation usw. geht es vor allem um *Personalaufwand,* der sich in der Einführungsphase möglicherweise anders darstellt als später in der Betriebsphase. Solange man noch keine praktischen Erfahrungen besitzt, muss der Personal- und Zeitbedarf für beide Phasen zunächst *geschätzt* werden. Später wird man über verlässlichere Daten verfügen und kann insbesondere beurteilen, ob ausreichend Personal vorhanden ist oder mehr

---

[13] Dies geht auch einher mit Zeiträumen, für die eine *Zertifizierung* der Organisation ausgesprochen wird (falls das beabsichtigt ist) – der entsprechende Vorbereitungs- und Durchführungsaufwand lässt sich dann für den gleichen Zeitraum im Ressourcenplan berücksichtigen und auf die Jahre verteilen.

bereitgestellt werden muss. Dabei können auch Messungen (s. ISMS-9.1) unterstützen, um z. B. die Bearbeitungsdauer wichtiger Prozessschritte zu ermitteln: Typisches Beispiel ist die Dauer der Bearbeitung von Incidents. Hier ist meist schnelles Handeln angesagt, zu geringe Personalressourcen verlängern die Bearbeitungsdauer und reduzieren somit auch die Sicherheit der Organisation.

Die ISMS-Prozesse der Risikobeurteilung und Risikobehandlung werden nicht nur einmalig ausgeführt, sondern kommen im Zuge der kontinuierlichen Verbesserung regelmäßig wieder zum Einsatz. Der Personalaufwand und begleitende Kosten fallen also ebenfalls regelmäßig an – wenn auch sicher in geringerer Höhe als beim ersten Mal.

Im Zusammenhang mit dem Personaleinsatz ist weiterhin zu berücksichtigen, dass ggf. Schulungen erforderlich sein könnten, um fehlende Qualifikationen und fachliche Kompetenzen aufzubauen. Dies trifft für die erste Planungs-/Umsetzungsphase besonders zu – kann aber auch bei Neueinstellung oder -versetzung von Personal später immer wieder auftauchen.

Im Zusammenhang mit Prozessen wie z. B. Risikobeurteilung, Incident Management und Change Management könnten ggf. *Tools* eingesetzt werden – die Kosten für deren Erwerb und der Einarbeitungsaufwand sind zu ermitteln bzw. zu schätzen.

Für die Umsetzung der *Controls* im Risikobehandlungsplan (RB-Plan) kommen sehr unterschiedliche Ressourcen zum Einsatz:

- Beauftragung von Dienstleistern für sicherheitsrelevante Aufgaben, die man nicht selbst übernehmen will oder kann – hier sind Kosten nach Aufwand oder vertraglich vereinbarte Pauschalen anzusetzen.
- Beschaffung von neuen technischen Komponenten und Systemen zur Verbesserung der Sicherheit – es sind finanzielle Mittel für die Beschaffung und Wartung erforderlich.
- Maßnahmen für die Infrastruktur z. B. zur Verbesserung der Perimeter-Absicherung, von Netzersatzanlagen und Zutrittskontrollsystemen – hier kommen Bau-, Umrüstungs- und Ausstattungskosten zum Ansatz.
- Einkauf von Beratungsdienstleistungen wie z. B. Sicherheitsberatung, externe Auditoren, Penetrationstests durch qualifizierte Dienstleister – sie werden häufig nach Aufwand bzw. Umfang abgerechnet.
- Maßnahmen zur Informationsbeschaffung wie z. B. das Abonnieren von CERT-Diensten und für den Aufbau der Threat Intelligence (s. Control A-5.7 in Kap. 2) sind hinsichtlich Aufwand und Kosten zu berücksichtigen.

ISMS-7.2 – Kompetenz

Wer im Rahmen des ISMS eine Aufgabe oder eine Rolle übernehmen soll, benötigt Wissen, Ausbildung und Erfahrung – kurz: Kompetenz für die jeweilige Aufgabe oder Rolle.

Vor diesem Hintergrund verlangt die Norm, dass

- vorab die notwendigen Kompetenzen für eine Aufgabe bzw. Rolle ermittelt werden,
- sodann abgeglichen wird, ob die vorgesehene Person über diese Kompetenz verfügt (anhand von Informationen über deren Ausbildung, Schulungen und Erfahrungen),
- alle Informationen zum Nachweis der Kompetenz und der Durchführung des Abgleichs aufbewahrt werden.

Weiterhin ist die Wirksamkeit aller Maßnahmen zur Kompetenzverbesserung zu überprüfen und zu bestätigen.

Hinweise zur Umsetzung von ISMS-7.2

Was die Kompetenz-Nachweise anbetrifft, sind Unterlagen über Ausbildungsabschlüsse, den beruflichen Werdegang und Aufzeichnungen über Erfahrungen im Sicherheitsbereich zielführend. Nicht unerheblich könnten auch Erfahrungen mit anderen Management-Systemen sein.

Ist bei einer Person keine ausreichende Kompetenz vorhanden, könnten je nach Sachverhalt z. B. Schulungen/Seminare besucht werden, um Lücken zu schließen. Natürlich können auch interne Lehrgänge in der eigenen Organisation Abhilfe schaffen.

Alternativ wäre es möglich, übergangsweise die betreffende Person für die fraglichen Tätigkeiten durch anderes kompetentes Personal – aus der eigenen Organisation oder von außen – unterstützen zu lassen. Lässt sich auch das nicht realisieren, sollte man einen Personalwechsel in Betracht ziehen.

ISMS-7.3 – Bewusstsein

Eine Person hat genügend *Awareness*[14] für die Informationssicherheit, wenn sie sich dieses Themas bewusst ist, sich darüber ausreichend informiert hat und für entsprechende Probleme in diesem Bereich sensibilisiert ist, ggf. für sicherheitskritische Tätigkeiten ausreichend trainiert wurde.

Die Norm verlangt unter dieser Überschrift, dass im ISMS tätige oder davon betroffene Personen

---

[14] Die deutsche Übersetzung mit „Bewusstsein" trifft es nur teilweise: Sich eines Themas bewusst zu sein, heißt noch nicht, dafür ausreichend sensibel zu sein. Wir nutzen lieber den Begriff *Awareness*.

- zunächst die Sicherheitsleitlinie der Organisation kennen und verstehen,
- einerseits wissen, wie sie zur Wirksamkeit des ISMS beitragen können und welche Vorteile das für die Organisation hat,
- andererseits sich bewusst sind, welche negativen Folgen es für die Organisation haben kann, wenn Vorgaben aus dem ISMS (z. B. Richtlinien) *nicht* eingehalten werden.

Zu dem hier angesprochenen Personenkreis zählen nicht nur eigene Mitarbeiter/innen, sondern auch Fremdpersonal und Personal von Dienstleistern, das für die Organisation arbeitet oder innerhalb der Organisation Dienstleistungen erbringt.

Die verlangte Awareness stellt sich nicht von selbst ein, sondern muss „hergestellt" und geschärft werden. Wichtig ist auch zu beachten, dass Awareness – einmal hergestellt – sich im Laufe der Zeit wieder verflüchtigen kann, wenn man nicht entsprechend dagegenhält, d. h. entsprechende Aktivitäten regelmäßig wiederholt.

Hinweise zur Umsetzung von ISM-7.3
Hierzu empfiehlt es sich, jährlich einen entsprechenden *Awarenessplan* aufzustellen, im Laufe des Jahres dann umzusetzen und darüber Nachweise zu erstellen. Dieser Plan könnte beinhalten:

- Veranstaltungen oder Konferenzen durchführen und/oder schriftliches Material bereit-stellen, um einen Überblick über das Thema Informationssicherheit zu vermitteln
- spezifische Schulungs- und Trainingsveranstaltungen in Präsenz oder Online durch-führen mit dem Ziel, die Leitlinie, weitergehende Richtlinien und Verhaltensregeln zu vertiefen bzw. ungeeignetes Verhalten zu vermeiden
- Verfahren bei Nichtbeachtung solcher Vorgaben (etwa Disziplinarmaßnahmen, Abmah-nungen, bei externem Personal auch z. B. Vertragskündigungen) bekannt machen
- über aktuelle Sicherheitsthemen, besondere Vorkommnisse in Sachen Informationssi-cherheit und ggf. anstehende Audits informieren

ISMS-7.4 – Kommunikation

Dieser Normabschnitt fordert, dass zunächst der Bedarf an interner und externer Kommu-nikation ermittelt werden soll und dann festgelegt wird, *was* jeweils kommuniziert werden darf, *wann* und *mit wem* dies geschehen soll und *wie* die Kommunikation ablaufen soll.

Für eine Organisation besteht immer ein Bedarf an *interner* Kommunikation zwischen Mitarbeitern, Rollen, Organisationseinheiten und Leitungsebene. Hinsichtlich der Art der Kommunikation ist klar, dass man gerade über sicherheitsrelevante Fragen eine *offene*

Kommunikation benötigt. Andernfalls ließe sich z. B. kein Lerneffekt aus den Sicherheitsvorkommnissen erzielen, auch die erforderliche Sensibilisierung (Awareness) würde sich nicht richtig einstellen bzw. nicht aufrechterhalten.

Ohnehin werden bestimmte Kommunikationsvorgänge von der Norm geradezu gefordert – womit ein Mindest-Bedarf sozusagen gesetzt ist. Beispiele für Anlässe zur Kommunikation sind:

- wichtige Änderungen am Kontext der Organisation
- Bekanntgabe einer in Kraft gesetzten neuen bzw. geänderten Leitlinie
- Mitzeichnungsverfahren (Freigaben, Genehmigung, Risikoübernahme)
- Mitteilungen über Sicherheitsvorkommnisse
- Bekanntmachung von internen Veranstaltungen zum Sicherheitsthema
- Berichterstattung aus dem ISMS an die Leitungsebene

Kritisch zu sehen ist hier eher die Kommunikation nach *außen* – mit externen Personen oder Stellen. Als konkrete Beispiele sind zu nennen: Die Kommunikation mit Aufsichtsbehörden, die Weiterleitung von Meldungen über Sicherheitsvorkommnisse an gesetzlich definierte Meldestellen[15], die Unterrichtung der Presse über entsprechende Vorkommnisse, Mitteilungen an Kunden und Kooperationspartner über sicherheitsrelevante Sachverhalte – überwiegend also *interessierte Parteien* gemäß dem Kontext der Organisation.

Oft geht es gerade bei der externen Kommunikation um grundsätzliche Einschränkungen: Wer ist (allein) berechtigt, mit bestimmten Stellen zu kommunizieren, was darf inhaltlich *nicht* weitergegeben werden, mit welcher Stelle bzw. unter welchen Bedingungen soll *keinesfalls* kommuniziert werden.

Die *Art* der Kommunikation – wie im Einzelfall kommuniziert werden soll – kann man präzisieren und ggf. einschränken: mündlich, per Brief, elektronisch per Email oder Datenaustausch über eine Cloud usw.

Für den Fall, dass sensible Inhalte nur einem bestimmten Personenkreis zugänglich sein sollen, empfiehlt es sich, geeignete technisch-administrative Maßnahmen zu treffen (Kennzeichnung und Klassifizierung von Informationen, Zugriffskontrolle, Verschlüsselung), um eine unerwünschte oder unzulässige Weitergabe von Inhalten zu verhindern.

Hinweise zur Umsetzung von ISMS-7.4
Grundsätzlich könnte man – zumindest für die *externe* Kommunikation – so vorgehen, dass

- eine Liste von Personen und Einrichtungen aufgestellt wird, mit denen seitens der Organisation Kommunikationsbeziehungen bestehen,

---

[15] z. B. an das BSI im Rahmen der kritischen Infrastrukturen.

- die Eintragungen jeweils ergänzt werden um Anlass, Gegenstand und Art der Kommunikation sowie die Benennung der handelnden Personen,
- die Regel ergänzt wird, dass jede Kommunikation mit Stellen, die *nicht* auf der Liste stehen, unter dem Genehmigungsvorbehalt der Leitungsebene steht,
- die Liste im Rahmen der kontinuierlichen Verbesserung stets hinterfragt und ggf. aktualisiert wird.

ISMS 7.5 – Dokumentierte Information

Dokumentierte Information[16] im Sinne der Norm umfasst sowohl *Dokumentation* als auch *Aufzeichnungen*. Lesen Sie sicherheitshalber unsere Ausführung zu diesen Stichwörtern in Abschn. 1.4.

Unter **ISMS-7.5.1** wird einleitend erklärt, auf was sich die Überschrift bezieht:

1. *von der Norm verlangte* dokumentierte Information

Darunter fallen ISMS-Dokumente (z. B. Leitlinie, Richtlinien), Pläne (z. B. Risikobehandlungsplan, Umsetzungsplan für die Controls), Erklärungen (z. B. das SoA, Freigabeerklärungen für bestimmte Verfahren), Aufzeichnungen aus dem laufenden Betrieb (z. B. über Sicherheitsvorkommnisse, Genehmigungen beim Change Management, durchgeführte Risikobeurteilungen und -behandlungen) und Nachweise (z. B. Kompetenznachweise, Nachweise zur Normerfüllung, Nachweise über ausgeführte Tätigkeiten).

2. *von der Organisation bereitgestellte* dokumentierte Information

Hier sind Dokumente und Aufzeichnungen gemeint, die für einen wirksamen Betrieb des ISMS von der Organisation als erforderlich angesehen, aber nicht notwendigerweise von der Norm gefordert werden – etwa Checklisten, Awarenesspläne, Berichte über erfolgte Penetrationstests, Protokolle aus Besprechungen usw.

Unter **ISMS 7.5.2** wird gefordert, dass beim Erstellen und Aktualisieren von dokumentierter Information diese

a) geeignet zu kennzeichnen ist (Titel, Datum, Autor/Quelle, Version),
b) in akzeptablem Format zu erstellen und auf geeigneten Medien zu speichern ist,
c) stets einem Review und einem Freigabeverfahren zu unterziehen ist, um Eignung und Angemessenheit sicherzustellen.

---

[16] Das Wort *Information* im Englischen wird nur im Singular verwendet; wir lassen es so stehen.

Die Kennzeichnung unter a) umfasst die allseits bekannte Dokumentenhistorie, sollte aber auch Vermerke über den Dokumentenstatus (Entwurf, Freigegeben, in Kraft gesetzt, in Überarbeitung, zurückgezogen o. ä.) und den Vertraulichkeitsgrad (z. B. offen, vertraulich oder höher eingestuft) enthalten.

Das *Format* unter b) bezieht sich darauf, dass man nur *bestimmte* Werkzeuge für die Texterstellung, Grafikeinbindung etc. zulassen sollte, um innerhalb einer Organisation (und ggf. auch bei externen Adressaten) Probleme mit der Lesbarkeit und der korrekten Darstellung einer dokumentierten Information zu vermeiden.

Bei der Auswahl von *Medien* geht es darum, dass möglichst

- nur aktuelle Medientypen genutzt werden, um eine Lesbarkeit an allen erforderlichen Orten sicherzustellen,
- qualitativ gute Medien verwendet werden, auf denen die dokumentierte Information hinreichend lange lesbar gespeichert werden kann[17].

Die Ziele des *Reviews* unter c) sind mit *Eignung* (für den beabsichtigten Zweck) und *Angemessenheit* (betreffend Stil und Inhalt, unter Beachtung der Zielgruppe) angegeben.

Ein solches Review sollte stets von einer Person durchgeführt werden, die nicht an der Erstellung beteiligt war. Der Name des Reviewers sollte in der Kennzeichnung bzw. beim Dokumentenstatus angegeben werden.

Der Normabschnitt **ISMS-7.5.3** beschäftigt sich mit der Kontrolle, die eine Organisation über ihre dokumentierte Information (aus dem ISMS) ausüben muss – gelegentlich wird dies als *Dokumentenlenkung* oder *-steuerung* bezeichnet. Es geht dabei um die folgenden Kontrollziele:

Die dokumentierte Information soll

- aus Sicht der Organisation in nutzbarer Form *verfügbar* sein, und zwar dort, wo sie benötigt wird, bei Bedarf und zu jedem erforderlichen Zeitpunkt,
- in erforderlichem Umfang *geschützt*[18] werden (z. B. vor Verlust der Vertraulichkeit oder/und Integrität, auch vor Missbrauch).

Die Norm gibt hierzu eine Liste von Aspekten, die bei den Kontrollen berücksichtigt werden sollen:

- zulässige Verteilung, leichter Zugang, Auffindbarkeit und bestimmungsgemäßer Gebrauch

---

[17] Für eine echte Langzeitarchivierung muss eine Lesbarkeit auf zukünftigen Systemen garantiert werden – wie soll das gehen? Meist führt dieses Problem dazu, dass die erforderliche Software zum Lesen der Daten **und** die Geräte, auf denen diese Software läuft, ebenfalls archiviert werden müssen.

[18] Hier käme z. B. ein Schutz durch eine Zugriffskontrolle (mit differenzierten Berechtigungen für Lesen, Ändern, Löschen) sowie eine Verschlüsselung beim Datentransport infrage.

- sichere Speicherung, Aufrechterhalten der Lesbarkeit
- Änderungs- und Versionskontrolle (s. auch ISMS-6.3)
- Aufbewahrungsfristen und Löschung/Vernichtung

Diese Aspekte sind auch bei dokumentierter Information aus *externen Quellen* zu berücksichtigen – zumindest für solche Informationen, die für die Planung und den Betrieb des ISMS als wichtig erachtet werden oder eine erhebliche Auswirkung auf das ISMS haben. Hierzu zwei Beispiele:

1) Im Bereich der kritischen Infrastrukturen werden sog. *Branchenspezifische Sicherheitsstandards*[19] herausgegeben, die erhebliche Auswirkungen auf die Controls eines ISMS haben können und insofern den oben genannten Kontrollzielen unterliegen sollten.

2) Sofern das in der Organisation angewendete Verfahren der Risikobeurteilung (nach ISMS-6.1) aus einer externen Quelle stammt und im ISMS nur referenziert wird, ist wieder der Tatbestand „erheblicher Auswirkungen" gegeben, sodass die obigen Kontrollziele auch hierfür gelten.

Bevor die Kontrollziele greifen, kann es erforderlich sein, solche externen Informationen bzw. Unterlagen auf Authentizität (Echtheit) zu prüfen und in ein in der Organisation handhabbares Format umzusetzen.

Fazit zu ISMS-7

Dieses Normkapitel beschreibt einige wichtige Ressourcen (aber nicht alle), die für Einrichtung und Betrieb eines ISMS benötigt werden. Man kommt nicht umhin, einen Ressourcenplan zu erstellen, einen Kompetenzabgleich für Rollen im ISMS durchzuführen, das Thema Awareness zu planen, eine genauere Analyse der Kommunikation innerhalb und mit Stellen außerhalb der Organisation vorzunehmen sowie Anforderungen an das Management dokumentierter Information zu erfüllen.◄

Änderungen in ISMS-7 gegenüber der vorhergehenden Normfassung
In ISMS-7.4 (Kommunikation) sind zwei Punkte der alten Normfassung („wer kommuniziert" und die Beschreibung des Kommunikationsablaufs) zu einem neuen Punkt „wie wird kommuniziert" zusammengefasst worden. Dies ist lediglich eine textuelle Verkürzung – der Inhalt bleibt letztlich gleich.

---

[19] https://www.bsi.bund.de/dok/13099278.

2.5   Betrieb (ISMS-8)

Unter ISMS-8 geht es darum, die in den vorausgehenden Kapiteln erstellten Pläne, Kriterien und Verfahren/Prozesse umzusetzen bzw. anzuwenden – dies betrifft auch die unter ISMS-6 beschriebene Risikobeurteilung und -behandlung sowie die Umsetzung der sich daraus ergebenden Controls. Dies ist keine einmalige Aufgabe – etwa vor der „offiziellen" Inbetriebnahme des ISMS –, sondern in regelmäßigen Abständen zu wiederholen, und zwar als Element der kontinuierlichen Verbesserung.

ISMS-8.1 – Betriebliche Planung und Steuerung

Die Anforderungen an das ISMS setzen sich zusammen aus den Vorgaben der Norm sowie aus Anforderungen[20] der Organisation im Hinblick auf erweiterte Ziele (falls vorhanden).

Um diese Anforderungen an das ISMS zu erfüllen, soll die Organisation die erforderlichen Prozesse planen, umsetzen und mit einer Überwachung versehen. Sofern für solche Prozesse in der Norm keine besonderen Kriterien festgelegt sind, soll sich die Organisation eigene Kriterien definieren und deren Einhaltung im laufenden Betrieb überwachen.

Als besonders wichtige Fälle werden in der Norm die Prozesse aus ISMS-6 angesehen: das Management der Risiken (ISMS-6.1) und der Sicherheitsziele (ISMS-6.2) sowie das Change Management (ISMS-6.3). Die hierfür maßgeblichen Kriterien haben wir in den genannten Abschnitten erläutert[21]. Die Einhaltung dieser Kriterien im laufenden Betrieb (d. h. bei der Anwendung der Prozesse) ist zu überwachen.

Die Überwachung selbst kann als Spezialfall von ISMS-9.1 angesehen werden – wir geben dort weitere Erläuterungen, erwähnen hier aber noch, dass die Überwachungsergebnisse aufzuzeichnen und auszuwerten sind, und zwar im Hinblick auf die korrekte Anwendung der Prozesse. Diese Aufzeichnungen sollen verfügbar bleiben.

Ein weiterer Fall betrifft Prozesse der Organisation, die von Externen (Dienstleistern) ganz oder teilweise erbracht oder zumindest unterstützt werden. Die Norm weist daraufhin, dass alle von *Externen* bereitgestellten Beiträge in diesem Sinne ebenfalls mit Kriterien zu versehen und entsprechend bei der Leistungserbringung zu überwachen sind.

Man kann diese Forderungen als dringende Ermahnung verstehen, sich nicht blind auf externe Dienstleistungen und Prozesse zu verlassen!

Natürlich gilt für alle Prozesse: Bei Nicht-Erfüllung der jeweiligen Kriterien sind entsprechende Analysen die Gründe betreffend durchzuführen und ggf. Korrekturmaßnahmen (geplant) umzusetzen. Gerade in der Anfangsphase eines ISMS wird sich häufig ein Bedarf an Änderungen ergeben: Hier muss ausnahmslos das Change Management nach

---

[20] Die erweiterten Ziele im Kontext nach ISMS-4.

[21] z. B. für ISMS-6.1.1 die Punkte (a) bis (e), analog für die anderen Anforderungen nach ISMS-6.

ISMS-6.3 greifen – was voraussetzt, dass es bei Betriebsaufnahme des ISMS „aktiviert"
wurde und strikt angewendet wird.

An dieser Stelle wird von der Norm eine interessante Erweiterung des Change Managements erwähnt, die sich mit *unbeabsichtigten* Änderungen befasst. Dazu könnte es
z. B. *versehentlich* kommen – z. B. bei umfangreichen Änderungen an IT-Systemen
und ihren Einstellungen –, oder bei der Einspielung von Updates mit *nicht voraus-
sehbaren Auswirkungen,* vielleicht auch durch *unabgestimmte Aktionen* von beteiligten
Dienstleistern.

Wie soll in solchen Fällen vorgegangen werden? Auf jeden Fall mit einem einheitlichen Verfahren: Die Auswirkungen einer solchen unbeabsichtigten Änderung sollen in
einem Review untersucht und potenzielle Schäden – soweit noch möglich – begrenzt werden. Sodann sind die Möglichkeit und Konsequenzen einer Rücknahme der Änderung zu
prüfen, bevor diese ggf. ausgeführt wird.

ISMS-8.2 – Informationssicherheitsrisikobeurteilung

Die Risikobeurteilung für den Anwendungsbereich des ISMS ist *regelmäßig* durchzuführen, und zwar präzise nach der in ISMS-6.1.2 geplanten Form. Diese Forderung betrifft
die erstmalige Anwendung in der Einrichtungsphase des ISMS, aber auch entsprechende
Wiederholungen in der Folgezeit.

Was dabei *regelmäßig* bedeutet, ist von der Organisation selbst festzulegen und zu
dokumentieren. Eine entsprechende Regel (z. B. einmal jährlich oder alle 6 Monate) muss
dann allerdings auch eingehalten werden. Stellt man nach einiger Zeit fest, dass das Intervall zu kurz oder zu lang ist, kann diese für das ISMS wichtige Regel natürlich geändert
werden – in einem geordneten Verfahren unter Beteiligung des Change Managements.

Häufig kommt die Idee auf, das Intervall zu verlängern, weil man der Meinung ist, dass
der Aufwand für die Wiederholung der Risikobeurteilung zu groß ist. Das ist aus Sicht
der Norm aber kein Argument! Hat man jedoch die Erfahrung gewonnen, dass von Intervall zu Intervall kaum Änderungen auftreten, wäre dies ein akzeptabler Grund für eine
Verlängerung. Andererseits kann es vorkommen, dass häufig und in größerem Umfang
neue Risiken auftreten, Bewertungen zu ändern sind usw. Das wäre dann eventuell ein
Anlass für eine *Verkürzung* des Intervalls. Solche Erkenntnisse betreffend Verlängerung
oder Verkürzung werden sich aber erst nach längerer Betriebsdauer des ISMS einstellen.

Es gibt eine weitere Forderung hinsichtlich der Risikobeurteilung, nämlich die *anlass-
bezogene* Durchführung. Typische Anlässe sind beispielsweise folgende: gravierende
Änderungen an der Geschäftstätigkeit der Organisation, neue gesetzliche Vorgaben mit
erhöhtem Risikopotenzial, Bekanntwerden neuer erheblicher Risiken (soweit sie für die
Organisation relevant sind), Beanstandungen aus internen/externen Audits mit der Folge
gravierender Anpassungen an Prozessen, Verfahren und Maßnahmen – und natürlich
gravierende Sicherheitsvorfälle im Anwendungsbereich des eigenen ISMS.

Folglich besteht der *Zeitplan* für die Risikobeurteilung aus dem Zeitpunkt der erstmaligen Anwendung, dem Intervall für Wiederholungen und der Maßgabe, ggf. anlassbedingt weitere Beurteilungen durchzuführen (unter Angabe möglicher Anlässe).

Am Ende jeder Risikobeurteilung liegt eine innerhalb der Organisation abgestimmte Liste relevanter (bewerteter) Risiken vor – mit daraus ableitbarer Priorisierung für ihre Behandlung.

Nochmal zur Sicherheit: Jede durchgeführte Risikobeurteilung ist im Ablauf und Ergebnis aufzuzeichnen. Entsprechende Daten und Unterlagen sind aufzubewahren.

ISMS-8.3 – Informationssicherheitsrisikobehandlung

Entsprechend ISMS-6.1.3 ist im Anschluss an eine Risikobeurteilung eine Risikobehandlung durchzuführen. Der Verfahrensablauf der Risikobehandlung ist aufzuzeichnen bzw. zu dokumentieren. Im Ergebnis stehen ein Risikobehandlungsplan (RB-Plan) und ein SoA mit entsprechenden Controls zur Verfügung.

Sobald die Leitungsebene das SoA genehmigt und entsprechende Ressourcen dafür freigegeben hat, können die vorgesehenen Controls umgesetzt werden. Dafür ist der in ISMS-6.2 (h) bis (l) skizzierte Umsetzungsplan zu erstellen – was sich leicht sagt, aber einiges an Aufwand nach sich zieht. Wie geht man das an?

Für jedes verbleibende Control ist detailliert in Form einer Handlungsanleitung zu beschreiben, wie es umgesetzt werden soll. Die so entstehenden Anleitungen sind den zuständigen Personen nach ISMS 6.2 Punkt (i) zu übergeben – mit Angaben zu den verfügbaren Ressourcen und der Terminplanung.

Da eine Organisation in Sachen Informationssicherheit eher selten bei null anfängt, werden manche Controls bereits früher umgesetzt worden sein. Es ist insofern sinnvoll, zunächst einen Abgleich durchzuführen: Was ist schon vorhanden – was fehlt noch? Möglicherweise reduziert sich die Anzahl der umzusetzen Controls beträchtlich oder die Umsetzung eines Controls wird leichter zu bewerkstelligen sein.

Sobald ein Control umgesetzt ist, kann die in ISMS-6.2 Punkt (l) geforderte Überprüfung auf *korrekte* Umsetzung starten. Diese Überprüfung sollte aber tunlichst nicht von den Personen durchgeführt werden, die direkt an der Umsetzung beteiligt waren, d. h. für diesen Arbeitstakt sind andere Personen festzulegen. Damit der Personalbedarf nicht ausufert, könnte man wechselseitig umsetzen und prüfen, d. h. wer ein Control umsetzt, kann bei den anderen Controls ggf. prüfen. Bei der Überprüfung festgestellte Abweichungen bzw. Fehler sind natürlich zu reparieren.

Bei den Controls, die schon zu einem früheren Zeitpunkt umgesetzt wurden, wird dringend empfohlen, die korrekte Umsetzung ebenfalls zu überprüfen. Oft erlebt man, dass die frühere Umsetzung nicht präzise das trifft, was im SoA gefordert wird, oder einfach eine inzwischen als unsicher erkannte Maßnahme vorliegt.

Man erkennt, dass der geschilderte Ablauf der Umsetzung und Überprüfung zwar begrenzt kompliziert ist, bei einer großen Menge von Controls aber ein erheblicher Aufwand entsteht. Der gesamte Ablauf ist daher präzise zu steuern – etwa im Sinne einer Projektsteuerung – vielleicht sogar unter Einsatz von Tools. Dieses „Umsetzungsprojekt" ist im Ablauf und im Ergebnis detailliert aufzuzeichnen: Im Ergebnis muss die korrekte Umsetzung aller Controls zuverlässig und nachvollziehbar belegt werden können.

Wer die Aufgabe der Projektsteuerung übernimmt, sollte in der Arbeitsphase für die Klärung von Fragen der Umsetzenden zur Verfügung stehen.

Fazit zu ISMS-8

Dieses recht kurze Normkapitel beschreibt die Umsetzung wichtiger Planungen bei der Ersteinrichtung des ISMS und danach. Dazu zählen u. a. die Anwendung der Verfahren zur Risikobeurteilung und -behandlung aus ISMS-6.1, sowie die Umsetzung der entsprechenden Controls aus dem Risikobehandlungsplan.◄

Änderungen in ISMS-8 gegenüber der vorhergehenden Normfassung
Es sind in ISMS-8.1 einige Änderungen vorgenommen worden, die eine Vereinheitlichung der betrieblichen Planung und Steuerung von ISMS-Prozessen zur Folge haben:

- Die Erfüllung von Anforderungen durch einzurichtende Prozesse bezieht sich formal nicht mehr allein auf *Sicherheitsanforderungen,* sondern auf *alle* Anforderungen an das ISMS.
- Bisher wurden hier die Anforderungen aus ISMS-6.1 (Risikobeurteilung und -behandlung) besonders hervorgehoben, nunmehr werden auch die Anforderungen aus ISMS-6.2 (Management der Sicherheitsziele) und ISMS-6.3 (Change Management) einbezogen. Dafür entfällt die Vorgabe, separate Pläne zur Erreichung der Sicherheitsziele zu erstellen.
- Eine wesentliche Änderung betrifft die Vorgabe, für alle zu planenden Prozesse Kriterien zu definieren, die später Gegenstand der Überwachung der Prozesse sein sollen.
- Statt wie bisher nur outgesourcte Prozesse zu überwachen, sollen nunmehr alle von Externen bereitgestellten Prozesse und Produkte sowie erbrachte Dienstleistungen für das ISMS überwacht werden.

ISMS-8.2 und ISMS-8.3 haben keine Änderung erfahren.

2.6   Bewertung der Leistung (ISMS-9)

Die Norm fordert für das ISMS eine Leistungsbewertung. Was ist damit gemeint? Die Einzelnorm ISO 27000 dazu legt fest: *Leistung* ist das messbare Ergebnis des ISMS. Somit ist also das *Ergebnis* des ISMS zu bewerten.

Das Ergebnis eines ISMS lässt sich leider nicht in *einem* Satz ausdrücken, es setzt sich vielmehr aus einer größeren Zahl von Einzelergebnissen zusammen. Sicher ist die Übereinstimmung mit der Norm ein wichtiges Ergebnis, der Grad der Erreichung der

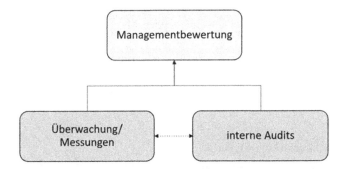

Abb. 2.4 Elemente der Leistungsbewertung

Sicherheitsziele (aber auch der erweiterten Ziele aus dem Kontext), die ausreichende Sensibilisierung des Personals, Anzahl und Schwere von Sicherheitsvorkommnissen u. v. m.

Wie soll man hier vorgehen? Als Verfahrenselemente für die Leistungsbewertung werden in der Norm explizit genannt: eine generelle Überwachung und Messung (ISMS-9.1), interne Audits (ISMS-9.2) und eine Managementbewertung (ISMS 9.3).

Die Abb. 2.4 gibt einen ersten Eindruck: Die Managementbewertung verwendet die Ergebnisse der beiden anderen Elemente als Input und ist insofern übergeordnet – aber auch zwischen Überwachung/Messung und internen Audits bestehen Querbezüge.

ISMS-9.1 – Überwachung, Messung, Analyse und Bewertung

Nach ISMS-9.1 ist jeder Organisation weitgehend selbst überlassen, ein passendes Messprogramm[22] aufzustellen und umzusetzen. Weder Indikatoren noch messbare Attribute werden vorgeschrieben. Zu beachten sind allerdings die folgenden Punkte:

Die Organisation muss festlegen und dokumentieren,

1. *was* zu überwachen und zu messen ist,
2. *welche Methoden* dafür zum Einsatz kommen,
3. *wann und durch wen* diese Überwachungen/Messungen *ausgeführt* werden sollen,
4. *wann und durch wen* die Ergebnisse auszuwerten und zu *bewerten* sind,
5. welche Aufzeichnungen (Nachweise) über die Durchführung und das Ergebnis von Überwachungen/Messungen zu erstellen und aufzubewahren sind.

Diese Aufzählung legt nahe, wie ein entsprechendes Überwachungs- und Messprogramm aussehen könnte: eine Sammlung von einzelnen Überwachungs- und Messaktivitäten,

---

[22] s. Hinweise dazu in Abschn. 1.4 zum Stichwort *Messen und Überwachen im ISMS.*

jeweils mit den Angaben zu den fünf Aufzählungspunkten. Wir fügen hinzu: Für jede Überwachung/Messung sollte in einem einleitenden Abschnitt ihr Zweck bzw. ihre weitere Verwendung erläutert werden.

Gehen wir nun die Punkte 1 bis 5 im Einzelnen durch. Da wir die Erläuterung der Anforderungen direkt mit Umsetzungsbeispielen verbinden, geben wir bei ISMS-9.1 keine *separaten* Umsetzungshinweise.

Punkt 1

Was soll überwacht/gemessen werden?

Hierzu gibt es in ISMS-9.1 lediglich den *Hinweis,* bei der Festlegung des Überwachungs- bzw. Messgegenstands auch die ISMS-Prozesse und die Controls einzubeziehen. Wie ist dieser Hinweis zu verstehen?

ISMS-Prozesse sind natürlich Bestandteil des ISMS und damit *mittelbare* Einflussfaktoren für die Leistung des ISMS als Ganzes – sie haben aber auch meist eine eigene, messbare „Performanz". Unter ISMS-8.1 wird folgerichtig eine Überwachung der ISMS-Prozesse – im laufenden Betrieb bzw. bei ihrer Anwendung – nach von der Organisation festgelegten Kriterien gefordert.

Wir betrachten im Folgenden einige Beispiele, wollen aber vorwegnehmen, dass eine wichtige Voraussetzung für die Leistungsfähigkeit eines ISMS-Prozesses seine korrekte Umsetzung gemäß der Planung ist: Dies ist allerdings eher nicht durch eine Überwachung/ Messung im Sinne von ISMS-9.1 zu verifizieren, sondern sollte vorab Gegenstand einer Inspektion oder eines internen Audits sein. Wir setzen also für das Folgende die *korrekte* Umsetzung voraus.

- Bei komplexen ISMS-Prozessen, die man schrittweise aufbaut bzw. erweitert, könnte allerdings der jeweils aktuelle Umsetzungsgrad ein wichtiger Indikator sein: Ein noch im Aufbau befindlicher Prozess kann seine geplante Leistung wahrscheinlich auch nur zum Teil erbringen (wenn überhaupt). Der Umsetzungsgrad lässt sich anhand der Umsetzungsplanung aktuell ermitteln bzw. messen.
- Ein ISMS-Prozess könnte im laufenden Betrieb bzw. bei seiner Anwendung mit unzurei- chenden/ungeeigneten Ressourcen versorgt werden. Sind in der Prozessbeschreibung die notwendigen Ressourcen angegeben, kann der Abgleich benötigt./.vorhanden bei jeder Anwendung des Prozesses erfolgen, aufgezeichnet und nach einer gewissen Zeitspanne ausgewertet werden.
- In der Praxis gibt es Prozesse, die komplex, fehleranfällig oder anderweitig unangenehm in der Anwendung sind. Die Folge ist, dass man sie meidet, vom beabsichtigten Ablauf abweicht oder eben Fehler bewusst in Kauf nimmt. Hier könnten Nutzungs- und Fehler- Statistiken für eine Messung herangezogen werden.
- Es ist immer lohnenswert darüber nachzudenken, ob und wie ein ISMS-Prozess durch eine andere Gestaltung optimiert werden könnte, d. h. seine Aufgaben schneller (in kürzerer Zeit), sparsamer (Verbrauch von Ressourcen), genauer (bessere Aufgabenerfüllung, z. B.

geringere Fehleranzahl) erbringen könnte. Hier sind entsprechende Messungen hilfreich: Attribute wie *schneller, sparsamer, genauer* lassen sich meist beziffern, klassifizieren und zu Indikatoren für die Leistung des betrachteten ISMS-Prozesses verdichten[23].

Kommen wir zu den *Controls* bzw. Maßnahmen: Hinsichtlich der *korrekten Umsetzung* gilt das gleiche wie bei den ISMS-Prozessen. Vielfach wird auch von der *Angemessenheit* von Maßnahmen gesprochen – z. B. die Angemessenheit gegenüber der Sensibilität der verarbeiteten Daten: Eine hochkomplexe, teure Maßnahme bei geringstem Sicherheitsbedarf einzusetzen macht keinen Sinn, umkehrt ist bei höchstem Sicherheitsbedarf eine schwache, kostensparende Maßnahme unangemessen. Eine unangemessene Sicherheit kann sich z. B. negativ auf die Motivation des Personals auswirken, dann zu Fehlern und Fehlerlässigkeit führen und insoweit auch die Informationssicherheit insgesamt beeinträchtigen. Diese Sachverhalte sind allerdings schon in der Planung des ISMS zu berücksichtigen und insofern eher nicht Gegenstand einer Messung/Überwachung im laufenden Betrieb.

Wir konzentrieren uns deshalb mehr auf die *Wirksamkeit* einer Maßnahme. Hier muss man unterscheiden: Wirkt sie prinzipiell ausreichend stark gegenüber den betrachteten Risiken? Diese Frage wird bei der Risikobehandlung und der Bestimmung des verbleibenden Risikos positiv beantwortet, sonst würde man die Maßnahme nicht auswählen – also kein Fall für laufende Messungen/Überwachungen.

Anders verhält es sich jedoch mit der Wirksamkeit bei der *Anwendung* der Maßnahme. Hierzu einige Beispiele:

- Hat man für eine komplexe, aufwendige Maßnahme einen Stufenplan für die Umsetzung aufgestellt, muss davon ausgegangen werden, dass die Wirksamkeit der Maßnahme im laufenden Betrieb vom aktuellen Umsetzungsgrad abhängt. Dieser könnte durch Vergleich mit der Planung ermittelt bzw. gemessen werden.
- Die korrekte Anwendung einer Maßnahme in der Praxis kann anhand von Aufzeichnungen gemessen/überwacht werden, sofern für die Maßnahme (oder das übergeordnete Control) solche Aufzeichnungen eingerichtet und aktiviert wurden. Abweichungen zwischen Planung und Aufzeichnungen lassen sich messen (z. B. zählen), um den Grad der korrekten Anwendung zu bestimmen.
- Das Einhalten von Richtlinien und das Beachten von Verhaltensregeln ist ein interessanter Fall: Das Einhalten und Beachten lässt sich nicht immer *allein* durch ein Beobachten der Abläufe überprüfen, weil man nicht jeden Anwendungsfall überwachen kann – entweder prinzipiell nicht[24] oder wegen der hohen Zahl von Fällen. Was kann man hier machen? Man könnte kompensierend die Auswertung von Sicherheitsvorfällen – bedingt durch

---

[23] s. das Beispiel des Incident Managements in Abschn. 1.4 beim Stichwort *Messen und Überwachen*.
[24] Wie will man z. B. das Verbot, mit Außenstehenden über Betriebsgeheimnisse zu sprechen, praktisch überwachen?

Nichtbeachten von Richtlinien/Verhaltensregeln – vornehmen. Beide Quellen (Beobachten der Abläufe, Auswerten der Sicherheitsvorkommnisse) sind bei der Messung/Überwachung zu berücksichtigen, die Ergebnisse sind zusammenzuführen und müssen gemeinsam aus- und bewertet werden.

- Betrachten wir als konkrete Maßnahme die Authentisierung von Nutzern durch das übliche User-Id/Passwort-Schema[25]. Messungen könnten sich darauf beziehen, wie häufig Nutzer ihre Passwörter ändern, welche Länge die Passwörter durchschnittlich haben bzw. wie sich die Passwortlänge statistisch verteilt, wie häufig z. B. bei Inspektionen Zettel mit notierten Passwörtern an Arbeitsplätzen gefunden werden usw. Solche Messwerte lassen darauf schließen, wie wirksam unser Control bei der *Anwendung* durch die Nutzer ist.
- Ein weiterer Indikator mit Einfluss auf die Wirksamkeit ist z. B. auch die Fehleranfälligkeit der Maßnahme bei ihrer Anwendung, die sich eventuell auch aus Protokollierung der Anwendung (hier etwa Anzahl der Versuche bis zum Erfolg) ablesen lässt.

Was ist sonst noch zu tun? Als verbindlich ist die Forderung am Ende von ISMS-9.1 anzusehen, die „Informationssicherheits-*Leistung* und *Wirksamkeit*" des ISMS als *Ganzes* zu bewerten.

Die Leistung des ISMS fußt auf der korrekten Umsetzung der ISMS-Prozesse und Controls sowie der Einhaltung aller Regeln und Richtlinien. Diese Aspekte haben wir schon bei den Messungen/Überprüfungen der ISMS-Prozesse und Controls betrachtet. Wenn sich hier keine Beanstandungen ergeben, bringt ein ISMS prinzipiell die erwartete Leistung (= das erwartete Ergebnis). Für das ISMS als Ganzes kann auch die Frage nach der *Angemessenheit* gestellt werden – analog zu der Betrachtung bei den Controls.

Beim Aspekt der *Wirksamkeit* muss bewertet werden, ob die Organisation ihre Sicherheitsziele nach ISMS-5.1 (a) insgesamt erreicht. Formulieren wir es anders: Man kann man sich ein Erreichen der Sicherheitsziele schlecht vorstellen, wenn

- häufig Sicherheitsvorfälle auftreten und Schäden verursachen,
- Sicherheitslücken vorhanden sind, die ein potenzielles Risiko darstellen,
- andere bekannte Risiken nicht behandelt worden sind, oder
- die erforderlichen Controls nicht vollständig umgesetzt wurden.

Wir gehen die vier Aufzählungspunkte durch.

Was *Sicherheitsvorfälle* anbetrifft, könnte man sagen: Je weniger Vorfälle und je geringer deren Auswirkungen auf die Organisation, desto höher bzw. besser die Wirksamkeit des ISMS. Was wäre hier folglich zu überwachen/zu messen? Wir werten die in einem Ticket-System erfassten Sicherheitsvorfälle aus und erfassen auch die Schwere der Vorfälle bzw. ihre Schadenklasse (alternativ ihre Bearbeitungspriorität im Ticket-System). Damit haben wir für jede bei der Risiko-Analyse festgelegten Schadenklasse die Anzahl der

---

[25] Als mögliche Umsetzung des Controls „8.5 Sichere Authentisierung" aus dem Anhang A.

Sicherheitsvorfälle im betrachteten Zeitraum ermittelt. Da schwerwiegende Vorfälle bei der Bilanzierung stärker eingehen sollten als leichtere, läuft es auf eine Produktbildung Anzahl x Schadenklasse[26] hinaus, deren Verteilung dann zum Indikator „Sicherheitsvorfälle im ISMS" führt.

Im Rahmen von Prüfaktivitäten im ISMS stellt man häufig vorhandene Sicherheitslücken oder *Schwachstellen* fest oder man erlangt – aus welchen Quellen auch immer – Kenntnis von *möglichen* Schwachstellen und neuen Risiken. Ein wirksames ISMS zeichnet sich dadurch aus, dass auf solche Erkenntnisse *umgehend* reagiert wird: Aufzeichnen der Erkenntnisse, sich daraus ergebende Risiken analysieren, falls erforderlich die Defizite/Schwachstellen beheben, Lösungen aufzeichnen.

Vor diesem Hintergrund ist die *Effizienz* der Bearbeitung solcher Erkenntnisse ein beachtenswerter Indikator für die Leistung des ISMS[27]. Als Motivation könnte eine Organisation nach dem Motto vorgehen: Wenn wir keine Defizite bzw. Schwachstellen haben oder solche zumindest schnell beseitigen, ist unser Ziel der sicheren Informationsverarbeitung weitgehend erreicht.

Den Sicherheitszielen sind nach ISMS-6.2 *Controls* zugeordnet worden. Zu Stufenplänen bei der Umsetzung von Controls haben wir schon oben bei den einzelnen Controls einiges ausgeführt, auch die Möglichkeit von Messungen. Interessant wäre hier jetzt ein Umsetzungsgrad als *Mittelwert* über alle Controls des ISMS – z. B. als Durchschnitt der Einzelwerte oder mit einer passenden Gewichtung. Klar ist, dass dieser durchschnittliche/ gewichtete Umsetzungsgrad etwas über die Wirksamkeit des ISMS aussagt: Die Informationssicherheit kann bei *unvollständiger* Umsetzung der Controls eben auch nur unvollständig sein, d. h. das ISMS erbringt keine volle Leistung und ist höchstwahrscheinlich auch nicht voll wirksam.

Natürlich bestehen zwischen den Aspekten der Korrektheit der Umsetzung, der Wirksamkeit und der Angemessenheit untereinander Abhängigkeiten. Eine genaue Trennung ist schwierig. Dass diese Aspekte jedoch im Vordergrund für die Leistungsbewertung stehen, wird auch nochmal in ISMS-10 deutlich.

Abgesehen von diesen Messungen/Überwachungen hinsichtlich der Sicherheitsziele sind auch andere (erweiterte) Ziele für die Organisation von Interesse: das Einhalten von geplanten Budgets oder die Überwachung des Ressourcenverbrauchs insgesamt, die Termintreue bei Einrichtung und im Betrieb des ISMS etc. Auch für solche Ziele ist der Grad der Zielerreichung interessant und trägt zur Leistung des ISMS und zur Informationssicherheit bei. Messungen könnten durch Abgleich mit der Planung (Budget-, Ressourcen-, Umsetzungsplan) erfolgen.

Noch ein letztes, aber für dieses Buch zentrales und überwachbares Ziel der Organisation: die Übereinstimmung des ISMS mit der ISO 27001. Durch Abgleich mit den einzelnen Normanforderungen lässt sich der Grad der Normerfüllung überwachen und messen. Dabei

---

[26] Wir müssen vorab den Schadenklassen eine Art Index oder Bewertungszahl zuweisen, bevor wir multiplizieren können.

[27] Dieses Beispiel des Incident Managements wird in Abschn. 1.4 beim Stichwort *Messen* vertieft.

sollte man eine Stufung mindestens nach *vollständig umgesetzt, teilweise umgesetzt, gar nicht umgesetzt* zugrunde legen – oder sogar eine detailliertere Abstufung vornehmen. Man beachte, dass eine entsprechende „Messung" auch Gegenstand interner Audits ist (vgl. ISMS-9.2).

Nach diesen länglichen Erläuterungen zu ISMS-9.1 ist klar, dass eine *vollumfängliche* Leistungs- und Wirksamkeitsmessung des ISMS sehr aufwendig sein kann. Wir gehen auf diesen Punkt nochmal beim Fazit zu ISMS-9.1 (weiter unten) ein.

Punkt 2

Mit welchen Methoden wird überwacht/gemessen?

Unter ISMS-6.2 Punkt (d) haben wir uns schon mit der Überwachung und Messung beschäftigt und die Begriffe „kontinuierlich" und „regelmäßig wiederholt" betrachtet. Beide Formen sind hier anwendbar.

Im Grunde läuft es *methodisch* immer auf Aktivitäten folgender Art hinaus:

- die kontinuierliche Überwachung physikalischer Größen
- der Vergleich von Messdaten mit oberen und unteren Grenzwerten
- das Zählen von bestimmten Ereignissen (z. B. eingetretene Sicherheitsvorfälle)
- der Abgleich von Aktivitäten oder Zuständen mit bestehenden Anforderungen (z. B. eines Standards, eines Prüfkatalogs)
- Vor-Ort-Inspektionen zur Erfassung von Sachverhalten (z. B. der korrekten Umsetzung von Controls)
- Befragungen von bzw. Interviews mit Personen (z. B. zur Rückverfolgung bestimmter Vorkommnisse, Feststellung der Awareness)
- das elektronische Aufzeichnen von Abläufen zur späteren Auswertung (z. B. aus Trainingsveranstaltungen)

Bei allen Aktivitäten dieser Art kann es erforderlich sein, bestimmte *Prüfmittel* (Sensorik, Prüf- und Aufzeichnungsgeräte, Checklisten, Protokolle) anzuwenden. Sie sollten im Überwachungs-/Messplan aufgeführt werden und verbindlich zur Anwendung kommen.

Bei den eingesetzten Methoden ist grundsätzlich sicherzustellen, dass sie vergleichbare und reproduzierbare Ergebnisse liefern. Zu diesen Meta-Forderungen haben wir einige Erläuterungen in Abschn. 1.4 unter dem Stichwort *Messen und Überwachen* zusammengestellt.

Punkt 3

Wann und durch wen soll überwacht/gemessen werden?

In einem Überwachungs-/Messplan ist festzulegen, zu welchen Zeitpunkten bzw. in welchen Abständen die nach Punkt 1 geplanten Aktivitäten durchzuführen sind. Hier ist die Organisation frei, einen Zeitplan festzulegen. Sich schnell ändernde Größen wird man häufiger bzw. in kürzeren Abständen messen, für stabilere Größen eignen sich längere Intervalle – für diese Festlegungen spielt wieder die Erfahrung der handelnden Personen eine Rolle.

Bei der automatisierten Überwachung/Messung physikalischer Größen sind zumindest die „Ablesung", Übernahme und Aufbereitung der gemessenen Werte zu planen. Falls das ebenfalls automatisch erfolgt, ist hier nichts mehr zu tun.

In unserem Plan der Überwachungen/Messungen muss enthalten sein, welche Personen (bzw. Rollen, Organisationseinheiten) für die einzelnen Aktivitäten verantwortlich und operativ zuständig sind. Bei automatisierten Messungen ist operativ wenig bis gar nichts zu tun – es sollte im Plan zumindest aber die *Verantwortlichkeit* festgehalten sein.

Punkt 4

Wann und durch wen sollen die Ergebnisse der Überprüfungen/Messungen *bewertet* werden?

Bewerten heißt hier, die ermittelten Daten zu analysieren, auszuwerten und daraus Schlussfolgerung für die Organisation und ihr ISMS abzuleiten.

Hier wird der bekannte Unterschied gemacht: Wer überprüft oder Messungen durchführt (Punkt 3), sollte nicht auch noch das Ergebnis für die Organisation *bewerten.*

Durch die Trennung dieser beiden Aktivitäten versucht man, die Verantwortlichkeit zu teilen, Objektivität und Neutralität zu stärken, Interessenkonflikte zu vermeiden. Die Bewerter/innen sind in der Regel auch dafür zuständig, ihre Ergebnisse innerhalb der Organisation zu kommunizieren (Verfahren und Regeln dazu s. ISMS-7.4 „Kommunikation").

Bleibt noch die Frage nach dem Zeitpunkt dieser Bewertungtätigkeiten: Die Organisation soll diese Aktivitäten *regelmäßig* durchführen – diese Forderung kennen wir schon. Entsprechend dem Überwachungs-/Messplan aus Punkt 1 könnte man warten, bis sich bei relevanten Messungen ein neuer Stand ergibt – sonst wäre möglicherweise wenig zu tun. Eine andere – vielleicht die bessere – Möglichkeit besteht darin, sich am Zeitplan der internen Audits nach ISMS-9.2 und der Managementbewertung nach ISMS-9.3 zu orientieren, um jeweils mit „frischen" Bewertungen aufwarten zu können.

Punkt 5

Welche Nachweise hinsichtlich der Überwachungen/Messungen sind gefordert?

Die Norm sagt hier kurz und knapp: Nachweise über die Ergebnisse.

Darunter fallen Mess- und Überwachungsprotokolle – mit Angaben über Gegenstand, Zeitpunkt und Ort der Messungen, ausführende Person, eingesetzte Hilfsmittel usw. – sowie Berichte über erfolgte Aus- bzw. Bewertungen.

Aus Sicht der Norm handelt es sich dabei um *Aufzeichnungen.*

Fazit zu ISMS-9.1

Generell geht es in diesem Normabschnitt darum, den laufenden Betrieb des ISMS geeignet zu überwachen, wichtige Kenngrößen zu „messen" und zu aussagekräftigen Indikatoren zu verdichten. Dabei steht die Wirksamkeit einzelner Maßnahmen und Prozesse sowie des ISMS als Ganzes im Vordergrund.

Die Auswahl von Indikatoren, von zu messenden Größen, der Messmethode und der Auswertelogik trifft die Organisation nach eigenem Ermessen.

Warnung: Es geht *nicht* etwa darum, möglichst viel zu überwachen bzw. zu messen, sondern einige wesentliche, aussagekräftige Indikatoren festzulegen und sie mit geeigneten Überwachungen/Messungen zu versehen. Eine gute Strategie wäre es, nach der Einrichtungsphase des ISMS mit wenigen Messungen zu starten und im Laufe der Zeit den Überwachungs-/Messplan nach Bedarf auszubauen: neue Messungen aufsetzen, bestehende abändern oder streichen. Hier darf und muss man experimentieren!◄

Änderungen in ISMS-9.1 gegenüber der vorhergehenden Normfassung
Es sind im Normtext einige Formulierungsänderungen vorgenommen worden – ohne Auswirkungen auf die Praxis. Weiterhin eine formale Änderung: In der alten Normfassung stand zu Beginn von ISMS-9.1 die Forderung nach Bewertung der *Leistung* und *Wirksamkeit* des ISMS, erst dann folgten die Anforderungen an die diesbezüglichen Überwachungen/Messungen – unsere Punkte 1 bis 5. In der neuen Normfassung ist die Reihenfolge genau umgekehrt. Diese Änderung soll wohl nahelegen, dass Leistungs- und Wirksamkeitsmessungen des ISMS nur als Punkte eines umfassenderen, durch die Organisation selbst festzulegenden Überwachungs-/Messplans aufzufassen sind.

ISMS-9.2 – Internes Audit

Ein solches Audit leistet einen Abgleich zwischen der gegebenen Realität und den bestehenden Anforderungen. Dieser Abgleich findet *punktuell* statt, d. h. zu bestimmten Zeitpunkten – praktisch eine Art Snapshot der Verhältnisse. Ein nur *einmalig* durchgeführtes Audit mag hilfreich sein, eine volle Wirkung erreicht dieses Verfahren aber erst durch regelmäßige Wiederholung.

Die generelle Forderung unter ISMS-9.2 lautet, in geplanten Intervallen interne Audits durchzuführen, um Erkenntnisse darüber zu gewinnen, ob das ISMS

- den eigenen Anforderungen der Organisation sowie den Anforderungen der Norm genügt,
- wirksam eingerichtet ist und weiterentwickelt wird.

Intern bedeutet dabei, dass ein solches Audit unter der Regie der eigenen Organisation steht[28] und von eigenem Personal – oder von beauftragtem externem Personal – geleistet wird. Je nach Größe und Komplexität der Organisation wird ein internes Audit eher von einem Audit-*Team* durchgeführt.

Die *geplanten Intervalle* deuten an, dass man einen Terminplan – z. B. jährlich – aufstellt, in dem die Vorbereitungsphase, das Audit selbst und entsprechende Nacharbeiten – z. B. die Reparatur von Beanstandungen – sowie die Berichterstattung an die Leitungsebene terminlich vorausgeplant werden.

Der erste Aufzählungspunkt oben gibt an, dass das geforderte Audit einen Abgleich zwischen dem realen ISMS und den *eigenen* Anforderungen der Organisation vornehmen soll. Ein zweiter Abgleich soll das reale ISMS an den Erfordernissen der Norm spiegeln. Die Formulierung legt auch wieder nahe, dass die Ziele der Organisation nicht allein darin bestehen sollten, die Norm zu erfüllen.

Eine weitere Aufgabe des Audit-Teams besteht nach der obigen Aufzählung darin, die *Wirksamkeit* des ISMS zu beurteilen. Hierzu haben wir schon unter ISMS-9.1 viele Hinweise gegeben. Das Audit-Team soll auch prüfen, ob das ISMS „vernünftig" weiterentwickelt wird. Hierzu schaut man sich anhand der (hoffentlich vorhandenen) Aufzeichnungen an, wie in der Vergangenheit auf neue externe und interne Anforderungen (Kontextänderungen) reagiert wurde, wie neue technologische Möglichkeiten in das ISMS eingebaut wurden, ob der Prozess der kontinuierlichen Verbesserung funktioniert, wie mit den Ergebnissen früherer Audits verfahren wurde. Insgesamt muss eine (positive) Entwicklung der Organisation erkennbar sein.

Die Durchführung interner Audits ist nach der Norm ein wichtiger ISMS-Prozess. Folglich wird man ihn wie jeden anderen dokumentieren *(Prozessbeschreibung)*, regelmäßig geplant anwenden, überwachen und bei Bedarf anpassen bzw. verbessern. Bei der Planung ist zu beachten, dass beim Audit den Anteilen des ISMS, die eine hohe Bedeutung für die Informationssicherheit haben, auch entsprechend hohe Aufmerksamkeit gewidmet wird – immer vorausgesetzt, dass eine solche Differenzierung nach der Bedeutung bzw. Wichtigkeit möglich und sinnvoll ist.

Die Norm stellt einige Anforderungen an die Prozessbeschreibung für interne Audits. Sie soll enthalten:

- die Forderung, bei jedem Audit die Ergebnisse früherer Audits zu berücksichtigen, insbesondere die Behebung seinerzeit festgestellter Defizite zu verifizieren
- eine Regel für die zeitlichen Abstände zwischen den Audits bzw. die Häufigkeit derselben (wichtig für den jährlichen Terminplan)
- den Gegenstand des Audits, hier die Erfüllung eigener Anforderungen an das ISMS und natürlich die Anforderungen der ISO 27001

---

[28] Im Unterschied zu einem externen Audit zum Zwecke einer Zertifizierung, wobei Auditor und Zertifizierungsstelle die Regeln bestimmen.

- die Kriterien, nach denen Audits durchgeführt werden (notwendige Teilnehmer, Ablauf des Audits, Feststellung und Bewertung von Defiziten, abschließende „Urteilsfindung" etc.) und
- Angaben zur Auswahl von Auditoren und zur Zusammenstellung von Audit-Teams unter Beachtung von Objektivität und Unparteilichkeit

Dann natürlich wie immer: Es sind Nachweise zu erstellen und verfügbar zu machen, um die Durchführung von internen Audits belegen und ihrer Ergebnisse nachvollziehen zu können. Als Nachweise dienen in der Regel der jeweilige Terminplan, ein Auditbericht (Ablauf und Ergebnisse), zusätzliche Unterlagen über die Behebung festgestellter Defizite, sowie alles zum Thema *Kommunikation der Ergebnisse* innerhalb der Organisation.

Wie bei anderen Prozessen im ISMS gilt auch hier, dass das mit den Audits beauftragte Personal hinreichend qualifiziert (z. B. Auditor-Lehrgänge) und erfahren (längere Prüfungstätigkeit) sein muss. Das vorgesehene Audit-Team muss weiterhin *unparteilich* und *objektiv* sein. Das schließt aus, dass dem Audit-Team Personen angehören, die an der Einrichtung und/oder dem Betrieb des ISMS beteiligt waren bzw. noch sind, oder zu irgendwelchen Zeitpunkten unterstützend bei der Umsetzung beraten haben – oder gar einen persönlichen Nutzen aus den Auditergebnissen ziehen könnten.

Hinweise zur Umsetzung

Im Hinblick auf die genannten Randbedingungen schaut man sich am besten in der eigenen Organisation nach Auditoren für andere Managementsysteme oder nach erfahrenen Revisoren um. Zwar lässt sich fehlende Auditkompetenz durch Schulungen aufbauen, aber erst eine gewisse Anzahl durchgeführter Audits schafft die notwendige Erfahrung – unabdingbar zumindest für die Leitung eines Audit-Teams. Gegebenenfalls wäre auch die Verpflichtung eines (anerkannten) *externen* Auditors für die Leitung des Audit-Teams sinnvoll.

Gerade im Zusammenhang mit Organisationen, die viele Standorte besitzen, möglicherweise in einer Reihe von Ländern präsent sind, möchte man die Reisezeiten für das Audit-Team reduzieren. Hier bietet sich an, Audits zumindest teilweise „remote" auszuführen, d. h. durch Nutzung von Konferenzsystemen für Besprechungen, sowie von Videosystemen zur Vor-Ort-Inspektion.

Fazit zu ISMS-9.2

Interne Audits sind ein wichtiger Teil des ISMS. Qualifizierte Planung und regelmäßige Durchführung sind unerlässlich. Wer Erfahrungen mit anderen Audits (z. B. aus QM-Systemen) hat, wird aber in diesem Normabschnitt nichts Neues erfahren.◄

Änderungen in ISMS-9.2 gegenüber der vorhergehenden Normfassung
Es sind im Normtext einige textuelle Anpassungen vorgenommen worden – für die Praxis lassen sich daraus keine Auswirkungen ableiten.

ISMS-9.3 – Managementbewertung

Dass die Leitungsebene die Gesamtverantwortung für die Informationssicherheit trägt, haben wir schon unter ISMS-5.1 erkannt. Vor diesem Hintergrund benötigt die Leitungsebene Informationen, um die Sicherheitslage der eigenen Organisation und die Leistung des ISMS bewerten zu können.

Die Norm verlangt dazu die *regelmäßige* Durchführung einer sog. *Managementbewertung*. Grundsätzlich gilt auch hier: Die Organisation kann das Zeitintervall nach eigenen Vorstellungen festlegen.

Die erwartete Regel könnte so aussehen, dass eine jährliche Wiederholung vorgesehen ist oder man sich z. B. an dem PDCA-Verfahren orientiert: Nach Abarbeiten eines PDCA-Zyklus beim (Informations-)Sicherheitsmanagement – also nach der ACT-Phase – findet dann immer anschließend eine Managementbewertung statt. Letzteres könnte den Vorteil haben, dass wirklich aktuelle neue Informationen vorliegen, hat aber den Nachteil, dass man sich von einem anderen ISMS-Prozess und seiner regelmäßigen Durchführung abhängig macht.

Welche Informationen als *Input* für die Managementbewertung *mindestens* zur Verfügung stehen müssen, ist in ISMS-9.3 angegeben. Wir formulieren die Angaben in Frageform:

- Sind aus der letzten Managementbewertung alle Aufträge erledigt worden bzw. wie ist der aktuelle Status?
  Bei der letzten Durchführung könnten Defizite oder Verbesserungsmöglichkeiten spezifiziert und deren Behebung/Umsetzung an das Personal delegiert worden sein. Es muss die korrekte Behebung verifiziert werden.
- Haben sich beim Kontext der Organisation Änderungen ergeben, die für das ISMS relevant sein könnten?
  Hier geht es um interne und externe Vorgaben und Erwartungen, speziell auch um Anforderungen und Erwartungen interessierter Parteien (ISMS-4.2).
- Gibt es Informationen zur Leistung des ISMS?
  Dabei werden folgende Punkte erwähnt: bekannte Abweichungen von der Norm und entsprechende Korrekturmaßnahmen, die Resultate aus dem Überwachungs-/Messprogramm nach ISMS-9.1, die Berichte aus durchgeführten internen Audits gemäß ISMS-9.2, der Erfüllungsgrad der Sicherheitsziele (Wirksamkeit).
- Wurden bei der Risikobeurteilung in der vergangenen Periode neue Risiken festgestellt? Wie ist der Status der Risikobehandlung?
  Hier wird das Ziel sein, die konsequente, zügige Risikobehandlung erkennen zu können.
- Gibt es Ideen und Vorschläge zur Verbesserung des ISMS und seiner Leistung?
  Solches Material kann von Kunden, Partnern, eigenem Personal oder auch von Außenstehenden stammen.

Dieses umfangreiche Paket an Informationen muss der Leitungsebene aus dem ISMS und ggf. weiteren Quellen verfügbar gemacht werden.

Worin soll der *Output* der Managementbewertung bestehen? Die Leitungsebene soll für das nächste Zeitintervall verbindlich festlegen, was zur kontinuierlichen Verbesserung des ISMS zu tun ist und wie mit dem erkannten Änderungsbedarf am ISMS umgegangen werden soll.

Hieraus werden dann ggf. konkrete Aufträge für einzelne Organisationseinheiten und Rollen abgeleitet – dies sollte auch mit der Freigabe entsprechender Ressourcen verbunden sein, sonst bleibt diese Aktion folgenlos. Es soll an dieser Stelle nicht unerwähnt bleiben, dass das Ergebnis der Managementbewertung auch kurz und knapp „weiter so!" heißen kann. Dies dürfte aber nach aller Erfahrung eine seltene Ausnahme sein.

Schon wegen des Beauftragungscharakters, aber auch wegen der grundsätzlichen Forderung nach Nachverfolgbarkeit aller Vorgänge müssen die Ergebnisse der Managementbewertung als dokumentierte Information (schriftlich) vorliegen und verfügbar sein.

Umsetzungshinweis zu ISMS-9.3

In der Praxis wird die Leitungsebene viele Aufgaben innerhalb der Organisation *delegieren* wollen: Informationsbeschaffung, Ableitung von Schlussfolgerungen und Vorschlägen sowie die Erstellung des Berichts zur Managementbewertung. Das ist selbstverständlich in Ordnung. Folgende Aktion kann jedoch *nicht* delegiert werden: Die Kenntnisnahme des abschließenden Berichts und die Unterzeichnung desselben. Letzteres soll die Akzeptanz des Inhalts durch die Leitungsebene klarstellen und das Arbeitsprogramm für das folgende Zeitintervall verbindlich festlegen.

Man muss sich als ISMS-Verantwortlicher also darauf vorbereiten, vor der Unterzeichnung eine entsprechende Präsentation vor der Leitung oder ein entsprechendes *Briefing* zu halten.

Fazit zu ISMS-9.3

Die Managementbewertung ist aus Sicht der Leitungsebene die zentrale Steuerungsmöglichkeit für den Betrieb eines an aktuellen Vorgaben ausgerichteten und wirksamen ISMS und damit zur laufenden Verbesserung der Informationssicherheit der Organisation. Die Managementbewertung ist auch ein formaler Akt und bedarf einer Unterschrift der Leitungsebene.◄

Änderungen in ISMS-9.3 gegenüber der vorhergehenden Normfassung

Daten über *Anforderungen und Erwartungen interessierter Parteien* wurden als Input für die Managementbewertung neu aufgenommen. In der früheren Normfassungen verbarg sich dieser Punkt in einer anderen Anforderung – für die Praxis dürfte sich nichts ändern.

2.7 Verbesserung (ISMS-10)

Das relativ kurze Normkapitel ISMS-10 beschäftigt sich mit der (laufenden) Verbesserung des ISMS einer Organisation, und zwar als grundlegende Forderung wie auch im Hinblick auf die Beseitigung von Normabweichungen.

ISMS-10.1 Fortlaufende Verbesserung

Den Prozess der kontinuierlichen Verbesserung haben wir schon häufig bei den anderen Normabschnitten kommentiert – er bezieht sich im Grunde auf *alle* Elemente im ISMS. Der Normabschnitt ISMS-10.1 gibt als Zielrichtung der Verbesserung die Eignung, Angemessenheit und Wirksamkeit des ISMS an (vgl. dazu auch ISMS-9).

Wichtige Erkenntnis: Es geht also *nicht* darum, die Messlatte immer höher zu setzen – etwa das Niveau der Informationssicherheit immer höher zu schrauben. Vielmehr soll unter Beachtung des Kontextes der Organisation und der eigenen Sicherheitsziele das ISMS passgenau *optimiert* werden. Im Einzelfall kann dies beispielsweise bedeuten, einige Controls zu streichen (weil ihr Zweck nicht mehr gegeben ist oder anderweitig erfüllt wird) – oder das Verfahren der Risiko-Analyse zu vereinfachen (weil es sich im Hinblick auf die verlangte Sicherheit als überzogen, d. h. als unangemessen erwiesen hat). Es kann natürlich auch angezeigt sein, an der einen oder anderen Stelle das Sicherheitsniveau zu erhöhen oder gar zu verringern – etwa bei überzogenen Maßnahmen oder bei unverhältnismäßig hohem Aufwand.

Umsetzungshinweis zu ISMS-10.1
Die Organisation muss sich kontinuierlich mit der Verbesserung in diesem Sinne beschäftigen. Wie ist diese Forderung umzusetzen? Eine klassische Implementierung des ISMS-Prozesses *kontinuierliche Verbesserung* ist das PDCA-Verfahren, das wir schon kurz in ISMS-5.1 (g) erwähnt haben. Damit lässt sich ein Regelkreis aufbauen, mit dem man die hier verlangte Optimierung des ISMS durchführen kann. Weitere Erläuterungen zu diesem grundlegenden Verfahren geben wir in Abschn. 1.4 zum Stichwort *kontinuierliche Verbesserung*.

In der Praxis sammelt man also fortlaufend alle anfallenden Erkenntnisse über Verbesserungsmöglichkeiten im oben geschilderten Sinne. Dabei muss entschieden werden, ob und wann ggf. eine solche Möglichkeit realisiert wird. Wenn ein dringender Handlungsbedarf besteht, muss dem auch sofort entsprochen werden. Ansonsten könnte man sich jahresweise bestimmte Termine vorgeben, zu denen man die gesammelten Erkenntnisse auswertet und ggf. eine Umsetzung in Betracht zieht. Die Umsetzung selbst kann davon unabhängig terminlich geplant werden, die Ausführungen zu ISMS-4.3 (Change Management) sind zu beachten.

ISMS-10.2 Nichtkonformität und Korrekturmaßnahmen

Abweichungen von der Norm betreffen Gegebenheiten in einem ISMS, die den Anforderungen der ISO 27001 widersprechen bzw. diese nicht oder zumindest nicht vollständig erfüllen.

Solche Abweichungen können bei internen Audits und bei Zertifizierungsaudits – natürlich auch bei jeder anderen Prüftätigkeit im Rahmen des ISMS – festgestellt werden. Manchmal werden sie auch mehr oder weniger zufällig erkannt. Wie auch immer: Es bedarf einer entsprechenden Korrektur, um die Konformität mit der Norm zu erreichen bzw. aufrechtzuerhalten. Hinsichtlich der Korrektur werden in ISMS-10.2 folgende Forderungen (a) bis (g) gestellt.

Im Normpunkt (a) wird gefordert, auf jede auftretende (d. h. bekannt gewordene) Abweichung von der Norm zu reagieren, indem man zunächst eine geeignete Korrektur(maßnahme) plant und zur Umsetzung vorsieht.

Häufig scheint es eine einfache Korrektur für eine Abweichung zu geben – hier noch ein kurzes Dokument, da noch eine schnelle Maßnahme! Analysiert man jedoch genauer, stellt man fest, dass diese Korrektur „größere Kreise zieht" – d. h. Folgen für andere Stellen im ISMS hat, vielleicht dort sogar für neue Abweichungen sorgt. In Anbetracht dieser Erfahrung wird gefordert, sich zunächst die Konsequenzen der geplanten Korrektur anzuschauen und sie ggf. erst dann umzusetzen.

Im Normpunkt (b) wird im Grunde die folgende Frage gestellt: Wie konnte es zu der betreffenden Abweichung kommen? Dafür muss es *Ursachen* geben. Möglicherweise ist einfach eine bestimmte Anforderung der Norm übersehen oder missverstanden, zu Anfang vielleicht vertagt und später vergessen worden. Natürlich kann es auch um tiefer gehende Ursachen gehen – etwa die Nutzung eher ungeeigneter ISMS-Prozesse oder Verfahren (z. B. für das Risikomanagement nach ISMS-6). Nicht unbegründet ist insofern die Vermutung, dass diese Ursache weitere Abweichungen z. B. an anderer Stelle im ISMS verursacht haben könnte, die bisher unerkannt geblieben sind. Diese Vermutung muss nach (b) ausgeräumt werden – was eine Reihe von Überprüfungen erfordert.

Nach diesen vorbereitenden Analysen kann nun die Korrektur umgesetzt werden (c). Die Wirksamkeit der Korrektur ist zu verifizieren (d). Falls erforderlich können sogar weitergehende Änderungen im ISMS vorzunehmen sein (e).

Nun kommt wie üblich die Forderung nach dokumentierter Information: die Art der Abweichung, die geplanten Aktivitäten zur Ursachenfeststellung, die geplante Korrektur der Abweichung sowie das Ergebnis der Korrektur (Abweichung behoben ja/nein) sind aufzuzeichnen; diese Aufzeichnungen sind aufbewahren (f) und verfügbar zu halten (g).

Umsetzungshinweis zu ISMS-10.2
Das Übersehen/Vergessen von bestimmten Anforderungen der Norm ist in der Praxis durchaus nicht selten anzutreffen. Dazu trägt auch bei, dass manche nur aus einem Satz

bestehenden Anforderungen bei der Umsetzung auf viele Einzelanforderungen hinaus-laufen. Betrachten wir dazu das folgende Beispiel aus ISMS-9.1: Unser Punkt 1 „Was soll überwacht/gemessen werden?" führt zu einer größeren Zahl von Detail-Forderungen für die Grundziele der Eignung, Angemessenheit, Wirksamkeit, aber auch bezüglich der ISMS-Prozesse und Controls.

Zum präzisen Abgleich mit der Norm hat es sich insofern bewährt, eine Tabelle mit allen Normanforderungen (erste Spalte der Tabelle) zu erstellen, dann in der zwei-ten Spalte jede Anforderung (soweit erforderlich) in Detailforderungen zu zerlegen, und schließlich ihren Umsetzungsgrad in einer dritten Spalte einzutragen. Hier wählt man einen Maßstab mit mindestens drei Stufen *(voll umgesetzt, teilweise umgesetzt, nicht umge-setzt)* oder löst die mittlere Stufe „teilweise umgesetzt" weiter auf – etwa in *weitgehend umgesetzt, nur in Ansätzen umgesetzt.* Zusätzlich könnte man vorsehen, auch Kommentare (z. B. geplanter Zeitpunkt für die vollständige Umsetzung einer konkreten Maßnahme) in einer weiteren Spalte der Tabelle zu erfassen.

Für die Tabelle ist es nahezu unverzichtbar, über eine elektronische Fassung (pdf) der Norm zu verfügen. Was die Detailanforderungen angeht, nutzt man eine Kommentierung der Normanforderungen – z. B. das vorliegende Buch.

Fazit zu ISMS-10

Man stellt häufig fest, dass die kontinuierliche Verbesserung als nettes theoretisches Modell angesehen wird – mit wenig Praxisrelevanz. Dem muss heftigst widersprochen werden: Der zu implementierende Regelkreis (z. B. mittels PDCA) ist *das* wesentliche Element zur passgenauen Optimierung eines ISMS. Für Auditoren ist es deshalb uner-lässlich, bei einem Audit die Wirkung dieses Regelkreises erkennen und beurteilen zu können. Sind hier gravierende Defizite festzustellen, kann keine Übereinstimmung des ISMS mit der Norm bescheinigt werden.

Das *Erkennen* und systematische *Beheben* von Normabweichungen nach ISMS-10.2 ist unverzichtbar, falls man die Konformität zur Norm anstrebt.◄

Änderungen in ISMS-10 gegenüber der vorhergehenden Normfassung

Es wurde die *Reihenfolge* der Abschnitte zur kontinuierlichen Verbesserung (jetzt ISMS-10.1) und der Korrektur von Normabweichungen (jetzt ISMS-10.2) getauscht: Die kontinuierliche Verbesse-rung ist ein ISMS-Prozess und steht logisch *vor* der Korrektur von Normabweichungen. Für die Praxis ist diese Änderung nicht relevant.

Literatur

1. Datenschutz-Grundverordnung (DS-GVO): Richtlinie (EU) 2016/680 des Europäischen Parlaments und des Rates vom 27. April 2016 zum Schutz natürlicher Personen bei der Verarbeitung personenbezogener Daten durch die zuständigen Behörden zum Zwecke der Verhütung, Ermittlung, Aufdeckung oder Verfolgung von Straftaten oder der Strafvollstreckung sowie zum freien Datenverkehr und zur Aufhebung des Rahmenbeschlusses 2008/977/JI des Rates
2. eIDAS-Verordnung: Verordnung (EU) Nr. 910/2014 des Europäischen Parlaments und des Rates vom 23. Juli 2014 über elektronische Identifizierung und Vertrauensdienste für elektronische Transaktionen im Binnenmarkt und zur Aufhebung der Richtlinie 1999/93/EG
3. BDSG: Bundesdatenschutzgesetz vom 30. Juni 2017 (BGBl. I S. 2097), zuletzt geändert durch Artikel 10 des Gesetzes vom 23. Juni 2021 (BGBl. I S. 1858; 2022 I 1045)
4. DIN EN ISO 9001: Qualitätsmanagementsysteme – Anforderungen, 2015-11
5. DIN ISO 31000: Risikomanagement – Leitlinien, 2018-10

Controls: Anforderungen und Maßnahmen   3

► **Trailer**

Wir wollen in diesem Kapitel die *Controls* aus dem Anhang A der ISO 27001 besprechen: Wir starten zunächst mit einigen wichtigen Hinweise zu ihrer Anwendung (Abschn. 3.1) und erläutern dann eine neue Idee (Abschn. 3.2), die die Ordnung bzw. Sortierung der Controls betrifft („Attribute").

Anschließend gehen wir die Controls der Gruppen 5 bis 8 einzeln durch und kommentieren die jeweiligen Anforderungen sowie Möglichkeiten zu ihrer Umsetzung (Abschn. 3.3 bis 3.6).

3.1   Einführung in die Anwendung

Viele Nutzer der ISO 27001 schauen auf den Anhang A dieser Norm in der Erwartung, hier nun die konkreten Sicherheitsmaßnahmen zu finden, die es zur Erreichung der Informationssicherheit in der eigenen Organisation umzusetzen gilt. Dieser Eindruck ist so nicht richtig!

Unstreitig ist, dass die Controls[1] im Anhang A der Norm viele Themen behandeln, die für eine Organisation betrachtenswert sind.

In Kap. 2 wurde jedoch unter ISMS-6.1.3 (c) erläutert, dass eine Organisation für ihre Sicherheitsziele *eigene* Controls festlegen kann und soll. Der Abgleich mit den Controls aus Anhang A ist dann erst der zweite Schritt – zumindest in der *Theorie*.

---

[1] Wir verwenden weiterhin das englische Wort *Control*, da die deutsche Übersetzung mit *Maßnahme* oder gar *Sicherheitsmaßnahme* den Sachverhalt nicht vollständig trifft. Ein Control kann z. B. eine weitergehende Anforderungen an die Organisation enthalten – also definitiv keine Sicherheitsmaßnahme im engeren Sinne. Näheres in Kap. 2 unter ISMS-6.1.3.

© Der/die Autor(en), exklusiv lizenziert an Springer Fachmedien Wiesbaden GmbH, ein   91
Teil von Springer Nature 2023
H. Kersten and K.-W. Schröder, *ISO 27001: 2022/2023,* Edition <kes>,
https://doi.org/10.1007/978-3-658-42244-8_3

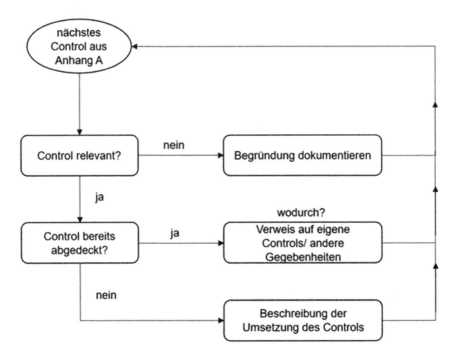

Abb. 3.1 Abgleich mit den Controls aus Anhang A

Wie geht der genannte Abgleich vonstatten? Die folgende Abb. 3.1 verdeutlicht das Schema, welches für jedes Control aus dem Anhang A anzuwenden ist.

Beispiele für eine Begründung: Ein Control ist für die Organisation sachlich nicht anwendbar (z. B. Anforderungen an den Kryptografie-Einsatz sind sinnlos, wenn gar keine Verschlüsselung genutzt wird) – oder – das Control beschreibt einen Sachverhalt, der definitiv zu keinerlei Risiken für die Organisation führt.

Wenn das Control zwar relevant, aber noch nicht abgedeckt ist, bedarf es einer weiteren Behandlung – durch konkrete Sicherheitsmaßnahmen, weitergehende Anforderungen an die Organisation, noch zu erledigende Aufgaben usw. Die Art der Behandlung ist zu dokumentieren.

Diese skizzierte *Überprüfung* ist in IMS-6.1.3 (d) *vorgeschrieben,* d. h. sie muss durchgeführt werden. In den Erläuterungen zu diesem Normpunkt in Kap. 2 finden sich dazu einige Umsetzungshinweise (tabellenorientiertes Vorgehen).

In der *Praxis* kann man die Reihenfolge der Schritte natürlich vertauschen und erst mit dem Anhang A beginnen – und zum Schluss prüfen, ob es noch einen Bedarf an weiteren, *eigenen* Controls gibt.

Als Fazit ist also festzuhalten: Die Umsetzung *aller* Controls aus Anhang A ist *nicht* verpflichtend! Im Extremfall könnte eine Organisation sogar feststellen (falls begründbar),

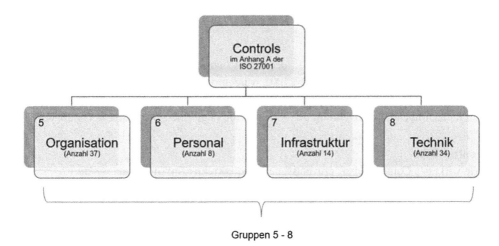

Gruppen 5 - 8

Abb. 3.2 Anhang A: Übersicht

dass der gesamte Anhang A für sie nicht relevant oder zu unspezifisch ist – und dann ausschließlich mit eigenen Controls arbeiten.

Nach diesen „Vorwarnungen" steigen wir jetzt in den Anhang A ein. In der neuen Normfassung gibt es insgesamt 93 Controls – gegenüber 114 in der alten Fassung. Einige alte Controls wurden gestrichen, einige neue aufgenommen – die reduzierte Anzahl ergibt sich durch eine Neustrukturierung des Anhangs A. Die folgende Abb. 3.2 gibt einen ersten Überblick.

Die Controls sind in vier Gruppen zusammengefasst, die einer früheren Tradition folgend in der Nummerierung mit 5 beginnen. Innerhalb jeder Gruppe werden die Controls fortlaufend (beginnend bei 1) nummeriert. Wir referenzieren deshalb die Controls wie folgt: **A-6.2** beispielsweise ist das zweite Control aus der Gruppe 6 (Personal) aus dem Anhang A. Weiterhin tragen die Controls jeweils eine lesbare Bezeichnung[2].

Wer vorrangig an einem *Vergleich* der Controls in der alten und neuen Fassung der ISO 27001 interessiert ist, sei auf das Kap. 4 verwiesen.

3.2 Ordnungsmerkmale der Controls

Die Einordnung der Controls in die vier Gruppen

- A-5: Organisatorische Controls
- A-6: Personelle Controls

---

[2] Diese Bezeichnungen haben wir dem letzten deutschen Normentwurf der ISO 27002 entnommen – auch wenn die Übersetzungen aus dem Englischen an einigen Stellen etwas hölzern erscheinen.

- A-7: Infrastruktur-Controls
- A-8: Technologische Controls

ist *nicht* das Maß aller Dinge. Es gibt Ideen, die Controls anderen Ordnungsbegriffen bzw. Kategorien zuzuordnen. In der ISO 27002 werden dazu Vorschläge gemacht: Es ist von fünf sog. *Attributen* die Rede, denen gewisse *Attributwerte* zugeordnet sind. Wir verwenden in der folgenden Aufzählung der Attribute die englischen Originalbezeichnungen.

Control Type
Wie wirkt das Control? Hier: präventiv, detektiv, korrektiv (im Sinne von *reaktiv*).

Information Security Property
Zu welchen Sicherheitszielen trägt das Control bei? Hier zunächst: Vertraulichkeit, Integrität, Verfügbarkeit.

Cybersecurity Concept
Um welche Funktionsklasse aus dem **C**ybersecurity **F**ramework (CSF) [1] geht es? Hier: Identifizieren, Schützen, Entdecken, Reagieren, Wiederherstellen.

Operational Capability
Welche betrieblichen Prozesse und Aufgabenbereiche unterstützt das Control? Hier werden vor allem Management-Themen angesprochen.

Security Domain
Zu welcher Sicherheitsdomäne trägt das Control bei? Hier: (IT) Governance und Ökosystem, Schutz, Verteidigung, Widerstandskraft/-fähigkeit.

Diesen Attributen sind folgende *Attributwerte* zugeordnet – in der Bezeichnung jeweils beginnend mit #:

Attribute und Attributwerte aus der ISO 27002

Control Type:	#Preventive, #Detective, #Corrective
Information Security Property:	#Confidentiality, #Integrity, #Availability
Cybersecurity Concept:	#Identify, #Protect, #Detect, #Respond, #Recover
Operational Capability:	#Governance, #Asset_management, #Information_ protection, #Human_ resource_security, #Physical_ security, #System_and_network_security, #Application_security, #Secure_configuration, #Identity_and_ access_management, #Threat_and_vulnerability_ management, #Continuity, #Supplier_relationships_

	security, #Legal_and_compliance, #Information_ security_event_management, #Information_security_ assurance
Security Domain:	#Governance_and_Ecosystem, #Protection, #Defence, #Resilience

Jedem Control aus dem Anhang A der Norm sind in der ISO 27002 die sachlich zutreffenden Attributwerte nach diesem Schema sozusagen „angeheftet" worden.

Hat man alle Controls z. B. in einer Tabelle erfasst und führt die jeweils passenden Attributwerte mit, lassen sich die Controls danach sortieren und auswerten.

Fragen wie z. B. „Was tun wir in Sachen Vertraulichkeit unserer Daten?" oder „Welche Maßnahmen zur Prävention wenden wir an?" oder „Was trägt alles zum Asset-Management bei?" lassen sich dann sehr schnell durch eine Filterung der Controls nach den passenden Attributwerten beantworten. Auch Fragen z. B. nach den differenzierten Aufwänden für Prävention und Reaktion lassen sich leicht beantworten, weil man die zugehörigen Maßnahmen schnell identifizieren kann.

Hat man eigene Controls definiert, verfährt man analog, d. h. man ordnet ihnen die passenden Attributwerte aus der obigen Definitionsliste zu.

Eine Organisation kann auch eigene Attribute und/oder eigene Attributwerte definieren und für Auswertungen nutzen – man ist nicht auf das oben skizzierte Schema beschränkt oder angewiesen.

Generell gilt: Die Verwendung dieser oder anderer Attribute ist keine Pflicht, sondern als eine optionale Hilfe zu betrachten.

3.3 Organisatorische Controls (Gruppe 5)

Diese Gruppe umfasst die Controls 5.1 bis 5.37 und behandelt organisatorische Aspekte bzw. Management-Aspekte: Leit- und Richtlinien, Rollen und deren Besetzung, Management der Assets, Identitäts- und Zugriffsmanagement, Einbeziehung von Dienstleistern, Incident Management, Business Continuity Management und Compliance Management.

A-5.1 Informationssicherheitsrichtlinien

Der englische Text spricht von „Policy" und unterscheidet eine übergeordnete Policy – wir nennen sie üblicherweise die **Leitlinie** – und themenspezifische Policies – das sind unsere **Richtlinien**[3].

Was wird für diese beiden Arten von Dokumenten gefordert?

---

[3] Präziser, aber länglich: Informationssicherheitsleitlinie und Informationssicherheitsrichtlinien.

- Sie sollen *existieren,* d. h. die Organisation ist in der Pflicht, solche Dokumente zu erstellen. Was die Leitlinie anbetrifft, besteht keine Wahlfreiheit bei der Umsetzung: Sie wird ja schon unter ISMS-5.1 Punkt (a) gefordert. Auf Richtlinien könnte man verzichten, wenn es hierfür keine Notwendigkeit gäbe – was aber sicherlich eine Ausnahmefall wäre.
- Sie sind durch das Management *freizugeben:* die Leitlinie sicherlich durch die Leitungsebene, Richtlinien für einzelne Themen durch die jeweils Verantwortlichen – oder auch zentral z. B. durch das Sicherheitsmanagement.
- Die Dokumente sollen nach Freigabe *bekannt gemacht* werden, d. h. dem Personal und ggf. interessierten Parteien zur Kenntnis gegeben werden: die Leitlinie allen im Anwendungsbereich des ISMS tätigen oder davon betroffenen Personen, die Richtlinien den Personen, die vom jeweiligen Thema betroffen sind.
- Die *Art* der Bekanntmachung (Hauspost, Email, Informationsveranstaltung, Download von einer Cloud usw.) ist von der Organisation für jede Policy und Zielgruppe festzulegen.
- Die Dokumente sollen in regelmäßigen Abständen *überarbeitet* werden (kontinuierliche Verbesserung). Diese Überarbeitung kann auch anlassbedingt notwendig werden: z. B. aufgrund erheblicher Kontextänderungen (ISMS4.1/4.2), nach größeren Sicherheitsvorfällen, deren Wiederholung durch geänderte Richtlinien verhindert werden soll – oder aufgrund von Beanstandungen in Audits oder bei der Managementbewertung.

Hinsichtlich der Leit- und Richtlinien gilt natürlich, dass ihre Erstellung, Prüfung, Freigabe, Inkraftsetzung, Überarbeitung stets durch fachlich kompetentes Personal erfolgen soll, das die aufgezählten Schritte in einer sinnvollen Rollentrennung ausführt.

Soll eine Leitlinie auch *außerhalb* der Organisation bekannt gegeben werden? Das kann man machen, wird aber nicht gefordert – allenfalls im Hinblick auf (externe) interessierte Parteien, wenn sich dafür ein Bedarf ergibt, etwa bei Kooperationspartnern der Organisation. Die Organisation entscheidet auch hier selbst! Zu verneinen wäre die Frage sicherlich dann, wenn vertrauliche Informationen an die Öffentlichkeit gelangen könnten.

Für Richtlinien gilt das analog, hier dürfte eine Veröffentlichung außerhalb der Organisation selten sinnvoll – sondern eher kontraproduktiv sein, weil damit Externen Einblick in Sicherheitsziele, -regelungen und -maßnahmen der Organisation gewährt würde.

Wie sehen Leit- und Richtlinien in der Praxis aus? Welche Richtlinien benötigt man? Lesen Sie hierzu die Erläuterungen Abschn. 1.4 zum Stichwort *Leit- und Richtlinien.*

A-5.2 Informationssicherheitsrollen und -verantwortlichkeiten

Dieses Control ergänzt die Anforderungen aus ISMS-5.3, und zwar in folgendem Sinne: In ISMS-5.3 ist davon die Rede, dass die Leitungsebene relevante Rollen für die Informationssicherheit besetzen und mit den notwendigen Kompetenzen ausstatten muss. Im Control A-5.2 geht es eher um die Frage, *welche* Rollen relevant sein könnten. Abgesehen von den beiden Ausnahmen[4] in ISMS-5.3 soll die Organisation nach eigenen Erfordernissen entscheiden, welche Rollen für sie relevant sind – das ist die Aussage von A-5.2.

Unter ISMS-5.3 haben bereits einige Beispiele für Rollen angegeben – wie ergänzen hier:

- Aus Sicht der Organisation sollte jedem Geschäftsprozess ein (Geschäfts-) Prozessverantwortlicher zugeordnet sein.
- Für die ISMS-Prozesse, die wir in Kap. 2 besprochen haben, wird man Prozessverantwortliche benennen.
- Für jedes Asset im Assetverzeichnis soll nach A-5.9 ein Assetverantwortlicher benannt sein: Hier könnte man Assets gruppieren und eine gemeinsame Verantwortung für die Gruppe schaffen: z. B. Netzwerkverantwortliche oder Verantwortliche für die Infrastruktur, Backup-Verantwortliche hinsichtlich der Verfügbarkeit der Daten der Organisation. Dies reduziert die Anzahl der Rollen.
- Beim Risikomanagement (ISMS-6) ist die Rede von Risikoverantwortlichen, die für einzelne oder gruppierte identifizierte Risiken verantwortlich zeichnen. Diese Aufgabe/Funktion könnte man auch den betreffenden Geschäftsprozessverantwortlichen zuschlagen, in deren Bereich das jeweilige Risiko fällt.
- Nicht zuletzt ist hier die Rolle der/des IT-Sicherheitsbeauftragten zu nennen – auch wenn diese nicht explizit gefordert ist (s. Abschn. 1.4 zum Stichwort *Rollen*) –, und zwar als Verantwortlichkeit für das ISMS als Ganzes.

Statt jeweils *neue* Rollen einzurichten, kann man Verantwortlichkeiten auch auf bereits bestehende Rollen zusätzlich übertragen.

Bei allen Rollen gilt natürlich die schon in Abschn. 1.4 erläuterte Möglichkeit, Aufgaben und Arbeiten zu *delegieren*.

A-5.3 Aufgabentrennung

Hier geht es um zwei Forderungen:

---

[4] Rollen/Verantwortlichkeiten für die Einhaltung der Norm und die Berichterstattung an die Leitungsebene.

1) Miteinander in Konflikt stehende Aufgaben (im Rahmen des ISMS) sollen getrennten Personen zugewiesen werden.

In der Umsetzung bedeutet das: Für jede Person sind alle ihr aus dem ISMS zugewiesenen Aufgaben auf Konfliktpotenzial[5] zu überprüfen. Bestehen solche Konflikte, sollen die fraglichen Aufgaben anders verteilt bzw. anderen Rollen zugewiesen werden. Manchmal wird das unter der Überschrift *Rollenkonflikte* diskutiert. Hier würde das Ziel lauten: Eine Person soll nicht miteinander in Konflikt stehende Rollen übernehmen.

2) Für alle das ISMS betreffende Arbeits- und Tätigkeitsbereiche sollen klare Zuständigkeiten bestehen. Sich überschneidende Zuständigkeiten mehrerer Personen können zu langen Diskussion darüber führen, wer im Einzelfall das Sagen hat – Effektivität und Effizienz eines ISMS können darunter leiden.

Hier aber eine Warnung: Diese Forderung 2) ist *nicht* so zu verstehen, dass man zur Effizienzsteigerung möglichst viele Tätigkeiten im ISMS in eine Hand geben sollte. Zur Verdeutlichung betrachten wir sicherheitskritische Tätigkeiten wie das Einrichten von Zutritts- und Zugriffsberechtigungen, das Anlegen neuer User Accounts etc. Es ist gute Praxis, dafür einen Genehmigungsgang vorzusehen, um beantragte Berechtigungen zunächst auf Zulässigkeit bzw. Sinnhaftigkeit zu prüfen und sie erst nach positiver Entscheidung technisch umzusetzen. Dabei wird man zumindest die Genehmigung und die Umsetzung durch getrennte Rollen bzw. Personen vornehmen lassen – andernfalls wäre ein Kontrollverlust gegeben: Befugte Personen könnten sich selbst beliebige Rechte zuweisen, ohne dass dies unmittelbar entdeckt würde.

Bei solchen sicherheitskritischen Tätigkeiten wird oft noch detaillierter unterschieden nach rechtlicher Verantwortung, Prüfungs-/Genehmigungspflicht, Durchführungsverantwortung, Kontrollpflicht und Informationspflicht (wer soll Kenntnis erhalten).

Solche Teilungen der Verantwortung sind sachlich geboten und fallen nicht unter 2), da die Zuständigkeiten für die Teilschritte klar geregelt sind. Wenn diese Teilungsideen allerdings ausufern, entstehen viele Rollen, die es zu besetzten gilt. Insbesondere kleinere Organisationen sind damit schnell überfordert. Möglicherweise kann man dem abhelfen, indem solche Teilungen reduziert werden, aber stattdessen ein stärkeres Monitoring der Aufgabenerfüllung vornimmt.

Ein Beispiel dafür ist das Vier- oder Mehr-Augen-Prinzip: Zwei oder mehr Personen, die möglicherweise der gleichen Rolle zugewiesen sind, übernehmen getrennt die Durchführung und die Kontrolle – eine Person führt die Aktion durch, während eine weitere Person sie überwacht und ggf. aufzeichnet.

---

[5] Zwei Beispiele dazu haben wir in Abschn. 1.4 in diesem Buch angegeben, und zwar unter dem Stichwort *Rollen*.

A-5.4 Verantwortlichkeiten der Leitung

Dieses Control A-5.4 ergänzt die Anforderung ISMS-5.1 (f): Das Management der Organisation (Leitungsebene, Abteilungsleitungen usw.) soll vom Personal verlangen, in der täglichen Praxis der Informationssicherheit die Leitlinie und die Richtlinien zu befolgen und die jeweils vorgesehenen Prozesse des ISMS anzuwenden (d. h. nicht davon abzuweichen).

Wie setzt man das konkret um? Die Forderung selbst könnte in der Leitlinie aufgeführt und durch Unterweisungen (Veranstaltungen, Schulungen etc.) regelmäßig vertieft werden. Zusätzlich erhält das Personal – im Anwendungsbereich des ISMS – für den jeweiligen Arbeitsbereich Richtlinien für alle sicherheitsrelevanten Aktivitäten. Damit wäre der Sachverhalt aus A-5.4 erfüllt.

Will man die Einhaltung der Forderung *juristisch* verbindlich machen und bei Nichterfüllung daran ggf. Sanktionen knüpfen, empfiehlt es sich, die Leitlinie von jedem Betroffenen unterzeichnen zu lassen und dieses Dokument der Personalakte hinzuzufügen. Alternativ kann in den Arbeitsverträgen auf die Verbindlichkeit der jeweils aktuellen Leitlinie hingewiesen oder das gesamte Thema in einer Betriebsvereinbarung geregelt werden.

Eine wichtige, in die Leitlinie definitiv aufzunehmende Forderung an das Personal ist die Meldepflicht bei potenziellen und tatsächlichen Sicherheitsvorkommnissen. Es könnte motivierend wirken, wenn man eine vertrauliche Behandlung solcher Meldungen zusichert.

A-5.5 Kontakt mit Behörden

Zu den in A-5.5 gemeinten Autoritäten[6] gehören *zunächst* solche Stellen, die Gesetze herausgeben, Richtlinien erlassen oder Aufsicht führen – was in Deutschland fast immer durch staatliche Einrichtungen und Behörden geschieht.

Ein typisches Beispiel für *Aufsicht führen* sind die Datenschutzbehörden in Deutschland, die die DSGVO-konforme Erhebung und Verarbeitung personenbezogener Daten überwachen.

Eine Aufsicht kann auch dadurch ausgeführt werden, dass bei bestimmten Ereignissen *Meldungen* erwartet werden. Hier sei das Beispiel der kritischen Infrastrukturen (KRITIS) in Deutschland genannt: Sicherheitserhebliche Vorkommnisse in einer Organisation im KRITIS-Bereich sind dem BSI zu melden.

Bei Tochterfirmen von Konzernen bzw. nachgeordneten Behörden von Ministerien liegt ebenfalls die Situation vor, dass Vorgaben bzw. Erwartungen bestehen, die es zu erfüllen

---

[6] In der deutschen Normfassung wird das Wort *Authority* mit *Behörde* übersetzt – was aber zu eng ausgelegt ist und nur einen Teil der Anforderungen trifft. Statt von Behörden sprechen wir von *Autoritäten*.

gilt und deren Umsetzung beaufsichtigt wird. Ein Konzern bzw. ein Ministerium ist damit ebenfalls eine relevante Autorität im Sinne von A-5.5.

Die ISO 27002 erläutert, dass unter A-5.5 auch andere Stellen fallen, sofern sie für die sichere Informationsverarbeitung der Organisation einen wichtigen Beitrag leisten – wie zum Beispiel Energieversorger und Telekommunikationsanbieter.

Wie lauten nun die Anforderungen in A-5.5? Die Organisation soll Kontakte zu entsprechenden relevanten Autoritäten aufbauen und aufrechterhalten.

Was ist hier zu tun? Zunächst erstellt man eine Liste solcher für die Organisation relevanter Stellen und legt dann fest, wer wann und zu welchem Zweck Kontakt mit einer solchen Stelle aufnehmen soll, wie Besprechungsergebnisse zu dokumentieren und ggf. einer weiteren Bearbeitung zuzuführen sind.

Um welche Zwecke geht es?

Gerade im Hinblick auf neue Gesetze und Richtlinien bzw. entsprechende Änderungen ist es für die Organisation von Interesse, möglichst frühzeitig verlässliche Informationen zu bekommen, um die Informationssicherheit regelungskonform ausrichten und den Erwartungen der relevanten Stellen entsprechen zu können.

Meldepflichten stehen meist unter der Forderung „unverzüglich" und sollten daher stets in einem geordneten Prozess erfolgen, in dem auch die entsprechenden Zuständigkeiten geregelt sind. Weiterhin sind Nachweise über erfolgte Meldungen zu erzeugen und aufzubewahren. Fehlt es an solchen Elementen und kommt es zu einer Panne (keine oder verspätete Meldung), kommt schnell der Verdacht des schuldhaften Verzugs auf.

Anstehende Veränderungen bei unverzichtbaren Dienstleistungen wie z. B. Strom- und Internetversorgung sind in gleicher Weise zu behandeln. Die Änderungen sollten als Incident klassifiziert werden und im Rahmen des *Incident Managements* (s. auch A-5.24 und folgende) bearbeitet werden. Häufig ist auch das Gebiet des *Business Continuity Managements* tangiert (s. dazu A-5.30).

A-5.6 Kontakte mit speziellen Interessengruppen

Hier geht es vorrangig um Kontakte zu Stellen, die eine gewisse Fachkompetenz in Sachen Informationssicherheit aufweisen und somit die Organisation informieren, beraten und unterstützen können.

Dies können z. B. Branchenverbände[7] sein, die Hilfsmittel und Expertisen (z. B. Best Practices) bereitstellen oder Schulungen und Informationsveranstaltungen anbieten. Auch das BSI und ähnliche Einrichtungen fallen in diese Kategorie.

Auf dem kommerziellen Sektor sind CERT-Dienste, Seminar- und Schulungsanbieter, Zertifizierungsstellen und Beratungsunternehmen zu nennen. Für die Inanspruchnahme solcher Dienste wird ein entsprechendes Budget vorzusehen sein.

---

[7] Beispiele: Bitkom, Teletrust, Gesellschaft für Informatik.

Die Anforderung in A-5.6 lautet, Kontakte zu solchen fachkundigen Stellen, Sicherheitsforen und Verbänden aufzubauen und aufrechtzuerhalten.

Die Organisation legt natürlich selbst fest, mit welchen Stellen sie Kontakte unterhalten will und zu welchem Zweck dies im Einzelnen erfolgen soll. Der Zweck besteht in aller Regel darin, in Sachen Informationssicherheit auf dem aktuellen Stand zu bleiben, von Erfahrungen anderer zu profitieren, frühzeitig Warnungen vor potenziellen Bedrohungen zu erhalten, Erkenntnisse über die Behebung bekannter Schwachstellen zu gewinnen und diesbezüglich weitergehende Unterstützung abrufen zu können.

Für die Umsetzung von A-5.6 geht man analog zu A-5.5 vor: eine Liste entsprechender Stellen anlegen, die Betreuung des Kontaktes einer Rolle bzw. Person zuweisen, den Zweck bzw. Nutzen jedes Kontaktes präzisieren – vielleicht sogar den Nutzen in irgendeiner Weise messen, speziell bei kommerziellen kostenpflichtigen Leistungen.

Soweit im Zuge des Kontaktes Informationen wie Geschäfts-, Konstruktionsgeheimnisse und personenbezogene Daten von der Organisation zu solchen Interessengruppen fließen könnten, ist dem Punkt *Vertraulichkeit* besondere Aufmerksamkeit zu widmen.

A-5.7 Bedrohungsintelligenz

Dieses Control – Originalbezeichnung *Threat Intelligence* – tritt in der neuen Normfassung erstmalig auf. Mit der englischen Bezeichnung ist gemeint, dass eine Organisation Informationen aus ihr zugänglichen Quellen sammelt und analysiert, Know-how aufbaut und Methoden/Verfahren entwickelt, um Cyberbedrohungen verstehen bzw. einordnen zu können und insgesamt eine höhere Widerstandskraft gegenüber Cyberangriffen zu entwickeln – genau das ist die Forderung in A-5.7.

Das Thema wird in der ISO 27002 ausführlich kommentiert. Danach können Informationen, die für die Threat Intelligence bedeutsam sind, in drei Ebenen strukturiert werden (Abb. 3.3).

Aus *operativer* Sicht kann Threat Intelligence so erläutert werden: Es geht um das *Vermeiden* von Cyberattacken bei der eigenen Organisation, das *Entdecken* von sich anbahnenden oder bereits laufenden Attacken und das *Behandeln* solcher Attacken – um Schäden zu vermeiden oder zumindest zu reduzieren.

Der Aufbau einer wirksamen Threat Intelligence ist aufwendig, vor allem *zeit*aufwendig. Beim Sammeln entsprechender Informationen sollte deshalb immer darauf geachtet werden, nur das für die eigene Organisation Relevante herauszufiltern, sich auf genaue, erfahrungsbasierte und operativ nutzbare Informationen zu beschränken.

Wer für diese Aktivitäten keine Zeit oder Manpower hat, kann sich mit Organisationen in der gleichen Branche abstimmen oder mit diesen in Sachen Threat Intelligence umfänglich kooperieren – oder sich entsprechende Unterstützung in Form von kommerziellen *Threat Intelligence Services* einkaufen.

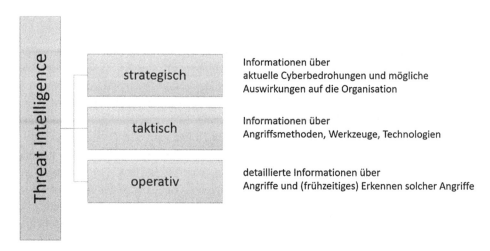

Abb. 3.3 Threat Intelligence/Bedrohungsintelligenz

Wer dagegen neue Betätigungsfelder sucht, kann das Ganze professionell angehen und für sich Ziele und Aktivitäten bzw. Prozesse festlegen, d. h. im Grunde in „kleines" Managementsystem aufbauen:

- Ziele für die Threat Intelligence setzen
- Informationsquellen ausfindig machen und die Qualität der angebotenen Informationen prüfen und bewerten
- verlässliche Quellen für die eigene Organisation auswählen
- für die eigene Organisation relevante Informationen herausfiltern und analysieren
- Informationen für die jeweilige Zielgruppe verständlich aufbereiten und an diese verteilen:
  - Informationen in den Prozess der Risikobeurteilung (ISMS-6.1/6.2) einspeisen
  - technische Informationen z. B. für die Konfiguration von Firewalls, Intrusion Detection Systemen und Malware-Lösungen bereitstellen
  - Informationen in eigene Sicherheitstests, Penetrationstests, technische und administrative Audits einfließen lassen
- für alle genannten Aktivitäten Verantwortlichkeiten festlegen
- möglicherweise Messungen durchführen (z. B. Relevanz von Quellen)

A-5.8 Informationssicherheit im Projektmanagement

Jede Organisation beschäftigt sich in irgendeiner Weise mit Projekten: Entwicklung eines Produktes, Aufbau der Produktion desselben, Beratung eines Kunden z. B. zum Aufbau eines Rechenzentrums, eigene Bauvorhaben in allen Größenordnungen usw.

Ein professionelles Projektmanagement zeichnet sich dadurch aus, dass alle Phasen eines Projektes in standardisierter Form abgewickelt werden und begleitend Prozesse der Dokumentation, Nachweisführung, Abnahme von Ergebnissen, Bearbeitung von Beschwerden und Gewährleistungsfällen (bei Kundenprojekten) vorhanden sind – also im Grunde eine Art Managementsystem für die Bearbeitung von Projekten existiert. In der Umsetzung trifft man häufig auf ein *Projekthandbuch,* in dem die genannten Elemente detailliert beschrieben sind und das verpflichtend anzuwenden ist.

Das Control A-5.8 bezieht sich nun darauf, dass in allen Projekten einer Organisation die *Informationssicherheit* integriert werden soll.

Was bedeutet das? In den Projekten entstehen Informationen, sie werden verarbeitet und zwischen Projektbeteiligten ausgetauscht – womit sich die Frage nach der Vertraulichkeit, Integrität und Verfügbarkeit der Informationen stellt, aber auch der Integrität und Verfügbarkeit von Systemen und Einrichtungen, die im Projekt genutzt werden sollen.

Bei Anlage eines Projektes und auch im späteren Verlauf muss insofern entschieden werden, welche Risiken für solche Projekt-Informationen (bzw. Systeme und Einrichtungen) bestehen, welche Controls dafür maßgebend sind, welche konkreten Sicherheitsmaßnahmen man vorsehen will, wie die Informationssicherheit im Rahmen des Projektes überprüft und bewertet werden soll.

Im Projekthandbuch sollten für diese Punkte Vorgaben aufgenommen werden, um die Informationssicherheit in allen Projekten nach gleichem Schema behandeln zu können: Man wird dabei oft mit Verweisen auf Risiken, Controls und Sicherheitsmaßnahmen arbeiten können, die bereits für die Organisation und ihr ISMS festgelegt sind – es können sich aber auch *projektspezifische* Risiken ergeben, die dann individuell in dem konkreten Projekt behandelt werden müssen. Auf diese Weise entsteht dann im Grunde ein *projektbezogenes* Sicherheitskonzept.

Nicht vergessen werden darf die Einrichtung bzw. Zuweisung einer Verantwortlichkeit für die Informationssicherheit in dem betreffenden Projekt. Diese Rolle kann eine Person aus der Organisation übernehmen, die am Projekt beteiligt oder auch nicht beteiligt ist. Wie schon an anderer Stelle erläutert, kann die Aufgabe auch einer bestehenden Rolle innerhalb des Projektteams zugeschlagen werden – zumindest soweit keine Rollenkonflikte zu befürchten sind.

Dieses Control A-5.8 ist in der Formulierung sehr kurz, kann aber in der Umsetzung offensichtlich einen hohen Aufwand nach sich ziehen. Es wird in der ISO 27002 ausgiebig kommentiert. Dabei wird auch folgender Fall einbezogen, den wir gerade im IT-Bereich bei Produkt-Entwicklern und Produkt-Lieferanten antreffen:

Software- und Hardware-Produkte sollen zur Sicherheit der Informationsverarbeitung beitragen und benötigen hierzu eigene Sicherheitsmechanismen. Man denke hier an ein Betriebssystem, eine Datenbank oder ein Backup-System, welches Funktionen wie Nutzer-Authentisierung, Verschlüsselung, Zugriffskontrolle, Protokollierung etc. aufweisen muss. Diese Funktionen müssen bei der Entwicklung in das Produkt eingebaut werden und mit der Einsatzumgebung potenzieller Anwender kompatibel sein.

Im Rahmen des Entwicklungsprojektes für ein Produkt dieser Art muss also neben der Sicherheit im Projekt auch die *Sicherheit des zu entwickelnden Produktes* betrachtet werden: Risiken beim Produkteinsatz analysieren, Controls und Sicherheitsfunktionen festlegen usw. Dieses *produktspezifische* Sicherheitskonzept fällt ebenfalls unter dieses Control A-5.8: Es ist im Rahmen des Projektes zu erstellen.

A-5.9 Inventar der Informationen und anderen damit verbundenen Werten

Die hier genannten Informationswerte[8] können u. a. Datensätze, Datenträger, Hardware, Software, Räumlichkeiten, Personal darstellen. Näheres findet man in Abschn. 1.4 zum Stichwort *Ressourcen und Assets*.

Alle dem Anwendungsbereich des ISMS zugeordneten Informationswerte sollen inventarisiert werden. Sicherheitshalber erwähnen wir, dass ein solches Inventarverzeichnis in schriftlicher, i. d. R. elektronischer Form geführt werden muss – das kann beispielsweise eine einfache Tabelle oder auch eine qualifizierte Datenbank sein.

Verzeichnisse über Informationswerte existieren in vielen Organisationen – einige Beispiele:

- Listen gekaufter bzw. gemieteter Geräte, sowie abonnierter Dienste (z. B. Cloud Services) – meist in der Verwaltung bzw. in der Einkaufsabteilung, manchmal auch in der Form einer Anlagenbuchhaltung
- Pläne von Standorten und Baupläne mit Angaben zu Räumlichkeiten, zu finden etwa bei der Liegenschaftsverwaltung
- Listen von IT-Systemen im Bereich eines Rechenzentrums mit Angaben zum Standort, zur Einsatzumgebung und über spezifische technische Gegebenheiten
- Daten zu Rechnern und mobilen Systemen (Tablets, Handys etc.), die vom IT-Support an Mitarbeiter ausgegeben werden – z. B. für die Arbeitsplatzausstattung in der Organisation, für das Arbeiten unterwegs oder auch im Home-Office
- Angaben zu den Systemen in einer DMZ, als Bestandteil eines Sicherheits-/ Netzwerkkonzeptes

Solche Listen bzw. Pläne sind ein guter Start für ein Inventarverzeichnis nach A-5.9.

---

[8] Im Englischen: Information Assets. Wir verwenden der Kürze wegen oft das Wort *Asset(s)*.

Die genannten Beispiele aus der Praxis zeigen, dass nicht alle Daten in einem *einzigen* Verzeichnis enthalten sind, sondern oft über mehrere Teilverzeichnisse verstreut sind, die in der Verantwortung unterschiedlicher Stellen stehen: Die Haustechnik könnte ein eigenes Verzeichnis für „ihre" Assets führen, die IT-Abteilung analog alle IT-bezogenen Assets managen usw.

Dies wird von der ISO 27002 ausdrücklich als zulässig angesehen, hat aber zur Folge, dass organisatorisch klar zu regeln ist, welche Daten in welches Teilverzeichnis einzutragen sind, um Doppel- oder Mehrfacheintragungen, Inkonsistenzen, unterschiedliche Bezeichnungen etc. zu vermeiden. Bei der Umsetzung dieser Regelungen kommt man angesichts der erwartbaren Probleme dann oft zum Schluss, doch lieber nur ein einziges *zentrales* Inventarverzeichnis der Informationswerte vorzusehen.

Hat man existierende (ältere) Inventarverzeichnisse der Organisation entdeckt, ist vor Übernahme in das ISMS zu prüfen, ob alle nachfolgend beschriebenen Anforderungen nach A-5.9 erfüllt sind – ggf. ist nachzuarbeiten, zumindest zu aktualisieren.

Im Inventarverzeichnis sollen für jedes Asset *mindestens* folgende Angaben enthalten sein: eindeutige Bezeichnung, Asset Owner und Asset Location.

Bevor wir diese drei Datenfelder erläutern: Es ist sicher sinnvoll, das Inventarverzeichnis nicht nur deshalb zu führen, weil die Norm es verlangt, sondern es als Grundlage für weitere Arbeiten im ISMS zu nutzen:

- Im Rahmen der Risikobeurteilung (ISMS-6.1) könnten bei jedem Asset im Verzeichnis Angaben über Sicherheitsziele, besondere Risiken und ggf. Verweise auf Maßnahmenlisten aufgeführt sein.
- Analog könnten – für bestimmte Typen von Assets – Angaben zu Lieferanten, Beschaffungskosten, Wartungsarbeiten etc. hinzugefügt werden.
- Für die Sicherheit relevant ist auch die *Klassifizierung* von Assets – sofern man solche Klassen nach A-5.12 verwendet (weitere Erläuterungen bei diesem Control).

Fazit: Die Organisation ist frei, solche *Ergänzungen* vorzunehmen. Warnung: Nicht alles erfassen, was möglich ist, sondern nur das, was einen Nutzen hat!

Nun zu den Pflichtinhalten des Inventarverzeichnisses:

Eindeutige Bezeichnung des Assets
Bei Aufnahme des Assets in den Anwendungsbereich des ISMS, also bei Erstellung eines Assets (z. B. neuer Datenobjekte) oder bei Übernahme von außen (Transfer zur Organisation, Lieferung durch Dritte etc.) muss eine eindeutige Bezeichnung festgelegt werden. Einfach nur fortlaufend zu nummerieren erscheint weniger sinnvoll – eine Kombination aus Sachgebiet und Nummer (z. B. Server.23 oder Cloud.04) fördert dagegen die Übersichtlichkeit.

Assetverantwortliche (Asset Owner)

Wer verantwortlich für ein Asset ist, sollte spätestens dann festgelegt werden, wenn ein Asset in das Inventarverzeichnis aufgenommen wird. Es kann sich dabei um eine definierte Rolle oder eine Organisationseinheit handeln, möglicherweise aber auch eine einzelne, namentlich benannte Person. Bei Letzterem wäre das Problem von Personaländerungen (Versetzungen, Kündigungen etc.) zu beachten.

Was gehört zu den Aufgaben des/der Assetverantwortlichen? Zunächst ist dafür zu sorgen, dass die Einträge zu dem fraglichen Asset über die Lebensdauer des Asset im Inventarverzeichnis vorhanden, korrekt und stets aktuell sind. Die Lebensdauer umfasst auch die Vorgänge der Löschung (z. B. von Daten) oder die Aufhebung (z. B. von Dienstleistungsbeziehungen), die Ausmusterung des Assets (etwa wg. eines Defektes) – oder einfach nur die Tilgung des Assets im Inventarverzeichnis, weil es nicht mehr zum Anwendungsbereich des ISMS gerechnet wird.

Sofern bei Assets wie oben geschildert weitergehende Daten erfasst werden, muss auch dabei für Korrektheit und Aktualität gesorgt werden[9].

Asset Lokation

Die Interpretation von *Lokation* unterscheidet sich je nach Art des Assets. Wir nennen typische Beispiele: Bei Daten handelt es sich meist um den (die) Speicherort(e), bei Rechnern um den physischen Aufstellungsort (Raum, Rack, Rack-Ebene), bei externen Cloud Services z. B. um Angaben zur Webadresse, unter der der Dienst erreichbar ist – aber auch um den Geschäftsort des Anbieters (z. B. wichtig im Zusammenhang mit Datenschutzfragen), bei physischen Netzwerkverbindungen um Angaben über Start- und Endpunkt des Kabels und seines Leitungsverlaufs. Die Bezeichnungen der Orte sollten ebenfalls geeignet vereinheitlicht werden: Raumnummern beispielsweise könnten als „Standort.Gebäude.Etage.Raumnummer" notiert werden.

Kommen wir noch zu der – nicht unwichtigen – Frage, wie detailliert das Inventarverzeichnis angelegt werden soll. Soll jeder Dienstleister (Provider), jeder einzelne Server, jeder Office-PC und jedes Netzwerkkabel separat aufgeführt werden – oder reicht es auch, entsprechende Gruppen[10] zu definieren? Kurz geantwortet: Dies ist der Organisation überlassen! Sie muss den Grad der Detaillierung so festlegen, dass mit dem Verzeichnis das erledigt werden kann, was beabsichtigt ist. Wer etwa ein IT-Notfallmanagement aufsetzen und betreiben will, kommt schnell zu der Erkenntnis, dass alle *notfallträchtigen* Assets im Verzeichnis enthalten sein müssen – das beinhaltet z. B. fast immer eine genaue Aufnahme aller Netzwerkverbindungen (logisch und physisch). Wer „nur" ein Sicherheitskonzept schreiben will, könnte auch mit (sinnvollen) Gruppierungen arbeiten.

---

[9] Diese Teilaufgabe kann an Verantwortliche delegiert werden. Beispiel: Angaben über Risiken für ein Asset an den Risikoverantwortlichen, s. auch ISMS-6.1.2 Punkt (c).

[10] Im IT-Grundschutz des BSI ist hier von *Gruppierung* die Rede, die bei der Grundschutzanalyse die Komplexität reduzieren hilft.

Einen Aspekt haben wir unterschlagen: Neben den sog. Informationswerten sollen laut Titel des Controls noch *andere Werte* im Inventarverzeichnis erfasst werden. Was fällt hierunter?

Soweit ein Informationswert mit weiteren Assets *verbunden* ist (s. Abschn. 1.4, Stichwort *Ressourcen und Assets*), sollen auch diese im Verzeichnis erfasst werden.

Einige Beispiele dazu:

Wir betrachten eine Datenbankanwendung, die neben den verwalteten Datensätzen u. a. noch Managementprozesse, Backup- und Recovery-Prozesse umfasst sowie eine Reihe von Servern, Speichersystemen und Netzwerkverbindungen benötigt. Diese Aufzählung nennt mit der Datenbankanwendung *verbundene* Objekte: Diese im Assetverzeichnis zu erfassen und per Link mit der Datenbankanwendung als Asset zu koppeln, könnte aus Sicht der Organisation sinnvoll sein[11].

Im Bereich der Haustechnik ist sicherlich die Versorgung mit Elektrizität durch ein EVU ein Asset – auch hier haben wir die Situation, dass dieses Asset mit einer Reihe anderer Werte bzw. technischer Anlagen verbunden ist: Strom-Verkabelung, Schalt- und Sicherungsein-richtungen, Messanlagen, Netzersatzanlagen, USV/Batteriestation etc. Für sich genommen wäre sicher keines dieser Objekt ein Informationswert, sie sind aber mit diesen „verbunden" und sollten deshalb im Assetverzeichnis aufgeführt werden.

Betrachten wir als Drittes eine Serverlandschaft, in der Prozesse in virtuellen (VM-) Instanzen laufen. Diese Instanzen haben meist ein mehr oder weniger kurzes Leben. Die ISO 27002 weist daraufhin, dass solche kurzlebigen Assets nicht *notwendigerweise* im Assetverzeichnis zu erfassen sind. Anders liegt der Fall, wenn z. B. der Provider einer Public Cloud solche Instanzen für seine Kunden in einer gemeinsamen Serverumgebung betreibt, und sichergestellt werden muss, dass ein Kunde nicht auf die Instanz eines anderen Kunden zugreifen kann – eine unverzichtbare Sicherheitseigenschaft. In solchen Fällen sollte man mindestens *VM-Instanzen* als gruppiertes Asset in das Verzeichnis eintragen.

Bevor wir jetzt die Orientierung verlieren, sollten wir uns an folgender Zusammenfas-sung ausrichten: Im Inventarverzeichnis erfassen wir alles, was für die Organisation und ihre sichere Informationsverarbeitung einen Wert darstellt. Neben den Informationen/Daten selbst zählen dazu alle informationsverarbeitenden Einrichtungen[12] und alles, was zu deren Unterstützung beiträgt.

Bestehen noch weitere Anforderungen im Zusammenhang mit dem Inventarverzeichnis? Die Einträge im Assetverzeichnis nach A-5.9 müssen korrekt, aktuell und ggf. zu anderen Verzeichnissen widerspruchsfrei sein. Gehen wir diese Punkte durch:

Um die *Korrektheit* sicherzustellen, kann man in regelmäßigen Abständen eine Bestands-aufnahme der Assets durchführen und die Ergebnisse mit dem bestehenden Assetverzeichnis abgleichen. Möglicherweise nimmt man sich dazu abwechselnd nur bestimmte Bereiche

---

[11] Beim IT-Grundschutz des BSI spricht man hier von *Strukturanalyse*.

[12] In der Norm fallen hierunter IT-Systeme, IT-Anwendungen, andere IT-Geräte, Dienstleistungen, die für den Betrieb notwendige Infrastruktur, sogar ganze Standorte.

(IT, Infrastruktur, Büro-/Office-Bereich usw.) vor, um den Aufwand zu begrenzen. Auch im Rahmen von internen Audits oder Revisionen könnten solche Arbeitstakte einbezogen werden.

Für die *Aktualität* ist es unerlässlich, bei jeder Änderung eines Assets, bei der Installation neuer Assets oder der Ausmusterung und Entsorgung bestehender Assets das Verzeichnis zu aktualisieren.

Die Übereinstimmung mit bzw. *Widerspruchsfreiheit* zu anderen Verzeichnissen ist dann relevant, wenn man mit mehreren Teilverzeichnissen arbeitet oder Verzeichnisse zu unterschiedlichen Zwecken führt (etwa für Zertifizierungen nach anderen Normen).

Man erkennt, dass das Management der Verzeichnisse durchaus anspruchsvoll ist: Im Grunde benötigt man eine formalisiertes *Asset Management*[13], d. h. eine diesbezügliche Rolle mit dokumentierten Arbeitsprozessen und entsprechenden Regeln für alle Beteiligten – vor allem diese Regel: Jede Veränderung bei den Assets und ihren Begleitdaten ist unverzüglich im Verzeichnis nachzutragen. Hier ist die Querverbindung zum *Change Management* erkennbar.

A-5.10 Zulässiger Gebrauch von Informationen und anderen damit verbundenen Werten

Wir sprechen hier von Assets und damit von *Werten* für die Organisation. Damit ist schon klar, dass nicht jeder mit solchen Assets nach Belieben verfahren darf, sondern Restriktionen gelten, bestimmte Regeln zu beachten sind und diesbezügliche Kontrollen vorgenommen werden müssen.

Diese Vorgaben für den *zulässigen Umgang* mit den Werten müssen festgelegt, dokumentiert und umgesetzt werden – ihre Einhaltung ist zu überwachen.

Wen betrifft das? Man denke an

- eigenes Personal der Organisation – aber auch Fremdpersonal, das für die Organisation wie eigenes Personal tätig wird und damit vergleichbare Zugriffsmöglichkeiten zu Assets besitzt,
- Wartungstechniker, Entsorger, externe Auditoren, Berater – Personen mit gelegentlichem oder regelmäßigem Zutritt zu Liegenschaften der Organisation und damit potenziellem Zugriff zu Assets,
- Dienstleister wie Cloud-Provider und Outsourcing-Nehmer, die in ihrer eigenen Umgebung Zugriff auf Assets der Organisation haben können,

---

[13] Grundsätzliche Informationen zum Asset Management findet man ISO 55001 [15], für IT-bezogenes Asset Management in ISO/IEC 19770-1 [16].

- Kunden, Kooperationspartner, Aufsichtsbehörden – ein Personenkreis, der Zugriff auf bestimmte Assets der Organisation hat, jeweils abhängig von den geltenden Vereinbarungen bzw. gesetzlichen Erfordernissen, und natürlich
- Besucher/innen an den Standorten der Organisation.

Bei der Umsetzung von A-5.10 sollte man damit beginnen, die aus Sicht der Organisation zu betrachtenden Personenkreise – etwa entlang unserer Aufzählung – festzulegen.

Dann weiter: Wo sollen die Vorgaben für den zulässigen Umgang mit Werten erscheinen und was fällt alles darunter?

1. Sicherheitsleitlinie

Hier könnten allgemeine Regeln für das sicherheitsgerechte Verhalten im Zusammenhang mit Assets aufgeführt sein, etwa die Meldepflichten bei besonderen Vorkommnissen, die Regel des aufgeräumten Arbeitsplatzes (Clean Desktop) bei Verlassen desselben, Vermeiden von Bildschirmeinsicht durch Unbefugte (Clear Screen) usw. Sofern die Organisation bestimmte Bereiche mit Kameras überwacht, könnte dieser Sachverhalt in der Leitlinie Erwähnung finden. Detailliertere Regeln könnte man in einer schriftlichen Sicherheitseinweisung aufführen (s. weiter unten).

2. Richtlinien

Sie adressieren vor allem eigenes Personal der Organisation (wie oben auch Fremdpersonal) und gelten meist für bestimmte Gruppen von Assets. Die Regelungen zum Gebrauch dieser Assets variieren je nach Art des Assets und seiner Verwendung.

Hier einige Beispiele, die jedoch nicht als abschließend zu betrachten sind:

Hat man klassifizierte Informationen zu verarbeiten, die staatliche Verschlusssachen (VS) darstellen, muss eine Richtlinie her, die den Umgang[14] mit solchen sensiblen Informationen regelt. Für den behördlichen Bereich existiert diesbezüglich eine Verschlusssachen-Anweisung [2], die auch für sog. *geheimschutzbetreute* Unternehmen gilt.

Ein eher konkretes Beispiel aus der Praxis betrifft die Zulässigkeit des Anfertigens von Kopien (Papier, Datenträger): Wann ist dies erlaubt, unter welchen Umständen, ggf. mit welchen Geräten? Zugriffs- und Verwendungsregeln für das Original müssen auch für alle Kopien gelten! Kopien müssen stets so gekennzeichnet sein, dass ein Verbot bzw. eine Beschränkung der Weitergabe erkennbar ist.

Für das Löschen und Entsorgen bzw. Vernichten von Datenträgern (dazu zählt auch bedrucktes Papier) sind Regeln erforderlich. Je nach Grad der Vertraulichkeit der gespeicherten Daten muss ein dem Grad angemessenes sicheres Lösch- und Entsorgungsverfahren zur Anwendung kommen. Hier spielt auch die Frage nach sicherer Zwischenspeicherung eine Rolle: Datenträger dürfen in aller Regel nicht einfach in den

---

[14] Beachtung des Need-to-Know, lesender Zugriff nur für ausreichend hoch ermächtigte Personen, Verwendung VS-zugelassener Geräte usw.

Papierkorb am Arbeitsplatz geworfen werden – sondern sind in dafür vorgesehenen (gesicherten) Behältnissen zu entsorgen.

Gerade im Hinblick auf Kopien und Datenträger sind solche Regeln unerlässlich – andernfalls kommt es in einer Organisation schnell zu gravierenden *Datenlecks* (Data Leakage). Man muss allerdings feststellen, dass es mit Regeln allein nicht getan ist: Gerade das Problem unerlaubten Kopierens bedarf weitergehender Kontrollen innerhalb der Systeme, z. B. mittels Einsatz von DLP- Produkten (DLP = Data Leakage Protection).

Das *Verbringen* von neuen oder reparierten Gerätschaften in Sicherheitsbereiche muss überwacht werden: Zutritt von Personal des Lieferanten, Sicherheit der angelieferten Geräte[15], Wahl des passenden Aufstellungsorts nach den technischen Vorgaben des Lieferanten usw. Sinngemäß gelten die gleichen Anforderungen auch für das *Entfernen* von Gerätschaften aus der Betriebsumgebung z. B. wegen externer Reparatur oder Ausmusterung eines Geräts – nach vorheriger Löschung gespeicherter Daten. Die Stichwörter der Aufzählung deuten schon den möglichen Umfang einer diesbezüglichen Regelung an.

Der zulässige Gebrauch von Assets, die in IT-Systemen gespeichert sind, wird auch durch die Zugriffskontrolle gesteuert. Analog gilt das auch für den Zutritt zu elektronisch gesicherten Räumlichkeiten. Eine entsprechende Richtlinie für das Erteilen und Versagen von Rechten betreffend Zutritt, Zugriff und Zugang (= Nutzen von Diensten/ Einrichtungen) ist somit ebenfalls ein Mittel zur Umsetzung von A-5.10.

3. Sicherheitseinweisung und -belehrung
Sie soll den betreffenden Personen die Sicherheitsregeln der Organisation verdeutlichen und klar machen, dass sie für Zuwiderhandlungen verantwortlich gemacht werden. Die Regeln betreffen meist den Zutritt zu Liegenschaften und Sicherheitsbereichen der Organisation, aber auch den Zugriff zu Assets – vor allem solcher, die nicht anderweitig gesichert werden können.

Was wäre hier zu regeln? Einige Beispiele: Zutritt nur nach vorheriger, rechtzeitiger Anmeldung, Tragen von Besucher-Kennzeichen, ggf. nur *begleiteter* Aufenthalt in der Liegenschaft, kein Mitführen von Datenträgern, Verbot von elektronischen Aufzeichnungen (Filme, Fotos) während des Aufenthalts, ggf. Abgabe von Mobilgeräten vor Zutritt, Abmeldung bei Verlassen der Liegenschaft.

4. Vertragliche Vereinbarungen
Dienstleistern, Kooperationspartnern und Kunden wird man wichtige Sicherheitsregeln für die Inanspruchnahme von Diensten und die Verwendung von Daten der Organisation per Vertrag bzw. Vereinbarung aufgeben – möglicherweise vertieft durch ein Schulungsangebot.

Die Erläuterungen und Beispiele zu den Punkten 1. bis 4. lassen erkennen, dass bei der Festsetzung von Regeln für den Gebrauch von Assets deren voller Lebenszyklus betrachtet

---

[15] Übereinstimmung mit der Bestellung/dem Reparaturauftrag, Prüfung auf „eingebaute" Spionagemechanismen (soweit das entdeckbar ist).

werden muss: von der Entstehung bzw. Übernahme von außen, über die Nutzung bis hin zur Löschung, Aufhebung oder Entsorgung.

Ein letzter Punkt: Leit- und Richtlinien bekannt zu machen, wurde bereits unter A-5.1 gefordert. Im Zusammenhang mit dem zulässigen Gebrauch von Informationswerten wird die Wichtigkeit dieser Bekanntmachung nochmal deutlich. Schriftliche Einweisungen (Punkt 3.) dagegen werden meist situationsbedingt vermittelt (etwa vor Eintritt in eine Liegenschaft oder einen Sicherheitsbereich), vertragliche Vereinbarungen (Punkt 4.) sind beiderseits zumindest bekannt – stellt sich nur noch die Frage nach der Einhaltung der vereinbarten Sicherheitsregeln in der Praxis.

A-5.11 Rückgabe von Werten

Assets einer Organisation können Personen oder anderen Organisationen für bestimmte Zwecke überlassen werden. Sie sind dann meist nach Zweckerfüllung zurückzugeben – genau darum geht es bei diesem Control.

Betrachten wir einige Beispiele, die unter A-5.11 fallen:

- Mitarbeiter/innen der eigenen Organisation erhalten für die Dauer ihres Arbeitsverhältnisses (physische) Schlüssel, um Liegenschaften/Gebäude oder Räume betreten zu können, alternativ Chipkarten für eine vorhandene Zutrittskontrolle. Häufig werden Hardware-Tokens (Smartcards, Code-Generatoren) für die Anmeldung an Systemen und Anwendungen verwendet. Schlüssel, Chipkarten/Smartcards und Tokens sind die in Rede stehenden zurückzugebenden *Assets*.
- Ein Wechsel von Schlüsseln/Chipkarten/Tokens kann anlässlich einer Versetzung in einen anderen Bereich der Organisation erforderlich werden (Tausch „alt" gegen „neu"). Eine ersatzlose Rückgabe wird bei Ausscheiden aus der Organisation fällig.
- Ähnlich liegt der Fall, wenn die Organisation Gerätschaften wie Smartphones, Tablets und Laptops, ggf. auch zu verwendende Datenträger, an das Personal zur dienstlichen Nutzung ausgibt. Auch hier ist bei Anlässen wie Versetzung, Kündigung, Todesfall eine Rückgabe erforderlich.
- Soweit *private* Geräte und Datenträger für dienstliche Zwecke verwendet werden – unterstellt, dass dieses überhaupt gestattet ist –, ist das Löschen bzw. Entfernen organisationseigener Daten von diesen Geräten und Datenträgern als Rückgabe im Sinne von A-5.11 anzusehen. Zu den Daten zählen auch Software-Werkzeuge und andere lizenzierte Software, soweit deren Gebrauch auf den privaten Geräten gestattet wurde.
- Eine Rückgabe von *projektspezifischen* Werten wird in der Regel bei Projektende zu verlangen sein.

- Es kommt immer wieder vor, dass langjährig Beschäftigte, die exklusiv über bestimmte Kenntnisse und Erfahrungen (Know-how) verfügen, überraschend aus der Organisation ausscheiden und ihr Wissen sozusagen „mitnehmen". Hier wäre aus Sicht der Organisation zu fordern, dass solches Know-how grundsätzlich zu dokumentieren ist, spätestens vor dem Ausscheiden solcher Personen, und Nachfolgern zur Verfügung gestellt werden kann – auch eine Form von Rückgabe[16].
- Bei der Überlassung von Assets an andere Organisationen oder deren Personal sollte eine Rückgabe zwischen beiden Organisationen vertraglich vereinbart werden.
- Im Zusammenhang mit dem Datenschutz und der Auslagerung personenbezogener Daten an Auftragsverarbeiter (z. B. Cloud Provider) sind Rückgabe und Löschung der Daten in der DS-GVO explizit gefordert.

Ausgangspunkt für die Umsetzung von A-5.11 ist eine Liste von Assets, für die eine Rückgabe prinzipiell zu erfolgen hat. Die Beispiele oben erleichtern den Einstieg.

Vieles davon wird sich dadurch erledigen lassen, dass man die Prozesse des Einstellens/ Versetzen/Ausscheidens von Personal präzise plant und dabei auch die Rückgabe von Assets als Prozesselement vorsieht.

Analog müsste das Vertragsmanagement schon bei Abschluss von Verträgen ggf. eine Rückgabe überlassener Assets regeln und bei Fälligkeit kontrollieren. Im Hinblick auf den Datenschutz sind dabei z. B. die Standardvertragsklauseln der EU anwendbar, wenn es sich um Auftragsverarbeiter aus einem Drittland handelt und personenbezogene Daten betroffen sind.

A-5.12 Klassifizierung von Information

Das Thema der Klassifizierung von Informationen und anderer Objekte haben wir bereits aus grundsätzlicher Sicht erläutert[17]. Man benötigt ein sog. *Klassifizierungsschema,* d. h. eine Anzahl von Stufen, die den betreffenden Objekten zugeordnet werden. Personen, die für den Umgang mit den klassifizierten Objekten berechtigt sein sollen, müssen für solche Stufen *ermächtigt* werden.

Klassifizierungen können für alle drei Sicherheitsziele – Vertraulichkeit, Integrität und Verfügbarkeit – eingeführt werden, d. h. ein Objekt kann in diesem Fall bis zu drei Klassifizierungsstufen erhalten.

Warum setzt man solche Klassifizierungen überhaupt ein? Auch wenn es zunächst seltsam klingt: Man möchte die Informationssicherheit *vereinfachen.* Statt für jedes einzelne Asset individuell Risiken zu beurteilen und Maßnahmen auszuwählen, betrachtet man nur die (wenigen) Klassifizierungsstufen und fragt sich: Welches Maßnahmenbündel ist für eine bestimmte Stufe adäquat und bietet ausreichend Sicherheit für alle Objekte dieser

---

[16] Ein Beispiel aus der ISO 27002.

[17] In Abschn. 1.4 zum Stichwort *Daten und Klassifizierungen.*

Stufe? Folglich wird die Informationssicherheit an der jeweiligen *Stufe* festgemacht – die einzelnen Objekte stehen nicht mehr im Vordergrund. Man beachte auch, dass das Personal, das mit klassifizierten Daten umgeht, sich leichter tut, wenn es nur wenige, einfache Regeln für den Umgang mit Objekten zu beachten gilt.

Welche Auswirkungen hat das auf die Praxis? Dazu folgendes Beispiel: Die Zugriffskontrolle ist in allen IT-Systemen eine komplexe Maßnahme: Hier muss für jedes verwaltete Objekt und für jeden im System bekannten User ermittelt werden, welche Zugriffsrechte der User zu dem Objekt besitzt – eine umfangreiche Menge von Rechtebeziehungen, die vor jedem einzelnen Zugriff auszuwerten sind. In einem IT-System, dass klassifizierte Information/Daten verarbeitet, geht das einfacher: Frage 1: Welche Stufe hat das Objekt? Frage 2: Für welche Stufe ist der User ermächtigt? Passen Stufe und Ermächtigung zusammen? Antwort: ja = Zugriff erlauben – oder – nein = Zugriff ablehnen. Man hat als Berechtigungsdaten nur das Verzeichnis der User mit ihren Ermächtigungen und pro Objekt dessen Klassifizierungsstufen – eine überschaubare Menge[18] an Rechtebeziehungen. Man erkennt hieran, wie das Klassifizierungsschema zur Vereinfachung beiträgt.

Wann ist die Nutzung einer Klassifizierung von Objekten gefordert? Der Bedarf kann sich aus rechtlichen oder geschäftlichen Anforderungen ergeben:

- Bundesbehörden, die staatlich geheim zu haltende Daten verarbeiten, sind rechtlich verpflichtet, die Verschlusssachen-Anweisung [2] anzuwenden, die das Schema des staatlichen Geheimschutzes (weiter oben) beinhaltet.
- Das gleiche Schema müssen Unternehmen anwenden, wenn sie Aufträge übernehmen möchten, die unter diesen staatlichen Geheimschutz fallen (z. B. im militärischen Umfeld).
- Manche Organisationen entwickeln Klassifizierungsschemata aus eigenem Antrieb – zum Beispiel, um die Vermischung von Daten aus unterschiedlichen Organisationsbereichen zu verhindern, weil unterschiedlicher Geheimhaltungsbedarf besteht oder weil eine grundsätzlich andere Art der Verfügbarkeit für die jeweiligen Daten gefordert ist.
- In komplexen Projekten mit vielen kooperierenden Organisationen muss die projektleitende Organisation ihre „Policy" für Zugriffe auf Objekte über irgendeinen Mechanismus auf die Kooperationspartner ausdehnen, was sich mit einem Klassifizierungsschema (für alle drei Sicherheitsziele) leicht bewerkstelligen lässt. Jede mitwirkende Organisation muss dann eben dieses Schema verbindlich anwenden.

Sofern man mit solchen Klassifizierungen arbeitet, wird dringend empfohlen, die entsprechenden Regeln und Abläufe in einer entsprechenden *Richtlinie* darzustellen[19] und diese

---

[18] Sie wächst linear mit der Zahl der User und der Objekte, während sie beim „normalen" Schema quadratisch ansteigt.

[19] Oder auf eine externe Richtlinie zu verweisen, wie etwa die Verschlusssachen-Anweisung des Bundes [2].

an alle Betroffenen zu verteilen. Wir wollen einige praktische Fragen ansprechen, die in einer solchen Richtlinie berücksichtigt werden sollten:

- Wer legt die Klassifikationsstufen für einzelne Objekte fest? Dies kann dezentral erfolgen – z. B. durch die jeweiligen Assetverantwortlichen – oder auch durch eine zentrale Stelle. Im staatlichen Geheimschutz gibt es hierzu die zentrale *VS-Registratur*.
- Die Klassifizierung eines Objektes ist nicht zwingend statisch, sie kann vielmehr anlassbedingt geändert werden: eine Höherstufung kann erforderlich sein, wenn z. B. der Sicherheitsbedarf steigt – analog kann eine Herabstufung sinnvoll sein, wenn z. B. eine früher als *vertraulich* angesehene Information bereits in der Öffentlichkeit bekannt ist und somit das Objekt im Grunde als *offen* einzustufen wäre. Analog gilt das auch für Ermächtigungen von Personen bzw. Subjekten: Sie können bei Bedarf verändert werden. Somit sind Regeln für das Einstufen, Höher- oder Herunterstufen von Objekten und für die Ermächtigungen von Subjekten festzulegen.
- Neben der Änderung der Stufen einzelner Objekte kann auch eine Anpassung des gesamten Klassifikationsschemas erforderlich sein – zumindest sollte regelmäßig überprüft werden, ob das vorhandene Schema noch sinnvoll und wirksam ist.
- Wenn möglich sollte in der Richtlinie für jede Klassifikationsstufe dargestellt werden, welche (Standard-)Maßnahmen für Objekte dieser Stufe zu treffen und zu beachten sind.
- Kann es in einer Organisation mehrere unterschiedliche Klassifikationsschemata geben? Prinzipiell ja, die Menge und Komplexität der Regeln nimmt dann natürlich zu und die angesprochene Vereinfachung wird nicht immer zu erreichen sein. Was passiert zum Beispiel, mit Objekten, die in zwei unterschiedlichen Klassifikationsschemata eingestuft wurden? Im Hinblick auf Maßnahmen müssten dann auch zwei unterschiedliche Maßnahmenpakete greifen, wobei es Konflikte und Widersprüche geben könnte…
- Ein weiteres Problem ist der Austausch von klassifizierten Informationen zwischen zwei Organisationen mit unterschiedlichem Klassifikationsschema – also die Frage nach Regeln für *Export und Import* von klassifizierten Daten. Im einfachsten Fall kann man eine Abbildung zwischen den Stufen beider Schemata herstellen. Ist dies sachlich nicht möglich, könnte es auf eine individuelle Prüfung für jedes einzelne Objekt hinauslaufen. Entsprechende Regeln und ggf. Abbildungen sollten ebenfalls in der Richtlinie behandelt werden. Ihre Anwendung muss ggf. zwischen den betroffenen Organisationen vereinbart werden.
- Regeln für die *Kennzeichnung* von Objekten müssen festgelegt werden – sie sind Gegenstand des folgenden Controls A-5.13.
- Sollte man die aktuellen Klassifikationsstufen für Objekte bzw. für Gruppen solcher Objekte irgendwo tabellarisch erfassen? Hier könnte das Inventarverzeichnis nach A-5.9 infrage kommen.
- Für Objekte, die man nicht besonders klassifizieren möchte, könnte im Inventarverzeichnis oder bei der Kennzeichnung einfach nichts eingetragen werden. Andererseits

möchte man vermeiden, dass Eintragungen einfach nur vergessen werden. Vor diesem Hintergrund empfiehlt es sich, die betreffenden Objekte als *nicht klassifiziert* oder *UNCLASSIFIED* einzustufen – auch wenn dies gedanklich ein Widerspruch ist.

A-5.13 Kennzeichnung von Information

Hat man ein Klassifikationsschema (oder mehrere) eingeführt, stellt sich die Frage, wie die einzelnen Objekte gekennzeichnet werden, um ihre Einstufung *erkennen* zu können. Die jeweilige Stufe sollte sozusagen mit einem Objekt fest verbunden sein und nachträglich nicht manipuliert werden können.

Wir nennen einige Beispiele, bei denen allerdings die Manipulationssicherheit nicht immer in vollem Umfang gegeben ist:

- Im VS-Bereich wird klassischerweise auf Papier-Dokumenten ein Stempelabdruck angebracht (z. B. in roter Schrift: VS-geheim).
- Bei Papierausdrucken kann die jeweilige Klasse in der Kopfzeile auf jeder Seite erscheinen – oder aber durch ein Wasserzeichen auf der Seite angegeben werden.
- Bei anderen beweglichen Datenträgern ist die Klassifizierung durch eine entsprechende Beschriftung, nicht ablösbare Etiketten oder eine Einprägung in das Material des Datenträgers gängig.
- Informationsverarbeitende Systeme, die klassifizierte Informationen verarbeiten dürfen, sollten nach der höchsten zulässigen Stufe sichtbar gekennzeichnet sein.

Mit *elektronisch lesbaren* Kennzeichnungen sind unsere IT-Systeme überhaupt erst in der Lage, die Klassifikationsstufen vernünftig zu verarbeiten bzw. geeignet auszuwerten. Auch ein automatisierter Export/Import klassifizierter Objekte wird dadurch erst ermöglicht.

- In einem IT-System könnten bei einzelnen Dateien, Verzeichnissen oder logischen Laufwerken Klassifizierungsstufen in den Metainformationen dieser Objekte eingetragen werden, sofern das entsprechende Betriebssystem solche Metainformationen mitführt, ihre Nutzung für die Klassifizierungsstufen zulässt und diese bei Zugriffskontrollen beachten kann.
- Es gibt spezielle Betriebssysteme[20], die in diesem Sinne zur Verarbeitung klassifizierter Daten geeignet sind – für weitere Informationen dazu s. auch s. A-5.15.
- Möglicherweise kann die Nutzung von Metainformationen auch auf *physische* Speichermedien übertragen werden: Dadurch wird die Klassifizierungsstufe eines Speichermediums elektronisch abrufbar und auswertbar.

---

[20] Produkt-Beispiele findet man bei Wikipedia u. a. zum Stichwort *Mandatory Access Control*.

- Bei Datenpaketen in Netzwerkprotokollen gibt es meist noch frei Datenfelder, in die die Klassifizierungsstufe eines Datenpakets eingetragen werden kann. Dafür geeignete Router und Switches interpretieren diese Daten und entscheiden beispielsweise, ob ein solches Datenpaket überhaupt in die gewünschte Richtung weitergeleitet werden darf.

Ist ein Betriebssystem *nicht* in der Lage, Klassifizierungsstufen bei seiner Rechteverwaltung zu beachten, dürfen in dem betreffenden IT-System grundsätzlich nur Objekte bearbeitet werden, die nach derselben Stufe klassifiziert wurden. Andernfalls wäre eine Vermischung von unterschiedlich eingestuften Daten nicht zu verhindern – gerade das will man ja vermeiden. Wird ein IT-System zur Bearbeitung von Daten einer einzelnen Klassifizierungsstufe (z. B. der höchsten vorkommenden) verwendet, spricht man vom sog. *System-High*-Betrieb.

In der Richtlinie nach A-5.12 sollten auch die Regeln hinsichtlich der Kennzeichnung aller infrage kommenden Objekte aufgeführt sein.

Wir erwähnen hier nochmal, dass eine Richtlinie dieser Art auf jeden Fall durch Schulungen und Training zu vertiefen ist – bei klassifizierten Objekten geht es in aller Regel um sehr sensible, kritische Objekte, bei denen man sich keine Nachlässigkeiten leisten kann.

A-5.14 Informationsübertragung

Die Sicherheit von Informationen während eines Transports bzw. einer Übertragung muss gewährleistet werden: Dazu sind entsprechende Regeln und Abläufe zu definieren – das ist der Gegenstand dieses Controls.

Sicherheit bezieht sich dabei auf Vertraulichkeit, Integrität und Verfügbarkeit und ggf. weitere Ziele für die betreffenden Informationen.

Es sind Übertragungen gemeint, die *innerhalb* der Organisation stattfinden – aber auch solche mit *externen* Stellen als Absender oder Empfänger.

Folgende Arten von Kommunikation sind unter A-5.14 zu betrachten:

- die **mündliche** Weitergabe von Informationen: in Gesprächen, Telefonaten, während der Nutzung von Konferenzsystemen usw.
- die Übertragung von Daten mittels **elektronischer** Verfahren: z. B. per Email, Messenger-Diensten, FAX, Transfer von und zu Clouds, im Rahmen von sozialen Medien, bei Einsatz von Konferenzsystemen (Chat-Protokolle, Up- und Downloads von Dokumenten) oder durch Weitergabe von Links auf sensible Daten der Organisation;
- die **physische** Beförderung von Datenträgern: z. B. Versand von USB-Sticks oder DVDs, auch der klassische Brief (Transport durch eigenes Personal, Kurier oder Post-Dienstleister).

Für die Übermittlung von Informationen/Daten sind zahlreiche Bedrohungen bekannt. Hierzu nur einige Beispiele:

- Abhören/Aufzeichnen von Kommunikationsinhalten auf Leitungen, Funkstrecken, in WLAN-Reichweite etc. durch Unbefugte
- unbefugtes Kopieren, Ändern, Löschen von Daten bei der Übertragung
- Fehlleiten von Daten (z. B. durch manipulative Adressänderungen)
- Verlust von Daten z. B. beim physischen Transport
- Kommunikation mit Personen/Organisationen, die sich für andere ausgeben (nicht-authentische Kommunikation)
- unzureichende Nachweisbarkeit der Übertragung von Daten, Abstreiten des Sendens oder Empfangens von Daten
- Malware-Verbreitung per Attachment von Emails, als Teil von Dokumenten (Makros) oder beim Download von Software usw.
- Phishing von persönlichen Daten und Berechtigungen, Passwörtern usw.
- Vorenthalten von Daten durch Denial-of-Service-Attacken (DoS)

Bei Malware, Phishing und Denial-of-Service ist die Kommunikation nicht selbst bedroht, sondern wird sozusagen nur als Transportmedium für weitergehende Attacken verwendet.

Zur Erfüllung von A-5.14 geht man am besten so vor, dass eine entsprechende Richtlinie erstellt, bekannt gemacht und angewendet wird. Was sollte darin enthalten sein? Gehen wir einige Punkte durch:

- Die Art des Informationsaustauschs: Hier sind – soweit für die Organisation zutreffend – der elektronische Datenaustausch, der physische Transport von Datenträgern und die mündliche Weitergabe von Informationen zu nennen, am besten in separaten Abschnitten.
- Für jede Art des Informationsaustauschs muss angegeben werden, welche Sicherheit benötigt wird und wie diese in der Praxis erreicht werden soll (anzuwendende Prozeduren und Maßnahmen, ggf. Verweis auf andere Richtlinien).
- Sofern besondere Klassifizierungen von Informationen nach A-5.12 verwendet werden, müssen diese auch beim Informationsaustausch beachtet werden. Dabei ist auf eine korrekte Kennzeichnung (A-5.13) zu achten, weiterhin sind Regeln für den Export/Import solcher Daten einzuhalten (A-5.10).
- Im Zusammenhang mit externen Stellen sollte eine Vereinbarung über den sicheren Datenaustausch geschlossen werden, um die notwendigen Vorkehrungen (z. B. der Einsatz bestimmter Kryptoverfahren einschließlich der sicheren Schlüsselgenerierung) abzustimmen und verbindlich anzuwenden. Diese Vereinbarung kann Teil eines umfassenderen Vertrags oder eines NDA (Non-Disclosure Agreement) sein.

Für den *elektronischen* Datenaustausch sollten nach Erfordernissen der Organisation Maßnahmen und Regeln angegeben werden, die beispielsweise

- die Vertraulichkeit und Integrität der Daten auf dem Transportweg garantieren, z. B. durch Einsatz kryptografischer Verfahren (Verschlüsselung, Signatur),
- eine ausreichend hohe Verfügbarkeit des Datentransports gewährleisten (z. B. redundante Übertragung),
- die Authentizität der Kommunikationspartner sicherstellen[21], zumindest Daten nur zwischen bekannten und vorab benannten Personen transferieren,
- gegen das Abstreiten des Empfangs oder des Absendens von Daten (non-repudiation) gerichtet sind,
- der Nachvollziehbarkeit der Datentransfers dienen (Protokollierung/Archivierung von versendeten/empfangenen Daten, möglicherweise ergänzt um Vorgaben für Lösch- und Entsorgungsfristen),
- die Nutzung von Clouds, sozialen Medien etc. zum Datenaustausch an eine entsprechende Einzelfall-Genehmigung binden,
- die *automatische* Weiterleitung von Emails an andere Personen/Stellen einschränken,
- das Auslesen von Speichern in Kommunikationssystemen (z. B. in FAX-Geräten) durch Unbefugte ausschließen.

Beim *physischen* Transport sind im Grunde die gleichen Anforderungen zu beachten, sie erscheinen jedoch in anderer Form:

- Hinsichtlich Vertraulichkeit, Integrität und Verfügbarkeit der Daten(träger) ist auf eine sichere Verpackung, eine geeignete Abschirmung vor Umwelteinflüssen (z. B. elektromagnetischer Einstrahlung bei magnetischen Datenträgern), sowie auf einen Transport durch vertrauenswürdige und zuverlässige Dienstleister zu achten.
- Einem Transport von Datenträgern sollte eine Kontrolle des Inhalts und der Adressen vorausgehen, eine Protokollierung des Versendens und Empfangens dient der Nachweisführung.
- Bei dem nicht auszuschließenden Fall des Verlusts eines Datenträgers auf dem Transportweg ist eine geeignete Nachforschung anzustellen sowie eine Analyse der Folgen für die Organisation vorzunehmen.

Für den *mündlichen* „Informationstransport" ist zu regeln, dass sensible Inhalte

---

[21] z. B. durch Anwendung asymmetrischer Kryptoverfahren mit Public/Private Keys. Bei Einsatz von elektronischen Zertifikaten und Signaturen kann eine authentische und integre Kommunikation garantiert werden, weil eine gegenseitige (starke) *Authentisierung* von Absender und Empfänger ermöglicht wird und Datenänderungen auf dem Übertragungsweg sofort *erkennbar* sind. Die in Deutschland anerkannten *qualifizierten Signaturen* bieten zusätzlich ein hohes Maß an *Rechtssicherheit*.

- keinesfalls in der Öffentlichkeit (z. B. in öffentlichen Bereichen oder Verkehrsmitteln) besprochen werden (potenzielle, möglicherweise fahrlässige Weitergabe),
- möglichst nicht auf Anrufbeantwortern/Mailboxen gespeichert werden sollten (Zugang durch Unbefugte möglich),
- nicht in Räumlichkeiten besprochen werden sollen, deren akustische Überwachung von außen möglich ist (Ab- und Mithören),
- nur an Personen weitergeben werden, die eine ausreichende Ermächtigungen besitzen – soweit es um klassifizierte Informationen nach A-5.10 geht.

Beachten Sie, dass die Maßnahmen zum elektronischen und physischen Transport von Daten meist überwachbar sind, während dies bei der mündlichen Übertragung kaum möglich sein dürfte: Hier ist man von der Sensibilität und Bereitwilligkeit der kommunizierenden Personen abhängig.

Eine Kommunikation kann auch darin bestehen, dass eine Organisation als Dienstleister regelmäßig oder zu bestimmten Anlässen Informationen (z. B. einen Newsletter) an Kunden versendet. Das Control A-15.4 gilt auch für diesen Fall. Dabei ist prozedural sicherzustellen, dass nur geprüfte, korrekte und erlaubte (z. B. lizenzfreie) Inhalte weitergegeben werden, evtl. zuvor die Zustimmung von Rechteinhabern eingeholt wird und schlussendlich jemand die Verantwortung für den Inhalt übernimmt, d. h. es ist eine sichere *digitale Redaktion* mit einem definierten Prozess erforderlich.

A-5.15 Zugangssteuerung

Der englische Begriff *Access Control* im Originaltitel lässt sich nicht mit *einem* Begriff ins Deutsche zu übersetzen, weil er sich auf drei Sachverhalte bezieht:

- logischer und physischer Zugriff auf Assets (z. B. Daten, Datenträger, Systeme, Übertragungswege)
- Zutrittskontrolle zu Liegenschaften, Gebäuden oder Räumlichkeiten[22]
- Zugangs- oder Nutzungskontrolle für Dienste: z. B. Nutzung eines Internetzugangs über einen Provider[23], Nutzung von Auskunfts- und Informationsportalen im Internet, Kundenzugänge zu Datenbanken eines Dienstleisters

Wir verkürzen: Es geht um die Kontrolle des Zugriffs, Zutritts und Zugangs, und zwar hinsichtlich der Assets der Organisation. Bei manchen Assets kann noch weiter differenziert werden – bei Daten etwa nach lesendem, schreibendem oder löschendem Zugriff.

Das *Ziel* der Kontrolle ist die Vermeidung *unbefugten* Zugriffs, Zutritts oder Zugangs. Diese Kontrollen sind ein zentrales Element der Informationssicherheit, weil ohne sie die

---

[22] In diese Gruppe fällt auch die Öffnungskontrolle z. B. von Schalt- und Schutzschränken.

[23] Man hat „Zugang" zum Internet.

Sicherheitsziele der Vertraulichkeit, Integrität und Verfügbarkeit (und weitere) nicht eingehalten werden können. Man beachte, dass andererseits der Zugriff, Zutritt oder Zugang
für jeweils *Befugte* ermöglicht werden muss – ein Element der Verfügbarkeit.

Die Anforderung in A-5.15 ist relativ simpel: Solche Kontrollen sind einzuführen und
aufrechtzuerhalten, soweit es die Informationssicherheit und die Geschäftstätigkeit der
Organisation erfordern.

Folglich legt die Organisation im Einklang mit ihrem Kontext (ISMS-4) selbst fest,

a) welche ihrer Assets Kontrollen benötigen und

b) wer jeweils zu den Befugten bzw. Unbefugten zählt,

c) welcher Zugriff, Zutritt oder Zugang erlaubt/verhindert werden soll,

d) wie die Kontrollen praktisch umgesetzt werden sollen.

Lösungsansatz für a.: Wir kopieren uns das Assetverzeichnis und streichen im ersten
Schritt – in Abstimmung mit den darin verzeichneten Assetverantwortlichen – alle Assets,
bei denen weder aus geschäftlicher Sicht noch aus Sicherheitssicht ein Kontrollbedarf
existiert oder die Kontrollen auf andere Weise[24] erfolgen. Mit den verbleibenden Assets
arbeiten wir weiter: Das ist die Liste der *Objekte*, auf die sich Access Control bezieht.

Für Punkt b. benötigen wir eine Liste der Personen, Gruppen von Personen und Rollen,
die als Befugte oder Unbefugte infrage kommen. Wir bezeichnen sie verallgemeinernd
als *Subjekte* für Access Control. Neben Personen und Rollen sortieren wir hier zusätzlich alles ein, was in irgendeiner Form Zugriffe/Zugänge auf unsere Assets ausüben
kann – z. B. Organisationsbereiche, Kundengruppen – auch einzelne IT-Systeme und IT-
Anwendungen, die ihrerseits Zugriffe auf Daten ausüben können und damit hinsichtlich
der erforderlichen Berechtigung zu kontrollieren sind.

Die Aufgabe c. lässt sich vor diesem Hintergrund so beschreiben: Für jedes Paar (Subjekt, Objekt) muss festgelegt sein, ob ein Zugriff, Zutritt oder Zugang des Subjekts zu
dem betrachteten Objekt erlaubt ist bzw. welche Art (Öffnen, Lesen, Schreiben, Löschen
usw.) zulässig ist.

Für die Praxis werden bei der Vergabe/Kontrolle von Berechtigungen einige Prinzipien
oder Strategien vorgeschlagen:

• Das *Least-Privilege-Modell* geht davon aus, dass bei jedem Subjekt nur so viele
  Berechtigungen vergeben werden, dass die Aufgaben des Subjektes gerade noch
  ausführbar sind. Ausgangspunkt ist hierfür meist die Regel „Ein Zugriff ist grundsätzlich nicht erlaubt – es sei denn, es liegt eine explizite Genehmigung vor". Die
  umgekehrte Regel, alles zu erlauben, was nicht explizit verboten ist, hat sich in der
  Informationssicherheit nicht bewährt.

---

[24] z. B. außerhalb des ISMS; möglicherweise stößt man auch auf Fälle, in denen Kontrollen durch
die Organisation schlichtweg nicht machbar sind – hier könnte man z. B. an Verlagerungen der
Assets an andere Parteien denken, die die notwendigen Kontrollen bereitstellen können.

- Das *Need-to-Know*-Prinzip fordert „Kenntnis, nur wenn nötig", d. h. das Leserecht für Informationen/Daten wird darauf beschränkt, was für die Aufgabenerfüllung nötig ist. Auch ein *Need-to-Use* wird in der Literatur erwähnt – dabei geht es um den Zugriff auf physische Objekte.
- Das *Vererbungsprinzip:* Berechtigungen werden häufig implizit *vererbt, z. B.* übernimmt eine IT-Anwendung die Rechte des Nutzers, unter dessen Account sie gestartet wird bzw. läuft. Weitere Beispiele: Gruppenrechte werden auf die Gruppenmitglieder vererbt und ergänzen deren individuelle Berechtigungen; analog erfolgt dies bei rollenbezogenen Rechten, die auf alle Inhaber der gleichen Rolle vererbt werden.
- *Vier-Augen-Prinzip*: Die Ausübung von Berechtigungen für besonderes kritische Tätigkeiten kann daran gebunden werden, dass (mindestens) zwei Augenpaare beteiligt sind. Durch Passwort-Teilung kann dies auch in Systemen realisiert werden, die dafür zunächst nicht ausgerüstet sind.
- *Default-Rechte*: Es kann sinnvoll sein, bestimmten Subjekten Default-Rechte zuzuweisen – z. B. den Mitarbeiter/innen der IT-Abteilung den Zugriff zu bestimmten Laufwerken, Verzeichnissen und Dateien sowie den Zutritt etwa zum Rechenzentrum oder zu Serverräumen zu gestatten. Dies vereinfacht die Rechtevergabe bei Personaländerungen und macht die Zugriffskontrolle transparenter.
- Die klassische *Discretionary Access Control* (DAC) fordert, dass in den Systemen für jedes einzelne Paar (Subjekt, Objekt) jede mögliche Berechtigung einrichtbar ist, d. h. die sog. *Granularität* der Berechtigungsvergabe soll maximal sein.
- Die *Role-Based Access Control* (RBAC) orientiert sich bei der Vergabe von Berechtigungen an Rollen und ihren Aufgaben – einzelne Personen oder Gruppen sind hier irrelevant. Typisches Beispiel ist die Rolle „Admin", unter der viele Personen administrativ tätig sein können.
- Bei Organisationen, die mit Klassifizierungen nach A-5.12 arbeiten, kann man die Berechtigung aus der Ermächtigung des Subjekts und der Einstufung des Objekts ableiten, d. h. hier ergeben sich die Berechtigungen einfach aus den vorgeschriebenen Regeln der Klassifizierung. Man spricht auch von der *Mandatory Access Control* (MAC).
- Bei der *Dynamic Access Control* – hierfür ist ebenfalls DAC als Abkürzung in Gebrauch – geht es um eine flexible Steuerung von Berechtigungen, die auf *Claims, Resource Properties* und *Central Access Rules* beruht und damit die alte DAC, die RBAC und MAC in gewisser Weise zusammenführt.

Wer vergibt die notwendigen Berechnungen? Hier kommt zunächst der jeweilige Asset-verantwortliche für das betrachtete Objekt in Frage. Auch eine dezentrale Berechtigungsvergabe kommt häufig vor: Untergeordnete Organisationsbereiche vergeben eigenständig Berechtigungen für „ihre" Objekte. Bei der MAC gibt es dagegen meist eine zentrale Stelle in der Organisation, die die Einstufung von Objekten vornimmt.

In der technischen Umsetzung nach Punkt d. der obigen Aufzählung trifft man dabei häufig auf folgende Situationen:

- Die Kontrolle des Zugriffs zu Daten, Verzeichnissen, Laufwerken und Anwendungen ist die Domäne der Sicherheitsfunktion *Zugriffskontrolle* in den entsprechenden IT-Systemen. Je nach Betriebssystem erfolgt die Eingabe, Änderung und Löschung von Berechtigungen in unterschiedlicher Form.
- Es gibt systemübergreifende Berechtigungskontrollen – etwa im Intranet der Organisation durch einen *Directory Service*.
- Für den Zutritt zu Liegenschaften, Gebäude und Räumlichkeiten lassen sich technische oder personelle Zutrittskontrollen[25] einrichten.
- Bei der Zugangskontrolle zu Diensten hat man meist von den Dienstleistern entsprechende Credentials[26] erhalten, die den Zugang resp. die Nutzung erlauben.

Ein Fazit: Das Thema *Access Control* ist höchst komplex, bedarf einer systematischen Planung, einer Umsetzung in unterschiedlichen Systemen und Anlagen – und natürlich einer sorgfältigen Überwachung. Das Ganze spielt sich ab in einer dynamischen Umgebung, in der sich Subjekte, Objekte und Rechtebeziehungen stetig ändern können.

Bei der Überwachung geht es darum, die Vergabe von Berechtigungen einem Genehmigungsprozess zu unterwerfen und regelmäßig alle Berechtigungen auf ihre Notwendigkeit – insbesondere auf *Karteileichen*[27] – zu überprüfen. Zur Erfüllung von A-5.15 wird deshalb dringend empfohlen, eine entsprechende *Richtlinie* oder einen entsprechenden Plan für das Thema „Access Control" zu erstellen und in Kraft zu setzen. Einen ersten Ansatz für eine Gliederung liefert die folgende Aufzählung:

- Wer erfasst, ändert und löscht Einträge in der Liste der Subjekte bzw. Objekte und bei welchen Anlässen geschieht das? Auf welche Weise erfolgen diese Aktivitäten?
- Wie läuft das Verfahren zur Genehmigung beantragter Berechtigungen ab?
- Wer übernimmt die Eintragung bzw. Löschung von Berechtigungen in den vorhandenen technischen Systemen?
- Wann und durch wen erfolgt die Kontrolle der existierenden Berechtigungen auf Notwendigkeit, Aktualität und Wirksamkeit?

---

[25] Türkontrolle mit PIN-Tastatur, Chipkartenleser oder biometrischer Erfassung, dito Schleusen z. B. mit Vereinzelungskontrolle – oder die Kontrolle durch eine „menschliche" Wache, ggf. in Pförtner-Funktion.

[26] PIN, User-Id/Passwort mit weiteren Verfahren wie z. B. Zwei-Faktor-Authentisierung.

[27] Diese entstehen oft durch die Vergabe temporärer Berechtigung, die nicht mehr zurückgenommen werden, durch das Ausscheiden von Personen (ohne Löschen der zugehörigen Berechtigungen) oder das Beenden von Projekten ohne Rücknahme der entsprechenden Gruppenberechtigungen. Solche „vergessenen" Rechte können von Insidern zur Erhöhung ihrer Privilegien ausgenutzt werden.

Die nächsten drei Controls können wir relativ kurz kommentieren, da viele Aspekte schon in diesem Abschnitt zu A-5.15 angesprochen wurden.

A-5.16 Identitätsmanagement

Unter einer *Identität* wird eine Bezeichnung für ein Subjekt verstanden. Solche Identitätsbezeichnungen (z. B. in Form einer User-Id) sind die Grundlage für jede Art von Access Control, da hieran die notwendigen Berechtigungen gebunden werden.

Ein Subjekt kann dabei eine Person, eine Rolle, eine Gruppe von Personen und/oder Rollen, aber auch eine IT-Anwendung sein, die sich z. B. vor dem Zugriff auf Daten *identifizieren* muss. Ein Subjekt könnte theoretisch mehrere unterschiedliche Identitäten besitzen – etwa auf unterschiedlichen Systemen, vorzugsweise sollte aber eine einzige, eindeutige Identität innerhalb des gesamten ISMS verwendet werden. Damit kann später zweifelsfrei jede ausgeübte Berechtigung genau einem Subjekt zugeordnet werden.

Vorsicht geboten ist bei Identitäten von Gruppen: Bei der Ausübung von Rechten ausschließlich unter einer Gruppenidentität ist später nicht mehr ermittelbar, welche Person aus der Gruppe dafür verantwortlich ist. Ein typisches Beispiel hierfür ist die in einem Rechenzentrumsbetrieb häufig verwendete Gruppe „Admin", der viele Administratoren zugeordnet sein können.

Eine Identität(sbezeichnung) ist in der Regel eine offene, also nicht notwendigerweise geheim zu haltende Information – im Gegensatz zu Authentisierungsinformationen, siehe dazu A-15.7.

Die Forderung in A-15.6 lautet, alle Identitäten von Subjekten, die in einem ISMS eine Rolle spielen, über ihrem gesamten Lebenszyklus qualifiziert zu verwalten.

Welche Aktionen fallen im Zuge dieser Verwaltung an?

- Zuweisung einer Identität (z. B. einer User-Id) zu einem Subjekt: Dies könnte im Einzelfall individuell auf Antrag oder z. B. anhand von Personallisten zentral erfolgen.
- Änderung einer Identität: Dies kommt z. B. bei Namensänderungen von Subjekten vor oder zur Herstellung der Eindeutigkeit bei Namensgleichheit oder -konflikten.
- Löschung von Identitäten: Dieser Fall tritt ein, wenn Subjekte vom Typ *Person* aus dem Anwendungsbereich des ISMS ausscheiden, versetzt werden oder die Organisation verlassen. Häufig steht die Löschung von solchen Identitäten unter Zeitdruck: Man möchte vermeiden, dass die betreffenden Subjekte unter ihrer Identität noch Berechtigungen ausüben.
- Handelt es sich bei den Subjekten z. B. um IT-Anwendungen, kann eine Löschung der Identität ebenfalls vorkommen – etwa nach der De-Installation der Anwendung.

- Berücksichtigung von Fremdpersonal, Dienstleistern, Wartungstechniker, Besuchern usw.: Je nach Art der Tätigkeit müssen auch hier Identitäten vergeben und verwaltet werden – häufig für die Kontrolle des Zutritts zu Räumlichkeiten, aber auch für Zugriff und Zugang zu anderen Objekten.

Aktionen dieser Art sollten nur nach entsprechender Beantragung und Genehmigung durchgeführt werden können. Hierbei sind der späteren Nachvollziehbarkeit wegen Aufzeichnungen erforderlich, die zu archivieren sind.

Soweit in technischen Systemen Identitäten bzw. ihre Bezeichnungen gespeichert werden, ist sicherzustellen, dass diese Daten nicht *unbefugt* geändert werden können.

Das Identitätsmanagement könnte in der unter A-5.15 erwähnten Richtlinie beschrieben werden – oder in einer eigenen Richtlinie.

A-5.17 Informationen zur Authentifizierung[28]

Mit einer Identität ist es noch nicht getan: Sind daran Berechtigungen gebunden, ist es erforderlich, vor deren Ausübung eine *Authentisierung* vorzunehmen, d. h. nachzuweisen, dass das Subjekt ist, was oder wen es vorgibt zu sein. Hierfür gibt es unterschiedliche Methoden – in aller Kürze:

- Authentisierung durch Kenntnis einer geheim gehaltenen Information: PIN, Passwort, TAN
- Authentisierung durch Besitz eines – meist maschinenlesbaren – Gegenstandes: Token, Smartcard, Code-Generator
- Authentisierung durch Merkmale: z. B. biometrisch erfassbare Eigenschaften eines Subjektes (nur bei Personen) oder andere typische Charakteristika (auch bei Systemen oder Anwendungen als Subjekte).

Jedes dieser Verfahren wird für sich genommen als *schwache* Authentisierung bezeichnet; als *stark* hingegen gelten Kombination von (mindestens) zwei dieser Varianten, z. B. die Nutzung einer Smartcard mit PIN, ggf. in Verbindung mit Zertifikaten. Das Thema der sicheren Authentisierung ist auch Gegenstand in A-8.5.

---

[28] Während in der englischen Originalfassung einheitlich von „authentication" die Rede ist, wird in den neuen deutschen Normentwürfen zwischen *Authentisierung* (was der Nutzer zum Nachweis seiner Identität unternimmt) und *Authentifizierung* (was ein System mit einem Nutzer macht) unterschieden. Dies trägt allerdings mehr zur Verwirrung bei und ist für das Verständnis der Normanforderungen nicht relevant. Wir verwenden deshalb in unseren Erläuterungen einheitlich den Begriff *Authentisierung* (bzw. die davon abgeleiteten Wortformen).

Man erkennt schnell, dass die Nutzung solcher Verfahren einiges an Vorbereitung erfordert: Passwörter und Co. müssen gewählt werden, und zwar in guter Qualität, sollen periodisch gewechselt und nicht offen notiert werden; maschinenlesbare Gegenstände müssen beschafft, generiert und personalisiert werden; Merkmale z. B. biometrischer Art sind möglicherweise für eine große Anzahl von Personen zu erfassen und sicher zu speichern (personenbezogene Daten!).

Soweit z. B. Passwörter durch die betroffenen Personen *selbst* gewählt werden können, darf nicht vergessen werden, die Betroffenen intensiv darin zu schulen, was qualitativ gute Passwörter ausmacht[29], wie man sie wählt, ggf. sicher aufbewahrt, regelmäßig wechselt, die Beobachtbarkeit bei der Eingabe ausschließt – und einiges mehr.

Ein weiteres Sicherheitselement ist die zentrale *Erstvergabe* eines (zufälligen) Passworts, das dem betreffenden Subjekt „sicher" zugestellt wird und bei der ersten Verwendung zu ändern ist. Weiterhin ist zu beachten, dass in manchen Systemen einheitliche, bekannte Erst-Passwörter voreingestellt sind *(default)* – der Sachverhalt muss überprüft werden: Diese Passwörter sind nicht nur nach erster Verwendung zu ändern, vielmehr sollte die Default-Logik deaktiviert werden.

Falls erforderlich, dürfen Passwörter nur in gesicherter (verschlüsselter) Form in einem Netzwerk übertragen oder in einem System gespeichert werden. Um die Menge der Passwörter eines Subjektes zu begrenzen, kann man mit Passwort-Tresoren und Protokollen wie Single-Sign-On arbeiten.

Man erkennt die Komplexität des Passwortmanagements: Sinnvoll könnten deshalb die Erstellung und Anwendung einer *Passwortrichtlinie* sein. Sinngemäß gilt das auch für andere Varianten der Authentisierung (z. B. bei der Nutzung von Zertifikaten).

Beim Besitz von Gegenständen zur Authentisierung geht es um deren Personalisierung, die sichere Aufbewahrung, den möglichen Verlust eines solchen Gegenstandes (Meldepflichten), die Bereitstellung von neuen Gegenständen usw.

Bei Merkmalen zur Authentisierung, z. B. biometrische Daten, ist zunächst sicherzustellen, dass die gewählten Merkmale in der Praxis eine hinreichende Unterscheidung von Subjekten ermöglichen. Zu beachten ist auch, dass sich Merkmale von Personen verändern können – und damit beim Authentisierungsvorgang zunehmend Fehler auftreten. Hier kann eine regelmäßige Neuerfassung der Merkmale angezeigt sein.

Fazit: Es ist ein qualifiziertes Management der Authentisierungsverfahren, -daten und -mittel erforderlich. Es sollte in einer entsprechenden Richtlinie beschrieben werden, ggf. ebenfalls in der Richtlinie nach A-5.15.

---

[29] Ausreichende Länge, großer nutzbarer Zeichenvorrat, Vermeidung „bekannter" oder leicht erratbarer Passwörter, keine Verwendung bereits früher genutzter Passwörter u.v.m.

A-5.18 Zugangsrechte

Berechtigungen für den Zugriff auf, den Zutritt zu bzw. die Nutzung von Assets der Organisation müssen festgelegt, eingerichtet und in den Systemen aktiviert werden; die vergebenen Berechtigungen sind regelmäßig zu überprüfen, bei Bedarf zu ändern oder zu löschen – das sind die Anforderungen in diesem Control A-5.18.

Statt alle Berechtigungen einzeln zu erfassen und zu verwalten, ist es sinnvoll, sich zunächst nach *Regeln* zu richten. Eine Regel könnte beispielsweise so lauten, dass Mitarbeiter/innen in der Abteilung X einen Satz von Mindest-Berechtigungen (als Default) erhalten, die für die Arbeiten in dieser Abteilung erforderlich sind. Darüber hinausgehende Berechtigungen werden dann individuell vergeben. Ein anderes Beispiel: Mitarbeiter/innen, die gleiche oder vergleichbare Tätigkeiten ausführen, erhalten ihre Berechtigungen über eine Gruppen-Id nach A-5.16.

Der Vorteil solcher Regeln ist – neben dem einfacheren Handling – die einfache Änderbarkeit: Soll für alle Mitarbeiter/innen der Abteilung X bzw. einer Gruppen-Id eine weitere Berechtigung vergeben werden, muss diese nur den Default-Berechtigungen bzw. den Gruppenberechtigungen hinzugefügt werden und gilt dann automatisch für alle betroffenen Subjekte.

Im Zusammenhang mit der Mandatory Access Control (MAC) nach A-5.15 ist die Nutzung von Regeln ohnehin normale Praxis, d. h. verfahrensbedingt gegeben.

Weiterhin werden im Zusammenhang mit Access Control meist gewisse Strategien und Prinzipien angewendet – etwa diejenigen, die wir in A-5.15 aufgelistet haben: Least-Privilege, Need-to-Know/Need-to-Use, Discretionary Access Control (DAC), Role-Based Access Control (RBAC), das Vererbungsprinzip, das Vier-Augen-Prinzip bei sehr sensiblen Aktivitäten.

Damit dieses Thema Access Control nicht ausufert, gibt es in der ISO 27002 den Hinweis, sich bei allem auf die *Erfordernisse der Geschäftstätigkeit* der Organisation zu konzentrieren. Hierunter fällt auch die Maßgabe, für die Zuteilung von Berechtigungen die jeweiligen Assetverantwortlichen einzubinden.

Weiterhin wird empfohlen, auch für A-5.18 eine entsprechende Richtlinie zu erstellen und anzuwenden – darin sind insbesondere die genannten Prinzipien, Strategien und Regeln aufzuführen. Der Genehmigungsgang für die Einrichtung, Änderung und Löschung von Berechtigungen hat hier ebenfalls seinen Platz. Organisatorisch sollen dabei Genehmigung, Einrichtung und Überwachung in Rollentrennung ausgeführt werden.

In der Umsetzung von A-5.18 ist besonderes Augenmerk darauf zu richten, dass das für die Berechtigungsvergabe und -überwachung zuständige Personal stets in der Lage ist, die aktiven Berechtigungen einsehen und mit den bestehenden Regeln und Vorgaben abgleichen zu können, d. h. es muss eine einfache Auswertung der bestehenden Berechtigungen für ein Subjekt möglich sein. Gerade im Hinblick auf die Überlagerung von individuellen Berechtigungen, Default-Berechtigungen und Gruppenrechten etc. kann es zu einer erheblichen *Häufung von Berechtigungen* für einzelne Subjekte kommen. Ob dies noch im Sinne der Organisation ist, sollte bei der Vergabe, spätestens aber bei der Überprüfung/Auswertung von Berechtigungen geklärt werden.

A-5.19 Informationssicherheit in Lieferantenbeziehungen

Die folgenden fünf Controls A-5.19 bis A-5.23 befassen sich mit der Sicherheit in Bezug auf eingesetzte „Supplier", was wir mit *Lieferanten* übersetzen. Aus Sicht der Norm fallen hierunter alle externen Stellen, die von der Organisation unterstützend eingesetzt werden – ganz gleich zu welchem Zweck – und in irgendeiner Form Kontakt mit den Assets der Organisation haben könnten.

Betrachten wir einige Beispiele:

Direkten Zugriff auf Assets der Organisation haben in der Regel *auftragsbedingt* Cloud Anbieter[30], Outsourcing-Nehmer, Internet- und Email-Provider, Dienstleister für die sichere Kommunikation (z. B. bei VPN-Diensten), Dienstleister für die Entsorgung von Datenträgern jeder Art, beauftragtes Personal zur Durchführung von Penetrationstests[31], Wartungstechniker[32] für Einrichtungen und Systeme innerhalb der IT-Infrastruktur – möglicherweise auch Kunden der Organisation.

Zutritt zu Liegenschaften der Organisation und die *Möglichkeit* eines Zugriffs auf Assets bestehen weiterhin für Reinigungsfirmen, Hardware- und Software-Lieferanten, Entsorgungsdienstleister, externe Sicherheitsberater, externe Auditoren, Personal von Aufsichtsbehörden (z. B. im Rahmen von Vor-Ort-Prüfungen), Schulungsdienstleister und Besucher, und zwar *während ihres Aufenthalts* in den Liegenschaften der Organisation.

Wie steht es mit Personaldienstleistern und dem hiervon bereitgestellten Personal? Je nach Tätigkeit ist dieses „Fremdpersonal", was Berechtigungen anbetrifft, häufig dem eigenen Personal der Organisation gleichgestellt und fällt damit eher unter A-5.10 sowie A-5.16 bis A-5.18.

Nach dieser langen Vorrede: Was wird hinsichtlich der Lieferanten im Control A-5.19 gefordert?

Sofern man bestimmte Leistungen nicht selbst erbringen möchte – aus welchen Gründen auch immer – und darauf auch nicht verzichten kann, kommen Lieferenten bzw. Dienstleister ins Spiel. Dabei können Risiken für die Informationssicherheit der Organisation entstehen, weil die Lieferanten potenziell Kontakt zu Assets der Organisation haben können – mit dieser Situation muss man adäquat umgehen. Die vorhandenen Prozesse der Risikobeurteilung und Risikobehandlung nach ISMS-4.1 müssen somit auch bei

---

[30] Auch Provider von Cloud Services, die z. B. der Betreuung aller mobilen System einer Organisation dienen (Mobile Device Management).

[31] Zumindest im Rahmen von sog. On-Site-Tests.

[32] Man beachte, dass auch bei online durchgeführten Wartungsarbeiten (Fernwartung) ein Zugriff zu Assets der Organisation bestehen kann.

den Lieferantenbeziehungen Anwendung finden – das ist die grundsätzliche Forderung des Controls A-5.19.

Mit diesen Prozessen muss ermittelt werden, zu welchen Assets der Organisation ein Lieferant bei seiner Leistungserbringung potenziell Zutritt, Zugriff und Zugang haben könnte, welche Sicherheitsanforderungen diesbezüglich zu stellen sind und durch welche Maßnahmen (vertraglicher, organisatorisch-technischer Art) diese Anforderungen umgesetzt werden sollen.

Voraussetzung für diese normgerechte Behandlung von Lieferantenbeziehungen ist, dass das Sicherheitsmanagement der Organisation *vor Abschluss* eines Dienstleistungsvertrags beteiligt wird und Gelegenheit hat, die notwendigen Anforderungen an die Informationssicherheit in den Vertrag einzubringen.

Spätestens, wenn in der Organisation viele Lieferanten tätig sind, die auch noch von unterschiedlichen Stellen betreut werden, dürfte es sinnvoll sein, eine *einheitliche Richtlinie* für die Behandlung von Lieferantenbeziehungen zu erstellen und in Kraft zu setzen. Inhaltlich sollte es um folgende Punkte gehen – sie stellen im Grunde die erste Gliederungsebene der Richtlinie dar:

- das Auswahlverfahren für neue Lieferanten
- die Vertragsgestaltung, hier insbesondere im Hinblick auf die Informationssicherheit (aber auch den Datenschutz betreffend)
- Zulässigkeit oder Unzulässigkeit von Unterauftragnehmern (s. auch A-5.21)
- mögliche Sicherheitsprobleme bei Aufnahme der vereinbarten Dienstleistung, also bei Leistungsbeginn
- der sicherheitsgerechte Umgang mit Lieferanten während der Leistungserbringung
- Sicherheitsanforderungen für das irgendwann fällige Ende der Dienstleistungsbeziehung, unterschieden nach regulärem Ende und plötzlichem Ende z. B. durch Geschäftsaufgabe des Dienstleisters – darunter auch Aufbewahrungs- und Archivierungspflichten, Rückgabe von Assets der Organisation (A-5.11)
- die Überwachung der Leistungserbringung[33] während der gesamten Vertragsdauer und der Umgang mit dabei festgestellten Defiziten

Vorrangig ist zu beschreiben, in welcher Form – Prozesse, Regeln und zu beteiligenden Rollen – die Organisation die zuvor genannten Punkte adressiert.

Noch ein Blick auf die Maßnahmen vor, während und am Ende der Dienstleistungserbringung: Statt für jeden Lieferanten individuell Maßnahmen festzulegen, kann man möglicherweise *Gruppen* von Lieferanten bilden und für jede Gruppe einen typischen Satz von Sicherheitsmaßnahmen auswählen – das würde die Arbeit insgesamt, vor allem für neue Lieferanten erleichtern. Einige Beispiele: Gruppe von Lieferanten mit Zutritt

---

[33] Dies muss nicht immer durch die Organisation selbst geleistet werden, sondern könnte sich auf anerkannte Zertifizierungen des Dienstleisters abstützen.

zum Rechenzentrum, Gruppe mit Zutritt zu Büros (etwa Entsorgung, Reinigung), Gruppe mit direktem Zugriff zu Daten der Organisation usw.

Im Zusammenhang mit der Richtlinie sollte man im ISMS eine Liste aller beauftragten Lieferanten aufstellen und aktuell halten. Verwendet man die gerade erläuterte Gruppenbildung, würde man auch die jeweilige Gruppe in dieser Liste mitführen.

Neben einer gewissen Ordnung dient diese Liste auch der leichteren Aufklärung von Sicherheitsvorfällen: Man stelle sich einen Fall vor, bei dem vertrauliche Informationen in die Öffentlichkeit gelangt sind. Hier wäre zu prüfen, auf welchem Wege das passiert sein könnte. Dabei sind auch diejenigen Lieferanten in Betracht zu ziehen, die Zugriff zu den betreffenden Informationen hatten – hier kommt die Liste ins Spiel.

A-5.20 Behandlung von Informationssicherheit in Lieferantenvereinbarungen

Zunächst stellen wir uns die Frage, wie man bei einem *bereits bestehenden* Vertrag vorgehen sollte, in dem das Thema der Informationssicherheit nicht ausreichend berücksichtigt worden ist. Hier hat man einige Alternativen:

- gar nichts tun – was nur möglich ist, wenn die ermittelten Risiken (A-5.19) tolerierbar sind;
- in Abstimmung mit dem Lieferanten eine Vertragsänderung vereinbaren – sofern er mitspielt;
- den nächsten Kündigungstermin abwarten und dann eine Änderungskündigung durchsetzen, ggf. aber auch einen neuen Dienstleister beauftragen – die Frage ist, ob die Risiken ein mehr oder weniger langes Warten zulassen;
- Ist ein Abwarten nicht möglich, muss bis zur Vertragsanpassung bei der Dienstleistungserbringung zumindest eine stärkere/intensivere Kontrolle ausgeübt werden, um bestehende Defizite kompensieren zu können.

Etwas flexibler zu handhaben sind *Neuverträge*. Ihre Erstellung und Anwendung verlangen natürlich eine entsprechende juristische Expertise[34], mit der wir uns in diesem Rahmen *nicht* beschäftigen. Da Art und Gegenstand von Lieferantenbeziehungen sehr unterschiedlich sein können, geben wir nur grundsätzliche Kommentare zu Vertragsgestaltung – fokussiert auf das Thema der Informationssicherheit.

Für die Vertragsgestaltung muss für *beide* Seiten „mitgedacht" werden: Es sind per Vertrag Sicherheitsanforderungen an den Dienstleister zu stellen, aber auch korrespondierende Verfahren in der eigenen Organisation bereitzustellen. Beispielsweise macht es keinen Sinn, einem Outsourcing-Nehmer umfangreiche Berichtspflichten aufzuerlegen,

---

[34] In der gleichen Normenreihe beschäftigt sich ISO 27036 mit Lieferantenverträgen, speziell bei Cloud Services kann auch ISO/IEC 19086 unterstützen.

dann aber die gelieferten Berichte in der eigenen Organisation nicht anzuschauen bzw. nicht auszuwerten.

Vor diesem Hintergrund sind im Vertrag folgende Punkte – soweit im konkreten Fall zutreffend und anwendbar – zu berücksichtigen. Wir ordnen sie grob den Phasen der Leistungserbringung zu:

Grundsätzliches:

- Vorgaben in punkto Datenschutz und anderer gesetzlichen Regelungen, die für die Vertragsbeziehung relevant sind (z. B. auch geistiges Eigentum betreffend)
- von der Organisation geforderte Testierungen, Zertifizierungen[35] etc.
- Recht auf Inspektionen/Überprüfungen/Audits vor Ort beim Lieferanten durch den Auftraggeber oder davon beauftragten Dritten
- Versions- und Änderungsmanagement beim Lieferanten
- Problematik von Unterauftragnehmern: Nennung der Unterauftragnehmer, Mitteilung von Änderungen – oder auch generell der Ausschluss von Unterauftragnehmern für die beauftragte Leistung
- Ansprechpartner für die Informationssicherheit beim Lieferanten

Vor Leistungsbeginn zu erledigen:

- Clearance/Ermächtigung von Personal des Dienstleisters: wichtig nicht nur im Zusammenhang mit klassifizierten Assets nach A-5.12
- Schulung und Training des Personals beim Lieferanten, soweit dies für die beauftragten Tätigkeiten erforderlich ist
- Vor-Ort-Überprüfungen wichtiger Sicherheitsmaßnahmen beim Lieferanten, und zwar durch die Organisation oder von ihr beauftragten Stellen
- Gewährung von notwendigen Berechtigungen (Zutritt, Zugriff, Zugang) für Personal des Lieferanten, inklusive der Übermittlung von Informationen über Identitäten (A-5.17)

Bei der Leistungserbringung anzuwenden bzw. bereitzustellen:

- Regeln für Kennzeichnung von Assets, insbesondere für die vom Lieferanten zur Verfügung gestellten Assets (analog zu A-5.13)
- Regeln für den Austausch von Informationen (analog zu A-5.14)
- Regeln über die zugelassene Verwendung von überlassenen Assets (z. B. abgeleitet aus den eigenen Vorgaben nach A-5.10)

---

[35] z. B. die Zertifizierung nach den Common Criteria [4] für zu liefernde IT-Produkte, oder die Zertifizierung nach der ISO 27001 für IT-Dienstleister, nach dem C5-Katalog [19] für Cloud Anbieter.

- Regeln für den Umgang mit klassifizierten Daten – sofern sie bei der Leistungserbringung anfallen –, ggf. auch die Abbildung von unterschiedlichen Klassifikationsschemata bei der Organisation und dem Lieferanten (A-5.12)
- Regeln und Verfahren für den Zutritt, Zugriff oder Zugang zu Assets der Organisation innerhalb der Sphäre des Lieferanten, aber auch bei Arbeiten von Personal des Lieferanten in der Sphäre der Organisation (A-5.18)
- besondere Anforderungen an die IT-Infrastruktur beim Lieferanten (z. B. Zuverlässigkeit, Bandbreiten beim Datentransfer, Datensicherung und -archivierung, sichere Lösch- und Entsorgungsverfahren)

Laufende Überwachung der Dienstleistungen und Änderungen (s. auch A-5.22):

- vorgesehene Maßnahmen der Überwachung der Leistungserbringung, Performance-Messungen usw.
- Lieferung von Reports über die Leistungserbringung durch den Lieferanten
- Umgang mit Störungen bei der Leistungserbringung
- Mitteilungspflichten bei Sicherheitsvorkommnissen
- Kompensation bei festgestellten Defiziten (z. B. durch Schadenersatz)
- frühzeitige Bekanntgabe geplanter Änderungen an den vereinbarten Leistungen

Zum Ende der Dienstleistungserbringung:

- Entzug von Berechtigungen für das Personal des Lieferanten in beiden Sphären (ggf. mit Nachweispflicht)
- Rückgabe von überlassenen Assets (A-5.11)
- Vernichtung bzw. Entsorgung von Assets/Daten der Organisation beim Lieferanten, bei Daten alternativ eine Aufbewahrungs- bzw. Archivierungspflicht mit Fristen
- Vorgaben für die Migration zu anderen Dienstleistern (typisch etwa bei Cloud Services)
- Weiterbestehen von Vertraulichkeitsbestimmungen über das Vertragsende hinaus

Weitere Bestimmungen können z. B. für Aspekte der Business Continuity und des IT-Notfallmanagements[36] in den Vertrag aufgenommen werden:

- Welche Verfügbarkeit haben die Dienstleistungen des Lieferanten (z. B. bei ausgelagerten IT-Anwendungen)
- Welche SLAs kann der Lieferant einhalten?
- Wie sehen seine Notfallprozeduren aus?
- Beteiligung des Lieferanten am Notfalltraining der Organisation

---

[36] Für weitergehende Informationen s. unter anderem [3].

A-5.21 Umgang mit der Informationssicherheit in der IKT-Lieferkette

Die Abkürzung IKT meint *Informations- und Kommunikationstechnologie* (vormals auch als IuK bezeichnet).

Sofern ein Lieferant zur Erbringung der vereinbarten Leistung Unterauftragnehmer einsetzt, entstehen im Zusammenspiel beider Stellen weitere Risiken für die auftraggebende Organisation; eine ähnliche Situation besteht zwischen einem Unterauftragnehmer und von diesem seinerseits eingesetzten Unterauftragnehmern – hierdurch bildet sich eine Lieferkette, die für die Informationssicherheit erhebliche Risiken verursachen kann.

Analog zu A-5.19 sind diese Risiken zu beurteilen und zu behandeln: Der Lieferant muss mitteilen, wie er die Risiken für seine Lieferkette beurteilt und welche Maßnahmen er zur Absicherung getroffen hat. Da Papier bekanntlich geduldig ist, besteht für die auftraggebende Organisation die Verpflichtung, die Angaben des Lieferanten zu bewerten und ggf. auch durch eigene Überprüfungen zu bestätigen[37]. Hinter allem steht die Frage, welchen Sicherheitsbedarf die Assets der Organisation besitzen, mit denen der Lieferant (und ggf. die Lieferkette) im Zuge seiner Dienstleistung in Kontakt kommt.

Art, Umfang und Tiefe einer entsprechenden Überprüfung legt die auftraggebende Organisation nach eigenem Ermessen fest (vgl. dazu das Control A-5.22). Ein wichtiger Punkt der Prüfung ist die *verbindliche* Weitergabe der Vorgaben bzw. Maßnahmen zwischen einzelnen Stellen innerhalb der Lieferkette (sowohl aus rechtlicher wie auch technisch-organisatorischer Sicht).

Bei der Herstellung von Hardware und Software bestehen häufig Lieferketten – z. B., weil Werkzeuge, Bibliotheken und weitere Vorprodukte anderer Lieferanten bei der Entwicklung genutzt werden. Hier kann es aus Sicht der Organisation erforderlich sein, darüber genaue Angaben dazu zu erhalten (eine Art Herkunftsnachweis) oder bestimmte Firmen oder zumindest bestimmte Herkunftsländer grundsätzlich auszuschließen. Dieses Problem stellt sich häufig bei der Nutzung „ausländischer" Verschlüsselungsprodukte!

Man erkennt, dass hier unter Umständen einiges an Aufwand auf die Organisation zukommt: Im Control A-5.21 wird gefordert, dass im ISMS der Organisation entsprechende Verfahren und Prozesse zur Behandlung der Informationssicherheit bei Lieferketten vorhanden sind und angewendet werden.

A-5.22 Überwachung, Überprüfung und Änderungsmanagement von Lieferantendienstleistungen

Die Organisation soll die Dienstleistung eines für sie tätigen Lieferanten regelmäßig überwachen/überprüfen und insbesondere mit der von ihr vertraglich geforderten Informationssicherheit abgleichen. Bei Abweichungen sind deren Auswirkungen zu bewerten.

---

[37] Beispiel: Im Zusammenhang mit der Datenschutz-Grundverordnung wird eine solche Überprüfungspflicht explizit gefordert.

Diese Thematik haben wir schon in A-5.19, A-5.20 und für Lieferketten in A-5.21 kommentiert. Im ISMS der Organisation muss für diese Zwecke ein Verfahren definiert sein. Bei Anwendung des Verfahrens müssen natürlich Aufzeichnungen erfolgen, d. h. es muss später nachvollzogen werden können, welche Ergebnisse die Überprüfung und Bewertung geliefert hat.

Das Verfahren der Überprüfung/Bewertung könnte u. a. folgende Elemente enthalten: Prüfung von Zertifikaten des Lieferanten, Einblicknahme in Auditberichte Dritter, Review von Reports über Penetrationstests beim Lieferanten, Überprüfung von Berichten des Lieferanten z. B. über Störungen/Sicherheitsvorfälle, aber auch die Durchführung eigener Prüfungen aus der Ferne (falls möglich bzw. sinnvoll) oder vor Ort beim Lieferanten – bei allem müssen entsprechende vertragliche Regelungen getroffen worden sein, um die Prüfungen zu ermöglichen.

Welche Überwachungs-/Prüfungselemente soll man anwenden und zu welchen Anlässen bzw. wie häufig sollte das erfolgen? Sofern es dazu keine Vorgaben Dritter gibt, liegt dies in der Verantwortung der Organisation: Sie ist nach außen für die Gesamtsicherheit ihrer Informationsverarbeitung verantwortlich – die Verlagerung von Tätigkeiten an Lieferanten ändert daran nichts. Als generelle Richtschnur wird empfohlen, bei Art, Umfang und Tiefe der Prüfungen eine gewisse Angemessenheit gegenüber den Risiken zu wahren, was letztlich nur bedeutet, extreme Fälle auszuschließen: trotz hohem Sicherheitsniveau gar nichts zu prüfen – oder – bei sehr niedrigem Sicherheitsniveau ein Maximalprogramm für die Prüfungen aufzusetzen.

Während der Vertragslaufzeit kommt es in der Praxis häufig vor, dass ein Lieferant Änderungen an der vereinbarten Dienstleistung vornimmt, ohne den Auftraggeber vorab zu informieren und seine Zustimmung einzuholen. Beispiele für solche Änderungen sind „Verbesserungen" an den Leistungen, Einsatz neuer Verfahren zur Leistungserbringung, geänderte Sicherheitsrichtlinien oder Maßnahmen (oft aufgrund von Sicherheitsvorfällen), Verlagerung von Verarbeitungen an andere Standorte, Nutzung neuer Programmierbibliotheken, auch Änderungen an der Lieferkette. Solange die Dienstleistung für die Organisation davon nicht tangiert ist, sind solche Änderungen unkritisch – dies ist aber auf jeden Fall frühzeitig vom Lieferanten zu verifizieren, und zwar unter Einbeziehung der Organisation.

Lassen die Ergebnisse der Prüfung/Bewertung bzw. der Analyse von Änderungen einen Handlungsbedarf erkennen, müssen Organisation und Lieferant hinreichende Maßnahmen zur Aufrechterhaltung des vereinbarten Sicherheitsniveaus planen und zügig umsetzen.

A-5.23 Informationssicherheit für die Nutzung von Cloud-Diensten

Die Ausführung unter A-5.19 bis A-5.22 gelten sinngemäß auch für die Inanspruchnahme von Cloud Services eines Providers – ebenfalls ein *Lieferant* im Sinne der Norm – und decken eigentlich alle wichtigen Punkte ab. Für viele Organisationen hat die Cloud jedoch eine besondere Bedeutung und oft die Rolle eines hochkarätigen „Assets". Gleichzeitig steigen auch die Sicherheitsbedenken, die Anforderungen an die Cloud-Nutzung werden immer umfangreicher.

Vor diesem Hintergrund ist verständlich, dass die Nutzung von Cloud Services im neuen Anhang der ISO 27001 ein eigenes Control erhalten hat. Hierin werden die Auswahl eines Providers und seiner Dienste, die Nutzung der Cloud, das Management der Cloud-Nutzung durch die Organisation und die Beendigung der Inanspruchnahme der Dienste erwähnt: Hierfür muss die Organisation entsprechende Prozesse im ISMS etablieren.

Wir zählen einige typische Prozesselemente auf:

- Beschreibung des geplanten Cloud-Einsatzes und eine entsprechende Risikobeurteilung
- Ermittlung von Anforderungen und Maßnahmen für den Einsatz der Cloud aus Sicht der Informationssicherheit, ggf. Übernahme von verbleibenden Risiken
- Auswahlkriterien für Provider
- Auswahl eines Providers und Abschluss eines Vertrags[38]
- Verteilung der Sicherheitsaufgaben auf Provider und Auftraggeber (unsere Organisation), z. B. Verantwortlichkeit für Sicherheit der Datenübertragung, Entscheidung über die Inanspruchnahme von Sicherheitsdiensten des Providers (etwa angebotener Kryptoverfahren)
- Richtlinien für das Management der Cloud (z. B. Aufgabenbeschreibungen mit Zuweisung zu Rollen)
- Richtlinien für die Nutzung von Cloud Services (Zielgruppe Nutzer)
- Erstellung spezifischer Sicherheitskonzepte für die Cloud-Nutzung bzw. Erweiterung vorhandener Sicherheitskonzepte
- Einbeziehung von Sicherheitsvorkommnissen in der Sphäre des Cloud Providers in das eigene Incident Management
- Vorgaben für die Überprüfung/Bewertung der Cloud-Nutzung und der entsprechenden Sicherheit
- definierte Prozeduren für die Migration zu anderen Providern, Training zur Anwendung dieser Prozeduren

Was den letzten Aufzählungspunkt angeht: Das Migrationsverfahren sollte so früh wie möglich etabliert und trainiert werden – nicht erst, wenn es zu einem Ausfall eines beauftragten Providers kommt oder man aus anderen Gründen wechseln möchte oder muss.

Wir wollen die folgenden fünf Controls gemeinsam kommentieren: Sie beziehen sich gleichermaßen auf das Thema des Incident Managements, das wir im Abschn. 1.4 zum Stichwort *Events und Incidents* näher erläutert haben.

---

[38] In der ISO 27002 finden sich einige Stichwörter zum Provider-Vertrag, was jedoch die Einschaltung von juristischer Fachkompetenz für die Vertragsgestaltung bzw. die Vertrags- und AGB-Prüfung nicht ersetzen kann.

A-5.24 Planung und Vorbereitung der Handhabung von Informationssicherheitsvorfällen

A-5.25 Beurteilung und Entscheidung über Informationssicherheitsereignisse

A-5.26 Reaktion auf Informationssicherheitsvorfälle

A-5.27 Erkenntnisse aus Informationssicherheitsvorfällen

A-5.28 Sammeln von Beweismaterial

Das Control A-5.24 fordert von der Organisation, sich für Bearbeitung von Sicherheitsvorkommnissen (Incidents) zu wappnen, indem ein entsprechender ISMS-Prozess geplant, eingerichtet, kommuniziert und angewendet wird.

Vorab: Wir erinnern uns, dass beim Betrieb eines ISMS sehr viele bemerkenswerte Ereignisse (Events) auftreten können, aber nicht jedes Ereignis gleich ein Sicherheitsvorkommnis darstellt. Ein wichtiger Schritt im Bearbeitungsprozess ist somit die Entscheidung, ob ein Ereignis tatsächlich zu einem Incident hochgestuft wird oder – aus Sicht der Sicherheit – ein eher unkritisches Event bleibt.

Bei der Planung geht es darum,

- welche Art von Incidents grundsätzlich in das Incident Management einbezogen werden sollen (z. B. IT-bezogene Incidents, die Infrastruktur betreffende Alarme, Meldungen von Dienstleistern über Störungen/Sicherheitsvorkommnisse, Meldungen von Kunden usw.),
- wie entsprechende Ereignisse detektiert werden (z. B. mit einer Sensorik, aber auch klassisch über Meldungen von Personen) und nach welchen Kriterien sie ggf. als Incident eingestuft werden (A-5.25),
- wie Incidents dokumentativ erfasst, nach Schwere bzw. Priorität klassifiziert und an eine Stelle zur Bearbeitung eskaliert werden[39],
- wie die Bearbeitung abzulaufen hat (A-5.26): beteiligte Rollen bzw. Teams, Kommunikation zwischen den Teams, Meldungen, Aufzeichnungen und Berichterstattung, Abschluss der Bearbeitung, ggf. Einschaltung von weiteren Spezialisten (Level Support),
- aus eingetretenen Vorfällen zu lernen und möglicherweise einige Controls zu verbessern bzw. zu verstärken (A-5.27),

---

[39] Handelt es sich bspw. um ein als Notfall bewertetes Incident, wird man möglicherweise ein Business Continuity Management oder ein IT-Notfallmanagement einschalten.

- im Zusammenhang mit juristisch relevanten Vorfällen sicherzustellen, dass vorhandene Aufzeichnungen *Beweischarakter*[40] haben und diesen nicht verlieren (A-5.28): z. B. durch sichere Archivierung mit elektronischer Signatur, gesicherter Zeitangabe (Zeitstempel) und möglicherweise Name eines verantwortlichen Bearbeiters,
- in einer Rückschau eine Auswertung aller behandelten Incidents vorzusehen, um die Effizienz des Incident Managements insgesamt beurteilen zu können,

Bei diesen Punkten ist *Effizienz* immer ein Thema, d. h. einerseits muss eine qualifizierte Bearbeitung von Incidents ermöglicht werden, andererseits darf die Bearbeitungsdauer nicht ausufern. Möglicherweise wird man eine erfahrungsbasierte Bewertung der Effizienz erst im Rahmen des PDCA vornehmen können.

In aller Regel wird Incident Management heutzutage Tool-basiert über ein Ticket-System realisiert. Dabei ist der Aspekt der *Aufzeichnung* eingetretener Incidents und ihrer Bearbeitung bis hin zur Behebung (Lösung) ist ein zentraler Punkt: Nur hierüber wird man eine Erfahrungsbasis zur Behandlung zukünftiger Incidents (A-5.27) aufbauen können, Auswertungen vornehmen und Effizienzmessungen steuern können. Insoweit ist auch festzulegen, welche Aufzeichnungen über welche Zeiträume archiviert werden sollen.

Ist die oben skizzierte Planung zur Umsetzung freigegeben,

- müssen die für die Bearbeitung von Incidents zuständigen Personen entsprechend instruiert bzw. geschult und mit den notwendigen Arbeitsmitteln ausgestattet werden (z. B. Werkzeuge zur Fehleranalyse, Zugang zu aktuellen Assetverzeichnissen[41], zu einem Ticket-System zur Steuerung der Bearbeitung, vorbereitete Reporting-Vorlagen),
- ist die Existenz des Incident Managements intern an das Personal zu kommunizieren und seine Nutzung einzufordern (per Arbeitsanweisung oder in einer Richtlinie, evtl. vertieft durch Schulungen).

Sollen Lieferanten, Kooperationspartner oder Kunden in das Incident Management der Organisation eingebunden werden, geht man analog vor – hier ist ggf. auch eine vertragliche Vereinbarung erforderlich.

Ein vorhandenes Ticket-System kann auch dazu verwendet werden, bei Audits und anderen Prüfungen/Inspektionen/Tests ermittelte Probleme jeweils als Ticket anzulegen und einer termingerechten Bearbeitung zuzuführen (Nutzung des Ticket-Systems zur Vorgangsbearbeitung).

---

[40] Weiteres hierzu unter A-5.33.

[41] Das nach A-5.9 geforderte Assetverzeichnis könnte um wichtige Information für die Behandlung von Incidents ergänzt werden, wie z. B. technische Angaben zu Servern, Software-Release-Ständen, bestehenden Netzwerkverbindungen usw. Eine solche Datenbank wird auch als *Notfalltool* herangezogen.

Eine weitere Anwendung: Im Zusammenhang mit der kritischen Infrastruktur in Deutschland (KRITIS-Bereich) bestehen für sicherheitserhebliche Vorkommnisse Meldepflichten (hier beim BSI). Ein solches Vorkommnis müsste ja im Ticket-System aufgezeichnet sein, d. h. die fällige Meldung kann aus diesen Daten abgeleitet werden. Dem Versand der Meldung sollte allerdings eine Überarbeitung und Freigabe durch eine zuständige Stelle vorausgehen (kein Automatismus!).

A-5.29 Informationssicherheit bei Störungen

Spätestens bei der Einführung des ISMS werden neue Prozesse in der Organisation definiert – nämlich die *ISMS-Prozesse*[42], die die Informationssicherheit herstellen und aufrechterhalten sollen: Asset Management, Change Management, Compliance Management, Incident Management, Schwachstellen-Management, Risikobeurteilung und Risikobehandlung, das Management der kontinuierlichen Verbesserung, das Management von dokumentierter Information (Dokumente und Aufzeichnungen) usw. Hiermit beschäftigt sich das Control A-5.29.

Die Verfügbarkeit dieser ISMS-Prozesse kann durch *widrige Umstände* beeinträchtigt sein – z. B. durch technische Probleme (Software–Fehler, Hardware–Defekte, Ausfall der Stromversorgung) oder durch Probleme bei der Nutzung (Bedienfehler, fehlerhafte Konfigurationseinstellungen – und nicht zu vergessen: durch manipulative Handlungen bis hin zur Sabotage). Andererseits sind die ISMS–Prozesse für das Funktionieren des ISMS unerlässlich: Stehen einzelne Prozesse nicht zur Verfügung, kann die Informationssicherheit der Organisation erheblich beeinträchtigt sein.

Weiterhin: Im Zuge der *Risikobehandlung* nach ISMS-6.1.3 ist eine Liste erforderlicher Controls entstanden, um die Sicherheitsziele der Organisation erreichen zu können. Die zugehörigen Sicherheitsmaßnahmen dienen der Behandlung der Risiken für die Informationssicherheit. Fatal ist es nun, wenn wegen widriger Umstände einzelne Sicherheitsmaßnahmen ihre Funktion nicht mehr erfüllen können – dies wird die Informationssicherheit der Organisation ebenfalls verringern.

Nehmen wir als Beispiel die Zutrittskontrolle zu sensiblen Bereichen der Organisation. Ist ihre Funktion gestört oder ausgefallen (widrige Umstände wie Stromausfall, Ausfall der Server mit den Zutrittsberechtigungen), können Unbefugte möglicherweise Zutritt zu den betroffenen Bereichen erhalten – die Sicherheit der Organisation ist offensichtlich reduziert.

Folglich sind für die ISMS-Prozesse und die den Controls zugeordneten Sicherheitsmaßnahmen *Notfallpläne* zu erstellen.

Im Beispiel der Zutrittskontrolle könnte in einem Notfallplan festgelegt sein, dass zumindest für Bereiche *höchster* Sicherstufe die Zutrittskontrolle durch eine Bewachung mittels eigenem Personal – sozusagen manuell – erfolgen soll. Ist der widrige Umstand

---

[42] Die folgenden Prozesse können natürlich aus anderen Gründen bereits vorhanden sein.

behoben worden, muss die einwandfreie technische Funktion der Türabsicherung über-prüft werden, bevor das Personal zur Bewachung der Türen abgezogen werden darf. Anzumerken ist dabei Folgendes:

- Dass man sich auf die Türen höchster Sicherheitsstufe beschränkt, also nicht alle Türen absichert, könnte durch den hohen Personalaufwand bedingt sein.
- Im Notfall wird es eine gewisse Zeit dauern, bis die Maßnahme greift – das Wach-personal muss sich ja erst zu den Türen begeben, sodass es einen Zeitraum stark verminderter Sicherheit gibt.
- Weiterhin; Die Schutzwirkung der manuellen Zutrittskontrolle ist möglicherweise geringer einzuschätzen ist als die der technischen Lösung (menschliche Schwächen?).

Insgesamt müssen wir uns also in diesem Beispiel *vorübergehend* mit einem geringeren Schutz begnügen.

Betrachten wir die erkennbare Vorgehensweise der Notfallplanung:

- Die zu schützenden Assets werden priorisiert: Schutz nur noch für *hoch priorisierte* Assets (→ Auswahl *bestimmter* Türen).
- Die Controls zum Schutz der betreffenden Assets werden temporär in ihrer Umsetzung geändert (→ *manuelle* Türkontrolle).
- Für die Schutzwirkung wird vorübergehend ein geringeres Niveau akzeptiert (→ Kon-trolle durch Menschen statt durch Technik) – sofern keine bessere Lösung einsetzbar ist.

Wir fassen die Anforderung in A-5.29 zusammen: ISMS-Prozesse und Sicherheitsmaß-nahmen können von widrigen Umständen betroffen sein – es müssen deshalb Notfallpläne erstellt und umgesetzt werden, um alle Funktionen des ISMS auch unter widrigen Umständen aufrechterhalten zu können, ggf. mit einem geringeren, aber für eine kurze Übergangzeit noch tolerierbaren Sicherheitsniveau.

Wie setzt man dieses Control A-5.29 in der Praxis um? Man geht alle ISMS-Prozesse sowie die einzelnen Controls (nach ISMS-6.1.3) durch und analysiert, ob Störungen oder Ausfälle hierbei auftreten und dann die Informationssicherheit der Organisation beein-trächtigen können. Möglicherweise kommt man in einzelnen Fällen zu dem Schluss, dass es nur vernachlässigbare Auswirkungen gibt (dann ist nichts zu tun) – oder aber die Aus-wirkungen sind höher einzuschätzen und es wird ein Notfalllösung wie oben geschildert zu planen sein.

A-5.30 IKT-Bereitschaft für Business Continuity

Die Abkürzung IKT meint *Informations- und Kommunikationstechnologie* (vormals auch als IuK bezeichnet).

Jede Organisation kennt Zustände der Störung oder Unterbrechung ihrer Geschäftstätigkeit bzw. ihrer Geschäftsprozesse, Phasen verminderter Leistung oder unzureichender Qualität der erbrachten Dienste.

Grund für solche Situationen sind die schon unter A-5.29 genannten *widrigen Umstände*. Sobald solche Umstände festgestellt werden, wird man sich um eine Beseitigung bemühen, um den normalen Zustand („Normalbetrieb") baldmöglichst wiederherzustellen. Je länger Störungen/Ausfälle dauern, umso höher wird in der Regel der Schaden für die Organisation sein.

Vor diesem Hintergrund gilt es,

- Ausfälle und Störungen möglichst zu vermeiden (Prävention, z. B. Ersatzlösungen und Redundanzen),
- eine frühzeitige Erkennung sich anbahnender oder bereits eingetretener Ausfälle/ Störungen zu ermöglichen (schnelle, z. B. automatisierte Detektion),
- eine Wiederherstellung des Normalbetriebs in akzeptabler Zeit zu erreichen (Reaktion).

Die Aufzählung beschreibt grob die Aufgabe des sog. *Business Continuity Managements*[43] (BCM) für die Geschäftsprozesse der Organisation.

Einige von der Organisation betriebene *Geschäftsprozesse* werden insoweit *kritisch* sein, als eine hohe Verfügbarkeit oder eine maximale zulässige Ausfalldauer gefordert ist. Solche Bedingungen werden meist in Form von *Service Level Agreements* (SLAs) oder *Operational Level Agreements* (OLAs) angegeben[44]. Um diese SLAs/OLAs einzuhalten, benötigen wir präventive, detektierende und reaktive Maßnahmen.

Man beginnt meist mit einer sog. *Business Impact Analysis* (BIA), mit der man für jeden Geschäftsprozess eine *Kritikalität*[45] bestimmt und auf die von diesem Geschäftsprozess genutzten Ressourcen vererbt.

Auf dieser Basis wird für jeden betroffenen Geschäftsprozess eine *Kontinuitätslösung* entwickelt, um die SLAs/OLAs einhalten zu können. Die Lösung besteht in der Regel aus einem Paket präventiver, detektierender und reaktiver Maßnahmen.

Zu den reaktiven Maßnahmen zählen vor allem Wiederanlauf- und Wiederherstellungsverfahren für den Prozess und die für ihn wichtigen, ausgefallenen Ressourcen.

---

[43] Sofern man sich auf die IT beschränken will, geht es hier um die IT Business Continuity oder aus anderer Sicht um das *IT-Notfallmanagement*. Näheres findet man dazu in der Normenreihe ISO 22300 – speziell in der ISO 22301 [18], dann in der ISO 27031 und z. B. in [3] und [5].

[44] SLAs werden i. d. R. mit Externen (z. B. Kunden) vereinbart, während OLAs eigene Anforderungen der Organisation darstellen.

[45] Die Kritikalität ist ein Maß für den Schaden(anstieg) in Abhängigkeit von der Ausfalldauer.

Für jede einzelne Ressource ist dabei ein maximales Zeitfenster[46] abzuleiten, in dem ein erfolgreicher Wiederanlauf der Ressource erfolgen muss. Bei der Wiederherstellung einer IT-Anwendung spielt auch die Bereitstellung benötigter *Daten* eine Rolle, wobei es auf einen möglichst aktuellen, aber zweifelsfrei korrekten Stand der Daten vor dem Ausfall ankommt (Wiederherstellungspunkt[47]).

Das Bestimmen der Zeitfenster und Wiederherstellungspunkte ist eine komplexe Angelegenheit – vor allem, wenn noch Abhängigkeiten zwischen Teilprozessen zu berücksichtigen sind.

Neben Prävention, Detektion und Reaktion ist als weiteres Sicherheitselement das *Notfalltraining* anzusehen, mit dem vor allem bei reaktiven Maßnahmen ein zügiges Abarbeiten der Pläne für Wiederanlauf/Wiederherstellung „geübt" wird, um das Einhalten der zur Verfügung stehenden Zeitfenster zu ermöglichen.

Sofern das Controls A-5.30 für die Organisation relevant ist und somit umgesetzt werden muss, zieht dies offensichtlich einen erheblichen Aufwand nach sich und verlangt einiges an Wissen und Erfahrung in Sachen BCM. Wer sich hier einarbeiten möchte, könnte z. B. mit Seminaren zum Thema IT-Notfallmanagement oder IT-Notfallplanung beginnen.

A-5.31 Rechtliche, gesetzliche, regulatorische und vertragliche Anforderungen

Welche rechtlichen Anforderungen sind gemeint? Alles, was in Sachen Informationssicherheit von der Organisation einzuhalten ist oder mit Außenstehenden[48] vertraglich vereinbart wurde!

Das Control verlangt,

- rechtliche Anforderungen zu *identifizieren,* die für die Organisation relevant sein könnten, und
- zu prüfen, ob sie Auswirkungen auf die Informationssicherheit der Organisation haben – also für unser Thema *relevant* sind,
- die relevanten Anforderungen in schriftlicher Form und in jeweils aktueller Fassung verfügbar zu halten,
- zu dokumentieren, auf welche Weise die relevanten Anforderungen von der Organisation umgesetzt werden.

---

[46] Recovery Time Objective (RTO).

[47] Recovery Point Objective (RPO).

[48] z. B. Kooperationspartner, Kunden, Lieferanten – auch Versicherungen, die der Organisation Vorgaben zur Informationssicherheit machen, wenn es z. B. um Cyber-Versicherungen geht.

Welche Quellen sollte man zur Identifizierung der rechtlichen Anforderungen inspizieren und wg. möglicher Änderungen „überwachen"? Beachten Sie dazu unsere Kommentierung von ISMS-4.1 in Kap. 2 dieses Buches, dort speziell die Liste der *externen* Kontext-Aspekte.

Starken Bezug zur Informationssicherheit haben die Vorgaben zum Datenschutz, d. h. dem Schutz personenbezogener oder -beziehbarer Daten – in der EU durch die Datenschutz-Grundverordnung [7] geregelt, mit Umsetzung in Deutschland durch das BDSG [6] sowie Vorgaben in vielen weiteren Gesetzen. Das Control A-5.34 widmet sich diesem Thema.

Die Beachtung der Vorgaben zum geistigen Eigentum (gewerbliche Schutzrechte, Urheberrecht, Geschäftsgeheimnisse) haben viele Auswirkungen auf die Informationssicherheit einer Organisation: Hierzu mehr in A-5.32.

Ein eher weniger bekanntes, aber sehr relevantes Thema sind nationale Bestimmungen über die Nutzung kryptografischer Verfahren[49], z. B. Beschränkungen beim Export und Import entsprechender Systeme, Restriktionen bei der Nutzung kryptografischer Systeme z. B. auf Dienstreisen – ggf. verbunden mit Anmeldepflichten in den betreffenden Ländern.

Die zu betrachtenden gesetzlichen und anderen Anforderungen werden häufig geändert bzw. erneuert oder ersetzt, insofern ist natürlich stets die geltende Fassung zu berücksichtigen.

Um die Umsetzung nach A-5.31 zu beachtender Anforderungen zu dokumentieren, wird man die notwendigen Angaben meist in Sicherheitsrichtlinien und -konzepten der eigenen Organisation finden. Insoweit wäre eine Tabelle anzulegen, in der man jede einzelne relevante Anforderung aufführt und daneben einen Verweis einträgt, wo die entsprechenden Angaben zu finden sind. In weiteren Spalten der Tabelle könnte man festhalten, welchen Stand die Information hat (Version/Datum), wann die Quelle letztmalig überprüft wurde und von wem. Diese *Compliance-Tabelle* ist das Mittel der Wahl, um A-5.31 zu erfüllen.

Die für eine Organisation relevanten rechtlichen Anforderungen können Auswirkungen auf viele Elemente im ISMS haben: Sie können u. a.

- Eingang finden in Leit- und Richtlinien,
- Ziele, Risiken und Controls beeinflussen,
- die konkrete Ausgestaltung der ISMS-Prozesse und der beteiligten Rollen tangieren,
- sich auf Verträge mit Lieferanten auswirken,
- zur Umsetzung von ISMS-4.1 und ISMS-4.2 (externer Kontext) beitragen.

Fazit: Dieses Control adressiert das *Compliance Management,* hier speziell mit dem Blick auf die Informationssicherheit. Besonders aufwendig ist dieses Thema für Organisationen,

---

[49] Hierzu kann in Deutschland das BSI beraten.

die in mehr als einem Land tätig sind oder internationale Regeln in bestimmten Wirtschaftsbereichen beachten müssen. Hier ist das Compliance-Thema keinesfalls mehr ein Unterpunkt der Informationssicherheit – eher sind die Verhältnisse umgekehrt.

A-5.32 Geistige Eigentumsrechte

Die Forderung ist simpel: Die Organisation soll Verfahren einrichten, um den Schutz geistigen Eigentums sicherzustellen. Dabei ist zu beachten, dass es hier vor allem um den Schutz geistigen Eigentums im Zusammenhang mit der Informationsverarbeitung in einer Organisation geht.

Der Schutzbedarf kann uns in Form von Patenten, Lizenzen, Markenzeichen und Copyright begegnen – aber auch Bestandteil von individuellen Verträgen sein. Außerdem gibt es entsprechende gesetzliche Regelungen etwa im Urheberrecht und im Patentrecht.

Die Umsetzung von A-5.32 beginnt damit, das Thema juristisch aufzuarbeiten, dem eigenen Personal (vielleicht auch Kunden und Partnern) näherzubringen und auf die Bedeutung für die Organisation hinzuweisen: Dies könnte mit einem entsprechenden Passus in der Sicherheitsleitlinie der Organisation beginnen und später z. B. Gegenstand von Schulungen sein.

Für die Praxis sind vor allem folgende Anforderungen bzw. Maßnahmen zu nennen:

- Dokumente, Software, IT-Produkte werden nur aus legalen Quellen unter vorheriger Prüfung der jeweiligen Lizenzbestimmungen beschafft (gilt auch für Open Source, Free- und Shareware etc.).
- Es werden Nachweise über erworbene Lizenzen z. B. für die Einsicht in Quellcode, Verwendung von Bibliotheken, Nutzung von IT-Anwendungen aufbewahrt.
- Assets, die einen besonderen Schutz geistigen Eigentums benötigen, werden z. B. im Assetverzeichnis entsprechend gekennzeichnet.
- Original-Datenträger (z. B. bei Software und anderen elektronischen Inhalten) werden gesichert aufbewahrt (auch im Hinblick auf die Verfügbarkeit).
- Bei der Nutzung von Software und anderen IT-Produkten wird die Zahl paralleler Installationen/Nutzungen überwacht, insbesondere um die Anzahl beschaffter Lizenzen nicht zu überschreiten. Dieser Punkt ist auch wichtig bei Verwendung von Software in Home-Office-Umgebungen und beim mobilen Arbeiten mit Smartphones, Tablets und Co.
- Bestehende Einschränkungen für das Kopieren von Daten – auch in Zusammenhang mit Backup-Kopien, bei Nutzung in anderen Kontexten als ursprünglich geplant, oder auch nur bei Formatänderungen von strukturierten Daten – werden innerhalb der Organisation bekannt gemacht und beachtet.
- Dies gilt sinngemäß für den Einblick in bzw. die Inspektion und Analyse von Quell- und Programmcode.

- IT-Produkte werden nur unter Beachtung der Lizenz- oder Vertragsbestimmungen an andere Stellen weitergegeben (z. B. an Lieferanten/Dienstleister) bzw. an Dritte veräußert. Im Zusammenhang mit der Weitergabe an Lieferanten sind A-5.19 und A-5.20 zu beachten.
- Nicht mehr benötigte Datenträger mit geschütztem Inhalt werden sicher gelöscht oder qualifiziert entsorgt. Eine sichere Löschung kann auch bei Inhalten/Software erforderlich werden, die aus Internet heruntergeladen wurden.

Es ist allen Beteiligten klarzumachen, welche Folgen eine *Verletzung* entsprechender Eigentumsrechte haben kann, und zwar für die handelnden Personen, beteiligte Lieferanten und die Organisation insgesamt.

A-5.33 Schutz von Aufzeichnungen

In einem ISMS entstehen in der täglichen Praxis viele Aufzeichnungen: Log- und Zugriffsprotokolle, Tickets beim Incident Management, Führen von Besucherlisten, Protokolle der Zutrittskontrolle, Aufzeichnungen über und Auswertungen von erbrachten Leistungen, ausgefüllte Checklisten zur Erledigung wichtiger Aufgaben im ISMS usw.

Weiterhin können gesetzliche Regelungen und Verträge Aufzeichnungen über bestimmte Sachverhalte und Ereignisse fordern.

Durch Aufzeichnungen sollen Vorgänge nachvollziehbar und nachweisbar sein, Verstöße gegen Regeln entdeckt werden können, möglicherweise sogar Beweise für rechtliche Auseinandersetzungen gesammelt werden können.

Aufzeichnungen machen nur Sinn, wenn man sich auf die erfassten Daten verlassen kann, und ggf. ein Nachweis- bzw. Beweischarakter tatsächlich gegeben ist. Generell muss also ausgeschlossen werden, dass sich Unbefugte an Aufzeichnungen zu schaffen machen – mit welcher Absicht auch immer. Muss man bekennen, dass ein unbefugter Zugriff zu bestimmten Aufzeichnungen stattgefunden hat oder auch nur nicht auszuschließen ist, verlieren die aufgezeichneten Daten ihren Beweiswert.

Wir stellen einige Sachverhalte zusammen, die in Sachen Aufzeichnungen zu beachten sind:

- Aufzeichnungen sollen nur dann erfolgen, wenn dies einem klaren Zweck dient (z. B. Erfüllung rechtlicher Anforderungen, Auswerten von sicherheitsrelevanten Vorgängen, Leistungsüberwachung von Dienstleistern). Hiermit lässt sich die Menge der Aufzeichnungen auf das Notwendige beschränken. Möglicherweise wird man dazu die Liste der Geschäftsprozesse der Organisation durchgehen und festlegen, welche Aufzeichnungen für welchen Prozess sinnvoll und erforderlich sind.

- Sofern man darauf Einfluss hat: Daten sollten in einem Format aufgezeichnet werden, das über (erklärende) Meta-Informationen verfügt. Andernfalls muss genau dokumentiert werden, wie aufgezeichnete Daten zu interpretieren sind.
- Der Speicherort für Aufzeichnungen sollte festgelegt und entsprechend dokumentiert werden. Auf jeden Fall benötigen diese Speicherorte einen wirksamen Zugriffsschutz.
- Für die Verlässlichkeit von Aufzeichnungen ist es unabdingbar, dass der Mechanismus des Aufzeichnens von Unbefugten nicht beeinflusst, gesteuert oder ausgesetzt werden kann. Typischer Fall: Für die Dauer einer Manipulation wird die Aufzeichnung deaktiviert.
- Für Aufzeichnungen kann die Vertraulichkeit gefordert sein: z. B. wegen vertraglicher Geheimhaltungspflichten, wegen der Möglichkeit von Leistungskontrollen oder weil es sich um personenbezogene Daten handelt. Aufzeichnungen unbefugt/unerlaubt zu veröffentlichen, sollte verhindert werden, weil dadurch ein Einblick in Interna der Organisation möglich wird. Vertraulich zu haltende Aufzeichnungen müssen also der Zugriffskontrolle unterliegen oder durch eine Verschlüsselung gesichert werden.
- In Systemen, die klassifizierte Daten verarbeiten (s. A-5.12), wird es vielfach so sein, dass auch die Aufzeichnungen zu klassifizieren sind.
- Die Integrität von Aufzeichnungen muss gewahrt bleiben, d. h. die Daten dürfen nicht geändert oder verfälscht, ergänzt, selektiv gelöscht werden können. Zum Schutz gegen Änderungen durch Unbefugte reichen ggf. Maßnahmen der Zugriffskontrolle. Entsprechende Änderungen erkennbar zu machen, ist mit kryptografischen Verfahren, z. B. mittels elektronischer Signatur, möglich.
- In manchen Kontexten kann es wichtig sein nachzuweisen, durch welche Instanz die (elektronische) Aufzeichnung erfolgt ist bzw. welche Person sie gestartet hat – die Authentizität dieser Instanz/Person muss überprüfbar sein. Hier kann z. B. mit Zertifikaten und elektronischer Signatur gearbeitet werden.
- Aufgezeichnete Daten beinhalten fast immer Angaben über die Uhrzeit und das Datum des Ereignisses oder der Aufzeichnung. Es ist daher sicherzustellen, dass von den aufzeichnenden Instanzen eine verlässliche Zeitquelle verwendet wird. Eine einheitliche Zeit in allen Systemen einer großen IT-Landschaft ist nahezu unabdingbar. Bei juristisch relevanten Aufzeichnungen sollte man auf die in Deutschland gesetzlich anerkannte Zeit (DCF77-Signal der PTB) zurückgreifen.
- Aufzeichnungen machen nur dann Sinn, wenn sie zum Zeitpunkt der Auswertung auch verfügbar sind. Es sind also Maßnahmen wie parallele Speicherung der Daten an mindestens zwei physikalisch getrennten Orten, Backup- und Archivierungsverfahren einzurichten.
- Zum Zwecke der Auswertung kann es hilfreich sein, Software-Werkzeuge verfügbar zu haben, die die gewünschten Informationen aus den Aufzeichnungen herausfiltern und ggf. auch automatisiert Schlussfolgerungen ziehen können. Bei der Verwaltung von Aufzeichnungen in Datenbanken kann dies leicht durch Abfrageprozeduren realisiert werden.

- Es kann sinnvoll sein, das Recht der Auswertung bestimmter Aufzeichnungen an konkrete Rollen oder Personen zu binden. Weiterhin wäre zu überlegen, ob man rechtlich relevante Aufzeichnungen nur unter Anwendung des Vier-Augen-Prinzips aus- und bewerten lässt – z. B. um späteren Zweifeln an den Ergebnissen vorzubeugen oder subjektive Bewertungen auszuschließen.
- Aufzeichnungen sollten nicht beliebig lange gespeichert werden: Für jeden Aufzeichnungszweck sollten Fristen gesetzt werden. Sofern sich diese nicht durch gesetzliche oder vertragliche Bestimmungen ergeben, sollte die Organisation solche Speicherfristen selbst festlegen. Es kann zudem erforderlich sein, nach Fristablauf die betreffenden Aufzeichnungen sicher und nachweislich zu löschen.
- Bei sehr langen Aufbewahrungszeiten muss man das Aufzeichnungsmedium geeignet auswählen (die Daten müssen „dauerhaft" lesbar bleiben). Weiterhin kommt man oft nicht umhin, die ursprünglichen Systeme (Geräte, Software) ebenfalls aufzubewahren, weil zum Zeitpunkt der Auswertung aktuelle Systeme die alten Datenformate möglicherweise nicht mehr lesen bzw. interpretieren können. Bei verschlüsselten Archiven muss auch daran gedacht werden, die Schlüssel entsprechend lange und sicher aufzubewahren.

Bei der Vielzahl von Aspekten, die es für Aufzeichnungen zu beachten gilt, wird empfohlen, für die Organisation eine *Richtlinie* zu erstellen, in der die Punkte der Aufzählung – soweit anwendbar und zutreffend – detailliert behandelt werden.

A-5.34 Datenschutz und Schutz personenbezogener Daten

Grob gesprochen geht es hier um das Thema Datenschutz im Sinne des BDSG [6] bzw. der europäischen DS-GVO [7].

Bei genauerem Hinsehen stellt man jedoch fest, dass das Grundrecht der Privatsphäre (Privacy) und der Schutz personenbeziehbarer Daten vor unerlaubter Weitergabe und Verarbeitung zwar sich überschneidende, aber dennoch nicht identische Zielrichtungen beinhalten. Nach der DS-GVO umfasst der Schutz der Privatsphäre auch den Schutz der persönlichen Daten. Außerhalb der EU wird dies nicht immer so verstanden – hierin liegt der Grund für den langen Titel dieses Controls A-5.34 – im englischen Original: *Privacy and Protection of personal identifiable Information*.

Was wird in diesem Control verlangt? Die Organisation muss für ihre Geschäftstätigkeit die rechtlichen Anforderungen[50] an den Schutz der Privatsphäre und der personenbeziehbaren Daten zunächst ermitteln und diese dann mit geeigneten technisch-organisatorischen Maßnahmen (TOMs) umsetzen.

Das ist im Grunde bereits Gegenstand von A-5.31 *Einhaltung rechtlicher Anforderungen*. Warum wird hierfür ein neues Control definiert?

---

[50] Aus Gesetzen und Verordnungen, ggf. auch aus Verträgen.

Es gibt einen kleinen, aber sehr wesentlichen Unterschied. Bei den Controls aus dem Anhang A geht fast immer darum, bestimmte Risiken für die *Organisation* zu behandeln. Dagegen hat A-5.34 andere Risiken im Blick: Bei der Verarbeitung personenbeziehbarer Daten durch die Organisation könnten sich Risiken für die von den Daten betroffenen Individuen ergeben. Nach BDSG und DS-GVO ist deshalb eine Risikobetrachtung aus Sicht der jeweils *Betroffenen* durchzuführen. Dabei sind alle Schritte der geplanten Datenverarbeitung zu betrachten, auch die mögliche Weitergabe der Daten an Dienstleister – besonders problematisch, wenn diese in „Drittländern" angesiedelt sind und dort ein unzureichendes Datenschutzniveau vermutet wird.

Weil die ISO 27001 in allen Regionen der Welt anwendbar sein muss, darf man an dieser Stelle keine konkreten Vorgaben für den Datenschutz erwarten. Wir geben deshalb nur einige Stichwörter zur Erfüllung von A-5.34 an:

- Identifizieren aller anwendbaren rechtlichen Vorgaben
- Aufsetzen eines Datenschutz-Management-Systems
  - Formulierung der Datenschutzziele für die Erhebung, Verarbeitung, Übermittlung und Löschung personenbeziehbarer Daten
  - Rollen und Zuständigkeiten für den Datenschutz festlegen
  - Erstellen einer Datenschutz-Richtlinie bzw. eines Datenschutzkonzeptes
  - Bekanntmachung der Datenschutzregelungen an das Personal, an Dienstleister und Kunden (soweit relevant)
  - Durchführung von Risikoanalysen aus Sicht der Betroffenen vor der geplanten Verarbeitung personenbeziehbarer Daten (wie oben geschildert)
  - Wahl geeigneter TOMs zur Einhaltung der Datenschutzziele
  - regelmäßige Überprüfung der Einhaltung aller Datenschutz-Vorgaben
  - Optional die Einhaltung weiterer Standards zum Datenschutz in bestimmten Kontexten

Wir erläutern die Aufzählungspunkte:

Welche rechtlichen Vorgaben – erster Aufzählungspunkt oben – sind zu berücksichtigen? Solche, die für die betreffende Organisation *anwendbar* (ISO 27001) bzw. *relevant* (ISO 27002) sind! Im einfachsten Fall ist z. B. bei einem Dienstleister außerhalb der EU die lokale Gesetzgebung am Hauptstandort gemeint – und nicht mehr.

Man kann deshalb bei einem nach ISO 27001 zertifizierten Dienstleister – mit Geschäftstätigkeit innerhalb der EU – nicht *automatisch* unterstellen, dass mit der Zertifizierung auch die Einhaltung der DS-GVO bestätigt ist. Ein Audit nach ISO 27001 ersetzt kein DS-GVO-konformes Datenschutz-Audit! Was im Beispiel des Dienstleisters tatsächlich geprüft wurde und wie dies erfolgt ist, erschließt sich möglicherweise erst durch Inspektion des zugehörigen Auditberichtes. Hat man darauf Zugriff?

Aufsetzen eines Datenschutz-Management-Systems: In der ISO 27701 gibt es hierzu Hinweise, auch im SDM [8] im Baustein 80: *Datenschutzmanagement.* Im SDM findet sich weiterhin eine gut lesbare Darstellung und Erläuterung der Datenschutz- bzw. Gewährleistungsziele der DS-GVO.

Durchführung von Risikoanalysen aus Sicht der Betroffenen: Nach der DS-GVO ist ergänzend zur Risikoanalyse u. a. bei hohen Risiken die Notwendigkeit einer *Datenschutz-Folgenabschätzung* (DSFA) gegeben. Im Ergebnis dieser DSFA kann die Verarbeitung der betrachteten Daten generell zulässig, nur mit ergänzenden Maßnahmen zulässig – oder eben nicht zulässig sein.

Wahl geeigneter TOMs: Nach dem Standard-Datenschutz-Modell (SDM) wird im Hinblick auf die *Gewährleistungsziele* des Datenschutzes ein *Schutzbedarf* für die jeweilige Datenverarbeitung ermittelt. Bei „normalem" Schutzbedarf können die *Bausteine* des SDM Maßnahmen zur Erfüllung der Ziele liefern – ähnlich wie beim IT-Grundschutz des BSI. Ist der Schutzbedarf höher, müssen diese Maßnahmen verstärkt bzw. durch sicherere Maßnahmen ersetzt werden.

Option der Beachtung weiterer Normen: Die Norm ISO 27018 adressiert den Datenschutz für Provider von Cloud Services (als Auftragsverarbeiter), deckt aber die DS-GVO nicht vollständig ab. Zertifizierungen nach dieser Norm können aber dabei unterstützen, die Datenschutz-Tauglichkeit von Cloud Providern (z. B. aus Drittländern) zu analysieren. Weitere hier in Frage kommende Normen sind in diesem Buch im Abschn. 1.3, Stichwort *Privatheit und Datenschutz,* angegeben.

Speziell mit der DSFA beschäftigt sich die Norm ISO 29134 [14], inzwischen existieren auch Tools zu ihrer Durchführung[51].

A-5.35 Unabhängige Überprüfung der Informationssicherheit

Das Management der Informationssicherheit – einschließlich der praktischen Umsetzung durch Prozesse, Personal, Technik usw. – soll Gegenstand von Überprüfungen bzw.. Begutachtungen sein. Man kann vereinfachen und sagen: Gegenstand der Begutachtungen ist das ISMS.

Durchführen sollen solche Begutachtungen kompetente und unabhängige Stellen[52], und zwar in regelmäßigen Abständen und nach signifikanten Änderungen. *Signifikant* meint hier z. B. Änderungen am Kontext der Organisation (ISMS-4) oder an den

---

[51] z. B. https://www.cnil.fr/en/open-source-pia-software-helps-carry-out-data-protection-impact-assessment.

[52] Es könnte sich hier z. B. um (weisungsunabhängige) interne Auditoren oder Revisoren handeln, aber auch um beauftragtes externes Personal – unterstellt, dass die tätigen Personen an der Realisierung und dem Betrieb des ISMS nicht mitgewirkt haben und auch keine eigenen Interessen in Bezug auf das ISMS verfolgen.

Geschäftsprozessen, aber auch Änderungen an Sicherheitsmaßnahmen oder -richtlinien z. B. nach eingetretenen Sicherheitsvorfällen.

In der ISO 27002 werden als Begutachtungsziele explizit die Eignung, Angemessenheit und Wirksamkeit des Managements genannt. Es soll dabei Änderungsbedarf und ggf. auch Verbesserungspotenzial festgestellt werden.

Mit A-5.35 verwandt ist die Forderung nach einer Leistungsbewertung in ISMS-9.2 (vgl. Kap. 2): Sie beinhaltet die Pflicht zur Durchführung *interner Audits*. Dabei steht vor allem die Übereinstimmung des ISMS mit der Norm (Konformität) und seine Wirksamkeit im Fokus, während Eignung und Angemessenheit nicht explizit erwähnt werden – aber auch nicht ausgeschlossen sind.

Ein internes Audit kann als Umsetzung von A-5.35 durchaus infrage kommen, wenn die Begutachtung durch die Leitungsebene der Organisation oder aus dem ISMS selbst heraus angestoßen wird.

Eine Begutachtung im Sinne von A-5.35 veranlassen, kann andererseits auch ein übergeordneter Konzern bzw. bei Behörden ein Ministerium oder ein Rechnungshof, bei Kundenbeziehungen vielleicht auch ein Kunde. In diesem Fall wird man möglicherweise nicht auf interne Auditoren der Organisation zurückgreifen, sondern andere Stellen mit der Durchführung beauftragen.

Die Begutachtung soll natürlich mit einem Bericht abschließen, der dem Veranlasser zur Kenntnis zu geben ist – im Regelfall auch der Leitungsebene der begutachteten Organisation. Bei Letzterem wird das Ergebnis der Begutachtung u. a. auch in die Managementbewertung nach ISMS-9.3 einfließen.

Bei Planung und Durchführung einer Begutachtung nach A-5.35 sollte man ISO 27007 und ISO 27008 zu Rate ziehen.

A-5.36 Einhaltung von Richtlinien, Vorschriften und Normen für die Informationssicherheit

Die Einhaltung von Regelwerken, Regeln und Standards soll regelmäßig überprüft werden.

Hierunter fallen zunächst Leit- und Richtlinien, Konzepte und Pläne und weitere Unterlagen, die Regeln für die Informationssicherheit der Organisation beinhalten (wie z. B. Prozessbeschreibungen, Arbeitsanweisungen, Wiederanlaufpläne).

Im Fokus der geforderten Prüfung stehen die Assets der Organisation und die Assetverantwortlichen: Die Verantwortlichen für Produkte und Services der Organisation, für die Geschäftsprozesse bzw. IT-Anwendungen, für die Infrastruktur, die IT, das Personalwesen usw. sollen sich vergewissern, dass die für ihren Verantwortungsbereich maßgeblichen Regeln für die Informationssicherheit korrekt umsetzt wurden und in der Praxis beachtet werden.

Soweit Standards für die Gestaltung und den Betrieb der Geschäftsprozesse, der technischen Systeme und der Infrastruktur existieren und durch die Organisation anzuwenden sind, soll deren Einhaltung ebenfalls Gegenstand der Überprüfung sein.

Da die Zahl der Assetverantwortlichen in der Organisation wahrscheinlich recht groß sein dürfte, macht es keinen Sinn, die geforderten Prüfungen gleichzeitig durchzuführen – vielmehr sollte das dezentral organisiert werden. Jeder Assetverantwortliche ist für Termine, Häufigkeit und Art der Prüfung selbst verantwortlich.

Was die Art der Prüfung angeht, sind hier automatisierte Messungen z. B. nach ISMS-9.1, die Auswertung von Aufzeichnungen etwa von Überwachungstools und technische Inspektionen/Audits zu nennen.

Es gilt hierfür wie üblich: Ablauf und Ergebnis der Überprüfung sind schriftlich festzuhalten, diese Aufzeichnungen sind zu archivieren. Die Behandlung von Feststellungen (z. B. von Regelverstößen) soll Folgendes umfassen: Analyse der Gründe für die Nicht-Einhaltung von Regeln, Planung korrektiver Maßnahmen (sofern erforderlich) und Umsetzung derselben, später dann die Bewertung der Wirksamkeit dieser Maßnahmen. Je nach Risikolage sollen die korrektiven Maßnahmen zügig umgesetzt werden.

Hinweis: Diese Überprüfungen nach A-5.36 unterscheiden sich hinsichtlich des Initiators, des Prüfgegenstands und -umfangs von internen Audits nach ISMS-9.2 oder von Begutachtungen nach A-5.34. Allerdings sollen die Ergebnisse dieser Überprüfungen im Rahmen der Audits und Begutachtungen Berücksichtigung finden.

A-5.37 Dokumentierte Betriebsabläufe

Die Beschreibung der Betriebsabläufe kann in Prozessbeschreibungen erfolgen, ist aber hier mehr aus Sicht der handelnden Personen zu verstehen: Es werden dokumentierte Arbeitsanweisungen gefordert, vor allem für das technische Management informationsverarbeitender Einrichtungen. Was ist die Motivation dahinter?

- Solche Einrichtung sind oft sehr komplex – hier schleichen sich schnell Fehler und Nachlässigkeiten im Handling ein, was sich nicht nur negativ auf die Geschäftsprozesse auswirken kann, sondern auch auf die Informationssicherheit. Genaue Anleitungen bzw. Anweisungen sind hier das Mittel der Wahl.
- Um das technische Management qualifiziert ausführen zu können, benötigt man Knowhow und Erfahrung. Erfahrenes Personal kann wegen Krankheit ausfallen, Urlaub haben, auf Dienstreise sein – oder verlässt die Organisation überraschend. Dann muss weniger erfahrenes oder gar neues Personal herangezogen werden: Es benötigt dann präzise, leicht verständliche Anleitungen für die auszuführenden Arbeiten.
- Solche Anleitungen bieten auch die Möglichkeit der Einarbeitung in neu zu übernehmende Aufgaben.

- Arbeitsanweisungen sind die Basis dafür, dass Aufgaben durch verschiedene Personen *in gleicher Weise* durchgeführt werden, auch bei selten vorkommenden Arbeiten Bearbeitungsschritte nicht vergessen oder übersehen werden.

Wie sollte man mit Arbeitsanweisungen umgehen? Einige Empfehlungen:

- Für informationsverarbeitende Einrichtungen *gleichen Typs* sollte man möglichst eine *gemeinsame* Arbeitsanweisung erstellen, um deren Anzahl zu begrenzen.
- Jede Arbeitsanweisung muss mit einer Beschreibung der hierin betrachteten informationsverarbeitenden Einrichtung beginnen.
- Im technischen Management gibt es bestimmte Phasen: Bei IT-Geräten/-Systemen wird man die Anlieferung, Installation/Konfiguration, den Betrieb, die Wartung, Außerbetriebnahme und Entsorgung betrachten. Im Zusammenhang mit dem BCM ist ggf. als Phase auch der Notbetrieb aufzunehmen – mit Vorgaben für den Wiederanlauf bzw. die Wiederherstellung. Bei anderen Einrichtungen gibt es ähnliche Phasen. Diese Phasenmodell sollte die oberste Gliederungsebene einer Arbeitsanweisung darstellen.
- Sodann wird man für jede Phase folgende Informationen notieren: Anlass der Arbeiten, ggf. Termine, zulässige Bearbeiter/innen, weitere zu beteiligende/zu informierende Personen, Voraussetzungen/Vorbereitungen vor Beginn der Arbeiten, die Arbeitsschritte z. B. in Form eines Ablaufplans – eventuell in Verbindung mit einer Checkliste, Überprüfung/Test des Arbeitsergebnisses (ggf. mit Hinweisen zur Fehleranalyse[53]), Abschluss und Dokumentation.
- Arbeitsanweisungen sind – wie alle Dokumente im ISMS – einem Freigabeprozess zu unterziehen und dann verbindlich in Kraft zu setzen.
- Arbeitsanweisungen sind dort zur Verfügung zu stellen, wo sie gebraucht werden, d. h. das für die jeweiligen Arbeiten zuständige Personal muss direkten Zugriff auf die maßgebenden Arbeitsanweisungen besitzen. Dabei ist auch deren Verfügbarkeit bei Aus- und Notfällen zu berücksichtigen: Alle aktuellen Arbeitsanweisungen sind geeignet zu replizieren – z. B. auf mobile Geräte.
- Im Hinblick auf häufig vorkommende Änderungen im IT-Umfeld ist zu fordern, dass betroffene Arbeitsanweisungen jeweils zügig aktualisiert werden. Darüber hinaus sollten sie in regelmäßigen Abständen begutachtet werden, um für ihre Korrektheit, Anwendbarkeit und Fehlerfreiheit zu sorgen – aber auch um Kritiken und Vorschläge des Personals einzuarbeiten.

Man sollte damit starten, bei den handelnden Personen nachzufragen, ob sie für ihre Tätigkeiten nicht schon rudimentäre, stichwortartige Listen oder grafische Übersichten nutzen – und diese dann als Ausgangspunkt für eine umfassende, qualifizierte Arbeitsanweisung zu verwenden.

---

[53] Bei der Fehleranalyse und -behebung sind ggf. auch Kontaktdaten für einen zur Verfügung stehenden technischen Support anzugeben.

Bei dieser umfangreichen Aufgabe nach A-5.37 sei nochmal daran erinnert, dass ein ISMS im Laufe der Betriebsdauer „wachsen" darf, d. h. nicht zu Beginn bereits in vollem Umfang ausgestattet sein muss. Insofern könnte man hier für die erforderlichen Anweisungen einen Terminplan erstellen, Autoren festlegen, vielleicht eine gemeinsame Vorlage für alle Arbeitsanweisungen bereitstellen – und diesen Plan dann eben schrittweise (z. B. innerhalb eines Zeitraums von zwei bis drei Jahren) umsetzen.

3.4 Controls betreffend Personal (Gruppe 6)

In dieser Gruppe mit den Controls A-6.1 bis A-6.8 geht es um Anforderungen an das Management von Personal. Neben dem eigenen Personal ist auch Personal eingeschlossen, das von anderen Firmen bereitgestellt wird und innerhalb der Organisation tätig werden soll (Fremdpersonal). Es spielt dabei keine Rolle, ob es sich um eine Voll- oder Teilzeitbeschäftigung oder nur um unregelmäßige, sporadische Einsätze handelt.

A-6.1 Sicherheitsüberprüfung

Das Control A-6.1 fordert, für alle Personen vor einer Einstellung in die Organisation – auch bei einer Versetzung innerhalb der Organisation – eine „Hintergrundüberprüfung" bzw. ein Screening durchzuführen, und zwar unter Beachtung der Angemessenheit und der gesetzlichen Rahmenbedingungen.

Die Angemessenheit bezieht sich darauf, dass die Tiefe und Intensität des Screenings an der Sensibilität der Tätigkeit ausgerichtet sind, d. h. an der Höhe der Verantwortung, dem Umgang mit vertraulichen oder sogar klassifizierten Daten, an Art und Höhe bestehender Risiken für die Organisation – besonders gilt dies für die Übernahme sicherheitskritischer Rollen im ISMS. Zu den gesetzlichen Rahmenbedingungen gehören u. a. das Arbeitsrecht und der Arbeitnehmer-Datenschutz.

Vor Abschluss eines Arbeitsvertrags wird man sich Gewissheit verschaffen wollen, ob die betreffende Person qualifiziert, persönlich geeignet, zuverlässig und vertrauenswürdig ist. Dazu könnten beispielsweise folgende Aktionen beitragen:

- eine Identitätsprüfung (anhand der vorgelegten Ausweisdokumente)
- der Einblick in *Originaldokumente* bei Ausbildungs- und Tätigkeitszeugnissen
- ein Eingehen auf den persönlichen/beruflichen Werdegang im Bewerbungsgespräch (z. B. anhand des vorgelegten Lebenslaufs)
- Überprüfung von angegebenen Referenzen
- Inspektion eines polizeilichen Führungszeugnisses
- Einschalten einer geeigneten Auskunftei

- Durchführung einer Sicherheitsüberprüfung nach SÜG [9] für Tätigkeiten im Geheimschutzumfeld

Es wird empfohlen, dabei Transparenz zu wahren, d. h. die betroffenen Personen über einzelne Schritte der Aufzählung vorab zu informieren.

Handelt es sich um *interne* Bewerber/innen, wird man auf existierende Unterlagen zurückgreifen können, dann aber möglicherweise weitere Aktionen aus der Aufzählung anschließen. Solange noch nicht alle Fragen hinreichend geklärt sind, sollte die betreffende Person nur reduzierten Zugang zu Assets der Organisation erhalten. Letzteres wäre auch für den Fall einer Probezeit bei Neueinstellungen zu überlegen.

Bei von anderen Firmen überlassenem Personal sind die oben genannten Punkte meist Bestandteil eines *Überlassungsvertrags*. In diesem Zusammenhang sollte für sicherheitserhebliche Tätigkeiten überlegt werden, ob häufiges Wechseln des bereitgestellten Personals toleriert werden kann – zumindest ist sicherzustellen, dass die Organisation frühzeitig über beabsichtigte Änderungen informiert wird.

Einige der Auskünfte aus der Aufzählung oben haben eine zeitlich befristete Wirkung (z. B. ein Führungszeugnis) – insoweit kann es erforderlich werden, die damit verbundenen Prüfschritte in Abständen zu wiederholen.

Die zuständige Personalabteilung der Organisation könnte – vor allem wenn es um sicherheitskritische Tätigkeiten geht – alle Einstellungs- und Versetzungsvorgänge nach gleichem Schema durchführen, den Ablauf aufzeichnen und die Daten entsprechend archivieren – kurzum: Es geht um eine Verfahrensbeschreibung oder sogar eine entsprechende Richtlinie.

A-6.2 Beschäftigungs- und Vertragsbedingungen

Arbeitsverträge bzw. Überlassungsverträge sollen auch auf das Thema Informationssicherheit eingehen, und zwar in dem Sinne, dass

1. der Sicherheitsbedarf der Organisation dargestellt wird,
2. den betreffenden Personen die bestehenden grundsätzlichen Regeln der Organisation für die Informationssicherheit zur Kenntnis gegeben werden,
3. die jeweilige individuelle Sicherheitsverantwortung für die beabsichtigte Tätigkeit in verständlicher Form beschrieben wird.

Um dies zu leisten, greift man am besten auf bestehende Dokumente zurück:

- Die Sicherheitsleitlinie der Organisation adressiert die Punkte 1 und 2, gibt auch Auskunft über bestehende Rollen im ISMS.

- In der Organisation existierende Richtlinien könnten für Punkt 3 ausgewertet werden – vor allem, wenn sie die in Frage stehende Tätigkeit direkt betreffen.
- Bestehende Vereinbarungen über die sicherheitsgerechte Verarbeitung von Daten Dritter können für einen Arbeitsvertrag ebenfalls relevant sein (falls die Organisation solche Daten verarbeitet).
- Bestehende Regelungen über die Geheimhaltung von betrieblichen Interna sind vertragsrelevant.
- Dies gilt analog für die obligatorische Datenschutzverpflichtung für die Bearbeitung personenbezogener Daten.
- Die VS-Anweisung [2] kommt infrage, sofern ein Umgang mit staatlich geheim zu haltenden (klassifizierten) Daten vorgesehen ist.
- Falls in der Organisation besondere Anforderungen hinsichtlich Urheberrecht bzw. Patentschutz bestehen, sind diese zu berücksichtigen.
- Bestehende Sanktionsregeln bei Nichtbeachten von Vorgaben gehören ebenfalls zu den arbeitsvertraglichen Bestimmungen (s. A-6.4).

Solche Dokumente finden entweder als Anlage zum Arbeits-/Überlassungsvertrag Verwendung, oder erscheinen im Vertrag in einer Zusammenfassung – können aber auch nur als Verweis z. B. bei öffentlich zugänglichen Dokumenten Erwähnung finden.

Speziell bei Geheimhaltungsverpflichtungen muss darauf geachtet werden, dass vertraglichen Bestimmungen auch über das Ende der Beschäftigungsdauer hinausreichen. Soweit zutreffend kann hier eine Terminierung in Jahren oder eine unbegrenzte Dauer vereinbart werden.

Änderungen am externen/internen Kontext der Organisation können sich auf bestehende Arbeits- und Überlassungsverträge auswirken, d. h. hier ergibt sich möglicherweise ein Anpassungsbedarf für bestehende Arbeits-/Überlassungsverträge.

A-6.3 Informationssicherheitsbewusstsein, -ausbildung und -schulung

Gerade im Zusammenhang mit der Informationssicherheit besteht regelmäßig ein Bedarf an Sensibilisierung, Schulung und Training, und zwar für das in der Organisation tätige Personal – möglicherweise auch für Personal von Kunden, Kooperationspartnern, Dienstleistern usw. Um Letzteres abzuklären, inspiziert man die Liste der interessierten Parteien, die unter ISMS-4.2 erstellt wurde, und stellt einen möglichen Bedarf fest.

Ziel ist es,

- beim Personal eine Sensibilität und Motivation für die Informationssicherheit herzustellen – insbesondere müssen alle Betroffenen ihre jeweilige Sicherheitsverantwortung erkennen (Sensibilisierung[54]),
- Personal in der täglichen Praxis der Informationssicherheit, der Einhaltung von Leit- und Richtlinien sowie – je nach Arbeitsplatz – der Anwendung von Sicherheitsmaßnahmen zu unterrichten (Schulung),
- bei schwierigen und komplexen Zusammenhängen, Prozessen und Arbeitstakten über die Schulung hinaus auch praktische Erfahrung zu vermitteln, damit das Personal die anstehenden Aufgaben souverän erledigen kann (Training[55]).

Bei solchen Aktivitäten ist es mit einer einmaligen Durchführung meist nicht getan – sie müssen regelmäßig wiederholt werden, um menschlichem Fehlverhalten, Fahrlässigkeit und Unkenntnis wirksam begegnen zu können.

Der Umfang der Aufgabe nach A-6.3 ist nicht zu unterschätzen. Man sollte *regelmäßig* – z. B. auf jährlicher Basis – den Bedarf planen, notwendige Aktivitäten terminieren und entsprechend durchführen–.

Bei der Planung kann man z. B. von der Liste der Rollen im ISMS ausgehen und hieran jeweils den Bedarf ausrichten und erfassen. Für „normales" Personal sollte man z. B. Sicherheitsvorfälle aus dem vergangenen Jahr sowie aktuelle neue Erkenntnisse auswerten und anhand dessen den Bedarf planen.

Anlassbedingte Schulungen sind ebenfalls in Betracht zu ziehen – z. B. nach gravierenden Änderungen am Kontext der Organisation, bei neuen Geschäftsprozessen, der Einführung neuer Sicherheitstechniken, nach gravierenden Sicherheitsvorfällen – aber auch bei Neueinstellungen oder Versetzung von Personal.

Ganz typisch ist auch eine Schulung vor einem „drohenden" Audit, und zwar im Hinblick auf das Ziel des Audits, das Verhalten der betroffenen Mitarbeiter/innen während des Audits, bei möglichen Befragungen durch Auditoren usw.

In welcher Form könnten diese Aktivitäten stattfinden?

Ein einfaches Element ist ein gut gemachter, regelmäßig erscheinender Newsletter (Informationen über eingetretene Vorfälle, Änderungen an Leit- und Richtlinien, ein weitergehendes Schulungsprogramm).

Dann ist an physische oder virtuelle Meetings zu denken, in denen sozusagen frontal Inhalte vermittelt werden – aber auch Gelegenheit zu Fragen gegeben ist (Sensibilisierung, Schulung).

Man kann es auch dem Selbststudium überlassen, indem man etwa Präsentationen ausarbeitet und dem betreffenden Personal zur Durchsicht aufgibt. Hierbei wird empfohlen,

---

[54] z. B. durch Vermittlung von Wissen über das Thema, Fallschilderungen, Vorführungen von Hacker-Attacken etc.

[55] Das Training kann sich z. B. auf komplexe Administrationsarbeiten an IT-Systemen und IT-Anwendungen oder die Konfiguration von Firewalls beziehen oder der routinierten Abwicklung von Wiederanlauf- und Wiederherstellungsverfahren im Rahmen des IT-Notfallmanagements dienen.

das Durchsehen/Durcharbeiten irgendwie zu erfassen, um sicherzustellen, dass alle Betroffenen erreicht wurden (Computer-/Web-based Training). Spezielle Schulungssoftware ermöglicht dies und kann auch zur Wissensabfragung dienen.

In besonderen Situationen (z. B. bei Einführung neuer Software-Werkzeuge) kann es vorteilhaft sein, Schulungsveranstaltungen bei den entsprechenden Lieferanten zu besuchen – und dann deren Inhalte sozusagen als Multiplikator in die eigene Organisation weiterzutragen.

Grundsätzlich sollten für alle unter A-6.3 fallenden Aktivitäten entsprechende Nachweise über ihre Umsetzung bzw. Durchführung archiviert werden.

Ob die Maßnahmen unter A-6.3 tatsächlich wirksam sind, lässt sich letztlich schwer beurteilen: Eine Idee ist, nach solchen Veranstaltungen Tests durchzuführen und das erlangte Wissen abzufragen. Beim Training kann der Erfolg meist anhand von Aufzeichnungen des Trainingsverlaufs bestimmt werden – bei regelmäßiger Wiederholung müsste sich hieran eine Verbesserung erkennen lassen.

A-6.4 Maßregelungsprozess

Trotz aller Vorkehrungen wird es immer wieder dazu kommen, dass Vorgaben und Regeln nicht eingehalten worden sind – möglicherweise in Unkenntnis der genauen Regeln, aus Fahrlässigkeit oder sogar absichtlich. Die Frage ist, wie man mit solchen Ereignissen umgeht. Zunächst muss geprüft werden, ob *tatsächlich* eine Verletzung von Vorgaben stattgefunden hat, wer dafür verantwortlich zeichnet und was die Ursachen sind (soweit feststellbar). Handelt es sich um Unkenntnis oder Fahrlässigkeit, muss hinterfragt werden, ob die Bemühungen nach A-6.3 als ausreichend zu beurteilen sind.

Zeigt die Auswertung, dass es sich um einen „echten" Verstoß gegen Vorgaben/Regeln handelt, sollte ein Maßregelungsprozess, d. h. ein definiertes Sanktionsverfahren[56] angewendet werden: Je nach der Schwere bzw. Auswirkung des Verstoßes sind abgestufte Maßnahmen zu ergreifen: Ermahnung, „vertieftes" Gespräch mit Vorgesetzten, rechtliche Abmahnungen, im Extremfall auch die Einleitung von Strafverfahren.

Für die (schriftliche) Festlegung dieses disziplinarischen Verfahrens dürfte in aller Regel die Personalabteilung zuständig sein, die ihrerseits die Personalvertretung beteiligen sollte.

Bei Leit- und Richtlinien der Organisation ist es sinnvoll, dass bei den dort aufgeführten Regelungen auf das Sanktionsverfahren hingewiesen wird – dies hat auch eine abschreckende Wirkung, weil für die handelnden Personen erkennbar wird, welche Folgen ein Verstoß gegen Vorgaben/Regeln nach sich ziehen kann.

Im Zusammenhang mit Personal anderer Firmen – z. B. Zeitarbeitsfirmen, die Personal für die Organisation bereitstellen – sollten entsprechende Angaben bereits im Überlassungsvertrag aufgeführt sein.

---

[56] Hinsichtlich der Sanktionsregeln s. auch A-5.4 und A-6.2

Für temporär/sporadisch in der Organisation arbeitendes Personal (z. B. Wartungstechniker oder Entsorger) müssen ebenfalls passende Sanktionsregeln erstellt und möglichst im jeweiligen Dienstleistungsvertrag berücksichtigt werden.

In allen Fällen sollte vor Zutritt zu Liegenschaften der Organisation eine Sicherheitseinweisung stattfinden – Kenntnisnahme und Beachtung der erläuterten Regeln sowie die möglichen Sanktionen sollten per Unterschrift bestätigt werden.

Gerade bei disziplinarischen Verfahren ist auf die Einhaltung gesetzlicher Rahmenbedingungen zu achten – auch hinsichtlich des (Arbeitnehmer-Datenschutzes.

A-6.5 Verantwortlichkeiten bei Beendigung oder Änderung der Beschäftigung

Dieses Control betrifft die Änderung von Beschäftigungsverhältnissen: Kündigung, Versetzung, geänderte Tätigkeit/anderer Arbeitsplatz.

Bei der Kündigung von Beschäftigten ist Folgendes zu beachten:

- Auf Regeln des Arbeitsvertrags, die über das Vertragsende hinaus bestehen bleiben – z. B. hinsichtlich der Vertraulichkeit von Information[57] oder des Schutzes geistigen Eigentums – ist besonders hinzuweisen. Hier ist grundsätzlich eine entsprechende (aufzuzeichnende) Sicherheitsbelehrung der ausscheidenden Person erforderlich, um Missverständnissen vorzubeugen.
- Sofern im Arbeitsvertrag z. B. für die Vertraulichkeit keine Vorgaben existieren (etwa bei Altverträgen), kann versucht werden, eine schriftliche Zusicherung im Rahmen der abschließenden Belehrung unterschreiben zu lassen.
- Bisher genutzte Assets (z. B. Authentisierungsmittel, mobile Geräte) müssen vollständig zurückgegeben werden, alle noch bestehenden Berechtigungen sind zu sperren – über diese Aktivitäten sollten Nachweise erstellt werden.
- Die bisher ausgeführten Tätigkeiten der ausscheidenden Person sind auf anderes Personal zu übertragen, sofern sie nicht entfallen.

Analoge Regelungen gelten auch für Personal von Dienstleistern/Lieferanten, wenn der jeweilige Auftrag beendet wird.

Ähnlich liegt der Fall, wenn eine Person innerhalb der Organisation andere Tätigkeiten übernimmt oder in einen anderen Bereich der Organisation versetzt wird:

- Aus Sicht der betreffenden Person werden sich die Richtlinien und Regeln für die Informationssicherheit ändern: Dies kann zu einem Bedarf an erneuter Einweisung bzw. Schulung führen, möglicherweise ist auch eine Anpassung des Arbeitsvertrags erforderlich.

---

[57] Interna der Organisation oder auch klassifizierte Informationen.

- Bisher genutzte Assets (z. B. Authentisierungsmittel) müssen vollständig zurückgegeben oder von der Organisation für die Nutzung gesperrt werden, Zugriffs– und Zutrittsberechtigungen sind zu entziehen – für den neuen Arbeitsplatz sind ggf. andere Assets/Berechtigungen zur Verfügung zu stellen.
- Die bisherigen Aufgaben sind – soweit erforderlich – auf anderes Personal zu übertragen.

A-6.6 Vertraulichkeits- oder Geheimhaltungsvereinbarungen

Die hier gemeinten Vereinbarungen beziehen sich vor allem auf externe Stellen, mit denen Daten ausgetauscht werden sollen oder die anderweitig Zugriff auf Daten der Organisation haben. In diesem Zusammenhang ist häufig von Non-Disclosure-Agreements (NDA) die Rede.

Ein weiterer Fall ist die Einhaltung der Vertraulichkeit von Informationen durch *eigenes Personal* der Organisation – darauf wurde schon in Ansätzen unter A-6.2 eingegangen, wo es um entsprechende arbeitsvertragliche Regelungen geht. Das Folgende schließt auch diesen Fall sinngemäß ein.

Das Control A-6.6 behandelt die Fragestellung, was bei solchen Vertraulichkeitsvereinbarungen zu beachten ist:

- Der Bedarf an solchen Vereinbarungen ist zu ermitteln: Wer erhält Kenntnis welcher Daten und wie sind diese Daten zu schützen?
- Mündliche Absprachen hinsichtlich der Vertraulichkeit sollten auf jeden Fall durch *schriftliche* Vereinbarung ersetzt werden, die von beiden Seiten zu unterzeichnen sind.
- Neue Vereinbarungen sollten auf jeden Fall folgende Punkte beinhalten:
  - Ansprechpartner auf beiden Seiten
  - Festlegung, auf welche Daten sich die Vereinbarung bezieht und wie diese Daten genutzt werden dürfen
  - welche Maßnahmen zum Schutz der Daten anzuwenden sind (z. B. Verschlüsselung bei der Übertragung und Speicherung, Backup- und Archivierungspflichten)
  - Dauer, für die die Vereinbarung gilt
  - erforderliche Aktivitäten bei Auslaufen der Vereinbarung (z. B. Rückgabe von Daten, Archivierung beim Vertragspartner, Löschung aller Daten etc.)
  - ggf. Berechtigung der Organisation, die vorgeschriebenen Maßnahmen in der Praxis zu überwachen
  - Mitteilungspflichten bei Verletzung der Bestimmungen der Vereinbarung (z. B. Fälle der unbeabsichtigten Weitergabe von Daten)
- Vereinbarungen dieser Art sollten zentral verwaltet und regelmäßig auf Aktualität und Angemessenheit überprüft werden.

Diese Punkte gelten auch für den Fall, dass kein separates NDA geschlossen wird, sondern die Vertraulichkeitsvorgaben in einen umfasenderen Vertrag aufgenommen werden. Dies könnte sinnvoll sein bei Dienstleistungen wie Outsourcing, Cloud Services, Entsorgung von Datenträgern usw.

Eine Alternative besteht darin, die *Sicherheitsleitlinie* der Organisation ins Spiel zu bringen, etwa als Anlage zu einem Vertrag. Dies setzt natürlich voraus, dass die betreffende Datengruppe in der Leitlinie betrachtet wird und entsprechende Schutzmaßnahmen angegeben sind. Im übergeordneten Vertrag sollte dann ein Satz aufgenommen werden, der die Leitlinie erwähnt und verbindlich macht.

Soweit es um Vertraulichkeitsvereinbarungen mit dem eigenen Personal geht, hat man die Möglichkeit, alles in den entsprechenden Arbeitsverträgen zu regeln (auch hier ggf. unter Nutzung der Leitlinie) oder eine für alle geltende Betriebsvereinbarung zu schließen. Häufig findet man auch selektive Vereinbarungen für bestimmte Arbeitsbereiche: Schutz von Daten im Entwicklungsbereich oder bei der Verarbeitung von Verschlusssachen.

Wir geben die Empfehlung, die möglichen Regelungen zur Vertraulichkeit von Daten in einer Art Checkliste zusammenzustellen und in jedem neuen Vertrag die zutreffenden Forderungen aus der Checkliste auszuwählen und in den Vertrag aufzunehmen. Dies fördert die Einheitlichkeit solcher Vereinbarungen.

A-6.7 Telearbeit

Mit dem Control sind unsere modernen Arbeitsformen wie mobiles Arbeiten (unterwegs, in Hotels, bei Kunden) und natürlich das Home−Office gemeint – also Arbeiten *außerhalb* der Liegenschaften der Organisation.

Ziel ist es, auch hierbei die Informationssicherheit aufrechtzuerhalten. Dies betrifft die Übertragung von Daten zwischen dem Arbeitsplatz und der IT der Organisation, die lokale Verarbeitung und Speicherung in mobilen[58] oder stationären IT-Systemen – aber auch ganz klassisch die Verwendung von Akten und schriftlichen Unterlagen im Home-Office oder gar unterwegs.

Diese Arbeitsformen – wir wollen sie unter *Telearbeit* zusammenfassen – stellen neue Anforderungen an eine Organisation, die sich bisher nur mit der Datenverarbeitung in ihren eigenen Liegenschaften – ggf. unter Einbeziehung von Dienstleistern – auseinandersetzen musste.

Es ist klar, dass von der Telearbeit viele wichtige Sicherheitsgrundsätze der Organisation betroffen sind – nicht zuletzt, weil der Security Perimeter[59] der Organisation erweitert wird und dadurch neue Risiken auftreten, gleichzeitig aber auch ein gewisser Kontrollverlust eintritt.

---

[58] z. B. Laptops, Tablets und Smartphones.

[59] s. dazu A-7.1

Vor diesem Hintergrund wird dringend empfohlen, die Telearbeit z. B. in einer existierenden Leitlinie zu berücksichtigen, dann in speziellen Richtlinien detailliert zu regeln und ggf. auch bestehende Arbeitsverträge bzw. Betriebsvereinbarungen anzupassen.

Diese umfangreiche Thematik ist Gegenstand von vielen Seminaren und Fachbüchern – wir wollen hier die wesentlichen Punkte nur stichwortartig aufführen.

Zunächst einige Grundsatzfragen:

- Soll Telearbeit überhaupt gestattet werden? Wenn ja, in welcher Form: Mobile-Office und/oder Home-Office?
- Welche gesetzlichen Regelungen für Telearbeit sind zu beachten? (Achtung: Bei Telearbeit im Ausland können abweichende Bestimmungen maßgebend sein.)
- Welche Geschäftsprozesse bzw. IT-Anwendungen sollen durch Telearbeit unterstützt werden?
- Sollen notwendige Geräte für Mobile-/Home-Office durch die Organisation selbst zur Verfügung gestellt werden? Oder sollen die Telearbeiter/innen ihre privaten Geräte[60] nutzen?
- Die gleiche Frage ist sinngemäß für die weitere Ausstattung zu stellen: periphere Geräte wie z. B. Drucker und Scanner.
- Erhalten Telearbeiter/innen ggf. mehrere Geräte (z. B. Smartphone und Tablet)? Soll eine Synchronisation der Geräte erfolgen? (Problematik der Hersteller-Clouds beachten!)
- Internet-Zugang im Home-Office: Sollen private Zugänge genutzt werden oder stellt die Organisation Internetanschlüsse für dienstliche Zwecke bereit?
- Dürfen dienstliche Geräte und Einrichtungen – zumindest eingeschränkt – auch für private Zwecke genutzt werden? Werden ggf. Geräte mit Container-Lösungen[61] eingesetzt?
- Soll für die Telearbeit eine Cloud genutzt werden oder sollen sich die Telearbeiter/innen direkt mit der IT der Organisation verbinden dürfen?
- Sollen Versicherungen abgeschlossen werden, um einige Risiken abzudecken, z. B. den Verlust/Diebstahl von Geräten betreffend?

Aus Sicht der Organisation sind für die Telearbeit eine Reihe von Vorkehrungen zu treffen:

- Die zentrale Beschaffung, Konfiguration und Ausgabe der dienstlichen Geräte für die Telearbeit ist zu organisieren (Telearbeitssysteme).
- Es ist festzulegen, welche Software/Apps bei der Telearbeit genutzt werden sollen (Whitelist), ob die Nutzung anderer Software/Apps untersagt wird (Blacklist).

---

[60] Dies wird vielfach als *Bring Your Own Device* (BYOD) bezeichnet.

[61] Hierbei werden ein dienstlicher und ein privater Container konfiguriert; das Gerät kann zwischen beiden Containern sozusagen umgeschaltet werden; Daten können zwischen beiden Containern nicht hin- oder herfließen. Ziel ist eine wirksame Trennung zwischen privaten und dienstlichen Daten.

- Die Software-Lizenzen für die Telearbeitsplätze sind zu managen und zu überwachen.
- Update-, Patch-Management sowie Malware-Schutz sind für die genutzten Geräte einzurichten[62].
- Es sind Backup-Verfahren für die Daten auf den Telearbeitssystemen vorzusehen.
- Sofern bei der Telearbeit eine Cloud genutzt werden soll, ist diese auszuwählen, einzurichten und zu betreiben. Wird ein Cloud Provider eingeschaltet, sind entsprechende Vorgaben für sichere Inanspruchnahme der Services zu machen – erst recht im Zusammenhang mit dem Datenschutz, hier liegt Auftragsverarbeitung vor.
- Es sind Maßnahmen für eine sichere Anmeldung der Telearbeitssysteme bei der Organisations-IT/Cloud auszuwählen und umzusetzen (Authentisierungsprotokolle und -mittel, z. B. zertifikatsbasierte Anmeldung).
- Analog sind Maßnahmen für eine sichere Kommunikation mit der Organisations-IT/Cloud festzulegen und umzusetzen (Einsatz von Verschlüsselung und geeigneter Protokolle, ggf. unter Nutzung von Dienstleistern etwa für VPN-Verbindungen).
- Das User Help Desk und das Incident Management der Organisation sind zur Betreuung der Telearbeit vorzubereiten und ggf. aufzustocken.
- Vorhandene Leit- und Richtlinien sind anpassen. Eine besondere Richtlinie für Mobile-/Home-Office ist zu erstellen (s. unten) und für die Anwendung freizugeben. Falls Sicherheitskonzepte vorhanden sind, ist Telearbeit dort ggf. einzubeziehen.
- Die Telearbeit ist geeignet und angemessen zu überwachen, z. B. durch Tools für Remote Administration und/oder Mobile Device Management.
- Die Telearbeit sollte in interne Audits einbezogen werden. Die Frage nach der Einbeziehung in bestehende und neue Zertifizierungen ist zu klären.
- Notfallprozeduren sind einzurichten und anzuwenden:
  - Verlagern von Arbeiten auf andere Telearbeitsplätze in Ausfallsituationen
  - Bereitstellen von Ersatzgeräten bei Verlust/Diebstahl/Defekt
  - Fernlöschen von Daten auf Telearbeitssystemen bei Verlust/Diebstahl, Deaktivierung von Geräten, ggf. Ortung von „vermissten" Geräten
  - Wechseln von Authentisierungsdaten, sowie von Schlüsseln und Algorithmen kryptografischer Verfahren – für den Fall, dass diese Daten und Geräte in falsche Hände gelangt sind oder Algorithmen sich als knackbar herausgestellt haben.
- Planen der Verfahren zur Einstellung der Telearbeit – bei einzelnen Arbeitsplätzen oder insgesamt für die Organisation (inkl. Entzug von Berechtigungen, Rückgabe von Geräten und Einrichtungen usw.)
- Planen und Durchführung von Maßnahmen zur Sensibilisierung, Schulung und zum Training für Belange der Telearbeit.

---

[62] Hier ggf. unter Nutzung von Remote Administration Tools oder Mobile Device Management-Lösungen.

- Für Dienstreisen ins Ausland mit Mobile-Office: Die Zulässigkeit des Einsatzes kryptografischer Verfahren auf den mobilen Systemen ist zu klären, ggf. sind Melde- oder Genehmigungspflichten zu beachten[63].

Diese Management-Aufgaben sind in der Praxis auf viele Rollen/Personen verteilt. Es empfiehlt sich, für diese Gruppe eine gemeinsame Richtlinie *Management der Telearbeit* zu erstellen, in der alle oben genannten Punkte (und weitere je nach Erfordernis) detailliert dargestellt werden.

Bekannter und häufiger anzutreffen ist eine *Nutzer-Richtlinie* für das Mobile-/Home-Office. Neben den allgemeinen Vorgaben aus A-5.1 sollte aus Sicht der Telearbeiter/innen auf folgende Punkte eingegangen werden:

- Grundsätzliches wie z. B. Arbeitszeit- und Bereitschaftsregelungen
- Anwendungsbereich für der Telearbeit (wofür es genutzt werden darf und wofür nicht)
- Verfahren der Genehmigung der Telearbeit aus Sicht der Mitarbeiter/innen
- Möglichkeiten/Pflichten betreffend Schulung und Training vor und während der Nutzung von Telearbeit
- Ablauf der Bereitstellung der Telearbeitssysteme und weiterer Hilfsmittel
- Pflicht zur Beaufsichtigung der ausgegebenen Telearbeitssysteme und -Einrichtungen durch die Telearbeiter/innen
- ausschließliche Verwendung der für dienstliche Nutzung vorgesehenen Telearbeitssysteme für das Mobile-/Home-Office,
- Unzulässigkeit der Nutzung der Telearbeitssysteme durch Unbefugte: z. B. Familienangehörige, Besucher, Kollegen, im Umfeld tätige Handwerker
- besondere Vorgaben/Einstellungen für Router und Accesspoints im Home-Office sowie die Nutzung von Hot Spots auf Reisen
- Vor Beginn der Arbeiten im Mobile/Home-Office ist die Arbeitsumgebung auf Einhaltung aller Sicherheitsvorgaben zu überprüfen.
- Beschreibung von Sicherheitsmaßnahmen aus Nutzer-Sicht (z. B. sichere Anmeldung, Verschlüsselung beim Datentransfer und bei der Speicherung in den lokalen Systemen, nutzbare Software/Apps und Unzulässigkeit anderer Software)
- Beachtung der Regeln für Clean Desktop und Clear Screen (s. A-5.10)
- Je nach Einsatzart: Beschreibung der vorgesehenen Arbeitsablaufe im Mobile-/Home-Office, z. B. Arbeiten mit den (zugelassenen) Apps
- Verhalten bei Beenden einer Telearbeitssitzung (Datensicherung, Abmeldungen, Wegräumen von Datenträgern/Unterlagen, regelgerechtes Entsorgen von Materialien, Abschließen des Arbeitsraums im Home-Office)
- Meldepflicht von angenommenen/tatsächlichen Sicherheitsvorfällen, darunter auch Verlust/Diebstahl von Geräten, Einbruch ins Home-Office

---

[63] Auskünfte zu diesen Fragen erhält man beim BSI.

- Darstellung der eingerichteten Überwachung der Telearbeit und Wahrung der Belange der Telearbeiter/innen
- Beendigung der Telearbeit und der damit zusammenhängenden Pflichten (Geräterückgabe, Widerruf von Berechtigungen etc.)

Bei alledem ist immer darauf zu achten, die Art der Darstellung der Sachverhalte an dem Kenntnisstand der Telearbeiter/innen auszurichten.

A-6.8 Melden von Informationssicherheitsereignissen

Dieses Control fordert, für (Informationssicherheits-)Ereignisse[64] ein *Meldeverfahren* einzurichten. Auf die Meldepflicht des Personals bei Auftreten solcher Ereignisse ist ja schon bei anderen Controls hingewiesen worden.

Prinzipiell können Meldungen nach entsprechender Detektion eines Ereignisses durch eine Sensorik automatisiert erzeugt und über ein Meldekanal oder -netz – möglichst getrennt vom Produktivnetz – weitergeleitet werden („Alarme"). Die Sensorik und die Alarmweiterleitung wird man z. B. in Unterlagen zur Infrastruktur− oder IT−Sicherheit beschreiben.

In A-6.8 sind eher Meldungen gemeint, die nach entsprechender Beobachtung durch Personen sozusagen manuell erfolgen. Für solche Meldungen ist es wichtig, dass sie über einen bekannten Weg (z. B. per Telefon, Email) gemeldet und einer Bearbeitung zugeführt werden (und dies möglichst verzögerungsfrei), dass zuständige Bearbeiter/innen erreichbar sind und die Bearbeitung effektiv abläuft.

Wenn die Meldepflicht für das Personal in Leit- und Richtlinien aufgeführt ist, sind diese Unterlagen auch die geeignete Stelle, um das Meldeverfahren zu beschreiben, insbesondere die Kontaktmöglichkeiten bekanntzugeben. Alternativ wäre dazu auch eine Sicherheitskarte für den Arbeitsplatz geeignet, in der alle relevanten Kontaktmöglichkeiten aufgeführt sind. Wichtig ist, die Kontaktdaten schnell und leicht finden zu können! Das Thema *Melden von Ereignissen* sollte stets auch bei Schulungen (vgl. A-6.3) berücksichtigt werden.

Ob und inwieweit dies über das eigene Personal hinaus auch auf Personal von Lieferanten und Dienstleistern zu übertragen ist, entscheidet die Organisation nach ihren Erfordernissen.

---

[64] vgl. das Stichwort *Events und Incidents* in Abschn. 1.4.

3.5   Controls betreffend Infrastruktur (Gruppe 7)

Diese Gruppe enthält die Controls A-7.1 bis A-7.14 und behandelt darin Aspekte der Infrastruktur-Sicherheit. Es werden die Orte betrachtet, an denen die Informationsverarbeitung der Organisation stattfindet und sich die dazu gehörenden Informationswerte[65] (Assets) befinden.

Was die Orte anbetrifft, sind im Grunde alle Liegenschaften und Räumlichkeiten einer Organisation gemeint, insbesondere natürlich Rechenzentren und Server-Räume, Büros mit IT-Ausrüstung und Räumlichkeiten mit dort gelagerten Datenträgern[66], dann natürlich auch Räume mit unterstützenden Einrichtungen bzw. verbundenen Assets.

In einem gewissen Sinne *ausgelagert* sind Assets, die beim Mobile- und Home-Office auftreten oder sich bei der Nutzung von Cloud Services in der „Obhut" eines Providers befinden. Auch in diesen Beispielen kann auf Sicherheitsanforderungen an die physische Umgebung und die Infrastruktur nicht verzichtet werden.

A-7.1 Physische Sicherheitsperimeter

Der Begriff *Perimeter* meint eine gedachte „rote Linie", die die Bereiche begrenzt, in denen sich Assets der Organisation befinden bzw. verarbeitet werden. Bei der Konzeption des Schutzes soll man sich zunächst über den Verlauf des Perimeters Klarheit verschaffen, bevor man an konkrete Sicherheitsmaßnahmen denkt.

Das Control A-7.1 verlangt, dass man den Perimeter präzise festgelegt, Veränderungen überwacht und die Einhaltung des Perimeters kontrolliert. In weiteren Controls werden Sicherheitsmaßnahmen gefordert – mit dem Ziel, unautorisierten Zutritt und in der Folge unautorisierten Zugriff auf Assets zu verhindern.

Statt von *innerhalb des Perimeters* zu sprechen, wird häufig auch der Begriff *Sicherheitszone* verwendet – der Perimeter ist die äußere Grenze der Sicherheitszone. Gelegentlich ist diese Grenze optisch sichtbar, etwa durch eine farbige Markierung, oder sie stellt sich als sichtbare Begrenzung von Räumlichkeiten durch umgebende Mauern dar. Ein Zutritt in solche geschützten Sicherheitszonen soll nur an definierten Stellen und nur mit entsprechenden Kontrollen möglich sein[67].

Der zu konzipierende Schutz des Perimeters muss sich am Sicherheitsbedarf der Informationsverarbeitung in der betreffenden Zone orientieren, darf keine Lücken[68] aufweisen,

---

[65] Einschließlich der damit verbundenen Werte, vgl. A-5.9, Stichwort *Asset Location*.

[66] Hierzu gehören beispielsweise auch Unterlagen und Akten.

[67] Zutrittskontrollierte Tore, Schleusen, Türen.

[68] Punkte im Perimeter, die einen geringeren oder gar keinen Schutz vor Eindringversuchen aufweisen – hierunter auch Kabelschächte, Ventilationsöffnungen und natürlich (offenstehende) Fenster, Mauern/Decken/Böden mit zu geringen Materialstärken, leicht aufbrechbare Schränke, Schaltschränke und Tresore.

muss gegen Ein- und Durchbruchsversuche wirksam sein – und ist in seiner Funktion ständig zu überwachen.

Es kann *innerhalb* einer Sicherheitszone Bereiche mit unterschiedlich hohem Sicherheitsbedarf gegeben – letztlich bedeutet dies, dass für eine solche Zone interne Perimeter festzulegen und separat zu schützen sind.

A-7.2 Physischer Zutritt

Die hier gestellte Forderung ist einfach: Ein Zutritt zu Sicherheitszonen darf nur an definierten Punkten und nur in kontrollierte Weise möglich sein. Unautorisierter Zutritt soll verhindert, autorisierter Zutritt dagegen ermöglicht werden.

Dies betrifft zunächst das eigene Personal der Organisation und dann natürlich auch Personen, die nicht zur Organisation gehören. Wir betrachten einige Beispiele:

- *Lieferanten*, auch Wartungstechniker, benötigen sporadisch Zutritt zu Sicherheitszonen, z. B. zum Zweck der Anlieferung von Ausrüstungsgegenständen, Mitnahme von nicht mehr benötigter Ausrüstung, der Entsorgung von Datenträgern und anderen Gerätschaften, der Wartung und Reparatur von Einrichtungen und Systemen.
- In der täglichen Praxis trifft man häufig auf *Besucher,* die „besichtigen" wollen – aber auch auf Vertreter von Aufsichtsbehörden, dann natürlich Auditoren und Spezialisten/ Berater von Consulting-Unternehmen – auch Kundenpersonal, das sich z. B. von der Einhaltung der Datenschutzvorgaben überzeugen möchte.
- Ist die Organisation selbst in der Rolle eines Hosting-Anbieters werden von Zeit zu Zeit *Kunden* Zutritt zur Sicherheitszone haben wollen, weil sie dort ihre IT-Systeme umbauen, administrieren oder warten wollen.

Folgende Varianten der Zutrittskontrolle sind in der Praxis anzutreffen:

- „manuelle" Überwachung des Zutrittspunktes durch eigenes Personal oder Personal eines Dienstleisters (häufig anzutreffen beim Zutritt zu Liegenschaften, als Pförtnerfunktion)
- Für Lieferanten kommen teilweise besondere Zutrittspunkte zum Einsatz, die z. B. den Transport großer Güter zulassen (Materialtüren und -schleusen von Lade- und Entladebereichen), und meist manuell überwacht und zum Zutritt freigegeben werden.
- eine Kameraüberwachung des Zutrittspunktes mit manueller Freigabe des Zutritts durch (entferntes) Aufsichtspersonal
- verschlossene Türen, für die Zutrittsberechtigte einen (physischen) Schlüssel besitzen
- Türen/Schleusen mit automatisierter Berechtigungsprüfung anhand von Chipkarten, durch PIN-Abfrage usw.

- die automatisierte Variante: Es wird ein Foto der zutrittswilligen Person angefertigt und mit Fotos von Berechtigten in einer Datenbank verglichen.

Im Zusammenhang mit solchen Möglichkeiten stehen weitere Anforderungen wie das frühzeitige Anmelden von Besuchern, das Tragen sichtbarer Besucher-Ausweise, das Aus- und Eintragen in Besucher-Listen, die Sicherheitseinweisung oder -belehrung vor dem Zutritt, das weitere Begleiten durch organisationseigenes Personal. Letzteres hat zur Folge, dass die Zahl der Besucher ggf. beschränkt werden muss, weil eine größere Gruppe nicht durch *eine* begleitende Person überwachbar ist.

Die Zutrittskontrolle zu Liegenschaften und Räumlichkeiten ist mit der Zugriffskontrolle bei Systemen und Anwendungen in vielerlei Hinsicht vergleichbar, sodass man die dort geltenden allgemeinen Prinzipien auch hier anwenden sollte:

- Eine Vergabe von Zutrittsrechten erfolgt nur, wenn sie für klar umrissene Aufgaben erforderlich sind (Least Privilege), und zwar mit einem definierten Genehmigungsverfahren.
- In Bereichen, in den mit klassifizierten Daten gearbeitet wird, ist der Zutritt von Personen nur bei Vorliegen ausreichender Ermächtigungen zuzulassen.
- Ausgeübte Berechtigungen – hier Zutritte – sind zu protokollieren. Solche Protokolle sind regelmäßig und nach besonderen Vorkommnissen auszuwerten (z. B. zur Rekonstruktion unbefugter Zutritte).
- Es sind Verantwortlichkeiten für die Ausgabe von Schlüsseln, Smartcards, PIN-Codes usw. sowie die Auswertung von Protokollen zu schaffen – ein entsprechender Managementprozess ist einzurichten.
- Das Verfahren der Berechtigungsvergabe, die technische Umsetzung und die erteilten Berechtigungen sind regelmäßig auf Korrektheit, Wirksamkeit und Nachvollziehbarkeit zu überprüfen.

Protokollierungen erfolgen durch die Zutrittskontroll-Software bei rechnergestützten Systemen, ggf. auch durch eine begleitende Kameraüberwachung oder eben manuell durch Aufzeichnungen des Wachpersonals.

Im Zusammenhang mit den kontrollierten Zutrittspunkten gibt es aber auch das umgekehrte Problem: Bei Notfällen geht es häufig um eine schnelle Evakuierung des in der Sicherheitszone arbeitenden Personals. Hier muss das schnelle *Verlassen* der Zone an den kontrollierten Zugangspunkten oder an entsprechenden Notausgängen ermöglicht werden, und zwar unter Umständen für eine größere Gruppe von Mitarbeitenden. Zu diesem Zweck sind Notschalter innerhalb der Sicherheitszone angebracht, durch deren Betätigung (automatisierte) Türen und Schleusen ohne weitere Kontrollen geöffnet werden können.

Notfallprozeduren wie das Entriegeln von Zugängen zur Evakuierung von Personal sollten *nicht* unter normalen Umständen genutzt werden – z. B. bei Verlassen der Sicherheitszone zur Mittagspause oder zum Arbeitsende.

A-7.3 Sichern von Büros, Räumen und Einrichtungen

Zunächst: Welche anderen Räumlichkeiten/Einrichtungen sind neben den genannten Büros in diesem Control zu berücksichtigen?

Hier ist zu denken an Räume für technische Einrichtungen (Stromeinspeisung, Internetübergabepunkt, Batteriestation, Klimatisierungssysteme usw.), separat untergebrachte IT-Einrichtungen (z. B. die Systeme in einer DMZ), Räume mit Etagendruckern/ -kopierern, Schaltschränke zur Verteilung von Strom und mit Intranet-Verkabelung (Switches o. ä.), Archivräume zur Ablage von Akten und Datenträgern, sowie Konferenz- und Schulungsräume – immer vorausgesetzt, dass hierfür jeweils ein Sicherheitsbedarf gegeben ist.

Gefordert wird hier zunächst ein Schutz vor unbefugtem Zutritt – ggf. auch innerhalb einer Sicherheitszone. Im Weiteren geht es auch um den physischen Schutz der in den Räumlichkeiten vorhandenen Assets und damit zusammenhängender Werte vor Zerstörung, Manipulation und – bei Daten – unbefugter Kenntnisnahme. Eine unbefugte bzw. unerwünschte Kenntnisnahme kann auch darin bestehen, dass in solchen Räumlichkeiten Aktivitäten ablaufen, die durch Außenstehende beobachtet, fotografiert oder gefilmt werden.

In der Umsetzung des Controls beginnt man folgerichtig mit einer Liste solcher Räumlichkeiten und Einrichtungen, präzisiert jeweils ihren Sicherheitsbedarf in Anbetracht der vorgesehenen Nutzung und plant dann entsprechende Maßnahmen für die aufgeführten Schutzziele – wenn möglich *einheitlich* für vergleichbare Räumlichkeiten/Einrichtungen.

Dabei gibt es eine Reihe von Aspekten, die beachtenswert sind. Räumlichkeiten mit Sicherheitsbedarf sollten

- möglichst dort angesiedelt werden, wo Externe keine Zugangsmöglichkeit und auch nicht die Möglichkeit des Einblicks haben,
- so eingerichtet werden, dass ihr Zweck von Externen nicht unmittelbar erkennbar[69] ist,
- nicht in öffentlich zugänglichen Liegenschaftsplänen, Telefonverzeichnissen mit Ortsangaben usw. näher beschrieben sein,
- von Unbefugten nur unter vorheriger Deaktivierung bzw. Abgabe von Aufzeichnungsgeräten (Kameras, Smartphones) betreten werden dürfen, sofern sich ein Zutritt nicht vermeiden lässt,
- mit Abschirmungen versehen sein, um vor Einstrahlung von Störsignalen, aber auch vor elektromagnetischer Abstrahlung von Daten aus den Räumlichkeiten geschützt zu sein – Letzteres zumindest bei hohem Sicherheitsbedarf,
- mit Möglichkeiten zur sicheren physischen Aufbewahrung von Assets (Dokumente, Datenträger etc.) ausgestattet sein – verschließbare Schränke oder andere Verwahrgelasse.

---

[69] z. B. in der Liegenschaft keine Beschilderung der Art „Schlüsselgenerierung" oder auch „Rechenzentrum der Fa. XY"

In manchen Kontexten sind Server bzw. die Racks, in denen sie montiert sind, gegen Zugriff zu schützen. Hier kommt im einfachsten Fall das Verschließen von Racks in Frage. Soll der Schutz auch für das normale Bedienpersonal gelten, ist an eine physische Versiegelung[70] der Rack-Türen zu denken, mit der ein unbefugtes Öffnen zumindest nachträglich erkennbar ist.

Schaltschränke, in denen z. B. etagenweise Netzwerkkabel zusammengeführt und an Switches angeschlossen sind, sollten über einen Öffnungsschutz verfügen: mindestens durch Abschließen per Schlüssel, besser noch ausgerüstet mit einem Öffnungsdetektor.

A-7.4 Physische Sicherheitsüberwachung

Dieses neue Control betrifft die permanente Überwachung sicherheitsrelevanter Bereiche der Organisation (Liegenschaften, Gebäude, Räume und Einrichtungen), um den Zutritt und Aufenthalt unbefugter Personen entdecken und weitere Aktionen durch diese Personen verhindern[71] sowie zuständige Stellen ggf. alarmieren zu können.

Für diesen Zweck kommen – neben der klassischen Bewachung durch Personal, ggf. auch durch Dienstleister – technische Systeme wie Bewegungsmelder, Einbruchsmelder[72] und Videoüberwachung infrage. Bei diesen Systemen gibt es einiges zu beachten:

- Ihr Vorhandensein sollte möglichst nicht erkennbar sein, das Design der Anlage und die verwendeten Produkte sind geheim zu halten.
- Sie sollten physisch nicht zugänglich und auch nicht auf elektronischem Wege von außen kontaktierbar sein. Zumindest muss ihre Funktion manipulationssicher sein: kein unbefugtes Abschalten der Funktion, keine Unterbrechung von Aufzeichnungen oder Verhinderung von Alarmierungen – aber auch kein unbefugtes Auslesen von Protokollen und Aufzeichnungen.
- Zur Absicherung von Türen und Schleusen zu kritischen Einrichtungen sollte deren Öffnungszustand zeitlich begrenzt und diesbezüglich überwacht werden.

Es ist klar, dass eine entsprechende Überwachungszentrale oder Leitstelle und ähnliche Einrichtungen besonders kritisch sind und damit eines sehr hohen Schutzes bedürfen. Das gilt auch für das in solchen Stellen arbeitende Personal, das physischen Angriffen oder zumindest subtiler Techniken des Social Engineerings ausgesetzt sein kann.

Alle technischen Einrichtungen zur Überwachung sind regelmäßig auf korrekte Funktion zu testen. Entdeckte bzw. bekannt gewordene Schwachstellen sind ggf. durch Updates (bei Software) oder durch Ersatz fehlerhafter Komponenten zu beheben.

---

[70] Mit selbstklebenden Siegelmarken, deren Bruch nicht „behebbar" ist.

[71] Hierbei lässt sich nicht immer vermeiden, dass personenbezogen Daten über solche Personen erfasst und gespeichert werden, sodass die datenschutzrechtlichen Vorgaben zu beachten sind.

[72] Bei Türen, Schleusen, Fenstern.

A-7.5 Schutz vor physischen und umweltbedingten Bedrohungen

In diese Klasse von Bedrohungen fallen naturbedingte oder von Menschen verursachte Vorfälle, die die Organisation in Mitleidenschaft ziehen können: Überschwemmung, Blitzeinschlag, Feuer/Brand, Erdbeben, Explosion, Stromausfall, Emissionen aus der Umgebung (z. B. Einstrahlung von Störsignalen), Unruhen/Aufstände, terroristische Attacken usw.

Nicht alle genannten Bedrohungen sind für jede Organisation relevant. Folglich ist zunächst zu prüfen, was für die Organisation sozusagen in Frage kommt – es ist diesbezüglich eine Risikobeurteilung vorzunehmen.

Darauf basierend sind Schutzvorkehrungen zu entwerfen und umzusetzen, mit denen solche Vorfälle vermieden werden können – was bei Naturereignissen nicht geht –, zumindest aber nach ihrem Eintritt die Schäden begrenzt werden können.

Welche Maßnahmen können hier ergriffen werden? Wir nennen nur einige Beispiele:

- Überschwemmung/Wassereinbruch: Detektionssysteme, Vorrichtungen zur Ableitung, Pumpen für den Fall eines lokal begrenzten Wassereinbruchs
- Blitzeinschlag: äußerer Blitzschutz (Gebäudeschutz) und innerer Blitzschutz (u. a. Überspannungsfilter für alle relevanten Systeme)
- Feuer/Brand: Brandmauern/Feuerschutztüren, Sauerstoffreduktionsanlage, Rauchmelder, Löschsysteme
- Stromausfall: USV zur kurzzeitigen Überbrückung, Netzersatzanlagen (mobile oder stationäre Notstromaggregate) oder redundante Versorger

Für die Umsetzung dieses Controls sollte man sich ggf. durch Fachfirmen beraten lassen. Es sind dabei viele Einzelaspekte zu bedenken, deren Kommentierung den Rahmen dieses Buches sprengen würde.

A-7.6 Arbeiten in Sicherheitsbereichen

Wir ziehen statt Sicherheitsbereich den Begriff *Sicherheitszone* vor, den wir in A-7.1 erläutert haben. Hier finden Verarbeitungen statt, für die die Informationssicherheit nach Maßgabe der Organisation aufrechtzuerhalten ist. Folglich muss es Regeln geben, wie sich Personen in der Sicherheitszone zu verhalten haben bzw. wie die Tätigkeiten dort zu überwachen sind.

In solchen Zonen arbeiten in aller Regel Mitarbeiter/innen der Organisation, anzutreffen ist aber auch Personal von Lieferanten oder Aufsichtsbehörden, weiterhin externe Auditoren, Berater usw.

In der Sicherheitszone arbeitende Personen müssen sich bewusst sein, dass sie in einer Sicherheitszone arbeiten und wie ihre individuelle Sicherheitsverantwortung aussieht.

Soweit Personal betroffen ist, das nicht zur Organisation gehört (Beispiele oben), ist auf eine effektive Sicherheitseinweisung/-belehrung bei Zutritt zur Sicherheitszone zu achten. Hier sollte auch das Ein- und Austragen in eine Besucherliste am Zutrittspunkt vorgeschrieben sein – ggf. mit einer Bestätigung, dass die Einweisung erfolgt ist.

Eine Ein- und Ausgangskontrolle am Zutrittspunkt ist dringend anzuraten, um

- das Mitbringen z. B. von Speicherkarten, Smartphones, Laptops etc. zu unterbinden,
- analog auch die unbefugte Mitnahme (ggf. auch den Diebstahl) solcher Assets bei Verlassen der Sicherheitszone auszuschließen.

Dies verhindert nicht nur Datenlecks und Manipulationen, sondern auch unbefugte Aufzeichnungen (Fotos/Videos) innerhalb der Sicherheitszone. Generell sollte das Arbeiten mit in die Sicherheitszone „importierten" Geräten untersagt werden – im Ausnahmefall (etwa bei Wartungsvorgängen) muss es von der Organisation detailliert überwacht werden.

Soweit Aktivitäten innerhalb der Sicherheitszone – elektronisch oder manuell – überwacht werden, sollte dies dem dort sich aufhaltenden bzw. arbeitenden Personal (schon aus Datenschutzgründen) bekannt gemacht werden.

Eine wichtige Funktion in solchen Sicherheitszonen haben Aushänge bzw. Hinweisschilder, die auf wichtige Sicherheitsregeln hinweisen – z. B. auch auf das Verhalten in Notfällen.

Sicherheitszonen, in denen sich kein Personal mehr aufhält (Arbeitsende, Wochenende etc.) sind sicher zu verschließen, Überwachungssysteme müssen scharfgeschaltet werden, das Weiterleiten von Alarmen auf zuständige Stellen bzw. beauftragte Dienstleister ist zu aktivieren.

Interessant ist in diesem Zusammenhang die Frage, ob das Arbeiten im Mobile- oder Home-Office in einer Sicherheitszone stattfindet, d. h. ob dieser Arbeitsort als eine solche Zone zu deklarieren ist. Eine solche Forderung dürfte für das Mobile-Office kaum zu realisieren sein. Beim Home-Office dagegen könnte man der Idee nähertreten, wenn auch der Grad der erzielbaren Sicherheit nicht allzu hoch einzuschätzen wäre. Gegebenenfalls müsste das in Rede stehende Control A-7.6 umgesetzt und beim Control A-6.7 *Telearbeit* berücksichtigt werden.

Die Entscheidung obliegt natürlich der Organisation und ist davon abhängig zu machen, welchen Sicherheitsbedarf die Arbeiten z. B. im Home-Office aufweisen.

A-7.7 Aufgeräumte Arbeitsumgebung und Bildschirmsperren

Bei kurzzeitigem oder längerem Verlassen eines Arbeitsplatzes sollen Datenträger sicher eingeschlossen werden, um unbefugten Zugriff zu unterbinden oder zumindest zu erschweren. Dies gilt auch für mobile Geräte, sofern sie nicht ohnehin mitgenommen werden. Kurzum: Man muss seinen Arbeitsplatz „sauber" bzw. aufgeräumt verlassen: Clean Desktop.

Diese Policy kann man mit zusätzlichen Vorgaben unterstützen:

- Ein nicht mehr benötigter Datenträger bzw. nicht mehr benötigter Dateninhalt sollte sofort sicher gelöscht bzw. sicher entsorgt werden – das vermeidet auch dann definitiv eine Kenntnisnahme durch Unbefugte, falls ein solcher Datenträger nicht weggeräumt wurde.
- Bei mobilen Systemen erlebt man häufiger, dass die Pflicht zur Beaufsichtigung vernachlässigt wird, insoweit ist eine standardmäßige Absicherung gegen unbefugte Nutzung per PIN oder Passwort unverzichtbar.
- Ein ähnliches Problem entsteht bei der Nutzung von Etagendruckern: Werden dort sensible Daten ausgedruckt und bleiben die Ausdrucke liegen, so ergibt sich wieder die Gelegenheit zu unbefugter Kenntnisnahme. Viele Drucker bieten hier das Feature, den Ausdruck erst nach Authentisierung des Veranlassers am Drucker zu starten – etwa mit einem auf dem Bildschirm am Arbeitsplatz ausgegebenen Einmal-Code.

Beim letzten Punkt der Etagendrucker verbleibt allerdings das Problem, dass sensible Daten bis zum Ausdruck und damit ggf. relativ lange gespeichert bleiben, was im Zusammenhang mit gerade laufenden Wartungen ein Problem sein könnte.

An stark frequentierten Arbeitsplätzen und in öffentlichen Bereichen muss darauf geachtet werden, dass Unbefugten kein Einblick[73] in sensible Bildschirminhalte gewährt wird, und zwar weder bei Abwesenheit des Arbeitsplatznutzers noch bei seiner Anwesenheit. Der Bildschirm muss „clear" sein: Clear Screen.

Dies kann partiell *technisch* erreicht werden – z. B. mit aktivierbarem Bildschirmschoner plus Passwort, Erschweren des Einblicks durch Polarisationsfilter z. B. bei Arbeiten in öffentlichen Verkehrsmitteln. Das Problem ist aber vor allem eine Verhaltensfrage: Die beste Absicherung besteht darin, in öffentlich zugänglichen Bereichen keine sensiblen Daten zu verarbeiten.

In der Praxis – gerade bei Arbeitsplätzen, die von unterschiedlichen Personen genutzt werden – können auch entsprechende Hinweisschilder am Arbeitsplatz einen Beitrag leisten, um ein sauberes Verlassen des Arbeitsplatzes zu fördern.

Ein ähnlich gelagertes Problem: In (physischen) Besprechungs- und Konferenzräumen lassen sich häufig Inhalte der vorherigen Sitzung auf dem Whiteboard (Tafel) oder auf einem noch projizierten Bildschirm erfahren – auch hier ist eine „Löschung" vor Verlassen der Räumlichkeiten erforderlich. Bei der Gelegenheit sollte auch nach liegen gebliebenen Datenträgern, mobilen Geräten und Papier-Dokumenten gesucht werden. Auch hier: Diese Räumlichkeiten sind „clean" zu verlassen.

---

[73] sog. *Shoulder Surfing*.

Weiterhin: Bei Präsentationen in solchen Räumlichkeiten erlebt man häufiger den Fall, dass unbeabsichtigt auf dem projizierten Bildschirm des Präsentators Meldungen erscheinen, z. B. über eingetroffene Emails, mit zumindest stichwortartigen Inhaltsangaben – solche Popups sollten vor Beginn einer Präsentation deaktiviert werden.

Unter dem Stichwort *Leit- und Richtlinien* haben wir in Abschn. 1.4 die beiden Regeln Clean Desktop und Clear Screen schon erläutert. Genau in solche Dokumente sollten entsprechende Regeln aufgenommen werden.

A-7.8 Platzierung und Schutz von Geräten und Betriebsmitteln

Der Schutz vor unbefugtem Zutritt, Zugriff und unbefugter Nutzung hat uns schon mehrfach beschäftigt. In diesem Control geht es darum, wie der Schutz verbessert werden kann, indem man die Gerätschaften (IT-Systeme, Peripheriegeräte, andere Systeme und Einrichtungen) an einem *geeigneten Ort* aufstellt – ggf. auch im Hinblick auf den Schutz vor Bedrohungen aus der Einsatzumgebung: zu hohe Luftfeuchte und Temperaturen, starke Einstrahlung von Störsignalen, mögliche Wassereinbrüche, Überspannungen im Stromnetz wg. Blitzschlag usw.

Die Wahl des Aufstellungsortes sollte zunächst so getroffen werden, dass die Auswirkungen störender physikalischer Umfeldbedingungen minimiert werden: z. B. Aufstellung in ausreichend klimatisierten Umgebungen oder in Bereichen, die ausreichend vor elektromagnetischer Ein- oder Abstrahlung abgeschirmt sind.

Unabhängig von solchen Maßnahmen kann auch ein permanentes Monitoring wichtiger Einsatzbedingungen (Temperatur, Luftfeuchte, maximale Betriebsdauer, Stabilität der Stromversorgung usw.) angezeigt sein.

Weitere Bedrohungen ergeben sich durch Personen, die sich in der Einsatzumgebung von Systemen aufhalten, und zwar als Schadenverursacher bzw. potenzieller Angreifer. Ein geeigneter Aufstellungsort von Systemen und Einrichtungen, ggf. in einem verschlossenen Schrank oder Behältnis, kann hier Risiken zumindest mindern.

Auch so einfache Bedrohungen wie das Verschütten von Getränken – natürlich in Tastaturen und vor Ort stehende Geräte – oder die Belastung die Luftqualität durch Rauchen sind in die Überlegungen einzubeziehen. Sollte man hier entsprechende (Essens- und Rauch-)Verbote erlassen?

Sofern die Organisation z. B. ein Hosting-Anbieter ist oder aus anderen Gründen Systeme von Kunden in ihren Räumlichkeiten beherbergt, wird es von Vorteil sein, die eigenen Systeme von den Kundensystemen räumlich zu trennen: Hierdurch wird für solche Kunden der Zugriff auf Systeme der Organisation erschwert, vielleicht sogar ausgeschlossen.

Sensible Systeme sollten nicht ohne Not dort aufgestellt werden, wo viele Personen ihren Arbeitsplatz haben und somit „ziemlicher Betrieb" herrscht – hier ist eine Überwachung der Systeme schwierig, außerdem besteht wieder die Gefahr unbefugten Einblicks in Bildschirme und des Aufzeichnens von Aktivitäten. Diese Gefahr besteht auch, wenn es möglich ist, von außen durch Fenster (mit geeigneter Optik) auf entsprechende Bildschirme zu schauen oder laufende Aktivitäten in Augenschein zu nehmen.

Extreme Fälle – wie das Aufstellen von Servern oder Etagendruckern in öffentlich zugänglichen Räumen – kommen in der Praxis vor, bedürfen aber keines Kommentars.

Grundsätzlich fällt unter A-7.8 auch die Wahl des Aufstellungs- bzw. Arbeitsortes bei mobilen IT-Systemen oder im Home-Office: siehe dazu das nächste Control A-7.9.

A-7.9 Sicherheit von Werten außerhalb der Räumlichkeiten

Alle Gerätschaften, die sich *außerhalb* der Liegenschaften der Organisation befinden und auf denen sensible Daten verarbeitet oder zumindest gespeichert werden, müssen ausreichend geschützt werden – und zwar vor Verlust durch Liegenlassen oder Diebstahl, Auslesen von Inhalten durch Unbefugte, Behinderung/Unterbrechung der Nutzung, Einbau von Trojanern und anderer Malware, und ebenfalls vor Beeinträchtigungen aus der Umwelt.

Das sind typische Bedrohungen für *mobile IT-Systeme,* die sich zu einem großen Teil der Zeit außerhalb der Liegenschaften der Organisation befinden. Soweit *private* mobile Geräte auch für dienstliche Zwecke genutzt werden dürfen, sind sie ebenfalls in dieses Control einzubeziehen.

Zählen zu diesem Komplex auch Assets der Organisation im Home-Office? Ja, der Arbeitsbereich in einem Home-Office liegt außerhalb der Liegenschaften der Organisation (de facto und de jure).

Andere Fälle betreffen den Transport von Geräten inkl. der (Zwischen-)Lagerung in nicht besonders gesicherten Bereichen, die Auslieferung von Geräten an die Organisation durch Lieferanten, die Abholung zu Wartungs- und Reparaturzwecken usw.

Sofern Geräte betroffen sind, die der Organisation gehören, sollte man sich vorab überlegen, wie und von wem der Transport durchgeführt werden soll, welche Zwischenstationen ggf. anfallen und welche Personen beteiligt sind – darauf basierend ist ggf. eine Genehmigung für den Transport einzuholen. Entsprechende Daten sollten aufgezeichnet werden, ebenso wie Daten aus dem Tracking des Transports sowie eine Bestätigung des Erreichens des Zielortes. Falls es sich um Geräte handelt, die bereits in Gebrauch waren, muss vor dem Transport eine qualifizierte Löschung sensibler Daten vorgenommen werden – oder entsprechende Datenträger werden entfernt, sofern dies möglich ist.

Bei Geräten, die zweckentsprechend an Orten außerhalb der Liegenschaften der Organisation aufgestellt bzw. installiert werden, ist auch das Control A-7.8 zu beachten. Bei der Aufstellung z. B. in öffentlichen Bereichen[74] entstehen stark erhöhte Risiken, die durch angemessene Maßnahmen zu begrenzen sind.

---

[74] Etwa bei Bankautomaten.

Was das *Arbeiten* auf Geräten außerhalb der Organisation anbetrifft, ist A-6.7 *Telearbeit* zu beachten.

A-7.10 Speichermedien

Hier geht es um Speichermedien wie USB-Sticks, Speicherkarten, Festplatten, DVDs und Blu-rays, Magnetbänder und -kassetten usw. Viele der weiter unten angegebenen Regeln sind auch auf das Speichermedium *Papier* anzuwenden.

Aus Sicht der Informationssicherheit stellen solche Speichermedien kritische Objekte dar, weil sie leicht nutzbar, unauffällig mitnehmbar und z. T. mit großer Speicherkapazität ausgestattet sind: ideale Medien, um große Datenmengen unerlaubt zu transportieren. Weiterhin können Daten auf ungeschützten Medien leicht manipuliert oder gar zerstört werden.

In diesem Control A-7.10 geht es sowohl um mobile als auch in Systemen fest installierte Datenträger. Viele der unten genannten Regeln für mobile Datenträger lassen sich auf *fest installierte* Datenträger übertragen, indem man sie auf das *gesamte Gerät*, in dem die Datenträger eingebaut sind, überträgt. Wir erwähnen dies bei den Regeln unten nicht mehr in jedem Einzelfall.

Datenträger sind über ihren gesamten Lebenszyklus abzusichern: von der Beschaffung, über den Einsatz, bis hin zu ihrer Entsorgung – ggf. auch beim Transport bzw. Versand. Was gespeicherte Daten angeht, sind je nach Einsatzzweck die Vertraulichkeit, Integrität und Verfügbarkeit sicherzustellen. Datenträger mit sensiblen Inhalten dürfen nicht an Unbefugte bzw. nur mit entsprechender Genehmigung weitergegeben werden. Sicherheitsrelevante Aktionen sind weiterhin das Löschen, Entsorgen und der Transport von Datenträgern.

Die zu beachtenden Regeln sind umfangreich und sollten in einer speziellen Richtlinie für das Handling von Datenträgern zusammengestellt werden – alternativ als Unterpunkte in thematisch anderen Richtlinien, sofern sie nur bei dem dort behandelten Thema zur Anwendung kommen sollen. Wir listen mögliche Regeln und Verfahren auf und ordnen sie nach der Zielrichtung.

Beschaffung, Erfassung und Kennzeichnung

- Zur langfristigen sicheren Verfügbarkeit der Daten sind qualitativ hochwertige Medien zu beschaffen.
- Neue Datenträger sind mit dem Namen der Organisation und einer laufenden Nummer etc. *vor* Ausgabe an Nutzer zu kennzeichnen.

- Erworbene Datenträger, von anderen Stellen erhaltene Datenträger (Import) und an andere Stellen übergebene Datenträger (Export) sind listenmäßig zu erfassen[75].
- Bei ausgegebenen Datenträgern ist eine ergänzende Kennzeichnung des Einsatzzwecks (Projekt, Auftrag, Abteilung etc.) *vor* dem ersten Gebrauch vorzunehmen.

Nutzung

Für alle sensiblen Geschäftsprozesse, Anwendungen und Projekte ist festzulegen:

- Welche Daten dürfen auf mobile Datenträger gespeichert werden und welche nicht (Vermeidung von Datenlecks)?
- Werden Backups werden auf mobilen Datenträgern gespeichert? Wie sind diese Datenträger zu schützen?
- Datenträger mit gespeicherten klassifizierten Daten (A-5.12) sind ebenfalls zu klassifizieren (soweit die Speicherung überhaupt zugelassen ist; ggf. ergibt sich die Klasse des Datenträgers aus der höchsten vorkommenden Datenklasse).
- Sollen Verschlüsselungsverfahren eingesetzt werden? Dies ist möglich und sinnvoll für das Ziel der Vertraulichkeit, aber auch zum Integritätsschutz. Dann sind zugelassene Algorithmen und Schlüssel, sowie entsprechende Software-Produkte anzugeben.
- Datenträger, die nicht mehr benötigt werden, müssen vor Nutzung in *anderen* Projekten sicher gelöscht werden, die Löschqualität ist an der Sensibilität der Daten auszurichten (s. auch *Import/Export*).

Will man – aus welchen Gründen auch immer – die Nutzung bestimmter Datenträgertypen in der Organisation ausschließen, wäre dies ggf. dadurch zu erreichen, dass an den vorhandenen Systemen die entsprechenden Schnittstellen entfernt oder blockiert werden (z. B. Sperren von USB-Ports).

Aufbewahren, Lagern, Archivieren

- Die Aufbewahrung und Lagerung von Datenträgern ist nur in sicheren oder zumindest ausreichend kontrollierten Umgebungen zulässig.
- Hierbei ist die Einhaltung von Hersteller-Spezifikationen für die Lagerung, der Schutz vor Umwelteinflüssen zu gewährleisten. Der Zugang soll nur Befugten gestattet sein.
- Bei Alterung von Datenträgern ist zur Wahrung der Verfügbarkeit der Daten ein frühzeitiges Umkopieren auf neue bzw. „frische" Datenträger vorzunehmen, die alten Datenträger sind sicher zu entsorgen (s. *Aussondern und Entsorgen.*).
- Zur langfristigen Aufbewahrung von Datenträgern sind diese in speziell gesicherten Archiven aufzubewahren.

---

[75] Solche Listen können auch beim Inventarverzeichnis geführt werden, sofern die Datenträger dort einzeln erfasst sind.

Die *Archivierung* von Speichermedien – bei eingebauten Speichern ggf. auch mit Archivierung des gesamten Geräts – bringt uns zu Tresoren, Archivräumen oder (externen) Archivierungsdiensten. Solche Archive sind vor unbefugtem Zutritt/Zugriff zu schützen, müssen die Lagerungsbedingungen (Temperatur, Luftfeuchte o. ä.) für die Medien einhalten und weiteren Schutz vor Umweltbedrohungen (z. B. Wassereinbruch, Brand, elektromagnetische Felder) bieten – Letzteres zumindest für einen definierten Zeitraum (etwa bei Feuer in Stunden gemessen), innerhalb dessen die Datenträger „gerettet" werden müssen. Archivräume können z. B. auch zur Auslagerung von Backup–Medien genutzt werden.

Mitnahme und Transport

- Mitnahme[76] von Datenträgern: Wer darf unter welchen Umständen Datenträger mitnehmen, an welche Genehmigungen ist dies ggf. gebunden? Der Vorgang des Mitnehmens sollte insgesamt aufgezeichnet werden.
- Im Zuge der Mitnahme ist über auftretende Sicherheitsvorfälle (z. B. Verlieren/ Diebstahl) Meldung zu erstatten.
- Versand/Transport von Datenträgern:
  - Sinnvoll kann eine neutrale Kennzeichnung der zu transportierenden Datenträger sein, um Unbefugte nicht „neugierig" zu machen.
  - Es ist eine sichere Verpackung (ggf. in stabilen Transportbehältern) zu veranlassen, ggf. ist zusätzlich eine Versiegelung der Verpackung/des Behälters vorzusehen, um ein unerlaubtes Öffnen zumindest erkennen zu können.
  - Transporte sind ggf. nur per vertrauenswürdigem Dienstleister und mit sicheren Zustellverfahren vorzunehmen: Empfänger müssen sich ausweisen, Transport und Empfang werden protokolliert.
- Die Übergabe defekter Geräte mit eingebauten Speichern an Reparaturdienste ist nur nach vorheriger Löschung der Daten oder nach Ausbau und Zurückbehalten des Speichers zulässig.

Was den Transport von Datenträgern als Mittel zum *Informationsaustausch* innerhalb der Organisation oder mit anderen Stellen anbetrifft, ist zusätzlich das Control A-5.14 zu berücksichtigen.

Import/Export

- Importierte und zu exportierende Datenträger sind auf Malware zu prüfen.
- Zu exportierende Datenträger sind auf erlaubten/vorgesehenen Inhalt zu überprüfen.

---

[76] Mitnahme = Datenträger werden durch Befugte z. B. für Arbeiten im Home- oder Mobile-Office aus der Organisation heraustransportiert.

- Beim Export von Datenträgern besteht das Risiko der Informationsreste aus früheren Nutzungen: Freie Bereiche zu exportierender Datenträger sollten deshalb sicher gelöscht werden.

Aussondern und Entsorgen

- Defekte, nicht mehr nutzbare bzw. nicht mehr benötigte Datenträger können in gesicherten Räumlichkeiten der Organisation endgelagert werden.
- Alternativ ist eine qualifizierte Zerstörung der Datenträger in der Organisation z. B. durch geeignetes Schreddern vorzunehmen oder die Entsorgung durch Dienstleister anzustoßen.
- Es sollte ein *normgerechtes* Entsorgungsverfahren[77] durch zertifizierte Dienstleister in Anspruch genommen werden. Die Entsorgung gemäß zertifiziertem Verfahren ist durch den Dienstleister nachzuweisen (Protokollierung des Ablaufs).
- Zu entsorgende Datenträger können vor Abholung durch den Dienstleister in gesicherten Zwischenlagern/Containern gesammelt werden.

Überwachung

- Alle aufgeführten und weitere von der Organisation festgelegte Regeln für das Datenträger-Handling sind regelmäßig und mindestens stichprobenartig auf Einhaltung zu überwachen.

A-7.11 Versorgungseinrichtungen

Für die Informationsverarbeitung in einer Organisation werden im normalen Betrieb fast immer unterstützende Ressourcen wie Strom, Internet-Anbindung, Klimatisierung usw. benötigt.

Die Forderung des Controls besagt, dass die für die Informationsverarbeitung erforderlichen Versorgungen und Einrichtungen vor Ausfall, technischem Versagen und Ausbleiben von erforderlichem Input zu schützen sind.

Relevant für diese Thematik ist auch das Control A-7.5 *Schutz vor physikalischen und umweltbedingten Bedrohungen,* die bei ihrem Eintritt zu Ausfällen führen können.

Solche Ausfälle können einerseits die laufende Informationsverarbeitung (Prozesse) der Organisation unterbrechen, andererseits Datenverluste oder -inkonsistenzen, auch

---

[77] Maßgeblich sind hier die Normen DIN 66399 [12] und ISO/IEC 21964 [13], in denen Prozesse und Anlagen zur Vernichtung von Datenträgern beschrieben und den Schutzklassen von Daten gegenübergestellt werden.

einen Verlust der Vertraulichkeit von Informationen nach sich ziehen – ganz allgemein: Es können Schäden an Informationswerten und damit verbundenen Werten verursacht werden.

Um dies zu vermeiden, sollen die unterstützenden Versorgungen und Einrichtungen

- entsprechend den Herstellervorgaben konfiguriert, installiert, betrieben und gewartet werden,
- über Leistungen bzw. Kapazitäten verfügen, die für die Geschäftsprozesse der Organisation als ausreichend bewertet werden (und ggf. noch Reserven besitzen),
- regelmäßig auf einwandfreie Funktion inspiziert bzw. getestet werden,
- technisch so ausgerüstet sein, dass bei Unterbrechung oder Fehlfunktion ein Alarm ausgelöst wird – der möglichst auf getrenntem Wege (nicht über das Produktiv-Datennetz) übertragen wird,
- bei externer Versorgung über mehrere Einspeisungspunkte und ggf. über getrennte Leitungsführung verfügen,
- nur dann an das Internet angebunden sein, wenn dieser Zugang tatsächlich benötigt wird und ausreichend sicher konfiguriert werden kann.

Zu den unterstützenden Ressourcen zählen auch in Anspruch genommene Dienstleistungen. Hierfür sollen Redundanzen geplant und einsatzfähig gehalten werden, um den Ausfall solcher Services kompensieren zu können, d. h. auf Alternativen umschalten zu können: weitere EVU, Internet-Provider, Hosting und Cloud Anbieter etc.

Wie setzt man A-7.11 um? Zunächst sind denkbare Ausfälle zu erfassen und im Hinblick auf die ihre Auswirkungen auf die Organisation zu analysieren. Kann man mit den Auswirkungen leben, ist nichts zu tun. Andernfalls sind Maßnahmen zu ergreifen, und zwar auf einem Niveau, das gegenüber den Auswirkungen der Ausfälle angemessen ist – technisch, administrativ und finanziell.

Läuft ein Ausfall/Störfall in Richtung einer *Notfallsituation,* kommt es darauf an, die einfache und schnelle Kommunikation zwischen den für die Notfallbehebung zuständigen Personen aufrechterhalten zu können. Ist das normale Kommunikationsmedium ebenfalls vom Ausfall betroffen, muss eine schnelle Kommunikation auf anderem Wege ermöglicht werden.

Wichtige Unterstützung bei der Behebung von Stör- und Notfällen leisten auch so simple Dinge wie Notfallbeleuchtung, Notschalter oder -taster für Schleusen, bereitliegende Schlüssel für bestimmte Räumlichkeiten, Kontaktdaten von Spezialisten usw. Ihre korrekte Funktion bzw. ihre Verfügbarkeit ist sicherzustellen.

A-7.12 Sicherheit der Verkabelung

Soweit Verkabelungen (physische Leitungen) genutzt werden, müssen die Leitungen und Leitungswege geschützt werden. Dies gilt insbesondere für Leitungen zum Strom- und Datentransport.

Der Schutz betrifft bei Datenleitungen das Verhindern des (unbefugten) Abhörens, Manipulierens und Einspielen von Daten – direkt an der Leitung – sowie der Behinderung oder gar Unterbrechung des Datentransports. Darunter fällt auch der banale Vorgang der Beschädigung von Leitungen im Zuge von Reinigungsaktivitäten oder aufgrund von Stolperfallen.

Bei Stromleitungen geht es um die Vermeidung von Leitungsunterbrechungen – etwa bei Baumaßnahmen oder auch durch Sabotage-Aktivitäten.

Durch Vorkommnisse dieser Art können alle Sicherheitsziele bei Daten betroffen sein, die Verfügbarkeit informationsverarbeitender Einrichtungen kann unterbrochen werden.

Vor diesem Hintergrund sollen folgende Punkte in Betracht gezogen werden:

- Verlegung von Leitungen in den Untergrund bzw. Unterboden oder in anderweitig geschützten Kanälen, um den physischen Zugang/Zugriff zu verhindern, zumindest zu erschweren
- bei hohem Schutzbedarf Verlegung in Stahlrohren, bei deren „Anbohren" oder sonstigen physischen Beeinträchtigungen mittels einer Sensorik Alarme auslöst werden
- vor unbefugtem Zugang geschützte Kabelschränke und -verteiler, Patchfelder etc.
- Abschirmung gegen elektromagnetische Ein- und Abstrahlung, alternativ: Verwendung von Lichtleiter-Verkabelung (bei Datennetzen)
- Strom- und Datenleitungen sollten nicht unmittelbar nebeneinander verlegt werden (mögliche Übertragung von Störsignalen von einem Kabel in ein anderes)
- regelmäßige Inspektion von Verkabelungen, um Veränderungen, Attacken, Anklemmen von Abhörsystemen etc. entdecken zu können
- Kennzeichnung von Leitungen

Die genannte Kennzeichnung erfolgt meistens durch Klebestreifen am Kabel, auf denen der Anfangs- und Endpunkt des Kabels notiert ist: z. B. Kabel von Server S1 zu Client C15 trägt die Kennzeichnung „S1-C15". Diese Bezeichnungen sollten dann auch im Assetverzeichnis verwendet werden. Eine weitere Anwendung ergibt sich im Zusammenhang mit dem Notfallmanagement – etwa bei der Suche nach Ursachen für Ausfälle, deren Ursprung im Kabelnetzwerk vermutet wird: Die Identifizierung einzelner Kabel in Kabelbäumen und Patchfeldern wird durch Kennzeichnung erheblich beschleunigt, wenn nicht sogar erst ermöglicht.

Besondere Vorsicht ist geboten, wenn Kabel von mehreren Organisationen gemeinsam genutzt werden. Alle Vorkehrungen aus der Aufzählung sollten dann auch gemeinschaftlich geplant, umgesetzt und überwacht werden.

A-7.13 Instandhaltung von Geräten und Betriebsmitteln

An dieser Stelle geht es um die Wartung von technischen Geräten, die bei der Informationsverarbeitung zum Einsatz kommen oder für sie benötigt werden: von IT-Systemen über deren Peripherie, unterstützende Einrichtungen bis hin zu Rauchmeldern, Aufzügen, Zutrittskontrollsystemen.

Verzicht auf Wartungsschritte, unzureichend ausgeführte Wartung (z. B. zu große Intervalle) oder Nichtbeachtung der Wartungsvorschiften der Hersteller können zu Fehlern, Störungen und Ausfällen bei der Datenverarbeitung führen. Alle drei Sicherheitsziele können dabei beeinträchtigt werden. Zudem hat man bei bestehenden *Geräteversicherungen* in solchen Szenarien schlechte Karten.

Eine qualifizierte Wartung ist also eine *vorbeugende* Sicherheitsmaßnahme.

Sieht sich die Organisation technisch oder personell nicht in der Lage, bestimmte Wartungsarbeiten selbst durchzuführen, sind entsprechende Wartungsfirmen einzuschalten – erst recht, wenn von den Herstellern der betreffenden Geräte eine solche externe Wartung vorgeschrieben ist.

Andererseits: Bestehen seitens einzelner Hersteller für bestimmte Geräte *keine* Wartungsvorgaben, sollte die Organisation prüfen, ob sie eigene Wartungsschritte einplant – zumindest das Prüfen des äußeren Zustands, Funktionstests, Auswertung von Fehlerprotokollen usw. Das Wartungsintervall muss dann für jedes Gerät festgelegt werden.

Gelegentlich findet man auf Geräten und Einrichtungen Siegel-/Klebemarken, die angeben, bis zu welchem Datum das letzte Wartungsintervall „reicht". Bei der Inventarisierung dieser Geräte/Einrichtungen sollte dieses Datum stets mitgeführt werden, rechtzeitig vor Ablauf sind entsprechende Aktionen zu veranlassen.

Generell sollte man sich für dieses Control an folgenden Punkten orientieren und ihre Berücksichtigung/Umsetzung in Betracht ziehen:

- Steuerung der Wartungsprozesse insgesamt durch Wartungspläne und Kontrolle ihrer Umsetzung
- Einhaltung der Herstellervorgaben und angegebener Wartungsintervalle
- Wartung nur durch qualifizierte, ggf. geräteabhängig nur von dafür zugelassenen Personen
- bei externer Wartung Berücksichtigung von Vorgaben zur Vertraulichkeit in Wartungsaufträgen
- Überwachung externer Wartung durch Personal der Organisation, wenn möglich auch bei der Fernwartung
- bei Fernwartung (remote) Zugriff der Wartungstechniker zu den betreffenden Systemen nur nach entsprechender starker Authentisierung
- Control A-7.9 beachten, wenn zu wartende Geräte von Wartungsfirmen mitgenommen werden

- Aufzeichnung der Wartungsarbeiten pro Gerät (z. B. Austausch von Komponenten, geänderte Einstellungen bzw. Konfiguration etc., Wartung erfolgte vor Ort oder per Fernwartung)
- vor der Inbetriebnahme eines gewarteten Geräts Tests/Inspektionen auf korrekte Funktion durchführen, soweit anwendbar nach eingebauten Trojanern oder anderen unzulässigen Veränderungen suchen, bei Geräten mit Speichern auf sichere Löschung achten
- bei nicht mehr reparierbaren Geräten eine sichere Entsorgung veranlassen (s. A-7.14)

A-7.14 Sichere Entsorgung oder Wiederverwendung von Geräten und Betriebsmitteln

Bei IT-Systemen und Peripheriegeräten mit Speichern (z. B. Drucker, Scanner, Kopierer) trifft man auf das Problem der sog. *Wiederaufbereitung:* Sind im jeweiligen Speicher sensible Daten vorhanden, kann das Gerät nicht beliebig irgendwelchen Personen zur Nutzung, als Geschenk/Spende oder zu Wartungszwecken überlassen werden.

Dies gilt auch für den Fall, dass Speichermedien enthalten sind, die lizenzpflichtige Software enthalten – hier zieht eine fahrlässige Weitergabe einen Lizenzverstoß nach sich.

Die Forderung ist klar: Diese Speicher sind vor Weitergabe und vor Weiterverwendung sicher zu löschen, d. h. so *aufzubereiten,* dass eine vollständige oder auch nur teilweise Rekonstruktion der Daten nicht mehr möglich ist[78]. Nicht wiederaufbereitete Speicher einer Organisation stellen ein bekanntes Datenleck dar (Data Leakage).

Wie erreicht man eine *sichere Löschung?* In den allermeisten Fällen ist die Verwendung eines Löschkommandos in einem Betriebssystem oder in einer IT-Anwendung *kein* probates Mittel, da meist nur die Einträge im Inhaltsverzeichnis des Speichers gelöscht werden, die Daten aber noch physisch vorhanden sind.

Bei magnetischen Speichern (z. B. Festplatten) ist mehrmaliges Überschreiben der Daten mit zufälligen Bitmustern ein häufig angewendetes Verfahren. Bei Magnetbändern nutzt man auch sog. Bulk Eraser – Geräte mit (hoffentlich ausreichend) starken Magnetfeldern zur Zerstörung der Nutzdaten (leider auch der Spur- und Sektormarkierungen).

Löschen durch *Formatieren* des Speichers hat seine Tücken: Hier muss man sich vergewissern, dass es sich um ein Formatieren handelt, das alle Sektoren des Speichers komplett überschreibt und nicht nur überprüft. Bei Speichern vom SSD-Typ gibt es beim Löschen das Problem, dass Speicherbereiche nur als frei markiert werden, eine echte Löschung aber möglicherweise erst zu einem späteren Zeitpunkt passiert.

Mit anderen Worten: Je nach Speichertyp sind andere Aspekte zu beachten.

---

[78] Wiederaufbereitung = Löschung aller Daten vor erneuter Verwendung des Datenträgers (englisch: Object Re-Use).

Eine interessante Alternative zum physischen Löschen besteht darin, vorhandene (sensible) Daten auf den Speichern *selektiv* zu verschlüsseln oder den Datenträger *komplett* zu verschlüsseln – wobei die Komplettverschlüsselung vorzuziehen ist: Man weiß nie, ob das Betriebssystem frühere Versionen einer Datei in anderen Sektoren gespeichert hat, als aktuell zur Datei gehören. Natürlich sollte bei der Verschlüsselung ein anerkannter, sicherer Algorithmus verwendet werden. Der verwendete Schlüssel wird anschließend nicht mehr benötigt, er sollte auch nirgendwo erscheinen bzw. notiert werden – ist ja auch nicht erforderlich: Schlüssel ausdenken, eintippen, Daten verschlüsseln und Schlüssel vergessen!

Man beachte noch, dass gekennzeichnete Datenträger (A.7.10) Angaben zum früheren, evtl. vertraulichen Verwendungszweck tragen. Insoweit ist zu prüfen, ob auch die Kennzeichnung entfernt bzw. erneuert werden muss, bevor der Datenträger wiederverwendet werden darf.

Weitere Informationen zu diesem wichtigen Thema des sicheren Löschens findet man z. B. bei [10]. Weiterhin werden Löschverfahren auch in der Norm ISO 27040 unter der Überschrift *Storage Security* behandelt.

Im Zusammenhang mit dem Datenschutz ist ein Löschen von Daten personenbeziehbaren Inhalts aus besonderen Gründen (z. B. auf Veranlassung der von den Daten Betroffenen) erforderlich – auch hierfür sind die erläuterten Techniken anwendbar –, jedoch handelt es sich in punkto Datenschutz um ein erweitertes Löschen, das nicht eine einzige Datei, sondern alle Speicherorte der betreffenden Daten umfasst.

Das zweite Thema in diesem Control betrifft die *Entsorgung* von Geräten:

Handelt es sich um Geräte, die ihr Lebensende erreicht haben oder aus anderen Gründen (Defekt, alte Technik) ausgemustert werden sollen, ist ein sicheres Löschen ebenfalls angezeigt – sofern das noch möglich ist: Ein Defekt oder eine bestehende Inkompatibilität mit neuer IT kann dies unter Umständen verhindern. Hier ist dann definitiv eine sichere *Entsorgung* der Geräte erforderlich, z. B. Schreddern oder Einschmelzen.

Unter A-7.10 (Stichwort: *Aussondern und Entsorgen*) haben wir dazu Hinweise gegeben; erschöpfend beschäftigt sich die dreiteilige Norm DIN 66399 bzw. die ISO/IEC 21964 ebenfalls mit dieser Thematik [11, 12].

Das vollständige Verschlüsseln eines Datenträgers – wie oben geschildert – macht das Entsorgen einfacher: Der vormals sensible Datenträger bzw. das komplette Gerät kann mit dem normalen Abfall entsorgt werden – der einzige Ausnahmefall!

Geräte, die entsorgt wurden, sind im Assetverzeichnis der Organisation zu löschen, sofern sie dort erfasst worden sind.

3.6 Technologische Controls (Gruppe 8)

In diesem Abschnitt kommentieren wir die Controls A-8.1 bis A-8.34 der Gruppe 8, die sich grob gesagt mit der Technik, vor allem mit dem Management derselben beschäftigt.

In vielen Controls wird die Erstellung von Richtlinien für das jeweilige Thema empfohlen – für Inhalt, Aufbau und Management solcher Richtlinien verweisen wir auf Abschn. 1.4 (Stichwort: *Leit- und Richtlinien*). Die dort kommentierten Grundsätze werden wir bei den folgenden Controls nicht immer wiederholen.

A-8.1 Endpunktgeräte des Benutzers

Solche Systeme – im englischen Original als *Endpoints* bezeichnet – stehen Nutzern zur Verfügung, um die ihnen übertragenen Arbeiten ausführen zu können. Es kann sich dabei um fest installierte IT-Systeme an einem Büro- oder Home-Office-Arbeitsplatz handeln – aber auch um mobile Geräte wie Smartphones, Laptops, Tablets und Co.

Das Ziel von A-8.1 ist, die Assets der Organisation gegen Bedrohungen zu schützten, die ihren Ursprung in diesen Endpoints haben: unbefugte Zugriffe (Lesen, Kopieren, Verändern, Löschen) auf Daten lokal im Endpoint oder indirekt über den Endpoint auf Daten in der IT/Cloud der Organisation, Übertragen von Malware in die IT/Cloud usw.

Um dies auszuschließen – zumindest einzudämmen – sind Vorgaben für eine sichere Konfiguration dieser Systeme, für eine sichere Arbeitsumgebung und den korrekten Umgang mit den Systemen erforderlich. Für die Sicherheit der Endpoints sind dabei drei Faktoren wesentlich:

- eine adäquate Ausstattung, Einrichtung, Konfiguration und Überwachung der Systeme – abgekürzt: das Management der Systeme
- die Nutzung der Systeme in einer ausreichend sicheren Einsatzumgebung
- ein sicherheitsgerechtes Verhalten der Endnutzer

Diesbezügliche Vorgaben sollten Gegenstand von Richtlinien sein:

- eine Richtlinie für das *Management* der Systeme – und ggf. der Einsatzumgebung, sofern diese von der Organisation betreut wird
- Richtlinien für die sichere *Nutzung* der Systeme in der vorgesehenen Arbeitsumgebung, und zwar aus Sicht der potenziellen Nutzer – ggf. differenziert nach dem Arbeitsort bzw. der Arbeitsform.

Beim zweiten Punkt sind ggf. separate Richtlinien für das Home-Office, den mobilen Arbeitsplatz und den Büroarbeitsplatz in der Organisation zu erstellen. Alles in eine Richtlinie zu packen, wäre möglich, könnte aber dazu führen, dass diese Richtlinie für die Zielgruppe zu komplex und mit vielen Fallunterscheidungen versehen ist – Nachvollziehbarkeit und Verständlichkeit könnten darunter leiden.

Für das Management und die Nutzung von *Telearbeit* (Mobile- und Home-Office) haben wir unter A-6.7 bereits viele Aspekte besprochen, die es in Richtlinien zu beachten gilt. Da jetzt auch die festen Büroarbeitsplätze hinzukommen, gehen wir die wesentlichen Punkte noch einmal durch.

Management−Aspekte

- Die rechtlichen Rahmenbedingungen für Ausstattung, Einrichtung, Nutzung und Überwachung von IT-Arbeitsplätzen (im jeweiligen Land) sind zu überprüfen.
- Sollen Nutzungsbedingungen für Endpoints vertraglich vereinbart werden oder reicht eine Regelung durch Richtlinien?
- Sollen Versicherungen z. B. gegen Verlust und Diebstahl von Endpoints, vor allem bei Einsatz außerhalb der Organisation, abgeschlossen werden?
- Alle Endpoints sind zu registrieren, d. h. als Asset im Assetverzeichnis zu erfassen.

- Welcher physische Schutz ist – je nach Arbeitsort – für einen Endpoint erforderlich?
- Es ist genau zu spezifizieren, welche Daten in welchen Endpoints bearbeitet werden dürfen (und ggf. welche nicht).
- Bei Nutzung von Klassifizierungen (A-5.12): Was ist die maximal zulässige Einstufung von Daten, die in Endpoints bearbeitet werden dürfen?
- Wie erfolgt das Backup für die im Endpoint gespeicherten Daten?
- Sollen die Endpoints bei Zugriff auf die IT/Cloud der Organisation nur als „dumme"

Terminals verwendet werden? Soll dabei die lokale Speicherung von sensiblen Daten unterbunden werden?

- Welche IT-Anwendungen/Apps dürfen genutzt werden (welche ggf. nicht)? Ist die Installation privater Software – unabhängig von der Bezugsquelle – zulässig?
- Wer darf Software, Updates und Patches für die dienstliche Verwendung installieren und wie geschieht das?
- Wie ist sichergestellt, dass lizenzpflichtige Software auf den Endpoints nur dienstlich genutzt wird, nicht auf andere Geräten kopiert/installiert oder gar veräußert wird?
- Wie ist die Zugriffskontrolle in den Endpoints zu konfigurieren?
- Welche mobilen Speicher dürfen an den Endpoints betrieben werden? Sollen zur

Verhinderung der Nutzung bestimmter Speichertypen ggf. Ports bzw. Schnittstellen gesperrt werden?

- Soll eine Verschlüsselung von Laufwerken eingerichtet werden? Für welche lokalen Speicher?
- Welche Form von Malware-Schutz wird installiert und wie erfolgt das regelmäßige Update?
- Welche Regeln bestehen beim Endpoint für die Inanspruchnahme von Internet-Services

(Public Clouds, Auskunftsdienste, externe Datenbanken)?

- Welche Anforderungen werden an die Nutzung und Konfiguration von WLAN, beim Mobilfunk und anderen drahtlosen Verbindungen gestellt (u. a. Deaktivierung unsicherer Protokolle)?

- Ist für die Nutzung von Mobile- und Home-Office eine ausreichende Bandbreite beim Internetzugang der Organisation gegeben?
- Für welche Endpoints ist das Deaktivieren des Systems aus der Ferne und ggf. die Fernlöschung von Daten erforderlich?
- Soll irgendeine Form von Data Analytics genutzt werden, um das Nutzerverhalten in den Endpoints auswerten zu können?
- Welche Tools werden für das Management und zur Überwachung der Endpoints eingesetzt (Remote Administration, Mobile Device Management, Datenbank betreffend Konfigurationsmanagement)?

Im Zusammenhang mit BYOD[79]

- Ist BYOD zugelassen oder werden organisationseigene Geräte ausgegeben?
- Können bei BYOD dienstliche und private Daten ausreichend getrennt werden? Auch ggf. im Zusammenhang mit geistigem Eigentum der Organisation?
- Ist bei BYOD eine Überwachung der dienstlichen Vorgänge möglich und von den privaten trennbar?
- Welche gesetzlichen Bestimmungen schränken die Überwachung der Endpoints ggf. ein?
- Sollen Container-Lösungen zur Trennung dienstlicher Daten von allen anderen Daten eingesetzt werden?

Aus Sicht der Nutzer

- Bewusstsein für die eigene Sicherheitsverantwortung erzeugen
- (erforderliche) Schulungs- und Trainingsangebote wahrnehmen
- Beachten von Leit- und Richtlinien für die jeweilige Tätigkeit bzw. den Arbeitsplatz
- Beaufsichtigungspflicht für den eigenen Endpoint (vor allem bei Nutzung unterwegs oder auch im Home-Office)
- Unzulässigkeit der Nutzung des Endpoints durch Unbefugte, Sicherung des Endpoints z. B. durch Passwort
- physischen Schutz des Endpoints vor Diebstahl (z. B. im Kofferraum eines Fahrzeugs, im Hotelzimmer, auch im Home-Office) einrichten und aufrechterhalten
- Vorsichtsmaßnahmen bei Endpoint-Nutzung in potenziell unsicheren Umgebungen (Einsatz bei Kunden, in Großraumbüros, in Hotels) treffen
- bei Arbeiten außerhalb der Organisation bestehende Vorgaben für den Interzugang, die Nutzung von Routern und Accesspoints (im Home-Office), die Nutzung von Hot Spots unterwegs beachten

---

[79] BYOD = Bring Your Own Device: Nutzung privater IT-Systeme für dienstliche Zwecke.

- Sicherheit der Arbeitsumgebung vor Beginn einer Arbeitssitzung am Endpoint über-prüfen
- Sitzungen am Endpoint stets durch Ausloggen beenden, analog bei Nutzung bestimmter IT-Anwendungen oder Services mit Nutzer-Anmeldung
- Regeln für Clean Desktop und Clear Screen (s. A-5.10) einhalten, auch ggf. Regeln für die Entsorgung von Materialien (Datenträger/Unterlagen)
- Meldepflicht für vermeintliche/tatsächliche Sicherheitsvorfälle (Fremdnutzung, Verlust, Diebstahl, Einbruch) beachten
- Kenntnis der Sanktionsverfahren bei Nichtbeachtung von Vorgaben

A-8.2 Privilegierte Zugangsrechte

A-8.3 Informationszugangsbeschränkung

Diese beiden Controls sind eng miteinander verzahnt – wir behandeln sie gemeinsam.

Das grundsätzliche Ziel einer Berechtigungssteuerung ist es, Zugriffe[80] zu Assets für befugte Subjekte zu ermöglichen, für unbefugte Subjekte dagegen zu verhindern[81].

Wegen der Bedeutung dieses Ziels für die Sicherheit der Organisation, aber auch wegen ihrer Komplexität ist es praktisch unverzichtbar, alle Strategien, Grundsätze und Regeln für die Berechtigungssteuerung in einer entsprechenden Richtlinie festzuhalten und diese strikt anzuwenden, insbesondere ihre korrekte Einhaltung regelmäßig zu überwachen. Wir stellen hier wichtige Punkte für das *Management* von Berechtigungen zusammen – ohne lange Theorie-Diskussionen:

Ein anonymer Zugriff oder ein Zugriff ohne Authentisierung darf höchstens für offene bzw. öffentliche Daten erlaubt werden. Hier ist aber das Risiko zu beachten, dass über solche scheinbar unkritischen Daten Bedrohungen für die Organisation quasi importiert werden können (Makros in Textdokumenten, versteckte aktive Elemente in html-Dateien etc.). Hier sollte also abgewogen werden, ob man diese Art von Zugriffen überhaupt gestattet.

Unspezifische Gruppen-Accounts (z. B. Gast, Admin, Projekt123) mit jeweils einheitlichem Passwort haben den Nachteil, dass erfolgte Zugriffe später keiner Person explizit zugeordnet werden können, d. h. bei irgendwelchen Vorkommnissen ist der/die Verursachende nicht mehr eindeutig feststellbar. An dieser Stelle ist zu überlegen, ob und ggf. bei welchen Daten man sich diese „Ungenauigkeit" leisten kann.

---

[80] Als Übersetzung von *Access* verwenden wir hier *Zugriff*, was jedoch prinzipiell auch *Zutritt* zu Räumlichkeiten und den *Zugang* zu Services miteinschließt.

[81] Subjekt kann eine Person, eine Rolle, eine IT-Anwendung oder ein Prozess ein – eben eine „handelnde Instanz", die Berechtigungen benötigt.

Für *sensible Daten* sowie entsprechende Anwendungen und Dienste sollten *ausschließlich* Berechtigungen festgelegt werden, die an bekannte, möglichst individuelle, zu authentisierende Identitäten gebunden sind.

Weiterhin sollte je nach Erfordernis z. B. zwischen Lese- und Schreibrechten, Berechtigungen zum Löschen und Ausführen (z. B. von Skripten und Programmen) oder zum Drucken von Dateien differenziert werden. Auch hierfür gilt: Es sind jeweils nur die tatsächlich benötigten Berechtigungen zu erteilen (auch hier: Least Privilege, Need-to-Know).

In der Praxis gibt es häufig Probleme mit Berechtigungen, die nur *temporär* – z. B. bei Abwesenheit eines Nutzers – an andere Personen (Vertretungen) weitergegeben werden. Hierbei kommt es vor allem auf eine entsprechende Rücknahme der Berechtigungen an, sobald der Anlass nicht mehr gegeben ist. Zu prüfen ist, ob eine zeitliche Befristung und die anschließende Rücknahme in den betreffenden Systemen eingestellt bzw. konfiguriert werden kann, andernfalls ist die Rücknahme termingerecht *manuell* auszuführen – hier wird dann ein entsprechender Prozess einzurichten sein.

Die konkrete Einrichtung und Überwachung von Berechtigungen ist bei einer heterogenen Systemlandschaft aufwendig und komplex. Weiterhin ist es oft nicht leicht, die *effektiven* Berechtigungen von Personen z. B. im Intranet einer Organisation zu ermitteln, da sich unterschiedliche Berechtigungsstrukturen überlagern oder je nach Reihenfolge der Auswertung zu anderen Resultaten führen können. Die zu Beginn genannte Richtlinie muss hier präzise Informationen liefern, wie die Berechtigungen – miteinander kompatibel und verträglich – anzulegen und in die Systeme einzutragen sind. Von Vorteil ist hierfür die Nutzung systemübergreifender, zentraler *Verzeichnisdienste*[82].

Für Personal, das häufig zwischen verschiedenen Endpoints wechselt – z. B. vom Büroarbeitsplatz ins Home-Office und dann etwas später unterwegs im Mobile-Office –, möchte man je nach Endpoint *andere* Berechtigungen einrichten: Im Home-Office, vor allem aber im Mobile-Office sollen Berechtigungen ggf. reduziert werden, um der unterschiedlichen Arbeitsumgebung mit jeweils anderen Risiken Rechnung tragen zu können. Hier sind also Berechtigungen nicht nur an das Subjekt und das gewünschte Objekt zu binden, vielmehr wird auch die Plattform (Geräte-Id?), von der aus zugegriffen werden soll, einbezogen.

Zur Lösung der geschilderten Probleme kann die Einführung von *Dynamic Access Control* sehr hilfreich sein (A-5.15). Beachtenswert ist dabei auch die Möglichkeit eines systemübergreifenden Reportings über alle eingerichteten Berechtigungen und damit die Möglichkeit einer zielgenaueren Analyse und Fehlersuche.

Eine *indirekte* Zugriffskontrolle ist auch dadurch realisierbar, dass eine zu schützende Datei (auch ein Verzeichnis oder Laufwerk) sicher verschlüsselt und der dabei zur Anwendung kommende Schlüssel nur an die jeweils Befugten verteilt wird. Der Zugriffschutz für die *Datei* muss hierbei gedanklich und real durch den Zugriffsschutz für den *Schlüssel*

---

[82] Bekannte Dienste wie z. B. Active Directory, Open LDAP, Open Directory.

ersetzt werden – anders ausgedrückt: eine sichere Erzeugung, Verteilung und Aufbewahrung von Schlüsseln ist zu realisieren. Problematisch ist dabei, die Kontrolle über die unbefugte oder zufällige Weitergabe von Schlüsseln zu behalten, was mit technischen Mitteln allein nicht machbar ist.

Ein manipulationsträchtiges „Feature" mancher IT-Anwendungen ist es, den Nutzern Menüpunkte anzubieten, bei deren Auswahl man sich andere oder weitergehende Zugriffsrechte verschaffen kann, als von der Berechtigungssteuerung zugebilligt wird. Oft ist dies sogar eine Privileg-Erhöhung bis auf Admin-Ebene. Das ist nicht tolerierbar! Für die Praxis ist jede IT-Anwendung daraufhin zu überprüfen, ob sie Nutzern solche Privileg-Erweiterung erlaubt. Wenn das nicht auszuschließen ist, muss überlegt werden, ob und von wem solche Anwendungen überhaupt genutzt werden dürfen.

Hilfreich kann es sein, zusätzlich bei der Verweigerung von Zugriffsversuchen eine Alarmierung auszulösen – z. B. bei der System-Administration oder per Eintrag in einem Security-Log –, sofern das betreffende Betriebssystem diese Eigenschaft besitzt.

Generell ist in allen Systemen ein Schutz der *Berechtigungsdaten* (Subjekt-Listen mit Authentisierungsdaten, Objekt-Listen, vergebene Berechtigungen und Default-Einstellungen) unverzichtbar. Dazu müssen die Betriebssysteme und Verzeichnisdienste entsprechende Vorkehrungen beinhalten. Die Sicherheit in diesem Punkt ist meist von der nutzenden Organisation gar nicht überprüfbar – man verlässt sich auf den in den Systemen und Diensten eingebauten Schutz. Deutlich sicherer ist es, nur solche Produkte zu wählen und einzusetzen, die nach anerkannten Sicherheitskriterien[83] zertifiziert worden sind – dies umfasst in aller Regel auch die Zugriffskontrolle, was sich im jeweiligen Zertifizierungsreport nachprüfen lässt.

Konfigurierbar ist in den meisten Systemen, bei welcher Art von Zugriff und bezogen auf welche Subjekte/Objekte eine *Protokollierung* des Zugriffs erfolgen soll. Eine solche Protokollierung macht nur Sinn, wenn die Protokolle regelmäßig und nach besonderen Vorkommnissen ausgewertet werden. Hier ist festzulegen und abzusichern, dass die Auswertung nur durch dafür vorgesehene Personen erfolgt. Weiterhin ist zu regeln, wie lange solche Protokolle aufzubewahren sind.

Im Rahmen des PDCA wird von der Norm eine Überprüfung der gesamten Zugriffssteuerung gefordert: die Systematik und der Prozess der Berechtigungsvergabe, die Notwendigkeit der einzelnen Berechtigungen, darunter auch die Ermittlung und Streichung von Karteileichen.

Alles bisher Gesagte gilt auch für *privilegierte Zugriffsrechte* – sehr weitreichende Berechtigungen, über die die Endnutzer normalerweise nicht verfügen. Solche Privilegien werden meist benötigt für die Verwaltung von Systemeinstellungen (System-Administration), Zugriffe auf Applikationen (z. B. bei Patch- und Update-Funktionen), aber auch für den umfassenden Zugriff auf Daten kompletter Laufwerke (z. B. bei Backup-Prozessen).

---

[83] z. B. nach den *Common Criteria* [4, 17]; für Listen zertifizierter Produkte siehe www.commoncri teriaportal.org.

Projektverantwortliche, die in dem ihnen zugeordneten Projekt die Gruppenzugehö-
rigkeit, Berechtigungen, Protokollierungen etc. *eigenständig* verwalten, sind ein weiteres
Beispiel für die Einrichtung privilegierter Berechtigungen.

Die Vergabe solcher Privilegien muss sorgfältig abgewogen werden: Es sollte dazu eine
Liste von *Rollen* bzw. *Subjekten* aufgestellt und organisationsweit abgestimmt werden, für
deren Tätigkeiten privilegierte Berechtigungen benötigt werden. Wegen der Bedeutung
dieses Punktes für die Sicherheit ist zu überlegen,

- den Genehmigungsgang für privilegierte Berechtigungen an stärkere Voraussetzungen
  zu binden, etwa die Zustimmung mehrerer Leitungsfunktionen und/oder – bei Personen – das Absolvieren einer zusätzlichen Schulung (etwa bei Projektverantwortlichen),
- privilegierte Berechtigungen nur an einzelne benannte Subjekte, nicht aber an
  (anonyme) Gruppen-Accounts zu vergeben,
- eine grundsätzliche *Befristung* der Gültigkeit einzelner privilegierter Berechtigungen
  festzulegen, möglicherweise sogar die Rechteausübung nur einmalig für beantragte
  Aktionen zu gestatten,
- eine intensivere Überwachung und Kontrolle der Ausübung der privilegierten Berechtigungen vorzunehmen.

Die Regel, privilegierte Accounts nicht für „normale"/alltägliche Arbeiten zu nutzen –
sondern nur für die besonderen Tätigkeiten, für die sie eingerichtet wurden – sollte
Bestandteil der Richtlinie für die Berechtigungssteuerung sein – oder gar prominent in
der Leitlinie auftauchen?

Die Nichtbeachtung solcher Grundsätze führt häufig zu Sicherheitsvorkommnissen
mit z. T. hohen Schäden für die Organisation. In den Listen einschlägiger Meldungen
steht das Ausnutzen rechtmäßig oder unrechtmäßig erworbener hoher Privilegien als
Schadenursache immer weit oben.

A-8.4 Zugriff auf Quellcode

Quellcode ist immer ein zu schützendes Objekt, weil daran geistiges Eigentum besteht,
dafür Lizenzrechte vergeben wurden oder damit einfach nur Umsatz erzeugt wird.

Gleichzeitig ist Quellcode ein Angriffspunkt für viele Arten von Manipulation – mit
weitreichenden Folgen. Wer in der Lage ist, Quellcode zu manipulieren, kann beson-
dere Features in ein Software–Produkt einbauen – z. B. nur dem Manipulanten bekannte
Funktionen, versteckte Passwörter zur späteren „Nutzung". Besonders effektiv in diesem
Sinne ist die Manipulation einer Software–Bibliothek (Library), weil das sich auf jede
Software auswirkt, von der die Library verwendet wird. Sinngemäß gilt das auch für
Software–Entwicklungswerkzeuge.

Zur Verhinderung solcher Aktivitäten durch Unbefugte ist zunächst ein entsprechender Zugriffsschutz erforderlich, und zwar in der Sphäre des Erstellers des Quellcodes sowie möglicher Lieferanten – aber auch in der Sphäre der nutzenden Organisation, sofern der Quellcode eines Produkts mitausgeliefert wird.

Für gespeicherten Quellcode entsprechende Zugriffskontrollen einzurichten, ist also die wesentliche Maßnahme: Kopieren des Quellcodes zuzulassen und diesen über viele Systeme zu verteilen, dürfte nicht infrage kommen, auch die Speicherung in Produktivsystemen ist in aller Regel abzulehnen.

Für Quellcode-Inspektionen, unabhängige Tests etc. ist aber zumindest lesender Zugriff erforderlich. Software-Bibliotheken sind grundsätzlich als *Read-Only* einzustellen, wenn sie bei der Software-Entwicklung und -Anwendung sozusagen als Unterbau genutzt werden sollen.

Wenn ein schreibender/ändernder Zugriff auf Quellcode erforderlich ist – wie z. B. bei der Software-Entwicklung – ist eine zentrale Speicherung in einem Verwaltungssystem[84] mit Versions- und Änderungskontrolle die richtige Wahl. Dabei ist auch eine Protokollierung jeglicher Quellcode-Änderungen zu aktivieren, um nachvollziehbar zu machen, wer wann Änderungen an welchen Teilen des Quellcodes vorgenommen hat.

Sinngemäß gelten die Ausführungen auch für Design-Unterlagen, Entwurfsversionen von Software, Prüf- und Testpläne, Produkthandbücher sowie für ggf. genutzte Software-Werkzeuge. Auch hier ist der Zugriff strikt zu kontrollieren.

Eine besondere Abnahmeprozedur ist einzurichten für den Fall, dass entwickelte Software als Produkt veröffentlicht bzw. an Kunden ausgeliefert werden soll: Es ist sicherzustellen, dass die *richtigen* Versionsstände aller Software-Teile eingebunden wurden und diese Versionen alle erforderlichen Tests erfolgreich durchlaufen haben. Vor der Auslieferung bzw. Veröffentlichung sollte die Integrität der Software insgesamt gesichert werden – z. B. durch eine elektronische (digitale) Signatur.

Diese grundlegenden Sicherheitsregeln für den Quellcode und die Software-Entwicklung schützen allerdings nur begrenzt vor Manipulation durch *Befugte*. Sind solche Szenarien nicht auszuschließen – etwa im Spionage–Umfeld –, müssen rigidere Maßnahmen zur Anwendung kommen, z. B. das Vier–Augenprinzip bei allen Entwicklungsschritten, die unabhängige Kontrolle aller Arbeitsschritte, detaillierte Quellcode–Inspektionen usw.

---

[84] z. B. auch ein entsprechendes Software Development Kit (SDK).

A-8.5 Sichere Authentifizierung[85]

Eine sichere Authentisierung von Subjekten (Personen, Rollen, IT-Anwendungen/ Prozessen) ist die Basis jedes Berechtigungssystems. Zunächst gibt ein Subjekt in irgendeiner Form seine Identität an (Identifizierung), anschließend „beweist" es, dass es das angegebene Subjekt tatsächlich ist (Authentisierung). Hiermit soll der Zugang für Subjekte, die den Beweis nicht führen können, ausgeschlossen werden. In der Praxis muss man abschwächen: Das Risiko soll minimiert werden.

Es gibt in der Praxis drei grundsätzliche Kategorien der Authentisierung – solche durch

- Wissen bzw. Kenntnis von Passwörtern (auch Einmalpasswörter), PINs oder anderen Geheimnissen (z. B. korrekte Antworten auf Kontrollfragen),
- Besitz eines nur dem betreffenden Subjekt zugeordneten, maschinell überprüfbaren Gegenstands (z. B. Smartcard, USB-Token, Codegenerator) – auch in Verbindung mit elektronischen Zertifikaten oder anderen Identitätsnachweisen,
- Merkmale z. B. biometrischer Art (Erkennung des Gesichts, eines Fingerabdrucks, der Stimme o. ä.) oder überprüfbarer Verhaltensmuster (vor allem bei Personen).

Werden zwei oder mehr Varianten aus unterschiedlichen Kategorien gleichzeitig verwendet, spricht man von einer Mehr-Faktor-Authentisierung, auch von *starker* Authentisierung (andernfalls von schwacher Authentisierung).

Stark ist z. B. eine Authentisierung über eine Smartcard mit Aktivierung über eine geheime PIN (Gegenstand und Wissen), oder eine Smartcard mit Aktivierung über einen Fingerabdrucksensor (Gegenstand und Merkmal). Für die Authentisierung bei Bankzugängen am PC ist inzwischen fast überall eine Zweifaktor-Authentisierung[86] implementiert – eine typische Variante: Man identifiziert sich über eine Kennung (z. B. Nutzer-Id, auch Emailadresse) und authentisiert sich zunächst mit einem Passwort, erhält dann einen Code auf dem persönlichen Handy – und gibt den angezeigten Code am PC ein. (Wissen = Passwort, Gegenstand = persönliches Handy).

Ob eine schwache Authentisierung ausreichend ist oder man besser eine starke Variante wählt, sollte davon abhängen, welchen Sicherheitsbedarf die zu bearbeitenden Daten haben. Geht es um wirklich sensible Daten (etwa Geschäfts- oder Konstruktionsgeheimnisse) ist der Einsatz starker Verfahren alternativlos.

Im Zusammenhang mit der Authentisierung als Grundfunktion sicherer Systeme und Anwendungen sind einige Regeln zu beachten:

---

[85] Statt *Authentifizierung* verwenden wir auch hier stets *Authentisierung*: vgl. die Fußnote beim Titel von A-5.17.

[86] Diese Art der Authentisierung ist in letzter Zeit in die Kritik geraten – weniger aus technischer Sicht, sondern weil die Handhabung durch Nutzer Schwächen aufweisen kann.

- Vor der Anmeldung von Personen sollten keine überflüssigen Informationen (Hilfetexte, Dienst- oder Servernamen etc.) angezeigt bzw. übermittelt werden.
- Ohne ausreichende Authentisierung sollte keinem Subjekt irgendeine Interaktion mit dem betreffenden System möglich sein.
- Die Eingabe von geheimen Informationen (s. unter „Wissen" oben) soll geschützt bzw. verdeckt erfolgen, d. h. andere Subjekte sollen sie nicht lesen bzw. erkennen können. Das betreffende System für die Eingabe der Daten soll diese nicht im Klartext anzeigen. Ausnahmen sind möglich bzw. sollen im Einzelfall aktivierbar sein, wenn das Subjekt die eingegebenen Daten kontrollieren will – z. B. um eine Sperre zu vermeiden – und sofern nicht gerade jemand anders zuschaut.
- Was für die Eingabe geheimer Daten gilt, muss auch bei der *Übertragung* in einem Netzwerk gelten: Die Authentisierungsdaten sollen nicht unverschlüsselt im Netzwerk übertragen werden – auch nicht unverschlüsselt in den beteiligten Systemen gespeichert werden.
- Der Vorgang der Identifizierung und Authentisierung sollte *vollständig* abgewickelt werden, bevor eine Meldung über Erfolg oder Misserfolg ausgegeben wird.
- Falls die Authentisierung fehlschlägt, sollen keine Informationen darüber ausgegeben werden, wo der Fehler steckt (z. B. keine Meldung der Art „User-Id falsch" oder „Passwort falsch"; am besten neutral: „Authentisierung nicht erfolgreich"), um Unbefugten keinen hilfreichen Hinweis zu geben.
- Durch Begrenzung der Anzahl von Fehlversuchen soll das beliebig oft wiederholbare Ausprobieren z. B. von Passwörtern unterbunden werden: Accounts sind ggf. zu sperren und erst nach einem entsprechenden formalen Genehmigungsgang wieder zu aktivieren.
- Die Protokollierung fehlgeschlagener Anmeldeversuche kann hilfreich sein, um Verursacher, den Ort der Versuche sowie Datum und Uhrzeit nachvollziehen zu können. Hier können auch entsprechende Alarme sinnvoll sein, die ggf. nach einer bestimmten Anzahl fehlgeschlagener Anmeldeversuche ausgelöst werden.
- Auch erfolgreiche Anmeldevorgänge können protokolliert werden, wenn es Bedarf an einer entsprechenden Überwachung gibt (und diese zulässig ist). Ein sinnvolles Feature ist z. B. die Anzeige, wann die letzte erfolgreiche Anmeldung des betreffenden Subjekts stattgefunden hat.
- Die Dauer einer Sitzung nach erfolgreicher Anmeldung einer Person sollte beschränkt werden: Personen neigen potenziell dazu, das Abmelden zu „vergessen". Offene Sitzungen könnten dann von Unbefugten sozusagen „übernommen" werden – ein GAU.

Unter A-5.17 finden sich weitere Ausführungen zur Authentisierung, und zwar aus *Nutzersicht.*

A-8.6 Kapazitätssteuerung

Gerade im Hinblick auf die Verfügbarkeit von Systemen, Netzwerken und Diensten ist es wichtig, den Verbrauch an Ressourcen bzw. Betriebsmitteln zu überwachen und rechtzeitig proaktiv anzupassen.

Welche Betriebsmittel sind hier gemeint? Beispiele sind die noch verfügbare Prozessorleistung, noch freie Speicherkapazität, Bandbreite der Internetverbindung, aber auch die Leistung z. B. von Klimatisierungseinrichtungen, der Stromverbrauch (EVU, USV oder Netzersatzanlage). Auch der Ressourcenverbrauch bzw. -stand an mobilen Datenträgern, Papier, Software-Lizenzen sind zu überwachen. Last but not least: die Personalressourcen und die Ausstattung mit Arbeitsplätzen.

Eine *Reduktion* des Ressourcenverbrauchs (Beschränkung auf das absolut Notwendige) ist immer angezeigt.

Das Anlegen von *Reserven* ist immer ein gutes Mittel der Vorsorge. Dies betrifft alle oben genannten Ressourcen. Kapazitätserweiternd sind beispielsweise die potenzielle Einschaltung von Clouds, die Personalbereitstellung durch externe Firmen, für eine Nutzung bereitstehende Arbeitsplätze (z. B. Home-Office der Mitarbeiter/innen wie zu Corona-Zeiten).

In größeren Organisationen wird man für alle diese Zwecke ein eigenes Kapazitätsmanagement einrichten und mit Personal versehen.

Wichtige Elemente des Kapazitätsmanagements sind eine zuverlässige Prognose des Ressourcenverbrauchs und die Überwachung des Bestands an Ressourcen. Die allseits bekannten *Stress-Tests* sind ein gutes Mittel, noch verfügbare Ressourcen – etwa Prozessorleistung und Netzwerkbandbreite – zu ermitteln, sofern diese nicht ohnehin automatisiert überwacht werden.

Immer stärker schlagen leider Probleme mit der Nachbestellung von Ressourcen durch: lange, vor allem nicht garantierte Lieferzeiten – was eine langfristige Prognose und Planung erfordert, aber auch schwierig macht, nicht zuletzt auch wegen unkalkulierbarer Preissprünge.

Im Rahmen des Business Continuity Managements sind Kapazitätsengpässe oft verbunden mit Leistungseinschränken, Störungen im Betriebsablauf bis hin zu Ausfällen, bei denen die Einhaltung von zugesicherten SLAs auf dem Spiel steht. Ein gutes Kapazitätsmanagement ist hier unverzichtbar.

Zur Umsetzung dieses Controls A-5.6 ist ein für die Organisation adäquates Kapazitätsmanagement mit Verbrauchserfassung und -Prognose sowie der Behebung von Engpässen aufzusetzen. Die Organisation ist frei festzulegen, in welcher Form, an welcher Stelle in der Organisation und mit welchen Hilfsmitteln dies erfolgen soll.

A-8.7 Schutz gegen Schadsoftware

Dass ein Schutz vor Schadsoftware bzw. Malware heutzutage auf allen IT-Systemen unverzichtbar ist, muss eigentlich nicht besonders erwähnt werden. Aus Sicht der Sicherheitsziele geht es dabei zunächst um einen Integritätsschutz von Dateien, den Verlust der Vertraulichkeit sensibler Daten als Folge eines Befalls mit Trojanern, den Verlust der Verfügbarkeit von Daten z. B. durch Ransomware-Attacken oder von Systemen durch Denial-of-Service-Attacken. Ein weiteres wichtiges Ziel ist die Verhinderung der Ausbreitung von Malware auf andere Systeme der Organisation.

Ein Malware-Schutz fußt auf drei Säulen: Prävention (Vermeiden des Befalls mit Malware), Detektion (Erkennen von Malware), Reaktion (Wiederherstellung der von Malware betroffenen Assets).

Was kann man präventiv tun, um sich gegen Malware zu schützen? Hier einige Stichwörter für die IT-Abteilung als für Malware zuständige Stelle:

- regelmäßige Auswertung von zuverlässigen Quellen mit aktuellen Malware-Informationen
- Einsatz von Anti-Malware-Produkten („Virenscanner") auf allen IT-Systemen, ggf. auch unter Nutzung von entsprechenden Features der Betriebssysteme
- Problematik nicht erkannter Malware, die sich auch auf Backup-Medien ausgebreitet hat
- Importierte Datenträger, ankommende Emails, Nachrichten aus Messenger-Diensten, heruntergeladene Dateien sind ausnahmslos auf Malware-Befall zu testen – dito für alles, was die Organisation verlassen soll, etwa in Richtung Kunden; dies kann ggf. auch auf entsprechenden Gateways in einer DMZ zentral erfolgen.
- Erstellung von Blacklists unsicherer Webadressen und Blockierung derselben durch entsprechende Filterung
- In Systemen installierte Software ist auf Zulässigkeit überwachen, d. h. für die dienstliche Verwendung nicht zugelassene Software muss erkannt und deaktiviert werden.
- Software, soweit möglich auch Patches und Updates, ist stets auf Malware-Freiheit zu überprüfen, bevor sie installiert bzw. zur Nutzung freigegeben werden kann.
- Bereits installierte Software ist im laufenden Betrieb auf verdächtige Änderungen zu überwachen (hierzu existieren spezialisierte Tools).
- Von Wartung oder Reparatur zurückkommende IT-Systeme sind auf Malware-Befall zu überprüfen, bevor sie wieder zum Einsatz kommen.
- Es ist prüfen, wie die Ausbreitung von Malware (speziell Viren) durch Isolation, Segmentierung und ähnliche Techniken gehemmt werden kann.
- Und nicht zuletzt: Es sind entsprechende Nutzer-Richtlinien zum Thema Malware herauszugeben (ggf. eingebaut in Richtlinien wie etwa *Verhalten am Arbeitsplatz*).

Zentral ist die *Sensibilisierung* des Personals im Hinblick auf die Malware-Thematik. Die im letzten Punkt genannten Richtlinien sollten durch Schulung/Training ergänzt werden. Hierbei geht es um Verhaltensregeln, wie etwa

- verdächtige Emails und ihre Anhänge zu erkennen, nicht jeden Mail-Anhang zu öffnen,
- keine unbekannten oder verdächtigen Links anzuklicken,
- Fakes bei Websites und Phishing-Attacken zu erkennen,
- (sofern überhaupt gestattet:) nur freigegebene Software zu installieren, zumindest keine aus dem Internet oder anderen unsicheren Quellen heruntergeladene Software bedenkenlos zu installieren, das Ausführen von mobilem Code bzw. Skripten möglichst zu unterlassen,
- bei fremden Datenträgern als erste Aktion eine Überprüfung auf Malware vorzunehmen,
- bei verschlüsselten Dateien oder Emails die *entschlüsselte* Fassung zu scannen,
- die Meldungen von auf den IT-Systemen installierten Anti-Malware-Produkten zu studieren, bei Unklarheiten ggf. den IT-Support zu kontaktieren,
- Emails mit Attachments sowie Datenträger, die an Außenstehende versandt werden sollen, auf Malware-Freiheit zu überprüfen.

In punkto *Detektion* ist sicherzustellen, dass Erkennungsmuster und heuristische Erkennungsmethoden für die Detektion ständig aktualisiert werden. Wann immer möglich sollten solche Updates nicht direkt aus dem Internet, sondern aus einer organisationsinternen Quelle erfolgen, an der anfallende Updates zentral gespeichert sind.

Da kein Malware-Scanner „perfekt" ist, wird häufig empfohlen, mehrere Scanner unterschiedlicher Hersteller zu verwenden, um Zuverlässigkeit und Aktualität der Detektion zu erhöhen.

Welche Art von *Reaktion* ist nach der Detektion von Malware auszuführen? Die Scanner-Produkte können je nach Art der detektierten Malware auch eine Entfernung derselben vornehmen. Dies sollte aber nur gestattet bzw. konfiguriert werden, wenn sichergestellt ist, dass die befallenen Assets (z. B. Daten) inhaltlich nicht verändert oder gar zerstört werden können. Wenn eine automatische Entfernung nicht oder nur risikobehaftet möglich ist, muss die Wiederherstellung bzw. Bereinigung *manuell* erfolgen. In diesen Fällen ist der Nutzer bzw. eine zentrale Anlaufstelle entsprechend zu alarmieren. Die Bereinigung darf dann nur von qualifiziertem Personal vorgenommen werden.

Bei sich verbreitenden Viren ist meist schnelles Handeln angesagt, um ein Korrumpieren ganzer Datenbestände zu vermeiden oder zumindest zu begrenzen. Dies hat den Charakter einer *Notfallsituation* und sollte daher im Rahmen des IT-Notfallmanagements bzw. des Business Continuity Managements (BCM) nach vorbereiteten Plänen erfolgen, die sich im Notfalltraining als effektiv erwiesen haben. Darunter fällt auch die Wiederherstellung von Software und Daten von Backup-Medien, sofern diese nicht ebenfalls korrumpiert sind.

Im Zusammenhang mit Wartungsvorgängen, bei Entwicklung und Tests neuer Software, auch in Notfallsituationen kann es erforderlich sein, Malware-Scanner temporär zu deaktivieren, weil sie die Arbeiten behindern oder den Betrieb stören. Besonderes Augenmerk ist darauf zu richten, nach erneutem Aktivieren der Scanner einen kompletten System-Check durchlaufen zu lassen.

Gerade im Bereich von elektronischen Steuerungen werden spezialisierte, z. T. eigenentwickelte IT-Systeme verwendet, für die ein Malware-Schutz mangels dort lauffähiger Scanner-Produkte nicht realisierbar ist. Davon unabhängig sind aber einige der eingangs genannten Regeln für die IT-Abteilung anwendbar (z. B. regelmäßige Software-Inspektion auf unzulässige Änderungen).

A-8.8 Handhabung von technischen Schwachstellen

Als *Schwachstelle* bezeichnet man ein Defizit in den Prinzipien, der Umsetzung oder der Anwendung eines Systems oder einer Sicherheitsmaßnahme – und zwar bezogen auf die Sicherheitsziele, die eingehalten werden sollen.

Eine Schwachstelle eines *Systems* wäre z. B. das in A-8.5 *Sichere Authentifizierung* beschriebene „Feature", bei fehlerhafter Authentisierung den Grund anzuzeigen (*falsche User-Id* oder *falsches Passwort* statt *Authentisierung fehlerhaft*).

Ein typisches, nicht gerade seltenes Beispiel für Schwachstellen von *Sicherheitsmaßnahmen* ist der Einsatz von Verschlüsselung: Anfänglich als sicher erachtet, könnte ein verwendetes Verfahren (Algorithmus, Protokoll) inzwischen als „geknackt" bewertet worden sein.

Weiteres Beispiel: Das Passwortverfahren zur Authentisierung ist im Grunde eine Ansammlung von Schwachstellen – sowohl in den Prinzipien als auch in seiner Anwendung.

Zunächst ist grob zu ermitteln, wo überall Schwachstellen bestehen könnten: Hinsichtlich der Systeme kann man sich am Assetverzeichnis orientieren, für die von der Organisation verwendeten Sicherheitsmaßnahmen zieht man den Risikobehandlungsplan heran.

Die Forderung des Controls A-8.8 ist einfach zu beschreiben: Die Organisation soll

- sich aktuelle Informationen über Schwachstellen von Systemen und Sicherheitsmaßnahmen aus verlässlichen Quellen verschaffen,
- für jede so ermittelte Schwachstelle prüfen, ob sich daraus Risiken für die Organisation ergeben können, und in solchen Fällen
- Maßnahmen zur Kompensation bzw. Beseitigung der Schwachstelle planen und umsetzen.

Bei der Informationsgewinnung können z. B. CERT-Bulletins, entsprechende Newsletter z. B. vom BSI oder von anderen Fachdiensten, Informationen von Sicherheitsberatern, Erkenntnisse aus eigenen Untersuchungen[87] oder – wenn die Organisation selbst Dienstleister ist – Hinweise von Kunden ausgewertet werden.

Die Daten aus dem Assetverzeichnis und dem Risikobehandlungsplan können auch zur Filterung von CERT-Meldungen herangezogen werden, um nicht in der schieren Menge täglich anfallender Meldungen zu versinken und demotiviert aufzugeben.

Hinsichtlich des Assetverzeichnisses ist zu beachten, dass dieses nicht statisch ist: Neue Assets müssen nach ihrer Aufnahme in das Verzeichnis auch in punkto Schwachstellen beachtet werden, dagegen entfallen diese, sobald Assets aus dem Verzeichnis herausgenommen werden.

Soweit die Organisation für ihre Informationsverarbeitung Dienstleister in Anspruch nimmt (z. B. Cloud Provider), müssen auch hierbei auftretende Schwachstellen berücksichtigt werden. Insofern sollten Dienstleistungsverträge Vorgaben über die zeitnahe Meldung entdeckter Schwachstellen und deren Behebung durch den Dienstleister beinhalten, damit die Organisation die Auswirkungen auf die eigene Informationsverarbeitung beurteilen und ggf. flankierende Maßnahmen ergreifen kann.

Zur Behebung von Schwachstellen in der *Software* sind oft Patches von Herstellern verfügbar – aber leider nicht immer oder nicht ausreichend schnell. CERT-Meldungen – oder auch Meldungen der Hersteller – können temporäre Maßnahmen zur Schadenbegrenzung enthalten, bis ein offizieller (und hoffentlich wirksamer) Patch vorliegt.

Was die Einspielung von Updates und Patches anbetrifft, gelten auch hier die üblichen Vorsichtsmaßnahmen: Überprüfung der Authentizität der Quelle, Prüfen auf Malware, Testinstallation, erst nach positivem Testergebnis auf Produktivsysteme aufspielen[88]. Man kann auch abwarten, bis andere Organisationen über Erfahrungen mit einem Patch berichten – und dann erst selbst zur Tat schreiten. Die Frage ist, ob man sich im Hinblick auf die bestehenden Risiken solange Zeit gibt.

Die Gewinnung und Auswertung von Informationen über Schwachstellen und deren weitere Bearbeitung ist eine umfangreiche, aber unverzichtbare Aufgabe. Dieses *Schwachstellenmanagement* ist ein zentraler ISMS-Prozess. Er unterliegt somit auch einer regelmäßigen Überprüfung und Bewertung (Eignung, Angemessenheit, Wirksamkeit). Vor diesem Hintergrund ist der ISMS-Prozess auch im Messprogramm nach ISMS-9.1 zu berücksichtigen.

Das Schwachstellenmanagement ist ein schönes Beispiel für das Ineinandergreifen verschiedener ISMS-Prozesse:

- Die in der Schwachstellenbetrachtung identifizierten Risiken für die Organisation sind dem Prozess der Risikobeurteilung und -behandlung nach ISMS-6 zuzuführen.

---

[87] Evtl. unter Nutzung von Analyse-Tools oder aufgrund von durchgeführten Penetrationstests.

[88] Voraussetzung ist das Deaktivieren *automatischer* Updatefunktionen.

Hierbei kann auch die von CERT-Diensten meist mitgelieferte Risikoeinschätzung berücksichtigt werden.

- Weiterhin besteht eine Verbindung zum *Incident Management,* weil das Bekanntwerden einer für die Organisation relevanten Schwachstelle stets als Incident zu klassifizieren ist und eine Bearbeitung verlangt.
- Das Change Management kommt bei der Behebung von Schwachstellen ins Spiel, weil hier in aller Regel Änderungen an Systemen und Maßnahmen vorzunehmen sind.

A-8.9 Konfigurationsmanagement

Diese neue Control – in älteren Normfassungen nicht explizit enthalten – betrifft das Konfigurieren von Hardware, Software, Diensten, Netzwerken und Netzwerkverbindungen. Wir sind natürlich vorrangig interessiert an der Konfiguration der *Sicherheitseigenschaften* der genannten Assets.

Das Control fordert, passende Konfigurationsvorgaben für diese Assets zu entwickeln, zu dokumentieren, umzusetzen, zu überwachen und regelmäßig auf Eignung und Wirksamkeit zu begutachten.

Bei der *Entwicklung* der Vorgaben sollte das Ziel bestehen, soweit möglich *einheitliche* Vorgaben für vergleichbare Assets festzulegen, ggf. noch differenziert nach dem Sicherheitsbedarf.

Die Nutzung von *standardisierten Templates* kann die Planung, Dokumentation, Umsetzung und Überwachung der Konfigurationen erheblich vereinfachen. Falls die Hersteller bestimmter Produkte solche Templates für ihre Systeme nicht mitliefern, muss die Organisation diese erstellen.

Bei der *Umsetzung* der Vorgaben für einzelne Assets – auch bei späteren Konfigurationsänderungen – ist stets das Change Management (A-8.32) einzubeziehen.

Welche Konfigurationseinstellungen bei bestimmten Assets vorzunehmen sind, hängt natürlich von der Art des Assets ab. Das häufig erwähnte *Härten von Betriebssystemen* beispielsweise kann eine längere Liste von Einstellungen/Aktivitäten nach sich ziehen, während bei anderen Fällen vielleicht nur das Auswählen weniger Optionen ansteht.

Bei der Umsetzung von Konfigurationsvorgaben für ein Asset sollten – neben dem Namen der handelnden Person und des Datums – die vorgenommenen Einstellungen z. B. mit Screenshots aufgezeichnet werden, um Nachweise über die Einhaltung der Vorgaben zu erzeugen. Diese Nachweise sind zu archivieren, sie können später bei Unklarheiten zum Abgleich herangezogen werden.

Die *Überwachung* bezieht sich u. a. darauf, dass die dokumentierten Konfigurationsvorgaben präzise eingehalten und nicht ohne Autorisierung geändert werden. Dies kann durch ein permanentes (automatisches) Monitoring oder auch durch regelmäßige manuelle Überprüfung geschehen.

Natürlich gibt es Anlässe, einzelne Konfigurationseinstellungen oder ganze Templates anzupassen (z. B. wegen neuer Risiken, Sicherheitserkenntnisse oder neuer Assettypen) – dies muss aber stets in einem geregelten Prozess mit entsprechenden Autorisierungsschritten ablaufen.

Für das Konfigurationsmanagement sind häufig entsprechende Tools im Einsatz, die den skizzierten Prozess unterstützen, z. T. auch in Verbindung mit dem Asset Management.

Das Konfigurationsmanagement ist ein ISMS-Prozess – auszustatten mit einer Verantwortlichkeit (Rolle, Personal) und den benötigten Ressourcen – und unterliegt den gleichen Anforderungen wie z. B. das Schwachstellenmanagement (s. Ende von A-8.8).

Eine letzte Anmerkung: Konfigurationsdaten vieler Assets (z. B. von Firewalls) sind als hoch sensibel einzustufen – ihre unbedachte Weitergabe an Unbefugte ist der Sicherheit der Organisation abträglich, weil hieraus Schlüsse über den Grad der Sicherheit, mögliche Einfallstore für Angriffe usw. abgeleitet werden können. Konfigurationsdaten sind vor diesem Hintergrund grundsätzlich vor dem Verlust der Vertraulichkeit zu schützen. Ebenso kann die Manipulation von Konfigurationsdaten erhebliche Konsequenzen für die Organisation nach sich ziehen – die Integrität der Konfigurationsdaten ist somit ein weiteres Schutzziel.

A-8.10 Löschung von Informationen

Unter dieser Überschrift geht es um die Forderung, gespeicherte Daten zu löschen, sobald sie nicht mehr benötigt werden. Aus Sicht der Sicherheit sind zwei Motive für dieses Control zu nennen:

- Gespeicherte Daten stellen grundsätzlich ein Angriffsziel dar. Auch wenn sie von der Organisation nicht mehr benötigt werden, geben sie möglicherweise Interna der Organisation preis oder stellen vertraulich zu haltende Daten dar – z. B. auch, wenn es sich um personenbeziehbare Daten handelt.
- Die geforderte Löschung kann in Verträgen, durch gesetzliche Bestimmungen (z. B. in der DS-GVO) oder in eigenen Vorgaben der Organisation gefordert sein, z. B. durch Angabe von Löschfristen oder der Archivierungsdauer.

Vor diesem Hintergrund ist es unerheblich, auf welchem Datenträger bzw. in welchen Systemen/Geräten die Daten gespeichert sind. Auch wird nicht explizit gefordert, sich dabei auf sensible Daten zu beschränken – diese Einstufung mag sich ja verändern.

Das Control ist auch auf Dienstleister anzuwenden, die Daten für die Organisation speichern und verarbeiten. In bestehende Dienstleistungsverträge ist eine entsprechende Regelung aufzunehmen (sofern dieses Control angewendet wird). Je nach Erfordernis kann es dabei um Löschungen während der Vertragslaufzeit gehen, insbesondere aber um eine vollständige Datenlöschung bei Vertragsende. Ein typischer Fall ist die Inanspruchnahme von Cloud Services, die bei Vertragsende eine „Rückgabe" von Daten und eine Löschung derselben beim Provider erfordert – auch hier soll sichergestellt werden, dass nach Vertragsende Unbefugte nicht auf Daten der Organisation zugreifen können.

Ob Daten beim Dienstleister oder in der eigenen IT gespeichert sind: Je nach Grad der Sensibilität kann es geboten sein, über die Löschung einen Nachweis zu führen (Löschprotokoll). Bei Vertragsbeziehungen ist das Löschprotokoll dem Auftraggeber auszuhändigen. Werden später auftretende Datenlecks untersucht, können solche Nachweise bei der Ursachenfindung helfen.

Damit kommen wir zum Punkt der *Zuverlässigkeit* einer solchen Löschung. Man beachte, dass

- eine zur Löschung anstehende Datei selten an genau einem Ort gespeichert ist, sondern oft in den Systemen mehrfach vorhanden ist, in Backups auftaucht, in Clouds, auch lokal in Endpoints beim Mobile- oder Home-Office gespeichert sein kann,
- die technische Durchführung der Löschung sehr unterschiedlich sein kann – von einer einfachen Löschung einer Datei per Betriebssystemkommando bis hin zum mehrfachen Überschreiben oder gar Verschlüsseln der Datei,
- auf den Datenträgern noch frühere Versionen einer Datei physisch vorhanden sein können, weil das zuständige Betriebssystem keine *physische* Löschung ausführt, sondern nur Einträge im Dateiverzeichnis (Directory) löscht. Gelegentlich bleiben auch *temporäre* Kopien erhalten, weil unsauber programmierte Anwendung „vergessen" sie zu löschen oder sie nach einem Absturz nicht mehr löschen konnten.

In Anbetracht dieser Erkenntnisse muss man möglichst präzise festlegen, in welchem Umfang – nur die aktive Datei oder alle Sekundär- und früheren Versionen – und mit welchem technischen Verfahren Daten gelöscht werden sollen.

Die Sicherheit technischer Löschverfahren haben wir bereits unter A-7.14 besprochen. Die Qualität des Löschverfahren bemisst sich an dem Aufwand, um die Daten nach der Löschung wiederherstellen zu können (wenn überhaupt möglich). Die Auswahl des Löschverfahren muss sich an dem Grad der Sensibilität der Daten orientieren – etwa im Sinne der Klassen aus [11].

Bei mobilen bzw. ausbaubaren Datenträgern kann statt einer Löschung im obigen Sinne auch eine qualifizierte Entsorgung des gesamten Datenträgers ein probates Mittel sein, um sich der Daten sicher zu entledigen (A-7.14). Das gilt analog für komplette Systeme mit fest verbauten Datenträgern.

Werden Datenträger z. B. zur Reparatur oder Wiederherstellung an entsprechende Firmen/Lieferanten übergeben, ist ein vorheriges Löschen von Daten dringend anzuraten (A-7.10).

A-8.11 Datenmaskierung

Unter *Maskieren* versteht die Norm ein Verfahren, mit dem Daten so bearbeitet werden, dass bestimmte oder alle Informationen nicht mehr sichtbar sind bzw. ausgeblendet werden.

Beim Datenträger Papier ist z. B. das *Schwärzen* bestimmter Textpassagen ein solches Verfahren. Es wird angewendet, wenn ein Dokument zwar *prinzipiell* weitergegeben bzw. veröffentlicht werden kann – oder aufgrund von gesetzlichen Bestimmungen sogar muss –, aber bestimmte Passagen des Textes vertraulich bleiben sollen. Letzteres kann aus gesetzlichen oder vertraglichen Gründen erforderlich oder zum Schutz von Personen und Organisationen geboten sein.

Sinngemäß ist das auch auf Daten zu übertragen, die auf Datenträgern und in Systemen gespeichert sind. Welche Techniken gibt es hier? Zum Einsatz kommen im Zusammenhang mit personenbezogenen Daten die

- Pseudonymisierung – Rückschluss auf Personen nur mit zusätzlichen Informationen möglich,
- Anonymisierung – jeglicher Personenbezug ist entfernt, kein Rückschluss mehr auf konkrete Personen möglich.

Analog können auch Daten über Organisationen oder über Informationsquellen maskiert werden.

Neben Pseudonymisieren und Anonymisieren sind weitere Verfahren nutzbar, z. B. sensitive Datensätze oder -teile

- durch andere, unkritische Daten ersetzen,
- löschen, mit nichtssagenden Mustern überschreiben (in Analogie zum Schwärzen) oder durch ihren Hashwert ersetzen,
- zu verschlüsseln (Daten sind nur bei Kenntnis des Schlüssels wiederherstellbar),
- an Zugriffsrechte zu binden (z. B. Zugriffsschutz auf einzelne Datenfelder in einer Datenbank).

Das Control A-8.11 – ein neues Control in der aktuellen Normfassung –fordert

- zu prüfen, für welche Daten eine Maskierung anzuwenden ist,
- festzulegen, welche Art der Maskierung vorgenommen werden soll,
- maskierte Daten vor einer Weitergabe nochmal auf Wirksamkeit des Maskierens zu überprüfen,
- den Prozess der Weitergabe (und des Empfangs) maskierter Daten zu protokollieren.

A-8.12 Verhinderung von Datenlecks

Auch bei diesem Control geht es um die Kontrolle und Beschränkung der Weitergabe sensibler Daten – hier allerdings um die aus Sicht der Organisation *unbeabsichtigte* Weitergabe über *Datenlecks* in den technischen Systemen.

Datenlecks haben zur Folge, dass Daten über bekannte oder unbekannte (= noch nicht entdeckte bzw. verdeckte) Kanäle an Unbefugte gesendet werden können. Klassisch sind die Fälle, in den Daten über Anwendungen (Email, File-Transfer), über mobile Geräte oder mobile Datenträger abfließen.

Dabei werden letztlich Speicher genutzt, die nicht ausreichend überwacht werden: Befugte legen sensible Daten dort ab, Unbefugten kopieren sich Daten. Sind Anwendungen beteiligt (z. B. File-Transfer), übernehmen diese den Transport. Man spricht von sog. *Speicherkanälen bzw. Anwendungskanälen.*

Ein trickreicheres Verfahren bieten sog. *Zeitkanäle:* Nach einem vereinbarten Zeittakt wird eine gemeinsame Ressource gesteuert und beobachtet, um darüber Informationen z. B. bitweise zu übertragen.

Ein Beispiel für einen Zeitkanal mit der Ressource „Prozesstabelle" in einem IT-System: Der Sender startet im Takt einen in der Prozesstabelle identifizierbaren Prozess, um das Bit „1" zu übertragen, bei „0" wird der Prozess nicht gestartet. Der Empfänger beobachtet die Prozesstabelle synchron im gleichen Takt und erkennt die „1" oder die „0". Dieser Kanal ist in der Regel nicht überwachbar, weil die Anzeige der Prozesstabelle normalerweise nicht überwacht wird.

Gerade bei Zeitkanälen ist oft nur ein begrenzter Schutz möglich – manchmal ist man froh, überhaupt von der Existenz eines solchen Kanals zu wissen.

Wer sich in das Thema *Data Leakage* einlesen möchte, sei z. B. auf [13] verwiesen.

Das Control A-8.12 – ebenfalls ein neuer Kandidat in der 2022er Normfassung – fordert

- gegen Data Leakage anfällige bzw. zu schützende Datengruppen zu identifizieren,
- soweit möglich bekannte Kanäle zu überwachen und
- bei verdächtigen Transferaktivitäten sofort einzugreifen und den Transport ggf. zu blockieren.

Diese Anforderungen kann man im laufenden IT-Betrieb nicht „manuell" erfüllen, es bedarf vielmehr geeigneter Überwachungseinrichtungen – z. B. durch sog. DLP−Produkte zur Entdeckung/Verhinderung von unerlaubten Datenabflüssen. Sie bestehen überwiegend aus Software, werden aber z. B. im Netzwerkbereich häufig durch Hardware (DLP−Network−Monitor) unterstützt.

DLP-Tools sind in der Lage, Daten in der IT-Landschaft einer Organisation mittels konfigurierbarer Regeln[89] als sensibel zu identifizieren, in die Überwachung einzubeziehen, ihre „Bewegungen" zu überwachen und bei verdächtigen Transfers Alarm zu geben oder den Transfer vorsorglich zu unterbinden. Zu den registrierten Bewegungen zählen u. a. auch das Backup von Daten, das Kopieren auf mobile Datenträger, das Anfertigen von Screenshots mit Mitteln des IT-Systems.

Das Fotografieren von Bildschirminhalten z. B. mit einem Smartphone kann natürlich nicht per DLP-Tool überwacht werden. Es kann höchstens von anderen Personen beobachtet und hinterfragt werden – für solche Fälle können Sensibilisierung und Schulung einiges leisten.

Hat man verdächtige Kanäle und Transfers identifiziert, stellt sich immer noch die Frage, welche Personen (intern oder extern) bei einem Datenabfluss aktiv beteiligt sind. Um diese dingfest zu machen, werden in diesem Zusammenhang das „Reverse Social Engineering" und die Nutzung von „Honeypots" erwähnt – in Analogie zu bekannten geheimdienstlichen Aktivitäten.

Die Nutzung von DLP-Tools kann je nach Grad und Tiefe der Überwachung an gesetzliche Grenzen stoßen (Datenschutz, Mitarbeiterrechte usw.) und muss deshalb sorgfältig überdacht und entsprechend vorbereitet werden.

A-8.13 Sicherung von Information

Auch wenn die Überschrift an das klassische Backup von Daten erinnert, ist hier mehr gemeint: *Sicherung* bezieht sich sowohl auf Daten und Software als auch auf Systeme/ Einrichtungen.

Das Ziel ist eine Wiederherstellung bzw. ein Ersatz solcher Objekte bei Verlust oder Defekt – und dies in einer akzeptablen Zeit.

Betrachten wir zunächst *Daten:* Da Software (als ausführbare Datei oder als Image) auch unter *Daten* fällt, behandeln wir diese beiden Fälle gemeinsam.

Die Anforderung – für Daten interpretiert – lautet, eine Backup-Richtlinie bzw. eine Gruppe von Backup-Plänen zu entwickeln, die auf folgende Punkte eingehen:

- welche Daten zu sichern sind
- wann bzw. in welchen Intervallen oder zu welchen Anlässen dies erfolgen soll
- welche Form des Backups ausgeführt werden soll (voll, inkrementell oder differenziell)
- wie vor dem Backup verifiziert wird, dass die betreffenden Daten noch einen korrekten Status haben[90]
- wer für die Durchführung von Backups verantwortlich ist

---

[89] Im einfachsten Fall durch Suche nach konfigurierbaren kritischen Stichwörtern.

[90] Falls z. B. die Datenintegrität nicht mehr gegeben ist oder bestimmte Daten versehentlich gelöscht wurden, macht ein Backup wenig Sinn bzw. kann bei einem Restore sogar kontraproduktiv sein.

- womit das Backup ausgeführt wird (Betriebssystemfunktion, separates Tool)
- wo die Daten zu sichern sind (Speicherort, Datenträger)
- wie Backup-Datenträger physisch geschützt werden, auch: ob sie ggf. ausgelagert werden sollen
- ob Backups bzw. ihre Datenträger verschlüsselt werden sollen (Schutz gegen unbefugtes Lesen) und wie die Schlüssel sicher erzeugt und aufbewahrt werden
- wie die Durchführung von Backups aufgezeichnet wird, um später nachvollziehen zu können, dass alle vorgesehenen Daten-Stände fehlerfrei und vollständig gesichert wurden und wann dies jeweils erfolgt ist

Man beachte, dass ein Daten-Backup nur Sinn macht, wenn die Daten von den verwendeten Sicherungsmedien – auch nach länger Zeit – zuverlässig gelesen werden können. Somit kommen für Backups nur Medien mit einer hohen Qualität zum Einsatz. Backup-Systeme erkennen in der Regel, ob beim Schreiben auf einen Sicherungsmedium Fehler auftreten, und korrigieren diese automatisch. Nach einer gewissen Nutzungszeit wird allerdings die Zahl der Schreibfehler ansteigen und damit anzeigen, dass das Nutzungsende des Datenträgers (für Backup-Zwecke) erreicht ist. Fällt dies erst beim Lesen bzw. Restore auf, ist es oft schon zu spät …

Die Häufigkeit der Wiederverwendung der Backup-Medien ist dabei ein wichtiger Faktor. Man nutzt dazu meist eine gewisse Menge von Medien, die zyklisch z. B. nach dem Round-Robin-Prinzip gewechselt werden. Hierdurch verlängert sich die Nutzungszeit für die einzelnen beteiligten Medien.

Müssen Backup-Medien wegen zunehmender Fehler oder anderer Probleme ausgetauscht bzw. ausgesondert werden, sind sie ausnahmslos *qualifiziert* zu *entsorgen* (vgl. auch A-5.10 sowie A-7.10 beim Stichwort *Aussondern und Entsorgen).* Sie enthalten unter Umständen umfangreiche Daten der Organisation und sind daher ein begehrtes Angriffsziel.

Um die Wirksamkeit der Backup-Pläne für Notfälle zu bestätigen, wird dringend empfohlen, vor allem das selektive oder vollständige Restore regelmäßig zu trainieren. Erfahrungsgemäß können neben Lesefehlern auch noch andere Probleme auftreten: Wechsel des Release-Standes der Restore-Software (nicht mehr kompatibel mit „alten" Sicherungsmedien), Schlüssel zur Entschlüsselung von Sicherungsmedien ist nicht verfügbar, Berechtigungen für das Rückspielen von Daten sind nicht ausreichend, das Restore dauert erheblich länger als vermutet usw. Gute Trainingsszenarien legen solche Probleme meist schonungslos offen – und liefern wichtigen Input für das IT-Notfallmanagement.

Entsprechende Notfallübungen sollten keinesfalls auf Produktivsystemen, sondern immer auf Testsystemen erfolgen – dabei auftretende Fehler sollen den normalen IT-Betrieb nicht beeinträchtigen können.

Neben den klassischen Backup-Verfahren haben wir weitere Möglichkeiten der Sicherung: Zu nennen sind die (automatische) Spiegelung von Daten auf anderen Speichersystemen oder in einer Cloud, die Synchronisation von Daten über mehrere Geräte – typisch etwa für Daten auf mobilen IT-Systemen unter Nutzung der Hersteller-Clouds. Auch solche Möglichkeiten können in Backup-Plänen aufgeführt sein – bei anderen als eigenen Clouds sind jedoch Risiken bei der Service-Verfügbarkeit in Betracht zu ziehen.

Letztlich ist auch das Thema der (Langzeit-)*Archivierung* von Daten zu betrachten: Hierbei besteht das Ziel, nicht nur den letzten integeren Datenstand verfügbar zu halten, sondern explizit ältere Versionen zu sichern – z. B. um darauf beruhende Geschäftsvorgänge nachvollziehen bzw. nachweisen zu können. Typisch ist hierbei die Vorgabe von Löschfristen oder einer minimalen/maximalen Speicherdauer.

Im Control wird auch noch das Backup von *Systemen* erwähnt, also das Vorhalten und Bereitstellen von Ersatzsystemen (in ausreichender Zahl). Hierbei ist natürlich sicherzustellen, dass die Backup-Systeme funktionstüchtig sind. Letztlich muss dies ebenfalls durch regelmäßige Tests verifiziert werden. Diese „Sicherung" von Systemen fließt auch in die Betrachtungen des folgenden Controls A-8.14 ein.

A-8.14 Redundanz von informationsverarbeitenden Einrichtungen

Sobald es um die Verfügbarkeit informationsverarbeitender Einrichtungen geht, kommt als präventive und reaktive Maßnahme die Redundanz ins Spiel. Ein Ausfall entsprechender Einrichtungen lässt sich durch den Betrieb mehrerer gleicher oder zumindest vergleichbarer Einrichtungen überbrücken.

Dabei können solche redundanten Einrichtungen im normalen Betrieb bereits parallel laufen (präventiv) oder aber erst nach Eintritt eines Ausfalls in Betrieb genommen werden (reaktiv). Letztlich stellt sich hier die Frage, wieviel Unterbrechungszeit tolerierbar ist. Eine automatische Betriebsübernahme z. B. durch ein bereits parallel laufendes IT-System kann einen Ausfall eines anderen IT-Systems möglicherweise ohne Unterbrechung überbrücken.

Anhand der tolerierbaren Unterbrechungsdauer einerseits und der notwendigen Zeit für die Inbetriebnahme einer Redundanz andererseits lässt sich leicht ermitteln, welche Architektur man einsetzen muss:

- permanent aktive Parallelinstallation – mit schneller automatischer oder manueller Betriebsübernahme, oder
- bei Bedarf Inbetriebnahme einer Ersatzlösung – bereits vorkonfiguriert/betriebsbereit oder eben noch zu konfigurieren, wenn man ausreichend Zeit hat.

Ob dabei eine einfache oder eine mehrfache Redundanz vorzuhalten ist, muss anhand von Ausfallwahrscheinlichkeiten und noch akzeptablen Wiederherstellungszeiten, aber auch auf der Basis von Wirtschaftlichkeitsbetrachtungen entschieden werden. Im Bereich des IT-Notfallmanagements wird dazu eine *Business Impact Analysis* (BIA) erstellt[91].

---

[91] vgl. dazu z. B. [3] oder [5].

Dort, wo es auf kurze oder gar keine Unterbrechungszeiten ankommt, müssen bei den betreffenden Einrichtungen Sensoren vorhanden sein, die Ausfälle erkennen, entsprechende Alarme geben und – sofern möglich – die automatische Umschaltung auf redundante Einrichtungen veranlassen.

Alarme dienen dazu, die Prozesse des Incident Managements bzw. der Notfallbewältigung in Gang zu setzen.

Haben nach einem Ausfall redundante Einrichtungen den Betrieb übernommen, ist die Situation im Grunde entspannt: Es steht nun Zeit zur Verfügung, die ausgefallene Einrichtung zu reparieren oder zu ersetzen und dann wieder in Betrieb zu nehmen – Redundanz schafft Zeit!

Wichtig: In allen diesen Szenarien gilt es zu beachten, dass die beteiligten redundanten Einrichtungen die gleiche Sicherheit aufweisen und bei Betriebsübernahme keine Übergangszeiten mit verminderter Sicherheit auftreten. Dies bezieht sich auf alle Sicherheitsziele der Organisation.

Für welche informationsverarbeitenden Einrichtungen gelten diese Ausführungen? Sie sind beispielsweise anwendbar auf:

- Infrastruktureinrichtungen (z. B. Stromversorgung mit Netzersatzanlage, redundante Klimatisierung)
- IT-Systeme wie Server, Gateways, Firewalls (redundante Auslegung)
- Netzwerkgeräte wie Switches, Router und Access Points (dito)
- Netzwerkstrecken und -verbindungen (z. B. redundante Leitungsführung, Vermaschung)
- Internetzugang (z. B. über mehrere unabhängige Provider)
- komplette Rechenzentren (redundante oder Backup-Rechenzentren)
- Dienstleistungen wie z. B. VPN-Dienste oder Cloud Services (Nutzung redundanter Services *eines* Providers[92], oder Nutzung mehrerer unabhängiger Provider)

Letztlich kann Redundanz auch auf IT-Anwendungen angewendet werden, bezieht sich aber dann meistens auf die davon genutzten Daten, Systeme und Netzwerkverbindungen. Redundanz ist hier kein Mittel, um z. B. Abstürze aufgrund von Programmierfehlern zu kompensieren. Ist ein solcher Absturz erfolgt, wird er wahrscheinlich in Kürze auch bei der Parallelinstallation auftreten.

Wie geht man bei der Umsetzung von A-8.14 vor?

Im einfachsten Fall ist das Inventarverzeichnis der Startpunkt: Zunächst sind die informationsverarbeitenden Einrichtungen herauszufiltern, sodann wird man überprüfen, wo Verfügbarkeitsanforderungen bestehen, und schließlich festlegen, wie diese präventiv/ reaktiv durch Redundanzen erfüllt werden können.

Will man hier allerdings professionell einsteigen, müsste man damit beginnen, die oben genannte BIA durchzuführen und sog. *Kontinuitätslösungen* zu planen. Hierbei sind vor

---

[92] Bei Clouds auch in Form von regional aufgestellten *Content Delivery Networks*.

allem Abhängigkeiten zu berücksichtigen, wie sie z. B. zwischen verschiedenen Prozessen bestehen können.

A-8.15 Protokollierung

Protokolle bzw. Aufzeichnungen werden in einem ISMS erstellt, um im Nachgang *Analysen* und *Auswertungen* bestimmter Ereignisse vornehmen oder über bestimmte Vorgänge *Nachweise* erzeugen zu können. Solche Aufzeichnungen sind oft auch Grundlage für die Ermittlung von *Kennzahlen* im Rahmen eines Messprogramms nach ISMS-9.1.

Gegenstand von Protokollen können Aktivitäten von Benutzern oder Administratoren, auftretende Ereignisse oder statistische Erhebungen sein. Einige Beispiele für aufzuzeichnende Daten sind:

- Login/Logoff und Datenzugriffe durch „normale" User (User-Id, Datum/Uhrzeit, erfolgreich/nicht erfolgreich, Geräte-Id/Netzwerkadresse des Logins/Zugriffs, gestartete IT-Anwendungen usw.)
- Daten über privilegierte Aktionen (Login/Logoff und Datenzugriffe wie zuvor, Art der Aktion z. B. Konfigurationsänderungen, Nutzerverwaltung oder Aktivieren bzw. Deaktivieren von Systemdiensten, Nutzen besonderer Utilities mit erweiterten Rechten)
- Daten über Einrichtungen, Systeme und Netze wie Auslastung, Ressourcenverbrauch und Bandbreiten
- Tickets über auftretende Incidents (Fehlerzustände, Störungs- und Notfälle)
- Eintritt in Sicherheitsbereiche und Verlassen derselben durch betriebsfremde Personen
- Nutzungsdaten über die Inanspruchnahme externer Dienste
- Daten aus IT-Anwendungen: Diese verfügen oft über eigene Protokollierungsfunktionen, etwa zur Transaktionssicherung bei Datenbanken.

Da bei Aufzeichnungen häufig Datum und Uhrzeit eine Rolle spielen, wäre es sehr ungünstig, wenn die protokolierenden Systeme einer Organisation über abweichende Systemzeiten verfügten. Damit würden systemübergreifende Auswertungen und Analysen ziemlich erschwert – also: gemeinsame Zeitbasis bzw. Uhrensynchronisation.

Anhand der Beispiele ist erkennbar, dass die Funktion der Protokollierung für ein ISMS unverzichtbar ist – ihrer Bedeutung wegen wird empfohlen, eine entsprechende Richtlinie bzw. einen Plan zu erstellen. Im Folgenden gehen wir auf Punkte ein, die dabei zu berücksichtigen sind.

Zunächst ist festzuhalten, dass manche Protokolle *manuell*, d. h. durch Personen erzeugt werden: z. B. Listen von Besuchern, Führen von Wartungs– und Maschinenbüchern, Memos über Besprechungen und Telefonate usw. Für diese klassischen Aufzeichnungen gelten sinngemäß – und soweit anwendbar – die nachfolgenden Ausführungen in gleicher Weise.

Aufzeichnungen *automatischer* Art müssen in den entsprechenden Einrichtungen, Systemen und ggf. IT-Anwendungen zunächst konfiguriert und aktiviert werden. Dabei sollte nicht alles eingeschaltet werden, was möglich ist, sondern vorab geprüft werden, wofür später eine Analyse bzw. Auswertung oder ein Nachweis erforderlich ist.

Sowohl für manuelle wie auch automatische Aufzeichnungen bestehen möglicherweise Vorgaben in Gesetzen, Richtlinien und Verträgen, in denen bestimmte Aufzeichnungen gefordert oder einschränkt werden[93]. Mit diesem Input sollten die erforderlichen und zulässigen Protokollierungen ausgewählt werden.

Bei der genauen Spezifizierung der aufzuzeichnenden Daten ist zu beachten, dass die Daten im Hinblick auf die geplante Nutzung *aussagekräftig* sind. Das bedeutet, dass man sich bereits *in der Planungsphase* darüber im Klaren sein sollte, welche Auswertungen später vorgenommen werden sollen und welche Daten dazu benötigt werden. Natürlich kann man auch später noch neue Auswertungen konzipieren oder bestehende verändern (z. B. im Rahmen der kontinuierlichen Verbesserung oder als Change).

Soweit es um Nachweise geht, muss auf deren *Beweiskraft* geachtet werden, d. h. es sind Maßnahmen einzurichten, die diese Beweiskraft sichern und aufrechterhalten:

- Protokolldateien auf Read-Only oder Append-Only setzen (wenn möglich), vor Integritätsverlust sichern oder zumindest nachträgliches Erkennen desselben ermöglichen (z. B. durch Hashwerte/Signaturen).
- Es sind strikte Zugriffsbeschränkungen auf Protokolldaten einzurichten und Auswertungen evtl. nur im Vier-Augen-Prinzip zuzulassen.
- Es ist auf juristisch verwertbare Angaben von Datum und Uhrzeit – hier möglichst die *gesetzeskonforme* Zeit, vgl. A-8.17 – zu achten.
- Es sind Maßnahmen zur längeren Verfügbarkeit der Daten zu planen und umzusetzen (mindestens Einbeziehung in das Backupverfahren der Organisation, besser noch Nutzung von Archivsystemen).

Das *Sammeln von Beweismaterial* ist auch Gegenstand von A-5.28.

Wo werden solche Aufzeichnungen gespeichert? In den IT-Systemen werden die Protokolle in aller Regel durch das Betriebssystem erzeugt und in einem geschützten Bereich abgelegt. Hier muss konfiguriert werden – sofern möglich –, wie lange die Protokolle zu speichern sind, ob sie ggf. verschlüsselt werden, wer auf die Protokolle Zugriff nehmen kann, ob sie auf andere Speicher kopiert werden dürfen usw.

Sind bestimmte Einstellungen (z. B. Speicherdauer) nicht möglich, müssen die Vorgaben durch einen administrativen Prozess umgesetzt werden (z. B. manuelles Löschen älterer Aufzeichnungen nach Ablauf der Speicherfrist). Sinngemäß gilt alles auch für Aufzeichnungen von IT-Anwendungen oder von Versorgungseinrichtungen, erst recht bei manuellen Aufzeichnungen von Personen.

---

[93] Etwa im Zusammenhang mit dem Datenschutz und des Schutzes von Arbeitnehmerrechten.

In Zeiten mit beschränktem und teurem Speicherplatz spielte der Platzbedarf für Aufzeichnungen immer eine Rolle. In der Praxis kam es vor, dass die Systeme einen definierten Speicherplatz für Protokolle verwendeten und dieser bei Überlaufen des Speichers wieder von vorne beschrieben wurde, d. h. Daten wurden de facto überschrieben. Dies ist natürlich absolut kontraproduktiv. Abhilfe schafft die Maßnahme, rechtzeitig vor Erreichen der Speichergrenze einen Alarm zu geben, sodass eine Sicherung der vorhandenen Daten noch ausgeführt werden kann.

Wir haben schon erkannt, dass ein Zugriff auf Protokolle nur nach entsprechender Autorisierung ermöglicht werden darf. Andernfalls könnten Manipulanten leicht Protokollierungen ausschalten oder unterbrechen, um die eigenen Aktivitäten zu verdecken, oder Protokolle gezielt löschen. Außerhalb von IT-Systemen kommt hier auch die Zutrittskontrolle – etwa zu Infrastruktur-Anlagen mit Protokollfunktion – als Schutz in Frage. Der Schutz von Protokollen bzw. Aufzeichnungen ist auch Gegenstand von A-5.33.

Generell ist darauf zu achten, dass die Protokollierung und der Schutz der Protokolldaten auch privilegierte Rollen/Personen umfasst, d. h. einerseits müssen auch deren Aktivitäten protokolliert werden, andererseits sollte ein unerlaubtes/manipulatives Ändern oder Ausschalten der Protokollierung durch diesen Personenkreis erschwert[94] werden oder zumindest später entdeckt werden können[95].

Manche protokollierten Ereignisse – z. B. der Ausfall kritischer Einrichtungen – müssen zu Alarmen führen, d. h. hier genügt kein Eintrag in einem Log-File, es muss vielmehr unverzüglich eine Warnmeldung an eine zuständige Stelle (Incident Management) gesendet werden (s. A-8.16).

Da Protokolldaten häufig User-Ids und andere letztlich dem Datenschutz unterliegende Informationen enthalten, ist Vorsicht geboten, wenn solche Daten an Hersteller von Systemen gesendet werden sollen – etwa zur Unterstützung bei Fehleranalysen und -behebungen oder bei Support-Anfragen. Die personenbeziehbaren Daten sind ggf. vorab zu maskieren (A-8.11). Auch sollten vorab die Ausführungen unter A-5.14 betreffend Informationsweitergabe zu Rate gezogen werden. Ein ähnlicher Fall liegt vor, wenn man als IT-Dienstleister Protokolle an Kunden weiterleitet, weil dies in Dienstleistungsvereinbarungen so vereinbart worden ist.

Kommen wir zum Punkt der *Auswertung* von Protokolldaten: Da es sich um meist sehr umfangreiche (Roh-)Daten handelt, ist es sehr hilfreich, wenn in den Systemen eine Such- und Auswertefunktion integriert ist. Alternativ überträgt man die (strukturierten) Daten in eine Datenbank und bearbeitet sie mit den dortigen Mitteln. Am Markt sind auch spezielle Tools zur Auswertung von Protokollen verfügbar.

Eine Warnung vorweg: Die qualifizierte Auswertung von Protokollen in komplexen Systemlandschaften benötigt weitergehende Kenntnisse (z. B. was in einem konkreten System aufgezeichnet wird und wie das zu interpretieren ist), genaue Vorgaben (was, wie

---

[94] z. B. Zugriff nur im Vier-Augen-Prinzip, welches durch Passwort-Teilung organisatorisch erzwungen werden kann.

[95] z. B. durch ein unabhängiges regelmäßiges Review der Protokolldaten.

und mit welchem Ziel auszuwerten ist) sowie persönliche Erfahrungen bei der Analyse von Schwachstellen, Bedrohungen und Sicherheitsverletzungen.

Man kommt meist zu dem Schluss, dass dafür ein *Team* einzusetzen ist, dessen Mitglieder ihre Kenntnisse der Systeme, Netzwerkprotokolle, Firewall- und IDS-Systeme gemeinsam einbringen, um die Analysen aussagekräftig und zielführend zu gestalten. Die *Threat Intelligence* der Organisation (A-5.7) ist dabei ein wichtiges Instrument.

Zum Schluss: Soll man die Tatsache, dass bestimmte Vorgänge protokolliert und ausgewertet werden, in der Organisation transparent machen bzw. bekannt geben? Einerseits würde damit eine gewisse Abschreckung erzielt, andererseits kann man daraus möglicherweise den Schluss ziehen, was ggf. *nicht* protokolliert wird.

A-8.16 Überwachung von Aktivitäten

Während in A-8.15 die Protokollierung von Rohdaten für spätere Auswertungen bzw. für Nachweispflichten behandelt wird, fordert das – in der aktuellen Normfassung erstmalig auftauchende – Control A-8.16, IT-Systeme und IT-Anwendungen sowie das Netzwerk der Organisation laufend zu überwachen (Monitoring), und zwar mit dem Ziel, anormales Verhalten, Sicherheitsvorkommnisse oder sicherheitswidrige Zustände möglichst früh zu entdecken – zumindest rechtzeitig, um noch in irgendeiner Weise gegensteuern zu können.

Auch hier gilt: Die Überwachung von Aktivitäten muss nach Erfordernissen der Organisation in einem sinnvollen bzw. angemessenen Umfang erfolgen. Natürlich sind dabei gesetzliche oder vertragliche Auflagen, aber auch Beschränkungen nach Art und Tiefe der Überwachung zu beachten.

Daten aus dem Monitoring sollen mindestens so lange aufbewahrt bzw. archiviert werden, wie ihr Zweck (z. B. Entdeckung/Auswertung von Sicherheitsvorkommnissen) es erfordern. Die Organisation ist insofern frei, die Aufbewahrungsdauer selbst festzulegen – es sei denn, dass durch gesetzliche oder vertragliche Vorgaben Fristen gesetzt sind.

Wie soll das Monitoring erfolgen? Hier sind vorrangig *kontinuierliche Messungen,* die *laufende Auswertung* von Protokolldaten (A-8.15) und *wiederholte Tests* zu nennen – das Ganze möglichst automatisiert, und zwar (permanent) in Echtzeit oder (punktuell) periodisch wiederholt. Damit ist klar, dass das Monitoring *Tool-basiert* erfolgen muss – nicht zuletzt auch, um die Datenmenge sowie die Komplexität der Beziehungen zwischen den erfassten Daten analysieren und eine schnelle Ergebnisauswertung garantieren zu können.

Was könnte Gegenstand des Monitorings sein? Einige Beispiele:

- unzulässige Zugriffsversuche zu relevanten Systemen (Endpoints, Server, Firewalls etc.) und zu – für die Organisation – kritischen IT-Anwendungen entdecken
- unzulässige Software-Nutzung (nicht freigegebene Software) und unzulässige Veränderung derselben im laufenden Betrieb feststellen

- unbefugte/unzulässige Änderungen von Konfigurationsdateien in den Systemen zu erkennen
- Aufbau unzulässiger/unsicherer Netzwerkverbindungen *innerhalb* und zu Adressen *außerhalb* der Organisation entdecken
- hereinkommende (inbound) und herausgehende (outbound) Daten bei Anwendungen, Systemen und Netzwerken analysieren auf erlaubte Inhalte, Malware, unbekannte Adressaten etc.
- kritische Meldungen von Sicherheitswerkzeugen auswerten (z. B. Anti-Malware, Intrusion Detection, Data Leakage Prevention, Filterung von Webadressen, Remote Admin, Mobile Device Management etc.)
- befugten/unbefugten Zugriff zu Monitoring- und Protokollierungsfunktionen feststellen
- Leistungsmessungen und Messung der Ressourcennutzung vornehmen, um Annähern an Grenzwerte bzw. ihr Überschreiten zu entdecken (Prozessorkapazität, Speicherplatz, Bandbreiten im Netzwerk und beim Internetzugang usw.),

Bei allen Punkten dieser Aufzählung soll das Monitoring möglichst zwischen normalem (unverdächtigem) und anormalem (potenziell verdächtigem) Verhalten unterscheiden können, d. h. es müssen Regeln zur Unterscheidung dieser beiden Kategorien definiert werden können. Hier ist die Rede von sog. *Baselines*, mit denen die Überwachungseinrichtungen oder nachgeschaltete Analysewerkzeuge ihre Ergebnisse im laufenden Betrieb abgleichen sollen. Die Baselines betreffen beispielsweise erwartetes/unerwartetes Verhalten von normalen oder privilegierten Nutzern, Aktionen von Botnets, Aktivitäten zu ungewohnten Zeiten oder an unüblichen Tagen, Verbindungen mit unbekannten/ungewöhnlichen IP-Adressen, Zustände mit verminderter Leistung bis hin zum Denial-of-Service (DoS), häufige Fehlversuche von Nutzern beim Login oder bei Zugriffen auf Daten oder auf besondere Systeme (Firewalls, DNS-Dienste usw.).

Aus Malware-Scannern, Systemen zur Intrusion Detection (IDS) und Data Leakage Prevention (DLP) sind uns solche Baselines geläufig.

Die Baselines einzurichten, an sich verändernde Situationen und laufende Erkenntnisse anzupassen ist Aufgabe der Organisation. Hierunter fällt auch, bei häufigen Fehlalarmen der Überwachungs-Tools die Baselines präziser zu justieren. Manche Tools verfolgen dabei einen KI-basierten Ansatz und sind im Hinblick auf die korrekte Erkennung von Situationen *lernfähig*.

Monitoring-Tools müssen weiterhin so konfiguriert werden, dass sie bei als anormal erkanntem Systemverhalten einen Alarm erzeugen und diesen an eine zuständige Stelle senden. Monitoring-Ergebnisse, die auf Manipulationen oder zumindest auf Sicherheitslücken hinweisen, sind zu weiterer Behandlung ggf. an das Incident Management, dann weiter auch an das Schwachstellenmanagement und das Risikomanagement zu kommunizieren – man erkennt hier wieder das Zusammenspiel der verschiedenen ISMS-Prozesse.

Es kann auch eine Weiterleitung von Alarmen (und ihrer Bewertung) an Kunden oder Dienstleister in Betracht gezogen werden. Meldungen an Aufsichts- und Meldestellen kommen ebenfalls in Frage, sofern es sich um sicherheitserhebliche Vorkommnisse handelt und man hierfür meldepflichtig ist.

A-8.17 Uhrensynchronisation

Viele – wenn nicht sogar die meisten – informationsverarbeitenden Systeme und Einrichtungen verfügen über eine interne Systemuhr, deren Zeitwerte z. B. in Aufzeichnungen übernommen werden oder als Basis für zeitgesteuerte Verarbeitungen dienen können.

Unter A-5.33 und A-8.15 wurde schon erläutert, dass in einer IT-Landschaft eine *einheitliche* Zeit wesentlich ist, um Aufzeichnungen miteinander vergleichen, systemübergreifende Ereignisse terminieren und Vorfälle analysieren zu können. Folglich sollten sich alle Systeme einer Organisation regelmäßig mit einer gemeinsamen Zeitquelle abgleichen – sofern sie technisch dazu in der Lage sind.

Was kommt als Zeitquelle in Frage? Beispiele:

Es kann die Systemuhr eines dafür vorgesehenen IT-Systems im Intranet, bspw. eines Routers, als Zeitbasis genutzt werden – sofern es nur darum geht, eine einheitliche Zeit im gesamten Intranet zur Verfügung zu stellen, und es keine Rolle spielt, ob diese präzise ist oder Bruchteile von Sekunden vor- oder nachgeht. Eine gelegentliche Kontrolle dieser einfachen Zeitbasis ist erforderlich.

Zeitinformationen könnten von sog. *Zeitservern*[96] im Internet abgerufen werden, analog auch über *GPS-Empfänger*, sofern solche im Intranet erreichbar sind. Die hierüber ermittelten Zeitinformationen sind für die viele Anwendungszwecke – auch organisationsübergreifend – hinreichend präzise.

Ein besonderes Zeitsignal wird in Deutschland vom DCF77-Dienst per Langwellenfunk (77,5 kHz) bereitgestellt: Der von der PTB gesteuerte Dienst liefert die in Deutschland *gesetzlich anerkannte Zeit* – sie ist letztlich für rechtliche Belange maßgebend, z. B. im Zusammenhang mit Protokollen, die im juristischen Sinne Beweiskraft haben sollen. Für das DCF77-Signal existieren Zeitempfänger mit Anschlussmöglichkeit an ein IT-System.

In IP-Netzen ermöglichen das Network-Time-Protokoll (ntp) und das Precision Time Protokoll (ptp) die entsprechende Abfrage der (konfigurierbaren) Zeitquelle. Alle zu synchronisierenden Systeme greifen über diese Protokolle auf die Zeitquelle zu.

Soweit andere technische Einrichtungen im Intranet (etwa im Bereich der Infrastruktur) eine gesicherte Zeitbasis benötigen und diese Protokolle beherrschen, können auch sie mit der einheitlichen Intranet-Zeit versorgt werden: Zeiterfassungssysteme, zutrittskontrollierte Türen und Schleusen, Kantinenabrechnungssysteme usw.

---

[96] Etwa die Internet-Zeitserver der Physikalisch-Technischen Bundesanstalt (PTB) unter ptbtimeX.ptb.de mit X = 1, 2, 3 oder 4.

Besteht bei einigen technischen Einrichtungen *keine* Möglichkeit einer automatisierten Zeitabfrage, bleibt einem nur die manuelle Einstellung und Kontrolle der Systemzeit.

Zur Umsetzung des Controls sollte überprüft werden, ob es im Kontext der Organisation externe Anforderungen an eine verlässliche Zeitquelle gibt, welche Vorgaben dafür bestehen (muss es die gesetzlich anerkannte Zeit sein?) – oder ob es ausreichend ist, für interne Zwecke – etwa beim Monitoring – eine einfache Zeitbasis aufzusetzen und einheitlich anzuwenden. Die Beispiele oben skizzieren Möglichkeiten der Umsetzung.

A-8.18 Gebrauch von Hilfsprogrammen mit privilegierten Rechten

Hier geht es um Hilfs- oder Dienstprogramme (Utilities), die administrative, aber auch sicherheitsbezogene Einstellungen von Betriebssystemen und IT-Anwendungen ändern können, möglicherweise Patches ausführen, den Start von System- und Anwendungsprozessen verhindern oder beeinflussen können, ggf. auch sicherheitsrelevante Aktionen ausführen – wie etwa Anti-Viren-Scanner, Webfilter etc.

Typisch für die hier gemeinten Programme ist, dass sie zu ihrer Ausführung höhere Berechtigungen anfordern (z. B. das Admin-Recht). Aus diesem Grund erwartet das Control A-8.18 von der Organisation, die Nutzung solcher Utilities zu beschränken, im Bedarfsfall dann intensiv zu überwachen, um unsachgemäße oder fahrlässige Aktionen – ggf. auch solche in manipulativer Absicht – möglichst auszuschließen.

Sind die in Rede stehenden Utilities regulärer Bestandteil vorhandener Betriebssysteme und Anwendungen, sollte ihre Nutzung in jedem Einzelfall vorab geplant und dokumentiert, ggf. auch genehmigt und beim Einsatz überwacht werden – etwa im Vier-Augen-Prinzip und mit detaillierter Protokollierung der Arbeitsschritte.

Kritischer sind die Fälle, in den solche Utilities aus ungeprüften, teilweise obskuren Quellen stammen und fraglichen Zwecken dienen: Darunter fallen Utilities für das sog. *Tweaking*[97] von Betriebssystemen und Anwendungen, Tools zur Ausführung von *Hacker-Aktivitäten* und anderer Manipulationen. Diese „Werkzeuge" können häufig sogar ohne höhere Berechtigungen in ein Betriebssystem oder eine Anwendung eingreifen, und zwar durch Ausnutzen von Schwachstellen oder von bekannten Fehlern in veralteten Release-Ständen. Dass hierbei Schäden für die Organisation entstehen können, ist klar – es können davon alle Sicherheitsziele massiv betroffen sein.

Solange die Organisation im Einzelfall keinen Bedarf an der Nutzung einer solchen Utility sieht, sollte ihr Download, die Installation und Nutzung strikt untersagt werden.

Ergibt sich dagegen ein entsprechender Bedarf, sollten Download, Installation und Nutzung ausschließlich von dazu befugtem, vertrauenswürdigem Personal erfolgen. Die Utilities sollten generell

---

[97] Kleine, aber wirkungsvolle Änderungen/Anpassungen an Systemen und Anwendungen, ursprünglich zum Zwecke der Optimierung, Fehlerbehebung usw.

- nur in geschützten Bereichen gespeichert und
- dort unter besonderen Zugriffsschutz gestellt werden,
- vor allem aber vor ihrer Nutzung hinreichend auf Testsystemen erprobt werden.

Auch hier gilt, die beabsichtigte Nutzung für jeden Einzelfall vorab zu planen und zu dokumentieren, wegen des höheren Risikos auf jeden Fall eine entsprechende Genehmigung einzuholen und die Nutzung detailliert zu überwachen. Es ist zu prüfen, ob eine Utility nach ihrer Nutzung deinstalliert und gelöscht werden kann – dies würde eine weitere, unkontrollierte Nutzung erschweren.

Untersagt man per Leit- oder Richtlinie das unkontrollierte Herunterladen und die Installation von Software, so würde das auch die hier betrachteten Utilities einschließen – man sollte diesen Fall aber der Klarheit wegen separat erwähnen (Verbot der Installation und Nutzung nicht explizit zugelassener Software). Diese Vorgaben gelten für die klassische IT innerhalb der Organisation, aber auch für IT-Systeme im Rahmen von Mobile- und Home-Office.

Man beachte, dass bestimmte Lieferanten, die für die Organisation z. B. die Wartung von IT-Systemen und anderen Einrichtungen vornehmen oder anderweitig unterstützend tätig werden, häufig mit Prüf- und Diagnose-Software ausgestattet sind, für deren Nutzung ebenfalls privilegierte Berechtigungen erforderlich sein können. Umso mehr muss auch in diesem Fall eine Überwachung solcher Vorgänge durch eigenes Personal stattfinden.

A-8.19 Installation von Software auf Systemen im Betrieb

Die Installation von Software bzw. von Updates auf einem IT-System ist mit einer Reihe von Sicherheitsproblemen behaftet. Das zentrale Ziel ist, die korrekte Funktion und die Integrität des (übrigen) Systems nicht zu beeinträchtigen und die neue/upgedatete Software unter Einhaltung aller Sicherheitsregeln nutzen zu können. Was ist hier zu tun?

Die Installation von Software inkl. Updates ist ein wichtiger Teilprozess im ISMS und sollte deshalb formalisiert werden, d. h. das schrittweise Vorgehen ist in einer Richtlinie oder einem Plan zu beschreiben.

Grundsätzlich sollten dabei folgende Punkte beachtet werden:

- Es sollte vor einer Installation überprüft werden, ob eine Software tatsächlich benötigt wird, ob Updates neue (für die Organisation relevante) Features bieten, der Fehlerbehebung dienen oder Sicherheitslücken schließen bzw. die Sicherheit verbessern. An dieser Stelle sollte stets restriktiv vorgegangen werden: Eine Installation erfolgt nur, wenn dies aus Sicht der Organisation vernünftig und erforderlich ist – Letzteres auf jeden Fall z. B. bei Updates zur Verbesserung der Sicherheit oder zur Korrektur von Fehlern.

- Lässt man aus den genannten Gründen eine Aktualisierung von Software auf eine neue Version aus, ist zu überprüfen, ob für die weiter genutzte ältere Fassung noch ausreichend Support bereitgestellt wird – vor allem, ob noch Sicherheitsupdates erfolgen.
- Besondere Vorsicht ist geboten, wenn vorhandene oder zu installierende neue Software *mobilen Code* nutzt, d. h. Programmteile während des Laufs aus Internet-Quellen herunterlädt und zur Ausführung bringt.[98] Hier ist der Manipulation, dem Absaugen von „interessanten" Informationen und der Installation von Malware jeder Art Tür und Tor geöffnet. Die Nutzung solcher Software mit mobilem Code sollte möglichst unterbunden werden.
- Grundsätzlich sollte vermieden werden, Quellcodes und Werkzeuge zur Erzeugung von Object Code auf Produktivsystemen zu speichern, weil es dadurch möglich wäre, installierte Software nach gezielten Änderungen des Quellcodes mit „neuen Features" auszustatten.
- In aller Regel wird man den Endnutzern die Installation von Software auf ihren Endpoints nicht zumuten, aber auch nicht erlauben wollen – schon gar nicht von Software, die aus einer obskuren Internet-Quelle heruntergeladen wird: ein klassischer Import von Schwachstellen, den man allerdings wieder zunehmend bei Endpoints im mobilen Umfeld und im Home-Office feststellt.
- Stellt ein Software-Lieferant bzw. -Hersteller den Support für seine Software ein – erfolgen insbesondere keine weiteren Sicherheitsupdates –, so entwickelt sich für die Organisation ein zunehmendes Sicherheitsrisiko. Hier muss frühzeitig auf entsprechende Ankündigungen geachtet werden. Es sind Alternativen zu prüfen, ihr Einsatz ist ggf. vorzubereiten.

Vor einer Installation:

- Die Genehmigung zur Installation (z. B. durch die IT-Leitung) ist einzuholen und schriftlich festzuhalten.
- Bevor ein Download erfolgt, ist die Quelle der Software/Updates zu verifizieren: keine Installation aus nicht identifizierten, obskuren oder Fake-Quellen!
- Wenn eine Einspielung der Software/Updates vor Ort durch einen Lieferanten erfolgt, muss dessen Identität bestätigt werden, mitgebrachte Datenträger sind z. B. auf Malware zu überprüfen, Zutritts- und Zugriffsrechte des Lieferantenpersonals sind auf das Notwendige zu beschränken.
- Vor der Installation auf einem Produktivsystem sollte auf Testsystemen überprüft werden, ob die Software/Updates funktional und sicherheitstechnisch problemlos laufen. Ist das nicht der Fall, muss z. B. über den Hersteller-Support bzw. mit dem Lieferanten geklärt werden, wie die aufgetretenen Probleme gelöst werden können.

---

[98] Dieser Sachverhalt tritt häufig auf, wenn zur Installation vorab ein „Installer" geladen wird, der dann erst die „neue" Software herunterlädt.

- Besondere Vorsicht sollte man bei der Installation/Updates von Programmbibliotheken walten lassen – bei den Tests (vorhergehender Aufzählungspunkt) sollten alle von der Bibliothek abhängigen Anwendungen überprüft werden.
- Software online oder per Fernwartung direkt auf Produktivsysteme zu installieren, ist insoweit als äußerst kritisch anzusehen und sollte möglichst nur in eng begrenzten Ausnahmefällen und unter flankierenden Sicherheitsmaßnahmen genehmigt werden.

Während der Installation:

- Eine Installation sollte nur von qualifiziertem Personal ausgeführt, ihr Ablauf muss überwacht und aufgezeichnet werden.
- Bei der Installation und Konfiguration von Software sind alle Vorgaben des Herstellers zu beachten. Lassen sich einzelne Vorgaben nicht einhalten oder werden sie geändert, sind entsprechende Auswirkungen vorab mit dem Hersteller-Support abzuklären.
- Sofern Software installiert wird, die über eine Zertifizierung nach den Common Criteria oder anderen Sicherheitskriterien verfügt, ist dringend anzuraten, die Vorgaben aus dem jeweiligen Zertifizierungsbericht zu beachten: Er gibt Auskunft über eine sichere Installation und eine sichere Nutzung der Software.

Nach einer Installation:

- Ältere Softwarestände sollten nach Möglichkeit archiviert werden, um im Bedarfsfall einen Rückgriff zu ermöglichen: Gibt es Probleme mit der neuen Software/den Updates sollte ein *Rollback* in Betracht gezogen werden, um den früheren Zustand wiederherzustellen. Das Rollback-Verfahren sollte hinreichend trainiert worden sein.
- Bei einer Installation vorgenommene Änderungen sind im Change Management (A-8.32) und im Asset Management (A-5.9) zu erfassen, hinsichtlich der (Sicherheits-) Einstellungen sind auch die Konfigurationsdaten zu aktualisieren (A-8.9).
- Mitgelieferte (neue) Handbücher und andere aktualisierte Dokumentation sind dort zu Verfügung zu stellen, wo sie benötigt werden.

Im Rahmen von Überprüfungen, auch bei internen und externen Audits, geht es unter anderem um die *Einhaltung* aller oben genannten Grundsätze und Regeln (soweit anwendbar). Insbesondere ist zu überprüfen, ob Software ohne Genehmigung installiert bzw. aktualisiert oder mit unzulässigen Einstellungen konfiguriert wurde. Eine laufende Tool-basierte Überwachung von Release-Ständen bzw. von Binärdateien in den Produktsystemen leistet hier schon eine Menge Vorarbeit – bis hin zu Alarmen bei Änderungen an ausführbaren Dateien.

A-8.20 Netzwerksicherheit

Betroffen von diesem Control sind alle Netzwerke, die von der Organisation für ihre Geschäftsprozesse eingesetzt werden: Diese Netzwerke sind geeignet abzusichern und zu überwachen[99].

Zu diesem Zweck ist ein entsprechendes *Management* der Netze bzw. der Netzwerksicherheit aufzusetzen, es sind Vorgaben und Regeln für die Netzwerksicherheit festzulegen, eine Überwachung der Netzwerke ist zu planen und einzurichten.

Eine wichtige Grundlage für das Management der Netze ist eine hinreichend detaillierte Bestandsaufnahme der zum Einsatz kommenden Netzwerke, der verwendeten Netzwerkeinrichtungen[100], der Übertragungsstrecken und der Übergänge zu anderen (Teil-) Netzen. Mit anderen Worten: Wir benötigen einen vollständigen Netzwerkplan und natürlich die genauen, aktuellen Konfigurationsdaten für die beteiligten Netzwerkeinrichtungen (Switches, Router, Gateways etc.).

Gegenstand des Netzwerkmanagements sind zunächst die *internen* Netze der Organisation: LAN, WLAN, andere Funknetze[101], auch Netzwerkverbindungen im Nahfeld sowie Telekommunikationsnetze. *Daten,* die dort übertragen werden, und *Netzwerkeinrichtungen,* in denen die Daten gespeichert, verarbeitet oder weitergeleitet werden, sowie die *Netzwerkstrecken* für den Datentransport sind geeignet zu schützen und zu überwachen.

Ein Schutz der Daten ist erst recht geboten, wenn die Daten *außerhalb* der Organisation (Internet, Mobilfunk und Festnetz, andere Funknetze) übertragen werden – unabhängig davon, ob es sich um leitungsgebundene oder kabellose Netzwerkverbindungen, private, gemietete oder öffentliche Netzwerkstrecken handelt. Auf diese Netzwerkinfrastruktur hat die Organisation kaum oder gar keinen Einfluss und kann sie deshalb auch nicht so absichern wie ihre internen Netze, d. h. der Schutz der Daten muss anderweitig hergestellt werden.

Worauf bezieht sich der Schutz? Bei der Netzwerksicherheit geht es um *alle* Sicherheitsziele der Organisation:

- die Vertraulichkeit von zu übertragenden Informationen/Daten, ihre Integrität und Verfügbarkeit,
- dann die Integrität und Verfügbarkeit der beteiligten Netzwerkstrecken und Netzwerkeinrichtungen – soweit die Organisation hierauf Einfluss nehmen kann,
- andere Sicherheitsziele wie z. B. die Authentizität der über ein Netzwerk miteinander kommunizierenden Personen oder die Nicht-Abstreitbarkeit des Sendens oder Empfangens von Daten.

Beschäftigen wir uns zunächst mit den zu übertragenden *Daten:*

---

[99] Die mehrteilige Norm ISO 27033 beschäftigt sich mit diesem Thema in aller Ausführlichkeit.

[100] Router, Switches, Access Points, Gateway, Firewalls, TK-Anlagen etc.

[101] z. B. als Ersatz-Kommunikationsmittel beim IT-Notfallmanagement.

- Sofern es sich um klassifizierte Daten (A-5.12) handelt, dürfen diese nur in Netzwerken übertragen werden, die für die höchste vorkommende Einstufung der Daten zugelassen sind. Dies hat für die gesamte verwendete Netzwerkinfrastruktur massive Auswirkungen.
- Insbesondere in Netzwerken, die von der Organisation nicht oder nicht ausreichend abgesichert werden können (z. B. im Internet), müssen die Daten vor ihrem Transfer durch solche unsicheren Netze durch eine Verschlüsselung gesichert werden. Hier sind Algorithmen einzusetzen, mit denen
  - die *Vertraulichkeit* der Daten angemessen geschützt werden kann[102] und
  - zumindest die Erkennbarkeit einer Integritätsverletzung bei der Übertragung ermöglicht wird[103].
- Weitere Ziele wie die Authentizität des Absenders der Daten lassen sich ebenfalls durch Nutzung von ähnlichen Verfahren (mit Public/Private Keys) erreichen.
- Verschlüsselungsverfahren sind oft schon Bestandteil von Netzwerkprotokollen[104], mit denen die genannten Sicherheitsziele umgesetzt werden können[105]. Hier ist zu beachten, dass unsichere Protokolle oder unsichere Varianten[106] von Protokollen für die Übertragung von Daten ausgeschlossen werden müssen, d. h. sie sind möglichst per Konfiguration zu deaktivieren.
- Ein weiteres Sicherheitsziel für Daten ist deren Verfügbarkeit – es erscheint hier in der Form der *Transport-Verfügbarkeit* und wird in den folgenden Ausführungen näher betrachtet.

Nun kommen die weiter oben genannten *Netzwerkeinrichtungen,* die sich im Einflussbereich der Organisation befinden. In grober Näherung handelt es sich dabei um spezialisierte IT-Systeme, die die zu schützenden Daten zumindest temporär speichern, bearbeiten – und für den Transport innerhalb des Netzwerks sorgen (Router, Switches o. ä.):

- Die Netzwerkeinrichtungen müssen im Inventarverzeichnis als Assets aufgeführt sein, zuständige Personen (Assetverantwortliche) sind zu benennen und im Verzeichnis anzugeben. Diese sind für alle Belange bei diesen Systemen verantwortlich – auch für deren Schutz.

---

[102] Anerkannte symmetrische oder asymmetrische Algorithmen, mit ausreichend langen, sicher erzeugten und geheim zu haltenden Schlüsseln.

[103] z. B. Signaturverfahren unter Nutzung von Public/Private Keys und Hashverfahren.

[104] Einige Beispiele: SFTP = Secure FTP für Dateitransfer, IMAPS = Secure IMAP für Email-Verschlüsselung, SHTTP = Secure HTTP für sicheren Browserzugriff; dann aber auch VPN- und Tunneling-Protokolle.

[105] Sofern eine Verschlüsselung nicht schon in den Endpoints (ggf. durch IT-Anwendungen) vorgenommen wurde.

[106] Von Anwendungen (u. a. von Browsern) zur Verfügung gestellte *schwache* Algorithmen.

- Die Netzwerkeinrichtungen sind vor unbefugtem Zugang zu schützen, auf jeden Fall aber vor unbefugter Nutzung (am Gerät selbst, per Webinterface oder mit spezialisierten Admin-Werkzeugen).
- Befugter Zugang zu und befugter Zugriff auf die Netzwerkeinrichtungen sind zu ermöglichen, um sie beispielsweise auf korrekte Funktion inspizieren, im Hinblick auf die Vorgaben konfigurieren und überprüfen zu können.
- Bei der Konfiguration der Netzwerkeinrichtungen geht es u. a. um
  - eine sicherheitstechnische Härtung (ähnlich wie z. B. bei Betriebssystemen von Servern), insbesondere um die Auswahl einer sicheren Grundeinstellung,
  - die Erkennung/Protokollierung des Verbindungsaufbaus und der Authentisierung von Systemen im Netzwerk,
  - die Einschränkung bzw. Filterung von Verbindungen im Netzwerk (z. B. nach Filterregeln analog zu Firewalls, hinsichtlich Websites vgl. A-8.23), ggf. auch die Beschränkung von Verbindungszeiten und -dauer,
  - die Nutzung kryptografischer Verfahren und Protokolle und der dabei einzustellenden Parameter.
- Beim Netzübergang Intranet ↔ Internet ist besondere Aufmerksamkeit geboten. Wir nennen einige Stichwörter: Aufsetzen einer DMZ mit innerer und äußerer Firewall, Gateways innerhalb der DMZ für kritische Sicherheitsaufgaben[107], qualifizierte Konfiguration der Firewalls, Gateways und Router, auch im Hinblick auf das Load Balancing – hier zum Schutz vor Attacken des Typs *Denial-of-Service*.
- Es sind Maßnahmen zu ergreifen, um bei Ausfall einzelner Netzwerkeinrichtungen die Verfügbarkeit des Netzwerks in ausreichendem Maße sicherzustellen (u. a. durch Redundanz von Einrichtungen und Übertragungsstrecken).
- Je nach Risikolage kann es angebracht sein, administrative Arbeiten an Netzwerkeinrichtungen nicht über das Produktivnetz, sondern über ein separates Netzwerk abzuwickeln (s. auch A-6.8).

Was *Netzwerkstrecken* anbetrifft: Sie können leitungsgebunden oder per Funk (nach unterschiedlichen Standards) betrieben werden. Soweit sich solche Netzwerkstrecken unter der Aufsicht der Organisation befinden (sicherlich im Intranet), sollten folgende Punkt beachtet werden:

- Aktualität des Netzwerkplans im Hinblick auf die Netzwerkstrecken, ihren physischen Verlauf, ggf. Funkprotokolle, -frequenzen und -reichweiten
- physischer Schutz von Netzwerkleitungen gegen Beschädigung – unbeabsichtigt und beabsichtigt (Sabotage) – durch geschützte Verlegung der Leitungen, ggf. mit Alarmierung bei Öffnungen etwa von Kabelkanälen (A-7.12)

---

[107] Beispiele: Mail-Gateway zur Malware-Prüfung von hereinkommenden/abzusenden Emails; Security Gateway zur Authentisierung und Schlüsselverteilung für Nutzer im Mobile- oder Home-Office; VPN-Gateway mit ähnlicher Anwendung.

- Schutz von Funknetzen vor Störsignalen, gegenseitiger Beeinflussung etc. etwa durch geeignete Frequenz-/Kanalwahl.

Zur *Überwachung* der Netzwerke fordert das Control A-8.20, eine Protokollierung und Überwachung (Monitoring) aller Netzwerkaktivitäten, die für die Informationssicherheit der Organisation relevant sind, insbesondere diese beeinträchtigen können. Im Schwerpunkt geht es dabei um die Überwachung eigener/interner Netzwerke.

Bei diesen Forderungen handelt es sich um die Übertragung von A-8.15 und A-8.16 auf die Belange der Netzwerksicherheit. Als übergeordnete Anforderung ist hier ISMS-9.1 zu betrachten. Es können auch andere Aspekte der Netzwerknutzung dem Monitoring unterliegen, z. B. die Erfassung und Auswertung von Auslastungsdaten, Störungen bei der Datenübertragung, Bandbreiten von Netzwerkübergängen.

Es sei an dieser Stelle angemerkt, dass die Netzwerksicherheit auch Gegenstand von internen und externen Audits nach der ISO 27001 ist.

Einige ergänzende Aspekte:

Bei Entwurf und Konfiguration der Netzwerkarchitektur sollte überprüft werden, ob eine physische oder logische Aufteilung des Intranets in mehrere *Teilnetze* sinnvoll ist und wie man diese Teilung und Trennung – dauernd oder zumindest temporär – einrichten kann. Eine dauernde oder schnell aktivierbare Netztrennung kann bei anlaufenden Angriffsaktivitäten ein sehr wirksames Hilfsmittel zum Schutz sensibler Netzwerkbereiche sein. Dem Aspekt der *Netztrennung* widmet sich das Control A-8.22.

Bei der Nutzung von externen Netzwerkdiensten (z. B. Cloud Services) sind entsprechende Vereinbarungen über Service-Levels und gegenseitige Sicherheitsvorkehrungen zu schließen (vgl. A-5.19). Zumindest dann, wenn eine Organisation selbst Anbieter von Netzwerkdiensten mit entsprechenden SLAs ist, sind die Verfahren des IT-Notfallmanagements anzuwenden (Business Impact Analysis, Kontinuitätsplanung). Hinsichtlich der Netzwerkdienste ist das Control A-8.21 zu beachten.

Sicherheitshalber sei hier noch der Hinweis gegeben, dass alle IT-Systeme, die sich mit den Netzwerken der Organisation verbinden können, Angriffen aus diesen Netzen ausgesetzt sind – dies gilt sinngemäß auch für Angriffe aus dem Internet. Bei der Konzeption von Schutzmaßnahmen für einzelne IT-Systeme sind also immer die Risiken aus den vorhandenen Netzwerken zu beachten.

Zum Abschluss der Kommentierung dieses inhaltsschweren Controls: Aus Gründen der Komplexität und des Umfangs wird es in aller Regel sinnvoll sein, das Netzwerkmanagement vom Management der IT-Systeme – organisatorisch wie technisch – zu trennen, ggf. kann auch das Management der TK-Netze abgetrennt werden.

A-8.21 Sicherheit von Netzwerkdiensten

Hier geht es um die Sicherheit von Netzwerkdiensten (Services), die von Organisation selbst erbracht oder von ihr bei externen Dienstleistern in Anspruch genommen werden.

Die hier gemeinten Netzwerkdienste reichen von der Bereitstellung eines Internet-Zugangs oder von Email-Diensten, über Cloud Services und Outsourcing-Leistungen, Datenbank- und Auskunftsdienste (auch CERT-Dienste), Konferenzsysteme, Verbindungsdienste (z. B. für VPN-Verbindungen) bis hin zu Managed Services für die Server- und die Netzwerkinfrastruktur (inkl. Firewalls, Gateways, Intrusion Detection/Prevention) – soweit diese Leistungen über das Netzwerk (remote) zur Verfügung gestellt werden.

Die Forderung des Controls ist einfach: Die für die Nutzung der Services wesentlichen Sicherheitsmechanismen, Service Level und sonstige Eigenschaften müssen identifiziert, in die Praxis umgesetzt und im laufenden Betrieb überwacht werden. Ziel ist die *sichere Nutzung* solcher Services.

Zunächst muss der *Gegenstand* der Services hinreichend präzise beschrieben werden.

Dann sind die erforderlichen *Sicherheitsmechanismen* festzulegen. Dabei wird in der Regel Folgendes anzugeben sein:

- Erzeugung und Verwaltung der Identitäts- und Authentisierungsdaten für berechtigte Nutzer der Services
- zu verwendende Sicherheitsverfahren und -protokolle für den Zugang zu den Services (z. B. per VPN, mittels Tunneling-Protokollen, Nutzung spezieller Security Gateways)
- eingesetzte Verschlüsselungsverfahren (Algorithmen, zu verwendende Schlüssel einschl. Schlüsselerzeugung, -verteilung und -aufbewahrung)
- ggf. Einschränkungen hinsichtlich Ort, Zeit, Dauer, Häufigkeit und weitere Bedingungen bei der Nutzung der Services
- Anmeldeprozeduren zur Nutzung der Services (Login) und entsprechende Authentisierungsverfahren (z. B. Chipkarten-basiert)
- Umfang und Tiefe der Überwachung der Service-Nutzung

Bei den *Service Level* geht es beispielsweise um die Zusicherung von Bandbreiten, Transaktionsleistungen, die Festlegung von Wartungsfenstern, Reaktionszeiten bei Vorfällen, maximale Ausfallzeiten der Services, prozentuale Verfügbarkeit der Services über eine längere Zeitperiode.

Bei den *sonstigen Eigenschaften* kann es um Parameter gehen, die z. B. die einfache Handhabung der Services oder die inhaltliche Qualität der Services betreffen (etwa die Aktualität der im Rahmen der Services zur Verfügung gestellten Daten und Nachrichten).

Zuständig für die Umsetzung der Anforderungen ist der jeweilige Erbringer der Services: die Organisation für ihre eigenen Services oder ein in Anspruch genommener externer Dienstleister. Die geforderte Überwachung der Services gilt für beide Fälle.

Die Organisation muss insbesondere bei externen Services einschätzen können, ob der Dienstleister die geforderte Sicherheit tatsächlich einhält. Dabei können vertraglich vereinbarte Inspektionen bzw. Audits unterstützen, die von der Organisation durchgeführt werden – oder man verlässt sich auf Audits von dritter Seite, falls dabei ein passender Standard zugrunde gelegt wurde und man Einblick in Audit- oder Zertifizierungsberichte erhält.

Alle Vorgaben für die Services von Dienstleistern sind in entsprechende Vereinbarungen aufzunehmen (vgl. dazu auch A-5.19 und A-5.20).

Erbringt die Organisation selbst entsprechende Services, können die im ISMS eingerichteten Verfahren der Leistungsbewertung – Monitoring nach ISMS-9.1 und Audits nach ISMS-9.2 – angewendet werden, um die Übereinstimmung der Services mit den Anforderungen abzugleichen.

A-8.22 Trennung von Netzwerken

Bei dieser Trennung geht es darum, präzise definierte Netzwerkbereiche (Segmente, Domänen) gegeneinander abzugrenzen – vor allem, um den Verbindungsaufbau und Datentransport zwischen den Bereichen regeln und überwachen zu können, sowie die Nutzung von Diensten eines Bereichs durch Nutzer aus anderen Bereichen gestatten oder einschränken zu können.

Der weithin geläufige Fall ist die Trennung ist zwischen dem Intranet einer Organisation und dem Internet. Es geht bei A-8.22 aber auch um die Aufteilung des Intranets einer Organisation in mehrere interne Teilbereiche bzw. Netzwerksegmente.

Was sind Gründe für eine solche *interne* Segmentierung? Es könnten z. B. in den betrachteten Netzsegmenten sehr unterschiedliche Sicherheitsrichtlinien gelten, stark abweichende Anforderungen an die Geheimhaltung von Daten bestehen, oder auch Eigenschaften des Personals (z. B. in Sachen Vertrauenswürdigkeit) differieren.

Häufig will man auch klassifizierte Daten (A-5.12) von nicht klassifizierten Daten trennen, um einem unerlaubten Informationsfluss oder einer impliziten Herabstufung von Daten vorzubeugen. Daten einer bestimmten Klasse bzw. Einstufung dürfen dann nur über dafür *zugelassene* Netzwerksegmente und Übertragungsstrecken transportiert werden.

Denkbar ist auch, unterschiedlichen Abteilungen einer Organisation jeweils eigene Netzdomänen zuzuordnen – analog gilt das für definierte Gruppen von Benutzern wie z. B. Projektgruppen oder Mitarbeiter/innen an bestimmten Standorten. Häufig sind mehrere dieser Gründe für eine Netztrennung maßgebend.

Unter A-8.20 wurde schon erwähnt, dass eine Netztrennung auch bei der Abwehr von Manipulations– und anderen Angriffsversuchen vorteilhaft sein kann. Insgesamt kann das Management der Informationssicherheit durch die Aufteilung auf klar abgegrenzte Netzwerkbereiche sehr erleichtert werden.

Wie kann eine solche Segmentierung oder Separation technisch umgesetzt werden? Natürlich ist grundsätzlich eine *physische* Trennung (ohne Datenverbindung) möglich – die sicherste Variante, aber selten praktikabel. Man greift deshalb eher zu *logischen* Segmentierungen. Einige Beispiele:

- logische Trennung von Intranet und Internet durch Router und Firewalls (z. B. im Zusammenhang mit einer DMZ)
- logische Segmentierung eines internen Netzes über interne Firewalls, Managed Switches oder per VLAN (Virtual LAN)
- logische Segmentierung durch unterschiedliche Verschlüsselungen bzw. Schlüsselkreise (z. B. über VPN oder mittels Hardware-basierter Kryptosysteme), und zwar auf dem gleichen physischen Netz.

Eine logische Segmentierung z. B. über VLAN oder VPN kann auch für den Transport klassifizierter Daten in Frage kommen, wenn für jede vorkommende Datenklasse ein eigenes (logisches) Segment zur Verfügung steht und die sichere Trennung entsprechend den Regeln der Organisation (oder anderer Vorschriftengeber) nachgewiesen ist.

Soll die *Nutzung von Diensten* durch Teilnehmer aus anderen Segmenten kontrolliert werden, ist neben der Filterung – etwa in der trennenden Firewall – auch die Berechtigungssteuerung der Netzknoten relevant.

Bei den häufig anzutreffenden Gastnetzen ist eine strikte Kontrolle eher hinderlich ist: Hier soll eine „schnelle" Verbindung zum Internet oder zu einem „harmlosen" Teilnetz der Organisation zugelassen werden. Gastnetze müssen dann aber wirksam von den sensiblen Produktivnetzen getrennt werden können. Ähnlich liegt der Fall, wenn z. B. Kunden der Organisation erlaubt werden soll, als Nutzergruppe auf bestimmte Daten und Anwendungen der Organisation zuzugreifen. Dieser entsprechende Bereich – auch *Extranet* genannt – muss vom Produktivnetz sicher getrennt werden.

Funknetze (z. B. WLAN) haben häufig immanente Sicherheitsprobleme (Sichtbarkeit des Netzes, Mitschneiden von Anmeldeprozeduren, Schwächen in der Kryptografie – sofern überhaupt aktiviert, Fake Access Points), sodass meist empfohlen wird, Verbindungswünsche aus solchen Netzen zunächst über ein Sicherheitsgateway zu leiten, um z. B. eine starke Authentisierung und eine sichere Schlüsselverteilung für die Datenübertragung vorzunehmen, bevor ein Netzwerkzugang erlaubt wird – was einer Trennung des Funknetzes vom Produktivnetz gleichkommt. Grundsätzlich ist z. B. das WLAN einer Organisation auch dadurch segmentierbar, dass man in jedem Segment die Accesspoints mit anderen WLAN-Schlüsseln ausstattet und diese nur den zugelassenen Endpoints in dem jeweiligen Segment bekanntmacht[108].

---

[108] Auch liest man gelegentlich den Vorschlag, zwei verschiedene, räumlich voneinander entfernte Segmente über eine Anpassung der Funk-Reichweite (Sendeleistung, Kanalauswahl) zu trennen – über die Sicherheit einer solchen Trennung gehen die Meinungen auseinander.

A-8.23 Webfilterung

Dieses Control ist in der neuen Normfassung erstmalig angegeben. Inhaltlich kann es auch dem Control A-8.20 zugerechnet werden – wegen der zunehmenden Bedeutung der im Folgenden beschrieben Risiken hat man sich wohl entschlossen, ein separates Control aufzunehmen.

Der Aufruf von (externen) Webseiten ist risikobehaftet: Man kann dort

- auf aktiven böswilligen Inhalt (Malware) stoßen und diesen unbeabsichtigt in die eigenen Systeme importieren,
- auf Phishing-Angriffe treffen,
- schützenswerte Daten der Organisation unabsichtlich oder fahrlässig hochladen,
- illegale oder unzulässige Inhalte herunterladen (z. B. Raubkopien von Software, geheimhaltungsbedürftige Informationen),
- auf Fake-Websites treffen, die sich für eine bekannte, unverdächtige Website ausgeben.

Dieser Bedrohungen müssen sich Mitarbeiter/innen der Organisation zunächst bewusst sein, ggf. muss in Schulungen darauf näher eingegangen werden. Adäquate Verhaltensregeln könnten in Sicherheitsrichtlinien (z. B. in *Sicherheitsgerechtes Verhalten am Arbeitsplatz*) aufgenommen werden. Dass auffällige bzw. schadenträchtige Websites gemeldet werden sollen, wäre eine weitere Verhaltensregel.

Aus technischer Sicht sind Anti-Malware-Systeme hilfreich, um aktive böswillige Inhalte beim Import zu erkennen und zu deaktivieren, sofern die Systeme dazu entsprechend konfiguriert worden sind.

Die Lage kann verbessert werden, indem man z. B. eine Filterung von Webadressen vornimmt – und zwar zu dem Zweck, den Zugang zu verdächtigen oder für die dienstlichen Belange uninteressanten Websites *grundsätzlich* zu sperren – oder umgekehrt nur Zugang zu bekannten und nützlichen Websites zu gestatten. Kürzer ausgedrückt: Man arbeitet mit Blacklists oder Whitelists.

Neben Webadressen können Seiteninhalte nach „verdächtigen" Stichwörtern überprüft werden, hier sind auch KI-basierte Ansätze denkbar.

Filterlisten können lokal in Endpoints installiert werden (z. B. bei der Konfiguration von Browsern) oder zentral für eine Organisation in Firewalls oder speziellen Web Security Gateways. Die zentrale Installation liefert umfassenderen Schutz, insbesondere weil versierte Nutzer die lokale Filterung gerne zu umgehen versuchen.

Blacklists und Whitelists verlangen ein Mindestmaß an Management, da sie regelmäßig in kurzen Abständen aktualisiert werden müssen. Erkenntnisse im Rahmen der Threat Intelligence (A-5.7), aber auch öffentlich zugängliche Filterlisten können hierbei unterstützen. Es sollte zusätzlich die Behandlung von Ausnahmefällen geplant werden: Möglicherweise lässt sich im Einzelfall ein dienstlicher Zugriff auch zu einer kritischen Website nicht vermeiden.

Die eingangs aufgezählten Risiken lassen sich mit den erwähnten Maßnahmen reduzieren – aber natürlich nicht vollständig ausschließen.

Der Nachweis der Authentizität (Echtheit) einer Website kann letztlich nur durch den jeweiligen Betreiber erbracht werden – etwa durch signierte Webseiten, deren Signatur auf anerkannten, nachprüfbaren Zertifikaten beruhen.

A-8.24 Verwendung von Kryptografie

In vielen anderen Controls haben wir bereits Einsatzfälle für kryptografische Verfahren und Protokolle kommentiert, insbesondere

- für das Schutzziel der Vertraulichkeit die Verschlüsselung von Daten bei der Speicherung und Übertragung,
- im Rahmen des Schutzziels der Integrität die Entdeckung von Integritätsverletzungen bei Daten und der Nachweis der Authentizität von Daten bzw. Dokumenten (durch Signaturen),
- der Nachweis der Authentizität von Personen (mittels Zertifikaten, z. B. bei der Unterzeichnung von Dokumenten, auch bei Anmeldeverfahren an Systemen).

Bei dieser Anwendungsbreite kommt der Kryptografie im Rahmen der Informationssicherheit eine *Schlüsselrolle* zu – sie ist heutzutage ein unverzichtbarer Bestandteil vieler IT-Anwendungen, IT-Systeme und Kommunikationsprotokolle – teilweise nutzen wir sie, ohne ihre Funktion wahrzunehmen.

Wie lautet die Forderung dieses Controls A-8.24 zu diesem Thema?

Soweit aufgrund gesetzlicher, vertraglicher oder anderer Vorgaben – auch aus eigener Motivation heraus – der Einsatz kryptografischer Verfahren vorgesehen ist, sollte die Organisation *Regeln* für die Verwendung solcher Techniken festlegen, umsetzen und einhalten.

Diese Regeln sollten auch das *Schlüsselmanagement* für verwendete kryptografische Algorithmen einbeziehen. Das Schlüsselmanagement beschäftigt sich mit dem Lebenszyklus von Schlüsseln: Erzeugung, Transport, Aufbewahrung/Archivierung, korrekte Anwendung, Wechsel und Vernichtung von Schlüsseln.

Das Ziel dieser Regeln ist die qualifizierte, korrekte und wirksame Nutzung kryptografischer Techniken. Gerade bei diesem komplexen, nicht ganz einfachen Thema ist die Erstellung einer entsprechenden *Richtlinie* dringend anzuraten, um Fehler in der Auswahl und Anwendung von Algorithmen, Verfahren und Protokollen möglichst auszuschließen bzw. entsprechende Risiken zu minimieren. Aus gleichen Motiven sollte eine verantwortliche *Rolle* für das Thema Kryptografie in der Organisation geschaffen und besetzt werden – zumindest, wenn diese Techniken intensiver genutzt werden[109].

---

[109] Alternativ kann man sich auch z. B. beim BSI zu einzelnen Aspekten beraten lassen.

In einer Kryptografie-Richtlinie sollten folgende Punkte berücksichtigt werden:

- Nennung der Anwendungsfälle für den verpflichtenden Einsatz kryptografischer Techniken in der Organisation
- Regeln für die zwingende Nutzung von Verschlüsselung z. B. bei der Speicherung klassifizierter Daten, Daten auf bei mobilen Datenträgern, auch ganzer Laufwerke und systeminterner Speicher, bei Backup-Datenträgern, bei der Übertragung in Netzwerken, auf mobilen Systemen
- dafür vorgesehene bzw. zugelassene Algorithmen (und Schlüssellängen), Protokolle, Produkte, auch: vertrauenswürdige Zertifikate (abhängig vom jeweiligen Sicherheitsbedarf)
- ggf. Beachten von Vorschriften mit solchen Vorgaben (z. B. im staatlichen VS-Bereich)
- analog für die Konfiguration und Nutzung kryptografischer Protokolle und Authentisierungsverfahren, die Verschlüsselung und Signatur von Nachrichten (z. B. Emails)
- Vorgaben für Verträge mit Dienstleistern, Kooperationspartnern oder Kunden, sofern kryptografische Techniken eingesetzt werden sollen (Übertragung von Daten, Anmeldung bei Diensten etc.)
- Vorgaben für Verträge mit Dienstleistern, die kryptografische Dienste bereitstellen (z. B. VPN-Dienste, Cloud Access Security Broker)

Für das sichere Schlüsselmanagement kommen weitere Aspekte in Betracht:

- Verwendung unterschiedlicher Schlüssel für unterschiedliche Anwendungen
- Festlegung der Infrastruktur bzw. Umgebung für die sichere Erzeugung von Schlüsseln, dito für die sichere Aufbewahrung, Archivierung, Hinterlegung und das Backup von Schlüsseln (soweit jeweils vorgesehen bzw. anwendbar)
- Ablauf des (physischen oder elektronischen) Transports von Schlüsseln nach der Erzeugung zum Einsatzort bzw. zum Anwender einschließlich Übergabeprozedur (Aspekt Schlüsselverteilung)
- Vorgaben zum Schutz der Schlüssel vor unbefugte Kenntnisnahme oder Änderung, unbefugtem Kopieren und (unbefugtem) Vorenthalten
- Regeln für das Aktivieren von Schlüsseln, Begrenzen der Nutzungsdauer, De-Aktivieren von Schlüsseln (z. B. innerhalb von IT-Systemen), das regelmäßige Wechseln von Schlüsseln (soweit gefordert), das Vernichten (Entsorgen) von Schlüsseln, die nicht mehr benötigt werden oder deren Gültigkeitsdauer abgelaufen ist
- Verfahren bei der Kompromittierung von Algorithmen oder Schlüsseln: Welche Aktionen sind vorgesehen für den Fall, dass ein von der Organisation eingesetzter Algorithmus „geknackt" wurde, aus anderen Gründen als unsicher erscheint oder verwendete Schlüssel Unbefugten zur Kenntnis gelangt sind?
- Eine ähnliche Situation kann sich ergeben, wenn Mitarbeiter/innen, die Kenntnis von Schlüsseln haben, aus der Organisation ausscheiden.

Man erkennt aus den Aufzählungen, dass der korrekte Umgang mit kryptografischen Techniken und entsprechenden Schlüsseln erlernt und trainiert werden muss. Hier sind Schulungs- und Trainingsaktivitäten für alle Beteiligten einzuplanen und umzusetzen.

Bei allem Nutzen – die Anwendung kryptografischer Verfahren kann auch Probleme machen. Wir nennen einige Beispiele:

- Verfügbarkeit von Schlüsseln: Werden z. B. Backup-Medien verschlüsselt und hat man – aus welchen Gründen auch immer – keinen Zugriff mehr auf die dabei verwendeten Schlüssel, sieht es schlecht aus: Ein Restore von diesen Medien ist nicht mehr möglich. Fatal!
- Verschlüsselte Daten kann man nicht auf Malware prüfen: also zunächst entschlüsseln und dann prüfen, was zur Folge hat, dass z. B. bei Malware-Prüfung auf einem Mail-Gateway dieses Gateway Kenntnis aller infrage kommenden Schlüssel haben müsste – eine nicht unbedingt befriedigende Lösung.
- Ähnliches gilt auch für das Filtern von (verschlüsselten) Inhalten z. B. bei der Data Leakage Prevention (DLP): die Suche nach „verdächtigen" Stichwörtern läuft leer!
- Könnte man Dateien in einer Public Cloud mit eigenen Mitteln (eigener Algorithmus, eigener Schlüssel) verschlüsseln, wären sie der Kenntnisnahme Unbefugter (in der Sphäre des Cloud Providers) entzogen. Allerdings verhindert man damit die Ausführung von Cloud-basierten Anwendungen, da diese die Daten nicht entschlüsseln können[110].

Wichtig zu wissen: In vielen Staaten gibt es gesetzliche Einschränkungen für die Verwendung kryptografischer Techniken – in der Regel die Verschlüsselung von Daten betreffend –, sowie für den Import/Export entsprechender Produkte[111]. Solche Beschränkungen sind zu beachten, wenn verschlüsselte Daten über Ländergrenzen transferiert werden, oder z. B. auf Dienstreisen ins Ausland kryptografisches Equipment mitgeführt wird: Im einfachsten Fall muss der „Import" bei staatlichen Stellen des Ziellandes angezeigt werden, bei zu „sicherem" Equipment kann der Import untersagt werden. Das BSI warnt umgekehrt vor der Nutzung „ausländischer" Kryptotechnik (Thema Backdoors).

A-8.25 Lebenszyklus einer sicheren Entwicklung

Das Thema *Entwicklung* betrifft nicht nur Software, sondern generell (informationsverarbeitende) Systeme – verkürzt: Software und Hardware. Dabei spielt es keine Rolle, ob eine Entwicklung für eigene Zwecke der Organisation oder zur kommerziellen Verwertung (also für ein zu vertreibendes Produkt) erfolgt.

---

[110] Das sog. *External Key Management* (auch: „Bring Your Own Key" genannt) kann abhelfen, sofern die Cloud-Anwendungen dieses unterstützen.

[111] Auskünfte z. B. über das BSI.

Hinsichtlich der Informationssicherheit sind alle Schritte bzw. Phasen solcher Entwicklungen zu betrachten – also der gesamte Life-Cycle der Entwicklung:

- Spezifikation von Anforderungen (darunter auch die Sicherheit betreffend)
- Design (Architektur) des Systems
- ggf. mehrere Spezifikationsebenen bis zum Feinentwurf
- Implementierung/Programmierung
- Tests und Abnahmen
- Auslieferung
- Wartung und Updates

Was Software-Entwicklungen anbetrifft, reicht der Gegenstand des Controls von der Programmierung von Skripten und Webseiten, über Geräte-Treiber, Applikationen, Software-Tools und Libraries bis hin zu Betriebssystemen.

Die Anforderung des Control A-8.25 lautet, Regeln aufzustellen und anzuwenden, die die Informationssicherheit innerhalb von Entwicklungsprojekten bzw. -prozessen garantieren.

Wird in einer Organisation häufiger Software und/oder Hardware entwickelt, ist es sinnvoll, diese Regeln in eine spezielle Richtline zu packen – mit allem, was daran hängt: Schulung/Training der Beteiligten, Auswahl einer geeigneten Entwicklungsmethodik und von Werkzeugen, die Projektsteuerung, eine Überwachung der Einhaltung der Richtlinie, die kontinuierliche Verbesserung usw.

Um welche Regeln geht es bei der *Sicherheit* in Entwicklungsprojekten? Zunächst sind einige schon kommentierte Controls anwendbar:

- Sicherheit im Projektmanagement (A-5.8), hier angewendet auf Entwicklungsprojekte
- Beachtung und Schutz geistigen Eigentums (A-5.32), bezogen auf die Organisation selbst oder auf Urheber außerhalb, auch Fragen der Lizenzierung
- Ort der Entwicklung ggf. als Sicherheitszone – im Grunde alle Controls der Gruppe A-7 (Infrastruktur)
- Zugriffskontrolle auf Objekte aus dem Entwicklungsprozess wie z. B. Entwicklungsunterlagen, Quell- und Object-Code, Testreports, Dokumentation (A-8.4)
- Überwachung der Konfiguration an der Entwicklung beteiligter Systeme, z. B. auch von Entwicklungswerkzeugen (A.8.9)

Beim Control A-5.8 wurde schon ausgeführt, dass neben der Projektsicherheit auch die *Sicherheit des zu entwickelnden Produktes* betrachtet werden soll – ein wichtiger Grundsatz.

Einige weitere Anforderungen werden in den nachfolgenden Controls ab A-8.26 näher betrachtet:

- Sicherheit im Rahmen der Software-Entwicklung
- Testen entwickelter Objekte und ihrer Sicherheitseigenschaften
- Einhalten aller Vorgaben für die Entwicklung durch beteiligte Auftragnehmer (bei ganz oder teilweise ausgegliederter Entwicklung)
- Trennung von Entwicklungs-, Test- und Produktionsumgebungen

A-8.26 Anforderungen an die Anwendungssicherheit

Dies Control richtet sich nicht nur an die *Entwicklung* von IT-Anwendungen, sondern auch an die Beschaffung entsprechender *Produkte* durch die Organisation.

Die Anforderung lautet, dass in beiden Fällen *vorab* Sicherheitsanforderungen aufgestellt, spezifiziert und genehmigt werden sollen. Diese Sicherheitsanforderungen sollen bei der Entwicklung bzw. der Beschaffung beachtet werden.

Wie kommt man zu solchen Sicherheitsanforderungen?

- Geht es um den Einsatz einer Anwendung in der eigenen Organisation, leiten sich die Ziele aus den Sicherheitszielen der Organisation für den übergeordneten Geschäftsprozess ab.
- Bei Produktentwicklungen für Kunden ist das Verfahren ähnlich, sofern es um eine Auftragsentwicklung für einen bestimmten Kunden oder eine Kundengruppe geht.
- Für Produkte, die kommerziell angeboten werden sollen, ist es Sache der Entwickler, die Sicherheitsziele für das Produkt festzulegen – in der Hoffnung, dass damit die Markbedürfnisse bzw. die Bedürfnisse potenzieller Kunden getroffen werden.

Auf der Basis dieser Sicherheitsziele ist eine Risikobeurteilung durchzuführen, Maßnahmen zur Behandlung der Risiken sind festzulegen. Je nach Art der Anwendung und des Einsatzes des Produktes kommt man dabei natürlich zu sehr unterschiedlichen Risiken und Maßnahmen.

Was den sicheren Betrieb und die sichere Nutzung anbetrifft, können für die Anwendung z. B. gefordert werden:

- die Authentisierung von Nutzern durch die Anwendung
- die Verwendung kryptografischer Mechanismen
- Schnittstellen zur Protokollierung und Überwachung (z. B. per DLP)
- transaktionssichernde Maßnahmen
- die Validierung von Input- und Output-Daten
- ggf. die Verarbeitung klassifizierter Daten
- die sichere Speicherung temporärer Daten
- Resistenz gegen bestimmte Angriffsformen (z. B. Ausnutzung von Buffer Overflow)

- die Nutzung bestimmter Sicherheitsprotokolle etwa bei der Datenübertragung

Sind gewünschte/erforderliche Sicherheitsmechanismen bei der Entwicklung *nicht* in die Anwendung eingebaut worden, könnten sie möglicherweise in der Einsatzumgebung der IT-Anwendung zur Verfügung gestellt werden: Als Beispiel seien kryptografische Protokolle genannt, die im umgebenden Betriebssystem oder in speziellen Libraries enthalten sind.

Weiterhin werden für die Einsatzumgebung wichtige Randbedingungen festgelegt: erforderliche Release-Stände von Betriebssystemen, einzustellende Konfigurationen usw.

Insofern ist es immer geboten, vor Entwicklung oder Beschaffung einer IT-Anwendung alle erforderlichen Maßnahmen für die *Einsatzumgebung* der IT-Anwendung festzulegen, und zu analysieren, welcher Grad an Sicherheit sich auf diesem Wege erreichen lässt bzw. wo sich ggf. noch Lücken auftun.

Als Fazit halten wir fest: Der Entwicklung und Beschaffung von IT-Anwendungen muss immer eine Risikoanalyse mit Festlegung entsprechender (Gegen-)Maßnahmen vorausgehen.

Das umfangreiche Thema der Anwendungssicherheit wird in der Norm ISO 27034 vertieft.

A-8.27 Sichere Systemarchitektur und technische Grundsätze

Aus der Erfahrung bei Systementwicklungen haben sich Prinzipien, Methoden und Verfahren herauskristallisiert, die man im Sicherheitsumfeld stets beachten und anwenden sollte – zum Beispiel:

- Einsatzzweck und gedachte administrative/technische Einsatzumgebung des zu entwickelnden Systems präzise beschreiben – und möglichst im Lauf der Entwicklung nicht mehr ändern
- erforderliche Sicherheitsfunktionen und -mechanismen *von Anfang an* in der Architektur miteinplanen
- den Systementwurf über mehrere Ebenen schrittweise verfeinern, dann von der letzten Ebene erst in die Codierung einsteigen (in der Praxis steigt man häufig direkt in die Programmierung ein, meist verursacht durch den Zeitdruck bei solchen Entwicklungen)
- Modularisierung von komplexen Systemen
- alle Sicherheitsmechanismen möglichst in einem besonders geschützten Kern des Systems – abgeschottet von allen anderen Funktionen – unterbringen[112]

---

[112] Der klassische Fall eines sog. *Referenz-Monitors* bei Betriebssystemen und Datenbanken.

- Sicherheitsmechanismen und damit verbundene geheime Daten (z. B. Schlüssel, Passwörter) in einen separaten Baustein[113] verlagern, der immer unter der Kontrolle des
  Inhabers steht oder anderweitig physisch geschützt werden kann
- möglichst sensible Daten und Anwendungen von anderen Daten/Anwendungen trennen
  (z. B. durch zwei kryptografisch voneinander abgeschottete Container)
- vorhandene vertrauenswürdige Sicherheitsdienste in der Einsatzumgebung nutzen
  (z. B. PKI-Infrastrukturen, Sicherheitsdienste eines Betriebssystems oder von Netzwerkprotokollen)
- auf eine korrekte Integration aller entwickelten Module achten (Integrationstests) –
  auch die Einpassung in die vorgegebene technische Einsatzumgebung überprüfen
- sicherheitsrelevante Systemteile nicht nur auf korrekte Funktion testen, sondern
  auch auf Nebeneffektfreiheit, undokumentierte Funktionen, Umgehbarkeit und andere
  Schwachstellen prüfen (z. B. bei Software durch intensive Quellcode-Inspektionen und
  durch qualifizierte Angriffsversuche)

Solche Prinzipien der sicheren Entwicklung könnten in einer Entwicklungsrichtlinie oder
einem *Entwicklerhandbuch* dargestellt werden.

Wenn wir schon dabei sind: An gleicher Stelle sollten auch zu verwendende bzw. zugelassene Entwicklungswerkzeuge[114], Programmiertechniken und -sprachen, zu verwenden-
der Bibliotheken, Testverfahren, -werkzeuge und -pläne, standardisierte Angriffstechniken
und -muster, Dokumentationsanforderungen für zu entwickelnde Objekte, eine Rollentrennung im Entwicklungsprozess (z. B. Design, Coding, Tests, Integration, Abnahme), die
physische Sicherheit der Entwicklungsumgebung beschrieben sein.

Die Aktualität dieser Inhalte ist natürlich in Abständen zu überprüfen, vor allem im
Hinblick auf Technologiesprünge und die Dynamik der Angriffstechniken und -muster.

Die korrekte Anwendung aller Vorgaben bei der Entwicklung ist zu überwachen.

Wird die System-Entwicklung an einen Dienstleister verlagert, sind entsprechende Vor-
gaben per Vertrag zu vereinbaren: Die vom Dienstleister angewendeten Methoden und
Verfahren sollten mit den Vorstellungen des Auftraggebers kompatibel sein. Das Control
A-8.30 widmet sich diesem Thema.

Welche konkreten Sicherheitsmechanismen und -funktionen in ein zu entwickelndes
System einzubauen sind, ist *nicht* mehr Gegenstand des Controls. Wir wollen dennoch
einige Stichwörter nennen, die die Breite des Themas deutlich machen: Redundanz
von Komponenten, fehlertolerante Abläufe und Protokolle, Erkennung von Angriffen
bzw. Angriffsmustern, Protokollierung von Fehlerzuständen und möglichen Sicherheitsvorfällen, Löschen kritischer Daten im Angriffsfall, Anti-Tamper-Schutz (physisch und
logisch), Trennung von Software-Anwendungen durch Virtualisierungstechniken, kryptografische Funktionen und Protokolle. Was hiervon zur Anwendung kommt, ist immer
projektabhängig.

---

[113] z. B. in eine Smartcard oder in ein Trusted Platform Module (TPM).
[114] Auch z. B. die Nutzung einer Cloud mit bereitgestellten Tools für die SW-Entwicklung.

A-8.28 Sicheres Coding

Dieses in der Norm erstmalig auftretende Control befasst sich mit Prozessen der Erstellung von Quellcode (Programmierung) bei der System- oder Produktentwicklung. Dabei sollen Maßnahmen ergriffen werden, die das Risiko von Fehlern, Schwachstellen und anderen Unzulänglichkeiten, sowie Manipulationen bei der Software-Erstellung mindern – dies sowohl für neue Entwicklungen als auch bei der Herstellung von Updates, und unabhängig davon, ob es um Entwicklungen für den eigenen Gebrauch oder für marktgängige Produkte geht.

Die Organisation muss dazu Know-how aufbauen, was aktuelle Programmiertechniken[115], vertrauenswürdige Entwicklungswerkzeuge (auch Libraries/SDKs) angeht – aber auch hinsichtlich typischer Angriffe für den zu entwickelnden Produkttyp. Letzteres hat Überschneidungen mit der Threat Intellligence (A.5.7).

Speziell für die Erstellung sicherheitsrelevanter Software sollten bekannte Unzulänglichkeiten vermieden werden: im Code Passwörter oder Schlüssel fest einzubauen, Code-Passagen aus anderen Quellen ungeprüft zu übernehmen, Webadressen (Internetdienste) ohne Authentisierung der Quelle aufzurufen, bei der Dateneingabe möglich Pufferüberläufe zuzulassen, Eingabefelder bzw. -masken nach Verarbeitung des Inhalts nicht zu löschen usw.

Somit ist sicherzustellen, dass die vorgesehenen Personen im Entwicklungsteam ausreichend qualifiziert und erfahren, in der Nutzung solcher Design- und Programmiertechniken sowie einzusetzender Werkzeuge hinreichend geschult und geübt sind.

Weiterhin ist es wichtig, den Mitgliedern des Entwicklungsteams die Mentalität zu vermitteln, dass jede Software Gegenstand bösartiger Angriffe ist oder zumindest Gelegenheit zu solchen Attacken bietet, und zwar aufgrund von Design-Fehlern, Fehlern beim Coding, durch unzureichende Tests usw.

Im Hinblick auf Manipulationen vor, während und nach der Software-Erstellung sind die Vorgaben an eine sichere Entwicklungsumgebung (unter A-8.25 aufgeführt) zu beachten, Rollentrennungen einzuführen, Werkzeuge für die Software-Entwicklung nach dem Least-Privilege-Modell zu konfigurieren – und im Anschluss an die Programmierung die unter A-8.27 (letzter Aufzählungspunkt) genannten Überprüfungen durchzuführen.

Für das aus Programmierersicht meist leidige Thema der *Dokumentation* muss die Organisation Vorgaben machen hinsichtlich des Zeitpunkts der Erstellung (parallel zur Entwicklung oder erst nachträglich), Umfang und Tiefe der Dokumentation sowie der jeweiligen Zielgruppe (z. B. Nutzer, Administration, Systemintegration).

---

[115] z. B. *Pair Programming* (eine Person codiert, ein anderes Team-Mitglied begutachtet parallel am selben Terminal jede Codezeile), *Peer Review* (Begutachtung durch Team-Mitglieder räumlich/ zeitlich unabhängig vom Vorgang des Codierens), *Refactoring* (Umstrukturierung des Codes zur Verbesserung der Lesbarkeit, Nachvollziehbarkeit, der Wartbarkeit und des Testens – ggf. werkzeugunterstützt).

Im Zuge des Einsatzes der entwickelten Software ist darauf zu achten, dass Fehler-
berichte erstellt und übermittelt werden, analog bei der Entdeckung von Schwachstellen
bzw. erfolgreichen Angriffen. Die Prozesse der Behebung solcher Unzulänglichkeiten, die
Erstellung und sichere Auslieferung von Updates sind einzurichten, wenn absehbar ist die
Begrenzung der Support-Dauer anzugeben bzw. frühzeitig anzukündigen.

Versionskontrollen bei der Software und ihrer Dokumentation, die Archivierung dieser
Daten und die sichere Auslieferung an den Kunden bzw. zum Einsatzort sind weitere
Punkte, die es zu organisieren gilt.

A-8.29 Sicherheitsprüfung in Entwicklung und Abnahme

Beschäftigen wir uns zunächst mit einem System[116], das von der Organisation *entwickelt*
worden ist, und zwar zum eigenen Gebrauch oder zum Vertrieb an Kunden. Einen ersten
Abschluss findet eine solche Entwicklung, wenn Tests die korrekte Implementierung bzw.
Programmierung und die Kompatibilität mit der vorgesehenen Systemumgebung bestätigt
haben.

Im Control wird nun gefordert, dass ein solches System – vor einer Freigabe zur
Nutzung oder der Übergabe an Kunden – zusätzlich einer *Sicherheitsüberprüfung* zu
unterziehen ist: Ziel dabei ist es, die Erfüllung der Sicherheitsanforderungen nachzuweisen, die vor Beginn der Entwicklung an das System gestellt wurden (wie in A-8.25/A-8.26
gefordert). Dieses „Security Testing" soll

- alle Sicherheitsfunktionen des Systems wie Authentisierung, Zugriffskontrolle, kryptografische Funktionen, Protokollierung usw. *funktional* auf Korrektheit prüfen,
- die sichere Implementierung (bei Software: das sichere Coding A-8.28, z. B. durch
  Code Reviews) beurteilen,
- die korrekte Integration von Modulen zu einem Gesamtsystem überprüfen,
- die Anwendbarkeit und Korrektheit von „mitgelieferter" System-Dokumentation beurteilen,
- die korrekte Konfiguration der bei den Tests zugrunde gelegten Einsatzumgebung
  (Software, Systeme und Einrichtungen) nachweisen.

Zur Abdeckung dieser Punkte muss die Organisation Testkriterien und Testpläne erstellen.
Der Umfang und die Tiefe solcher Sicherheitstests muss sich an den Sicherheitsanforde-
rungen des Systems orientieren: Je höher dessen Sicherheitsbedarf, um so intensivere
Tests sind erforderlich.

Die geplanten Tests können zunächst von Entwicklern, sollten dann aber im Zuge einer
Abnahme des Systems von Personal durchgeführt werden, das nicht an der Entwicklung
beteiligt war.

---

[116] Hier gemeint: IT-System im engeren Sinne, jede Art von Software, auch Spezialitäten wie Tools.

Die Durchführung von Tests kann manuell oder automatisiert mit Tool-Unterstützung erfolgen. Bei den Tools geht es nicht nur um die Testabwicklung und Ergebnisprotokollierung – auch Tools zur Analyse von Code, Verifikationstools (zur Bestätigung der Korrektheit von Software gegenüber einer Spezifikation), Werkzeuge zur Aufspürung von Schwachstellen, für das Penetration Testing etc. können zum Einsatz kommen.

Entwickelte Software, die auf unterschiedlichen Plattformen laufen soll, muss auch in Bezug auf die zugelassenen Plattformen getestet werden, was unterschiedliche Testumgebungen verlangt.

Dass alle Feststellungen aus den Security Tests zu bearbeiten bzw. zu beheben sind, dass Tests nach der Behebung von Unzulänglichkeiten zu wiederholen sind, dass über diesen Ablauf genaue Aufzeichnungen anzufertigen sind – bedarf eigentlich keines Kommentars.

Selbstverständlich gelten die Vorgaben nicht nur für die erstmalige Abnahme, sondern auch für Folge-Abnahmen für neue Versionen, Upgrades und Updates.

Wird die Entwicklung eines Systems *ausgelagert,* sind Vereinbarungen mit dem Auftragnehmer zu treffen, die die erläuterten Vorgaben einschließen. Hier wäre auf jeden Fall anzuraten, die unabhängigen Abnahmetests entweder selbst durchzuführen oder sie zumindest beim Auftraggeber zu begleiten. Vertraglich könnten hier das Abnahme*verfahren* vereinbart, ggf. von der Organisation auch eigene Testpläne einbezogen werden.

Sofern es um Systeme geht, die die Organisation beschaffen will, aber nicht selbst entwickelt hat, sollten ebenfalls Abnahmetests durchgeführt werden. Gegenstand ist die Erfüllung der Sicherheitsanforderungen für die Beschaffung. Diese Abnahmetests sollten keinesfalls in einer Produktivumgebung erfolgen, sondern in einer Testumgebung, die der später realen Einsatzumgebung soweit wie möglich entspricht.

Eine Erweiterung der Abnahmeprozeduren betrifft die Einhaltung der Sicherheitsanforderungen im *Produktivbetrieb:* Lässt sich die Einhaltung der Anforderungen über eine definierte Betriebsdauer Zeit („Probebetrieb") bestätigen, wird eine sogenannte *System-Akkreditierung* erteilt.

A-8.30 Ausgegliederte Entwicklung

Wird die Entwicklung eines Systems ausgegliedert, d. h. von einem Auftragnehmer durchgeführt, müssen kurz gesagt alle Anforderungen, die an eigene Entwicklungen zu stellen wären, auch für den Auftragnehmer gelten. Dies verlangt entsprechende Verträge/Vereinbarungen mit dem Auftragnehmer und die Überwachung seiner Leistungserbringung (Monitoring, Reviews, Audits): Hier sind die Angaben in A-5.19 zu beachten.

Wir stellen weitere wesentliche Punkte stichwortartig dar, die je nach Art der Entwicklung relevant sein können:

- Einsatz vertrauenswürdigen, qualifizierten Personals (Nachweise)
- Existenz und Nutzung einer sicheren Entwicklungs- und Testumgebung
- Beachtung von Richtlinien der Organisation über Design, Coding, Tests, Sicherheits-prüfungen und Abnahmen (Controls A-8.25 bis A-8.29), den Einsatz bestimmter Programmiersprachen und zu verwendende Werkzeuge
- Beachtung der Vorgaben zum Entwicklungsgegenstand: geplante (spätere) Einsatzum-gebung, funktionale Anforderungen, Sicherheitsanforderungen, Testpläne
- Schutz von Testdaten, hier auch personenbezogener Daten, welche zu Testzwecken überlassen werden (s. auch A-8.33)
- Einhaltung des von der Organisation vorgeschriebenen Abnahmeverfahrens
- Pflege des Produktes, insbesondere durch Bereitstellung von Sicherheitsupdates, zumindest für einen vereinbarten Zeitraum (s. auch A-5.19)
- Art der Übertragung von Daten zwischen Auftraggeber und Auftragnehmer (z. B. die Authentizität der Kommunikationspartner, Integrität der Daten, ggf. auch ihre Vertraulichkeit betreffend)
- Schutz geistigen Eigentums des Auftraggebers (und von Dritten), auch Regelungen hinsichtlich zu beachtender Lizenzen
- Recht zur Prüfung der Entwicklungsumgebung, des Entwicklungsprozesses und der Tests vor Ort beim Auftragnehmer, Beteiligung bei der Abnahmetests

A-8.31 Trennung von Entwicklungs-, Prüf- und Produktionsumgebungen

Sofern die Organisation Systeme/Software entwickelt, sollte sie neben den Produktiv-Systemen und -Netzen eine getrennte, separat abgesicherte IT-Umgebung aufbauen, in der die Entwicklung abläuft und die entsprechenden Daten gespeichert werden. Das Ziel ist, eine gegenseitige Beeinflussung beider Bereiche auszuschließen und Zugriffe von einem Bereich in den anderen strikt kontrollieren, wenn nicht gar unterbinden zu können.

Ohne eine solche Trennung könnten z. B. bei Tests fehlerhaft programmierte Anwen-dungen die Produktion stören oder gar zum Stillstand bringen, oder Daten korrumpieren. Andererseits wären User (z. B. auch Kunden) aus der Produktivumgebung möglicherweise in der Lage, auf Entwicklungsobjekte (Pläne, Quellcode usw.) zuzugreifen und damit die Eigentumsrechte der Organisation zu verletzen, die Vertraulichkeit und Integrität von Ent-wicklungsdaten zu beeinträchtigen usw. Kritisch zu betrachten sind generell Zugriffe aus dem Produktivbereich auf Quellcode und die Nutzung von Compilern und anderen Werk-zeugen – wir ersparen uns hier die Aufzählung sich daraus ergebender Risiken für die Organisation.

Auf der Maßnahmenseite sind aus technischer Sicht z. B. eine (logische, physische) Segmentierung der Netze sowie die Einrichtung separater Domänen in Betracht zu ziehen.

Speicherbereiche, die gemeinsam von Produktion und Entwicklung genutzt werden können, stellen stets einen *Speicherkanal* im Sinne der DLP (A-8.12) dar und sollten daher tunlichst vermieden werden.

Soll ein fertig entwickeltes Objekt (z. B. eine Software) dem Produktivbereich übergeben und dort installiert werden, müssen entsprechende Regeln beachtet werden:

- Eine Abnahmeprüfung (A-8.29) muss erfolgreiche durchgeführt worden sein.
- Die für das Objekt notwendige Konfiguration im Produktivbereich (nach entsprechenden Tests an anderer Stelle) ist einzurichten.
- Das entwickelte Objekt ist auf sicherem Wege in den Produktivbereich zu verbringen, z. B. bei Software ist eine sichere Übertragung zum Zielsystem einzurichten.

Diese Aktivitäten dürfen nur durch autorisiertes Personal veranlasst und ausgeführt werden (möglichst in Rollentrennung, also nicht alles durch eine einzige Person), eine Überwachung und Aufzeichnung der Abläufe ist geboten.

Das gleiche Verfahren gilt für den Fall der Übernahme von Upgrades, Updates und Patches.

Eine weitere Trennung ist aus ähnlichen Motiven anzuraten für die eigentliche Entwicklung und die damit zusammenhängenden Testverfahren. Entwickler, die funktionale Tests der von ihnen entwickelten Objekte durchführen, müssen dies in der Testumgebung ausführen und sollten sich zu diesem Zweck separat bei den entsprechenden Testsystemen anmelden müssen. Personal, das unabhängige Tests und Abnahmeprüfungen ausführt, benötigt seinerseits keinen Zugriff auf die Entwicklungsumgebung. Zwischen der Entwicklungsumgebung und der Testumgebung sollte allerdings ein Datenaustausch möglich sein – vorrangig für den Transfer von Object Code in den Testbereich und von Testergebnissen in die andere Richtung, Hierfür sind Regeln zu definieren und zu überwachen.

Sollen Daten aus dem Produktivbereich für Testzwecke verwendet werden, ist hierfür ein geregeltes Prozedere einzuhalten: Genehmigung der Nutzung der Daten, sicherer Transfer in die Testumgebung, Beachten von ergänzenden Regeln bei personenbezogenen Daten – ggf. erst nach entsprechender Maskierung (A-8.11).

Eine Testumgebung wird auch für den Fall benötigt, dass die Organisation z. B. Software beschafft und vor dem produktiven Einsatz eine Erprobung und Abnahme durchführt. Die oben geschilderten Vorkehrungen gelten auch für diesen Fall.

A-8.32 Änderungssteuerung

Das Thema Änderungssteuerung bzw. Change Management ist bereits Gegenstand von ISMS-6.3 im Hauptteil der Norm, und zwar bezogen auf das ISMS. Es stellt sich die Frage, ob darunter auch Änderungen an der Technik (IT-Systeme und andere Einrichtungen) fallen.

Sicherheitshalber hat man genau diesen Punkt in einem eigenen Control präzisiert. Die Forderung lautet: Änderungen an informationsverarbeitenden Einrichtungen und IT-Systemen sind einem Change Management zu unterwerfen.

Als Änderung ist natürlich auch die Einführung *neuer* Systeme und Einrichtungen aufzufassen.

Durch diesen formalen Prozess des Change Managements soll vor allem ausgeschlossen werden, dass die Informationssicherheit der Organisation durch unüberlegte, fahrlässige, ungeplante und vor allem unzulässige Änderungen beeinträchtigt wird. Ein weiteres Ziel besteht auch darin, das Inventar- bzw. Assetverzeichnis stets aktuell zu halten.

Im Zusammenhang mit Notfällen findet man häufig die Vorgabe, dass die schnelle Wiederherstellung des Normalbetriebs Vorrang hat, d. h. das Prozedere des Change Management kann temporär außer Kraft gesetzt werden – bei der Notfallbehandlung vorgenommene Änderungen müssen dann aber nachträglich dokumentiert und in das Change Management eingebracht werden.

Wie für alle Prozesse im ISMS sind auch hier Verantwortlichkeiten einzurichten, die Prozessanwendung ist zu überwachen und ggf. im Rahmen der kontinuierlichen Verbesserung zu optimieren.

Was bei den vorhergehenden Controls für die Entwicklung und Beschaffung von IT-Systemen und erläutert wurde, gilt auch hier: Die beabsichtigten Änderungen sollen präzise spezifiziert, geplant, ausreichend dokumentiert, getestet und genehmigt werden – zumindest bei größeren Änderungen und bei der Integration neuer Systeme in die IT-Landschaft einer Organisation. Besonderes Augenmerk ist darauf zu richten, dass erfolgte Änderungen wieder zurückgenommen werden können (Rollback), wenn sich unerwartete, nachteilige Auswirkungen zeigen.

Was generell die Änderungsfreudigkeit und -häufigkeit angeht, wäre aus Sicht der Sicherheit eine eher restriktive Policy einzuhalten: Änderungen nur, wenn unabdingbar notwendig.

Daten bzw. Aufzeichnungen über geplante und durchgeführte Änderungen sind zu archivieren. Grundsätzlich sollte der Zugriff zu solchen Daten des Change Managements nur Befugten gestattet sein: Unbefugte Kenntnisnahme, unerlaubte Veränderungen der Daten oder gar ihre Zerstörung können massive Auswirkungen auf die Sicherheit der Organisation nach sich ziehen.

A-8.33 Prüfinformationen

Die Bezeichnung des Controls ist ein wenig irritierend: Es geht um *Testdaten*, mit denen neu entwickelte oder beschaffte Systeme getestet werden. Bei Eigenentwicklungen umfasst dies alle Tests vom Beginn der Entwicklung bis zur Abnahmeprüfung.

Testdaten sollen sorgfältig *ausgewählt* und *geschützt* werden, der Umgang mit ihnen soll qualifiziert *gemanagt* werden. Was ist damit gemeint?

Da ja die Eignung und korrekte Funktion des betreffenden Systems Gegenstand der Tests ist, sollen Testdaten so gewählt werden, dass die Testergebnisse aussagekräftig sind und – vor allem – die Funktionstüchtigkeit der eingebauten Sicherheitsmechanismen nachgewiesen werden kann.

Meist wird man hierbei nicht auf fiktive Daten, sondern auf „echte" Daten aus der Produktionsumgebung zurückgreifen wollen. Sie sind dann in sicherer Weise in die Entwicklungsumgebung und die Testumgebung zu übertragen.

Dabei könnte es sich allerdings um Daten handeln, die aus Sicht der Organisation einen hohen Grad an Vertraulichkeit aufweisen. Hier ist zu überlegen und ggf. zu begründen, ob eine Verwendung solcher Daten für Tests wirklich erforderlich ist. Die Daten könnten auch einen vertraglich vereinbarten Schutz erfordern (z. B. Kundendaten) oder gar einen gesetzlich geforderten Schutz benötigen – etwa bei personenbezogenen Daten. In solchen Fällen sind Genehmigungen einzuholen oder Ausnahmen möglichst rechtssicher zu begründen.

Zum Schutz der Testdaten sind weiter folgende Maßnahmen zu beachten:

- Die Daten sollten in Teilen verändert oder entsprechend maskiert (A-8.11) werden, um den Grad der Sensibilität zu verringern.
- Ein Transfer der Testdaten aus der Produktivumgebung zu einer Entwicklungs- und/ oder Testumgebung sollte unter dem Vorbehalt einer expliziten Autorisierung stehen.
- Innerhalb der Entwicklungs- und/oder Testumgebung sind die Daten so zu schützen, wie sie auch im Produktivbereich geschützt werden, z. B. also durch eine Authentisierung von Nutzern, eine Zugriffskontrolle und die Protokollierung von Zugriffen.
- Neben der Zugriffskontrolle sollten möglichst weitere Sicherungsmechanismen angewendet werden, z. B. den Zugriff zu den Daten nur für Testwerkzeuge gestatten – was z. B. eine Manipulation der Testdaten erschwert –, oder eine Sicherung durch Hashwarte/Signaturen vornehmen – was eine Verletzung der Integrität erkennbar macht.
- Je nach Art und Intensität der Protokollierung von Tests kann es vorkommen, dass Testdaten auch in Testprotokollen und -auswertungen auftauchen. Will man eine hohe Vertraulichkeit weiter aufrechterhalten, müssten diese Protokolle/Auswertung vor einer weiteren Nutzung entsprechend bearbeitet werden: Maskieren/Schwärzen, Anonymisieren, Löschen der Testdaten.

- Sobald die Tests abgeschlossen sind, sollten die Testdaten sicher gelöscht werden.

Diese Vorgaben einzuhalten, ist Sache des jeweiligen Projektleiters für die Entwicklung bzw. die Tests.

Werden Tests *außerhalb* der Organisation durchgeführt – z. B. bei ausgelagerter Entwicklung –, sollte in jedem Fall eine Risikobeurteilung durchgeführt werden, um das mit der Weitergabe sensibler Testdaten verbundene Risiko für die Organisation zu bewerten. Entschließt man sich zur Weitergabe der Testdaten, müssen die genannten Schutzvorkehrungen zumindest vertraglich mit dem Auftragnehmer vereinbart und bei der Leistungserbringung durch die Organisation überwacht werden.

A-8.34 Schutz der Informationssysteme während der Überwachungsprüfung

In der Norm werden an verschiedenen Stellen eine Überwachung bzw. ein Monitoring, Audits und andere Überprüfungen gefordert oder empfohlen (z. B. auch Penetrationstests). Bei solchen Aktivitäten kann es durchaus vorkommen, dass der normale Betrieb der Informationsverarbeitung in der Organisation gestört oder sogar unterbrochen wird, möglicherweise wichtige Geschäftsprozesse beeinträchtigt werden.

Vor diesem Hintergrund fordert das Control, solche Prüfungsaktivitäten sorgfältig zu planen und mit dem zuständigen Personal der Organisation abzustimmen, um negative Auswirkungen auszuschließen, zumindest aber zu begrenzen.

Folgende Punkte sollten Gegenstand der Planung und Abstimmung sein:

- die Termine solcher Prüfungsaktivitäten (z. B. Verlagerung in betriebsschwache Zeiten) und die Durchführung nur unter zusätzlichen Vorkehrungen (z. B. frühzeitige Information von Betroffenen, Genehmigungsvorbehalt, aktuelle Datensicherung)
- Gegenstand und Umfang der Prüfaktivitäten (auf welche Systeme und ggf. Daten sie sich beziehen),
  - um erforderliche Zugriffe zu ermöglichen oder auf Lesezugriff zu beschränken,
  - um Prüfungen evtl. nur mit Kopien durchzuführen,
  - um die betreffenden Daten z. B. vorab einer Datensicherung zuführen zu können,
- der Einsatz von Prüfwerkzeugen,
- die Mitwirkung und Beaufsichtigung durch Admin-Personal der Organisation,
- ggf. Beschränkungen bei der Dokumentation der Prüfungsaktivitäten (z. B. Ausklammern sehr sensibler Fakten und Daten – zumindest bei Prüfungen durch Externe).

Sollen Prüfschritte von Externen vorgenommen werden, müssen entsprechende Vorkehrungen und Auflagen in einer Vereinbarung festgehalten werden – darunter insbesondere Regelungen zur Vertraulichkeit aller gewonnen Erkenntnisse.

Literatur

1. Framework for Improving Critical Infrastructure Cybersecurity, National Institute of Standards and Technology (USA), Version 1.1, April 16, 2018
2. Allgemeine Verwaltungsvorschrift zum materiellen Geheimschutz (Verschlusssachenanweisung – VSA), vom 13. März 2023
3. Kersten, H., Klett, G.: Business Continuity und IT-Notfallmanagement – Grundlagen: Methoden und Konzepte, ISBN 978–3–658–19117–7, Springer 2017
4. Common Criteria 2022, Release 1, www.commoncriteriaportal.org
5. BSI-Standard 200-4: Business Continuity Management, Community Draft 2.0, www.bsi.de/grundschutz
6. BDSG: Bundesdatenschutzgesetz vom 30. Juni 2017 (BGBl. I S. 2097), zuletzt geändert durch Artikel 10 des Gesetzes vom 23. Juni 2021 (BGBl. I S. 1858; 2022 I 1045)
7. Datenschutz-Grundverordnung (DS-GVO): Richtlinie (EU) 2016/680 des Europäischen Parlaments und des Rates vom 27. April 2016 zum Schutz natürlicher Personen bei der Verarbeitung personenbezogener Daten durch die zuständigen Behörden zum Zwecke der Verhütung, Ermittlung, Aufdeckung oder Verfolgung von Straftaten oder der Strafvollstreckung sowie zum freien Datenverkehr und zur Aufhebung des Rahmenbeschlusses 2008/977/JI des Rates
8. SDM: Das Standard-Datenschutzmodell – Eine Methode zur Datenschutzberatung und -prüfung auf der Basis einheitlicher Gewährleistungsziele, Version 3.0, AK Technik der Konferenz der unabhängigen Datenschutzaufsichtsbehörden des Bundes und der Länder, vom 24. November 2022
9. SÜG: Sicherheitsüberprüfungsgesetz vom 20. April 1994 (BGBl. I S. 867), zuletzt geändert durch Artikel 4 des Gesetzes vom 5. Juli 2021 (BGBl. I S. 2274)
10. Basistipps zur IT-Sicherheit: Daten auf Festplatten und Smartphones endgültig löschen, https://www.bsi.bund.de/dok/6599236
11. DIN 66399: Büro- und Datentechnik – Vernichten von Datenträgern (drei Teile), 2012/2013
12. ISO/IEC 21964: Informationstechnik - Bürogeräte – Vernichten von Datenträgern (drei Teile), 2018-08
13. Kersten H., Klett G.: Data Leakage Prevention: Datenlecks im Unternehmen erkennen und vermeiden, ISBN 978–3–826–69508–7, mitp professional 2013
14. DIN EN ISO/IEC 29134: Informationstechnik – Sicherheitsverfahren – Leitlinien für die Datenschutz-Folgenabschätzung, 2020-09
15. DIN ISO 55001: Asset Management – Managementsysteme – Anforderungen, 2021-03
16. ISO/IEC 19770–1: Informationstechnik – Management von IT-Assets – Teil 1: Managementsysteme für IT-Assets – Anforderungen, 2017–12
17. DIN ISO/IEC 15408: Informationstechnik – IT-Sicherheitsverfahren – Evaluationskriterien für IT-Sicherheit, 2020–12 (ältere Fassung von [4])
18. DIN EN ISO 22301: Sicherheit und Resilienz – Business Continuity Management System – Anforderungen, 2020-06
19. Cloud Computing Compliance Criteria Catalogue – C5:2020, www.bsi.de

Fahrplan zur Umstellung auf die neue Norm

4

▶ **Trailer**

Für die neue Fassung der ISO 27001 stellt sich die Frage, wie man die Änderungen in einem existierenden ISMS berücksichtigt und sie möglichst effektiv umsetzt. Hierzu erläutern wir in den folgenden Abschnitten einen entsprechenden Fahrplan.

4.1 Fahrplan für den Hauptteil der ISO 27001

In Kap. 2 haben wir die Anforderungen an ein ISMS umfänglich kommentiert, dabei Änderungen in der neuen Normfassung angegeben und deren Auswirkungen skizziert.

Hier folgt nun die Zusammenstellung der Ergebnisse, was den Anpassungs- bzw. Änderungsbedarf anbetrifft. Daraus leiten wir die notwendigen Arbeitsschritte (Aktionen) für die Umstellung auf die neue Norm ab – wobei festzustellen ist, dass manche im Folgenden genannten Aktionen obsolet sein werden, weil man die Forderungen ohnehin schon *implizit* früher berücksichtigt hat.

Änderungen in ISMS-4

In ISMS-4.2 b) werden die zu sammelnden Kontextinformationen eingeschränkt durch das Adjektiv „relevant" – gemeint ist: *relevant* aus Sicht der Organisation.

Von den interessierten Parteien sind nur solche Anforderungen/Erwartungen zu berücksichtigen, die von der Organisation (!) als relevant erachtet werden – eine Präzisierung, die den Umfang der Kontextinformationen reduzieren kann. Allerdings wird man eine Begründung angeben müssen, warum eine Relevanz ggf. *nicht* gegeben ist.

H. Kersten and K.-W. Schröder, *ISO 27001: 2022/2023,* Edition <kes>,
https://doi.org/10.1007/978-3-658-42244-8_4

In ISMS-4.2 c) wird ausgeführt: Relevante Kontextinformationen brauchen nur dann berücksichtigt werden, wenn sie im Rahmen des *ISMS* behandelt werden sollen.

Wenn einzelne Anforderungen/Erwartungen durch Gegebenheiten *außerhalb* des ISMS abgedeckt werden, können die betreffenden Anforderungen/Erwartungen bei der weiteren Ausgestaltung des ISMS ignoriert werden.

Bei ISMS-4.4 wurde ergänzt, bei der Planung, Umsetzung, Aufrechterhaltung und kontinuierlichen Verbesserung des ISMS auch die ISMS-Prozesse und ihr Zusammenspiel zu betrachten.

Sofern dies bisher nicht ohnehin erfolgt ist, muss nochmal in die Planung und Umsetzung der ISMS-Prozesse eingestiegen werden: Schnittstellen, Informationsflüsse und Abhängigkeiten – charakteristisch für das Zusammenspiel der ISMS-Prozesse – sind zu präzisieren.

Dies leistet auch einen Beitrag zum Control A-5.29 *Informationssicherheit bei Störungen,* bei dem es u. a. um eine Notfallplanung für die ISMS-Prozesse geht: Informationen über die Abhängigkeiten zwischen den ISMS-Prozessen und über ihren Informationsaustausch stellen einen wichtigen Input z. B. für die Business Impact Analysis dar.

Erforderliche Aktionen zu ISMS-4

Aktion 4-A: Die bisherigen – hoffentlich aktuellen – Kontextinformationen über Anforderungen/Erwartungen interessierter Parteien sind auf Relevanz für die Organisation zu prüfen. In diesem Sinne *nicht* relevante Anforderungen/Erwartungen können nach entsprechender Begründung gestrichen werden!

Aktion 4-B: Als relevant erachtete Anforderungen/Erwartungen interessierter Parteien, die durch Gegebenheiten *außerhalb* des ISMS abgedeckt werden, können für das ISMS gestrichen werden.

Aktion 4-C: Für die ISMS-Prozesse sollten auch deren Schnittstellen untereinander, die darüber stattfindenden Informationsflüsse, sowie bestehende Prozess-Abhängigkeiten analysiert, dokumentiert und bei der Umsetzung berücksichtigt werden.

Änderungen in ISMS-5

ISMS-5.3 präzisiert, dass die für die Informationssicherheit eingerichteten Rollen *innerhalb* der eigenen Organisation bzw. im Anwendungsbereich des ISMS bekanntgemacht werden sollen.

Eine Erweiterung der Zielgruppe für die Bekanntmachung ist zulässig, aber nicht gefordert.

Erforderliche Aktionen zu ISMS-5

Aktion 5-A: Das Verfahren der Bekanntmachung von Rollen für die Informationssicherheit sollte überprüft werden: Die Zielgruppe für die Bekanntmachung muss (mindestens) das vom ISMS betroffene Personal der Organisation umfassen.

Änderungen in ISMS-6

ISMS-6.2 (d) verlangt eine Überwachung der Zielerreichung des ISMS.

Gemeint sind die Sicherheitsziele der Organisation, vor allem die klassischen Sicherheitsziele der Vertraulichkeit, Integrität und Verfügbarkeit, soweit diese für die Organisation eine Rolle spielen. Der Grad der Zielerreichung soll überwacht werden. Näheres zur möglichen Umsetzung findet sich z. B. in den Kommentaren zu ISMS-9.1.

ISMS-6.2 (g) schreibt eine Dokumentation der Sicherheitsziele vor.

Alle Sicherheitsziele der Organisation sollen in dokumentierter Form vorweisbar sein. Dies dürfte in der Regel durch die Leitlinie erfüllt sein – ergänzt um die Dokumentation für das Herunterbrechen der Sicherheitsziele auf nachgeordnete Organisationseinheiten (ISMS-6.2).

ISMS-6.3 verpflichtet die Organisation, jedwede Änderung an ihrem ISMS nur in geplanter Form vorzunehmen.

Änderungen an der Ausgestaltung, Dokumentation, Umsetzung, Überwachung des ISMS, seiner Prozesse, Maßnahmen, Regeln und Richtlinien usw. sind zu *planen* und dann erst *umzusetzen*.

Man sollte hier noch einen Schritt weitergehen und solche Änderungen einem formalen Change Management unterwerfen. Ein solches ist ohnehin Gegenstand mehrerer Controls im Anhang A (z. B. bei A-5.22 und A-8.32). Soweit ein Change Management – z. B. Tool-basiert – schon für andere Belange (etwa bei der IT) genutzt wird, könnte dieses auch für den in ISMS-6.3 aufgeführten Zweck eingesetzt werden.

Erforderliche Aktionen zu ISMS-6

Aktion 6-A: Falls noch nicht vorhanden, ist eine Überwachung der Zielerreichung des ISMS einzurichten.

Aktion 6-B: Es ist zu prüfen, ob ein vorweisbares Dokument mit einer Übersicht über die Sicherheitsziele der Organisation existiert. Wenn das nicht der Fall ist, muss ein solches Dokument erstellt werden.

Aktion 6-C: Jede Änderung am ISMS und seinen Elementen soll vor der Umsetzung (nachweislich) *geplant* werden – am besten sollte dieser Ablauf in ein formalisiertes Change Management integriert werden.

Änderungen in ISMS-7

In ISMS-7.4 (Kommunikation) sind zwei Punkte der alten Normfassung („wer kommuniziert" und die Beschreibung des Kommunikationsablaufs) zu einem neuen Punkt „wie wird kommuniziert" zusammengefasst worden. Dies ist lediglich eine textuelle Verkürzung – der Inhalt bleibt letztlich gleich.

Erforderliche Aktionen zu ISMS-7

Aktion 7-A: In der ISMS-Dokumentation zu ISMS-7.4 sollten die beiden Angaben beim Stichwort *Kommunikation* (wer kommuniziert und wie läuft die Kommunikation ab) unter der neuen Überschrift „Wie wird kommuniziert?" zusammengefasst werden. Dann ist dem neuen Normtext präzise entsprochen.

Änderungen in ISMS-8

Die folgenden Ausführungen betreffen ISMS-8.1.

Die Erfüllung von Anforderungen durch einzurichtende Prozesse bezieht sich formal nicht mehr allein auf *Sicherheitsanforderungen,* sondern auf *alle* Anforderungen an das ISMS.

Bisher wurden hier die Anforderungen aus ISMS-6.1 (Risikobeurteilung und -behandlung) besonders hervorgehoben, nunmehr werden auch die Anforderungen aus ISMS-6.2 (Management der Sicherheitsziele) und ISMS-6.3 (Change Management) einbezogen. Dafür entfällt die Vorgabe, separate Pläne zur Erreichung der Sicherheitsziele zu erstellen.

Eine wesentliche Änderung betrifft die Vorgabe, für alle zu planenden Prozesse Kriterien zu definieren, die Gegenstand der Überwachung sein sollen.

Statt wie bisher nur outgesourcte Prozesse zu überwachen, sollen nunmehr alle von Externen bereitgestellten Prozesse/Produkte und Dienstleistungen für das ISMS überwacht werden.

Erforderliche Aktionen zu ISMS-8

Aktion 8-A: Es ist prüfen, ob alle Sicherheitsanforderungen **und** alle sonstige Anforderungen durch entsprechende ISMS-Prozesse abgedeckt sind. Sind hier Lücken feststellbar, sind neue Prozesse zu planen und umzusetzen. Dies gilt insbesondere für die Anforderungen aus ISMS-6.2 und ISMS-6.3.

Aktion 8-B: Zumindest für neue Prozesse aufgrund von Aktion 8-A sind Kriterien zur Überwachung festzulegen – ggf. aber auch für vorhandene ISMS-Prozesse, bei denen bisher solche Kriterien nicht existierten.

Aktion 8-C: Alle für das ISMS von Externen bereitgestellten Prozesse/Produkte und Dienstleistungen sollen nach Kriterien der Organisation überwacht werden.

Änderungen in ISMS-9

ISMS-9.3 fordert, relevante Informationen über *Anforderungen und Erwartungen interessierter Parteien* als Input für die Managementbewertung bereitzustellen.

Dies sollte eigentlich auch schon für die alte Normfassung gelten, wurde aber zumindest nicht explizit gefordert.

Erforderliche Aktionen zu ISMS-9

Aktion 9-A: Bei der Vorbereitung von Managementbewertungen sollte darauf geachtet werden, dass entsprechende Informationen ermittelt und bereitgestellt werden. In der Prozessbeschreibung für die Managementbewertung sollte der Punkt explizit genannt werden.

Änderungen in ISMS-10

Da hier keine wesentlichen Änderungen eingetreten sind, sind auch keine Aktionen zur Umstellung erforderlich.

4.2 Fahrplan für den Anhang A und seine Controls

Im Anhang A der neuen Normfassung wurde – wie in Kap. 3 erläutert – ein vollständig neues Ordnungsraster mit vier Gruppen (Organisation, Personal, Infrastruktur, Technik) eingeführt.

Dabei wurden die alten Controls nicht einfach nur neuen Gruppen zugeordnet, sondern

- neu nummeriert,
- häufig textuell verändert,
- zum Teil mit neuen Sicherheitsaspekten versehen,
- es wurde ihr Anwendungsfall erweitert,
- mehrere Controls zu einem neuen zusammengefasst,
- einzelne alte Controls als Spezialfall eines neuen Controls betrachtet und nicht mehr separat aufgeführt,
- mehrere dieser Änderungen gleichzeitig vorgenommen.

In der ISO 27002 finden sich im Anhang B besondere Kreuzreferenz-Tabellen, die eine erste Orientierung zwischen dem alten und dem neuen Anhang A ermöglichen – aber viele der oben aufgezählten Punkte nicht wiedergeben.

In den folgenden Tabellen wurden deshalb die Controls der neuen Normfassung genauer analysiert und wie folgt klassifiziert:

- als neues Controls hinzugefügt (A)
- bei altem Control neue Aspekte ergänzt (B)
- bei altem Control textuelle Änderungen, Ergänzungen und Streichungen vorgenommen: meist nur geringe oder gar keine Auswirkungen (C)
- mehrere alte Controls zusammengefasst zu einem neuen, ggf. in einer gemeinsamen Verallgemeinerung oder Vereinfachung (D)
- altes Control (mit neuer Nummerierung) übernommen (E)

Mit dieser Klassifizierung können die Umstellungsarbeiten wie folgt beschrieben werden:

Controls der Klasse A: Es ist zunächst zu prüfen, welche dieser Controls für die Organisation *relevant* sind. Ihre Behandlung ist dann (erstmalig) zu planen/zu dokumentieren – d. h. sie müssen in den RB-Plan und das SoA[1] aufgenommen werden. Die Controls sind dann entsprechend umzusetzen. Dies betrifft bis zu 11 Controls, nämlich

- A-5.7, A-5.23, A-5.30
- A-7.4
- A-8.9 bis A-8.12, A-8.16, A-8.23 und A-8.28.

Für alle weiteren Controls – mit Relevanz für die Organisation – gilt Folgendes:

Controls der Klasse B: Für diese Controls gibt es nach der alten Norm schon Maßnahmen. Es sind aber neue Aspekte/Erweiterungen in das Control aufgenommen worden (s. Tabellen unten). Diese Aspekte sind zu behandeln (analog zu Controls der Klasse A).

Controls der Klasse C: Für diese Controls gibt es nach der alten Norm ebenfalls schon Maßnahmen. Es sind jedoch textuelle Änderungen vorgenommen worden – hier sollte sicherheitshalber überprüft werden, ob alle Aspekte der neuen Formulierung im RB-Plan/SoA abgedeckt sind.

Controls der Klasse D: Hierbei ist zu beachten, dass durch Zusammenfassung mehrerer alter Controls die entsprechenden Einträge im alten RB-Plan/SoA ebenfalls zusammenzuführen sind. Diese Arbeit kann bei Controls der Klassen B und C zusätzlich anfallen – wie in den Tabellen unten angegeben.

Controls der Klasse E: Hier ist nichts zu tun, weil neues und altes Control inhaltlich oder sogar wörtlich identisch sind, oder weil bei zusammengefassten Controls alle alten Controls textuell übernommen wurden.

Zu den folgenden Tabellen:

Das Control in der erste Spalte bezieht sich auf die *neue* Normfassung.

Die Spalten A bis E betreffen die o. a. Klassifizierungen.

Die Spalte „Controls alt" enthält die zugeordneten Controls der *alten* Normfassung.

In der Spalte „Kommentierung" sind Hinweise zu den Veränderungen angegeben.

Das Zeichen „*" vor einem Hinweis bezieht sich auf das entsprechend markierte Control in der Spalte „Controls alt", ein Text in Klammern analog auf das eingeklammerte Control.

Am Schluss dieses Kapitels geben wir ein Beispiel für die Handhabung der Tabellen und die notwendigen Überarbeitungsschritte (Tab. 4.2, 4.3 und 4.4).

Wir geben ein Beispiel für die Nutzung der vier Tabellen und wählen dazu das Control A-5.18 der neuen Normfassung.

---

[1] Risikobehandlungsplan, Erklärung zur Eignung (SoA), s. ISMS-6.3.1 in Kap. 2.

Tab. 4.1 Controlgruppe 5: **Organisation**

Control	A	B	C	D	E	Controls alt	Kommentierung
A-5.1			X	X		5.1.1 5.1.2	
A-5.2			X			6.1.1	
A-5.3			X			6.1.2	
A-5.4			X			7.2.1	
A-5.5		X				6.1.3	Der Aspekt der *Einrichtung* der Kontakte wurde hinzugefügt
A-5.6		X					Der Aspekt der *Einrichtung* der Kontakte wurde hinzugefügt
A-5.7	X						
A-5.8			X	X		6.1.5 (14.1.1)	(Spezialfall der im Projekt genutzten Systeme)
A-5.9			X	X		8.1.1 8.1.2	
A-5.10			X	X		8.1.3 8.2.3*	*verallgemeinert auch auf nicht klassifizierte Informationen
A-5.11		X		X		8.1.4	Nicht nur bei Beendigung, sondern auch bei Änderungen
A-5.12		X		X		8.2.1	Erweiterte Ziele für die Klassifizierung, Anlässe zusammengefasst
A-5.13					X	8.2.2	
A-5.14			X	X		13.2.1 13.2.2 (13.2.3)	(Spezialfall: elektronische Nachrichtenübermittlung)
A-5.15			X	X		9.1.1 (9.1.2)	(Spezialfall: Netzwerk und Netzwerkdienste)
A-5.16		X				9.2.1	Voller Lifecycle der Identitäten
A-5.17				X		9.2.4 9.3.1 (9.4.3)	(Spezialfall: Passwörter)

(Fortsetzung)

Tab. 4.1 (Fortsetzung)

Control	A	B	C	D	E	Controls alt	Kommentierung
A-5.18			X	X		9.2.2 9.2.5* (9.2.6)	Verweis auf Richtlinie für Access Control *Assetverantwortlicher gestrichen (Spezialfall: Beendigung der Beschäftigung/ Dienstleistung)
A-5.19		X				(15.1.1)	Verallgemeinert (Spezialfall: nur in Vereinbarung)
A-5.20			X			15.1.2	
A-5.21		X				(15.1.3)	Neue umfassendere Formulierung (Spezialfall: Berücksichtigung nur in Vereinbarungen)
A-5.22			X	X		15.2.2 15.2.1*	*es entfällt „auditieren"
A-5.23	X						
A-5.24		X				16.1.1	Hinzugefügt: „kommunizieren"
A-5.25					X	16.1.4	
A-5.26					X	16.1.5	
A-5.27			X			16.1.6	Zielrichtung leicht modifiziert
A-5.28					X	16.1.7	
A-5.29			X	X		17.1.1 17.1.2 17.1.3	Vereinfachende Zusammenfassung
A-5.30	X						
A-5.31				X		18.1.1 (18.1.5)	(Spezialfall: nur Kryptografie)
A-5.32			X			18.1.2	Vereinfachende Zusammenfassung
A-5.33			X			18.1.3	Vereinfachende Zusammenfassung

(Fortsetzung)

Tab. 4.1 (Fortsetzung)

Control	A	B	C	D	E	Controls alt	Kommentierung
A-5.34		X				18.1.4	Einbeziehung auch von vertraglichen Anforderungen
A-5.35					X	18.2.1	
A-5.36			X	X		18.2.2 18.2.3*	Vereinfachende Zusammenfassung *technische Vorgaben nicht mehr separat erwähnt
A-5.37					X	12.1.1	

Tab. 4.2 Controlgruppe 6: **Personal**

Control	A	B	C	D	E	Controls alt	Kommentierung
A-6.1					X	7.1.1	
A_6.2					X	7.1.2	
A-6.3					X	7.2.2	
A-6.4			X			7.2.3	Hinzugefügt: interessierte Parteien
A-6.5			X			7.3.1	Hinzugefügt: in Kraft setzen
A-6.6			X			13.2.4	Hinzugefügt: unterschreiben
A-6.7			X			6.2.2	Verallgemeinert auf alle Formen von Teleworking
A-6.8			X	X		16.1.2 16.1.3	Vereinfachende Zusammenfassung, keine Unterscheidung mehr zwischen Ereignissen und Schwachstellen

Es umfasst nach der Tab. 4.1 die alten Controls (notiert in der Form:) 9.2.2, 9.2.5*, (9.2.6).

Zunächst wurde in Erweiterung von 9.2.2 eine Richtlinie für Access Control neu aufgenommen – sie muss also ggf. neu erstellt werden.

Im Vergleich zu 9.2.5 wurde die Angabe des Assetverantwortlichen gestrichen (mit * markiert), die Überprüfung der eingerichteten Berechtigungen kann auch von anderen Rollen übernommen werden – muss aber nicht.

Inhaltlich mit abgedeckt, aber nicht mehr explizit erwähnt wurde das alte Control 9.2.6: Es geht dort um den Spezialfall (eingeklammert) des Entzugs von Berechtigungen bei Beendigung der Beschäftigung eigenen Personals oder von Dienstleistern.

Die Änderungen sind vor diesem Hintergrund als C und D klassifiziert.

Die Bearbeitung von A-5.18 läuft nunmehr so ab:

Zunächst ist die Existenz einer Richtlinie für Access Control sicherzustellen. Alles, was bisher zur Umsetzung der drei alten Controls dokumentiert wurde (RB-Plan/SoA),

Tab. 4.3 Controlgruppe 7: **Infrastruktur**

Control	A	B	C	D	E	Controls alt	Kommentierung
A-7.1			X			11.1.1	Alle Assets betreffend, nicht nur sensible/kritische
A-7.2			X	X		11.1.2 (11.1.6)	Vereinfachende Zusammenfassung (Spezialfall: Ladezonen)
A-7.3					X	11.1.3	
A-7.4	X						
A-7.5			X			11.1.4	
A-7.6			X			11.1.5	Statt „Verfahren" jetzt „Maßnahmen"
A-7.7			X			11.2.9	
A-7.8			X			11.2.1	
A-7.9			X			11.2.6	
A-7.10			X	X		8.3.1 8.3.2 8.3.3 (11.2.5)	Vereinfachende Zusammenfassung/ Lebenszyklus beachten (Datenträger sind Spezialfall von 11.2.5)
A-7.11					X	11.2.2	
A-7.12			X			11.2.3	Verallgemeinert auf alle Verkabelungen
A-7.13			X			11.2.4	Vertraulichkeit als Ziel hinzugefügt
A-7.14					X	11.2.7	

wird textlich zum neuen Control A-5.18 verschoben – die Formulierungen sind anzupassen, um dem neuen Control präzise zu entsprechen. Sicherheitshalber sollte überprüft werden, ob auch Personal interessierter Parteien – sofern Zugriff zu System der Organisation besteht – in die Formulierungen mit einbezogen ist. Sollte die Überprüfung von Berechtigungen in Zukunft nicht mehr allein durch die Assetverantwortlichen erfolgen (sondern auf anderes Personal verteilt werden), muss die entsprechende Formulierung ebenfalls angepasst werden.

Auf diese Weise sind alle Controls der neuen Normfassung zu bearbeiten – man erkennt, dass der erforderliche zeitliche Aufwand nicht zu unterschätzen ist.

Zusammenfassung

Die notwendige Überarbeitung der Anforderungen aus dem Hauptteil der ISO 27001 lässt sich in 12 Aktionen zusammenfassen, die. mit wenig Aufwand umsetzbar sein sollten.

Tab. 4.4 Controlgruppe 8: **Technik**

Control	A	B	C	D	E	Controls alt	Kommentierung
A-8.1		X		X		(6.2.1) (11.2.8)	Verallgemeinert auf alle User Endpoints (Spezialfall Mobile Systeme) (Spezialfall Beaufsichtigung)
A-8.2				X		9.2.3	
A-8.3			X			9.4.1	Erweitert auf „verbundene Assets"
A-8.4		X				9.4.5	Einschluss von Tools und Libraries
A-8.5			X			9.4.2	„sichere Anmeldeverfahren" durch „Authentisierung" ersetzt
A-8.6		X				12.1.3	Ressourcen umfassen jetzt auch „Personal" und „Arbeitsplätze" (nach ISO 27002)
A-8.7			X			12.2.1	Formulierung vereinfacht
A-8.8				X	X	12.6.1 (18.2.3)	(Spezialfall: Monitoring des Schwachstellenmanagements)
A-8.9	X						
A-8.10	X						
A-8.11	X						
A-8.12	X						
A-8.13		X				12.3.1	Backup nicht nur für Daten/Software, auch Backup– Systeme
A-8.14				X		17.2.1	
A-8.15			X	X		12.4.1 12.4.2 (12.4.3)	Vereinfachende Zusammenfassung (Spezialfälle: Administration, Operating)
A-8.16	X						
A-8.17			X			12.4.4	Auf alle Systeme erweitert
A-8.18				X		9.4.4	
A-8.19			X	X		12.5.1 12.6.2	Vereinfachende Zusammenfassung
A-8.20			X			13.1.1	Explizit erwähnt: Network Devices
A-8.21			X			13.1.2	Textuell vereinfacht
A-8.22				X		13.1.3	

(Fortsetzung)

Tab. 4.4 (Fortsetzung)

Control	A	B	C	D	E	Controls alt	Kommentierung
A-8.23	X						
A-8.24			X	X		10.1.1 10.1.2	Vereinfachende Zusammenfassung
A-8.25			X			14.2.1	Auch Entwicklung außerhalb der Organisation einbezogen (ISO 27002)
A-8.26		X		X		(14.1.2) (14.1.3)	Betrifft selbst entwickelte und erworbene IT-Anwendungen (Spezialfall: Anwendungsdienste/Netzwerk) (Spezialfall: Transaktionen)
A-8.27					X	14.2.5	
A-8.28	X						
A-8.29			X	X		14.2.8 14.2.9	Vereinfachende Zusammenfassung
A-8.30					X	14.2.7	
A-8.31			X	X		12.1.4 (14.2.6)	(Spezialfall sichere Entwicklungsumgebung)
A-8.32				X		12.1.2* (14.2.2) (14.2.3) (14.2.4)	*nur Changes bei Systemen/Einrichtungen[2] (Spezialfall: Changes bei System-Entwicklung) (Spezialfall: Changes bei Betriebssystemen → Tests der Apps) (Spezialfall: Änderungen an SW-Packages)
A-8.33					X	14.3.1	
A-8.34					X	12.7.1	

Durch den neuen Anhang A mit all seinen Veränderungen ist jedoch einiges an Aufwand zu leisten – unsere Tabellen liefern ein Schema für die entsprechenden Arbeiten.◄

---

[2] Die Reduktion ist sinnvoll, da alle anderen Changes schon unter ISMS-4.3 abgedeckt sind.

Anwendungsfall: Kritische Infrastrukturen 5

> **Trailer**
>
> In diesem Kapitel betrachten wir ein Anwendungsbeispiel für die ISO 27001 im Bereich der kritischen Infrastrukturen in Deutschland (KRITIS), und zwar die Sparte der Energieversorgung betreffend. Dabei wollen wir insbesondere darstellen, an welchen Stellen nach den bisherigen Audit-Erfahrungen Abweichungen von den normativen Anforderungen festzustellen waren.

5.1   Die IT-Sicherheitsgesetze und ihre Umsetzung

Das erste IT-Sicherheitsgesetz[1] (IT-SG 1) ist seit ca. 8 Jahren in Kraft. In dieser Zeit haben insbesondere die Versorger für Strom und für Gas ein ISMS eingeführt und betreiben es als zertifiziertes System.

Grundlage der Zertifizierung ist der IT-Sicherheitskatalog gemäß § 11 Absatz 1a des Energiewirtschaftsgesetzes (EnWG). Dieser Katalog verlangt die Einführung eines ISMS nach der ISO 27001 in Verbindung mit der ISO 27019. Dies bedeutet insbesondere, dass sowohl auf der Seite der Betreiber als auch auf der Seite der Zertifizierungsanbieter langjährige Erfahrungen in der praktischen Anwendung beider Normen bestehen.

Die uns wesentlich erscheinenden Erfahrungen sollen hier verallgemeinert dargestellt werden – wir schildern zunächst einige **positive Erfahrungen.**

Von den meisten Anwendern wurde positiv hervorgehoben, dass die Notwendigkeit, sich nach den Normen zertifizieren zu lassen, zur Straffung vorhandener und zur Einführung neuer Prozesse geführt hat.

---

[1] [2], für eine ausführlichere Darstellung im Zusammenhang mit der ISO 27001 vgl. auch [1].

© Der/die Autor(en), exklusiv lizenziert an Springer Fachmedien Wiesbaden GmbH, ein Teil von Springer Nature 2023
H. Kersten and K.-W. Schröder, *ISO 27001: 2022/2023*, Edition <kes>,
https://doi.org/10.1007/978-3-658-42244-8_5

Die in der Vorbereitungsphase zur Zertifizierung durchzuführenden Schulungen zum Thema ISMS haben die Sensibilität der Mitarbeiterinnen und Mitarbeiter für die vielen Aspekte der Informationssicherheit und ihre Zusammenhänge untereinander aber auch mit ihren Tätigkeiten neu geschaffen, erweitert oder verbessert.

Das Erfordernis, Tätigkeiten und Abläufe zu dokumentieren, hat zu Verbesserungen beigetragen und Synergien gehoben.

Alle Befragten konnten diese Punkte sehr konkret mit Beispielen belegen.

Bei den durchgeführten ISMS-Audits sind aber auch Probleme erkannt worden, die sich in ihrer Häufigkeit unterscheiden, so dass eine Gewichtung vorgenommen werden kann. Wir wollen hier die **häufigsten Problemfelder** kurz darstellen.

Probleme im Zusammenhang mit dem Zutritt zu Standorten und Räumen
Im Versorgungsgebiet der einzelnen Energieversorger gibt es viele Außenstandorte (z. B. Trafostationen, Umspannstationen, Druckreduzieranlagen, Verteilanlagen), die gegen unbefugten Zutritt gesichert sind. Diese Standorte sind unbemannt und werden nur im Bedarfsfall betreten. In aller Regel ist die Zutrittstür dauerhaft verschlossen, mitunter ist das umliegende Gelände eingezäunt. Die Zutrittstür wird mit einem Gruppen- oder Generalschlüssel geöffnet. Es sollte daher genau bekannt sein, wie viele Gruppen- und Generalschlüssel es gibt, wo sie verwahrt werden oder wem sie ausgehändigt wurden. Dies ist mitunter nicht der Fall. Die Gründe dafür sind vielfältig, was die Situation wohl zu erklären vermag, aber nicht hingenommen werden darf. Da in den Außenstandorten in aller Regel auch Fernwirktechnik verbaut ist, kann man sich vorstellen, dass sich für Unbefugte manche Manipulationsmöglichkeit ergeben kann. In Fällen, in denen ein Außenstandort nicht über weitere Sicherungen verfügt, bleibt unbefugtes Eindringen sogar unerkannt.

Ein weiteres Problem im Zusammenhang mit dem Zutritt, insbesondere auch dem Zutritt zu Räumen innerhalb von Gebäuden, ergibt sich, wenn es mehrere Zutrittswege gibt. Der Haupteingang mag ausreichend gesichert sein. Was aber gilt für ggf. selten genutzte Nebeneingänge? Natürlich muss nicht jeder Raum auf gleichem Niveau gesichert sein, die Leitstelle sollte jedoch nur von befugtem Personal betreten werden können. Das gilt nicht nur tagsüber, sondern natürlich in jeder Schicht.

Wenn zum Zutritt mechanische Schlüssel oder elektronische Token genutzt werden, müssen regelmäßig zwei Arten von Prüfungen durchgeführt werden. Zum einen ist eine Inventur durchzuführen, ob alle ausgegebenen Schlüssel und Token noch vorhanden sind. Es ist aber ebenso notwendig zu prüfen, ob alle Personen, an die eine Ausgabe erfolgte, aktuell auch noch berechtigt sind. Bezüglich beider Aspekte wurden Probleme festgestellt.

Der Austausch von Schließanlagen bei den Versorgungsnetzbetreibern ist wegen der Vielzahl der Standorte, der Entfernungen zwischen den Standorten, der ggf. sehr unterschiedlichen Zutrittsberechtigungen zu Gruppen von Standorten eine Aufgabe, die finanzintensiv und zeitraubend ist. Dennoch kann er ein probates Mittel sein, um von einem unübersichtlichen Zustand in einen definierten Zustand zu kommen, der dann allerdings auch aufrechterhalten werden muss.

Probleme im Zusammenhang mit dem Zugang zu Informationstechnik

Trotz aller sonstigen Möglichkeiten ist die Kombination aus Benutzername und Passwort die häufigste, oft sogar die einzige Zugangstechnik zur IT.

Probleme wurden insbesondere festgestellt im Zusammenhang mit der Wahl von Passwörtern und den Möglichkeiten, sich vorm Vergessen zu schützen. Es ist ja bekannt, dass die Office-IT ausdrücklich nicht im Geltungsbereich des ISMS ist, über das hier berichtet wird. Es geht also hier um den Zugang zum Leitsystem, zum Parametrierlaptop, zu IT-Netzkomponenten oder zur Fernwartung. Das sind die „Kronjuwelen".

Im Einzelnen wurden folgende Probleme festgestellt:

- Die Komplexität von Passwörtern ist nicht ausreichend.
- Alle berechtigten Benutzer verwenden das gleiche Passwort.
- Es ist nur ein Gruppenzugang eingerichtet, den alle Berechtigten nutzen.
- Es wird nicht regelmäßig geprüft, ob alle eingetragenen Benutzer noch berechtigt sind.
- Auf Geräten wird für den Admin-Account das Auslieferungspasswort weiterhin verwendet.

Alle diese Probleme sind leicht abzustellen – und deshalb ist es erstaunlich, dass sie überhaupt so verbreitet sind. Offenbar müssen insbesondere Maßnahmen zur Sensibilisierung der Betroffenen ergriffen werden. Es scheint aber nicht ausreichend zu sein, in einer ein- oder zweistündigen Schulung das Thema IT-Sicherheit zu behandeln. Vielmehr sollten die IT-Sicherheitsbeauftragten die Möglichkeit nutzen, sich bei einem z. B. monatlichen Rundgang einen Überblick über die aktuelle Situation zu verschaffen.

Es gibt allerdings eine Besonderheit im Zusammenhang mit der Fernwirktechnik. In aller Regel sind Module, die der reinen Erfassung von Messwerten dienen, nicht mit Mechanismen der Zugangskontrolle ausgestattet. Sie müssen zwar parametriert werden – ggf. auch vor Ort, also an dem Ort, wo sie eingebaut werden –, jedoch haben die Module selbst oft keinen Schutz vor „unbefugter Parametrierung". Die Lösung ist, dass die Parametrierlaptops, die in solchen Fällen genutzt werden, mit einem Zugangsschutz versehen sind, in der Regel mit Benutzername und Passwort. Der Einfachheit halber werden auf Parametrierlaptops meist außer dem Admin und einem Nutzer, der auch über Admin-Rechte verfügt, keine weiteren Nutzer eingerichtet. Das sollte nicht so sein. Für jeden berechtigten Benutzer sollte ein eigener Account eingerichtet werden. Doch selbst das ist allein nicht ausreichend. Schließlich kann jeder Laptop, der über die herstellerspezifische Software für die Parametrierung des betreffenden Moduls und die erforderliche Schnittstelle (meist USB) verfügt, genutzt werden, um eine Parametrierung vorzunehmen. An diesem Beispiel sieht man, dass Zugangskontrolle und Zutrittskontrolle zusammenwirken müssen, um ein gewisses Maß an Sicherheit gegen Manipulation zu erreichen. Wo keine geeignete Zutrittskontrolle besteht, verliert auch ein guter Zugangsschutz zum Parametrierlaptop ggf. seine Wirkung.

Ähnlich sieht es bei Modulen aus, die Stellglieder oder Schaltelemente bereitstellen, die aus der Ferne bedient werden können. Die herkömmliche, analoge Technik ist in der

Regel mit Kupferleitungen an das Leitsystem angeschlossen, wobei die Leitungswege nur in seltenen Fällen öffentliche Leitungen nutzen. Hier ist bereits die Risikoanalyse geeignet, potenzielle Risiken, die ggf. sogar als Restrisiko eingestuft werden können, zu behandeln. Der Übergang zur Digitaltechnik darf für diesen Bereich aber nicht nur als Nutzung einer anderen Art der Signalübertragung verstanden werden. Die digitalen Module bedienen nicht nur ein anderes Übertragungsprotokoll auf dem drahtgebundenen Leitungsweg, sondern bieten oftmals auch einen zweiten Übertragungsweg an, etwa WLAN oder LTE. Wenn diese Module nicht über einen eigenen Zugangsschutz verfügen, kann sogar eine ansonsten gute Zutrittssicherung wirkungslos sein. Wir werden weiter unten noch einmal darauf zurückkommen.

Auch zum Thema Fernwartung sollen Erfahrungen berichtet werden, Fernwartung bedeutet in hier besprochenem Zusammenhang die Fernwartung des Leitsystems. Fernwartung bedeutet, über öffentliche Netze einen Zugang zum Leitsystem bereitzustellen, der praktisch unbegrenzt ist. Von kleineren Verbesserungen abgesehen, ist dieser Zugang in aller Regel gut gesichert. Als besonders gut erschienen Lösungen, bei denen die Verbindung ins öffentliche Netz dauerhaft unterbrochen war, indem das Ethernet-Kabel vom Switch oder Router abgezogen war und nur im Bedarfsfall nach telefonischer Abstimmung gesteckt wurde. Zusammen mit einer zertifikatsbasierten Authentisierung des Fernwartungsteams erreicht man einen recht guten Schutz gegen Unbefugte.

Probleme im Zusammenhang mit dem Risikomanagement
Die Basis für ein leistungsfähiges und bedarfsgerechtes ISMS wird in der Risikoanalyse und mit dem Risikobehandlungsplan gelegt. Die meisten Probleme bildeten die Unvollständigkeit der Risikoanalyse, das Fehlen der Zuordnung von erkannten Risiken zu einem Risikoverantwortlichen, der für eine geeignete Behandlung des Risikos sorgt, und die Identifizierung des Restrisikos.

Unter Unvollständigkeit der Risikoanalyse wollen wir hier nicht das Fehlen von Details verstehen, die von den Versorgern nicht betrachtet wurden, weil aus der Erfahrung keine Behandlung erforderlich schien. Im folgenden Beispiel wäre die Risikoanalyse jedoch unvollständig:

Ein Energieversorger hat sich entschieden, seine analoge Fernwirktechnik schrittweise zu modernisieren und zu diesem Zweck digitale Module angeschafft. Die Anbindung an das Leitsystem erfolgt über ein LTE-Modem. Das Mobilfunknetz wird als sicher angesehen, eine Risikoanalyse wurde nicht unternommen. Selbst wenn man unterstellt, dass die Annahme begründet ist, fehlt hier die Sensibilität dafür, dass ein völlig neuer Übertragungsweg genutzt wird, dessen Eigenschaften potenziell unbekannt sind. Schon das allein wäre Grund genug, eine Risikoanalyse durchzuführen. Dabei werden alle Komponenten aufgelistet, die für den neuen Übertragungsweg benötigt werden, und zwar vom Fernwirkmodul bis zum systemseitigen Eingang in das Netz des Leitsystems. Für jede Komponente kann nun festgestellt werden, über welche Eigenschaften sie verfügen muss, damit einerseits auf der gesamten Strecke die Sicherheitsziele Integrität, Verfügbarkeit und ggf. Vertraulichkeit erreicht werden und andererseits keine neuen Risiken für die jeweils hinter den Zugangspunkten liegenden Systeme eingeführt werden. Ein weiteres Ergebnis der für den neuen Übertragungsweg durchzuführenden Risikoanalyse ist auch die Feststellung des Restrisikos, dass sich ergibt, wenn die risikomindernden Maßnahmen implementiert und wirksam sind. Kann das verbleibende Restrisiko akzeptiert werden? Diese Frage kann ja nur beantwortet werden, wenn das verbleibende Restrisiko überhaupt bekannt ist.

Zum Zeitpunkt der Verabschiedung des IT-SG 1 verfügten digitale Fernwirkmodule oft nicht über eigene Schutzmechanismen, wie etwa die VPN-Fähigkeit. Das hat sich inzwischen geändert. Dass keine geeigneten (im Sinne von die IT-Sicherheit unterstützenden) Module verfügbar seien, kann daher nicht mehr als Entschuldigung gelten. Wenn im Einzelfall dennoch keine Module mit eigenen Schutzmechanismen zur Verfügung stehen, muss das dadurch vorhandene Risiko identifiziert und mit anderen Maßnahmen verringert werden.

Ein weiteres Problem bestand darin, dass identifizierte Risiken keinem Risikoverantwortlichen zugeordnet waren. Wer kümmert sich dann um die Umsetzung von Maßnahmen zur Risikoverringerung? Wer überwacht die ggf. getroffenen Maßnahmen? Ohne Festlegung eines Verantwortlichen für jedes einzelne, identifizierte Risiko entsteht eine Regelungslücke, die tatsächlich zu einem Sicherheitsvorfall führen kann.

Probleme im Zusammenhang mit den Informationswerten (Assets)

Es ist ein Normerfordernis, dass eine Liste der Informationswerte für den Geltungsbereich geführt und gepflegt wird. Diese war z. B. unvollständig, indem ganze Gruppen von Assets fehlten. Das hatte natürlich zur Folge, dass auch keine Risikoanalyse und -behandlung für die Assets vorlag. Es kam auch vor, dass entweder Angaben zum Ort oder zum Assetverantwortlichen fehlten.

Diese Fehlstellen betrafen jedoch nicht die eigentliche Fernwirktechnik. Das Leitsystem selbst verfügt ja über Informationen zu jedem einzelnen Fernwirkmodul, und es ist in aller Regel auch auf dem aktuellen Stand. Lücken tauchten aber auf, wenn es um das ordnungsgemäße Backup z. B. von Parametrierdaten ging. Auch die für das Backup genutzten Einrichtungen gehören in das Inventarverzeichnis.

Die aktuelle ISO 27002 bringt bezüglich der Informationswerte eine erfreuliche Klarstellung, die in früheren Ausgaben nicht vorhanden war und auch in der ISO 27000 fehlte: Die Informationswerte werden eingeteilt in primäre und sekundäre (oder verbundene) Assets. Zu den primären Assets gehören nicht nur Informationen, sondern auch Geschäftsprozesse und Geschäftsaktivitäten. Diese Klarstellung ist hilfreich, weil Organisationen mitunter die Ansicht vertreten, Geschäftsprozesse gehörten nicht zum Geltungsbereich ihres ISMS.

Obwohl die Unvollständigkeit des Assetverzeichnisses ein relativ häufiges Problem war, ließ sich keine generelle Ursache dafür finden, so dass an dieser Stelle nur darauf hingewiesen werden kann, die Vollständigkeit und Aktualität des Verzeichnisses für den Geltungsbereich regelmäßig zu prüfen.

Probleme im Zusammenhang mit dem Statement of Applicability (SoA)

Hier gab es im Wesentlichen nur ein Problem, das jedoch weit verbreitet war. Es ging um den begründeten Ausschluss der Entwicklung aus den umzusetzenden Controls, nach neuer Norm also um die Controls A-8.4: *Zugriff auf Quellcode* und A-8.25: *Lebenszyklus einer sicheren Entwicklung.*

Hier war unklar, was unter *Entwicklung* und unter *Quellcode* zu verstehen ist. Allgemein wurde die Ansicht vertreten, dass die Parametrierung von Fernwirkmodulen nicht als Entwicklung anzusehen ist. Die Parameter wurden auch nicht als Quellcode angesehen. Dieser Ansicht schließen wir uns an. Anders sieht es allerdings aus, wenn es um die Anpassung des Leitsystems an die eigenen Bedürfnisse geht, und zwar soweit dabei die Funktionalität betroffen ist. Hier muss analysiert werden, ob beispielsweise Wünsche an den Hersteller des Leitsystems gestellt werden. Dann könnte etwa das Control A-8.30: *Ausgegliederte Entwicklung* eine Rolle spielen. Es kommt aber auch darauf an, wie weit die Entwicklungsleistung fremdvergeben wird. Wenn der Netzbetreiber auch in das Testen und die Abnahme neuer Funktionalitäten involviert ist, müssen auch die Controls A-8.29: *Sicherheitsprüfung in Entwicklung und Abnahme* und A-8.31: *Trennung von Entwicklungs-, Prüf- und Produktionsumgebungen* berücksichtigt werden.

Die Unsicherheiten der Netzbetreiber im Zusammenhang mit dem Ausschluss von Controls, die sich mit dem Komplex von Einkauf, Entwicklung und Pflege von Hard- oder Software beschäftigen, haben gezeigt, dass einfache Begründungen leicht zu Lücken beim Management der Informationssicherheit führen können. Hier hat es sich bewährt, Methoden aus der Ursachenanalyse anzuwenden, z. B. die 5W-Methode. Wenn ein Control nicht erforderlich erscheint, fragt man nach dem *Warum*. Die Antwort wird wiederum hinterfragt. Schon nach der fünften Wiederholung dieses Vorgehens ist man meist bei einer guten Begründung angelangt oder hat festgestellt, dass ein Ausschluss nicht gerechtfertigt wäre.

Probleme im Zusammenhang mit Dienstleistern

Die meisten Netzbetreiber arbeiten mit ihren Dienstleistern und Lieferanten schon längere Zeit zusammen. Man kennt sich und hat eine stabile Geschäftsbeziehung. Nun wird ein ISMS eingeführt, das auch Anforderungen für diese Beziehungen bereithält.

Wir konnten feststellen, dass hinsichtlich funktionaler Anforderungen keine besonderen Herausforderungen zu bewältigen waren. Neu für die Beteiligten war jedoch, dass Produkte und Dienstleistungen auch sicherheitstechnische Anforderungen erfüllen sollen. Die erste Hürde bestand bereits darin, die sicherheitstechnischen Anforderungen zu identifizieren. Was bei den funktionalen Anforderungen so einfach funktioniert hat, erwies sich hinsichtlich der Informationssicherheit als schwierige Übung. An dieser Stelle wollen wir noch einmal auf die oben bereits angesprochenen digitalen Fernwirkmodule zurückkommen. Das normgerechte ISMS ist geeignet, um im Bestellvorgang für diese Module auch der Identifizierung von informationstechnischen Sicherheitsanforderungen einen Platz zuzuweisen. Der Bestellprozess soll so organisiert sein, dass Anforderungen an die Informationssicherheit des zu bestellenden Fernwirkmoduls identifiziert und an den Lieferanten weitergegeben werden. Das dafür maßgebliche Control wäre A-5.8: *Informationssicherheit im Projektmanagement*[2].

In den wenigsten Fällen wurden die Anforderungen an die Informationssicherheit von Fernwirkmodulen identifiziert und daher auch nicht an die Hersteller oder Lieferanten weitergegeben. Dies hängt natürlich auch damit zusammen, dass die Risikoanalyse für die neue Technik unvollständig war oder gänzlich fehlte.

Inzwischen sind diese Probleme allerdings überwunden. Es sind Fernwirkmodule erhältlich, die auf informationstechnisch sichere Weise in das Netz des Betreibers eingebunden werden können, weil sie über eigene Sicherheitsmechanismen verfügen.

Ein weiteres Problem zeigte sich bei der Kontrolle insbesondere der Dienstleister. Gravierend war dies, wenn es um die Wartung des Leitsystems durch einen Dienstleister oder um die Übernahme des Betriebs der Leitstelle zur Nachtzeit oder an Wochenende durch einen Dienstleister ging. Es geht nicht darum, einem grundsätzlichen Misstrauen das Wort zu reden. Aber es geht darum, die eigene Verantwortung wahrzunehmen und auf Veränderungen adäquat zu reagieren. Es ist legitim, die Personen des Dienstleisters namentlich zu kennen, die am eigenen Leitsystem arbeiten sollen. Veränderungen des Personals sollten kommuniziert werden, schon allein, damit der personenbezogene Account eingerichtet werden kann. Natürlich müssen nicht mehr benötigte Accounts des Dienstleisters gelöscht werden. Das alles kann ohne geeignete Kontrollroutinen nicht zuverlässig stattfinden.

Zusammenfassung

Die bisher besprochenen Abweichungen von den normativen Anforderungen machen zusammen einen Anteil von 50 % an der Gesamtzahl der festgestellten Abweichungen aus. Einerseits war es überraschend, wie elementar die Abweichungen waren. Andererseits erforderte ihre Behebung in den meisten Fällen aber keinen großen Aufwand.◄

Ausblick

Das zweite IT-Sicherheitsgesetz (IT-SG 2) aus 2021 hat eine Reihe von Veränderungen gebracht [3]. Im Wesentlichen wurden die Kompetenzen des Bundesamtes für Sicherheit in der Informationstechnik erweitert. Auf den Internetseiten[3] des BSI findet sich eine gut lesbare Zusammenfassung der Neuerungen.

In bestimmten Bereichen dürfen Betreiber öffentlicher Telekommunikationsnetze nur solche technischen Komponenten einsetzen, die vor dem erstmaligen Einsatz von einer anerkannten Zertifizierungsstelle überprüft und zertifiziert wurden.

Betreiber von Energieversorgungsnetzen und von Energieanlagen, die als Kritische Infrastruktur bestimmt wurden, müssen Systeme zur Angriffserkennung einsetzen, um die Energieversorgungsnetze oder Energieanlagen vor Cyber-Angriffen zu schützen.

---

[2] S. die Erläuterungen in Kap. 3 zu A-5.8, hier speziell die letzten 3 Absätze.
[3] https://www.bsi.bund.de/dok/126524.

Über die Erfahrungen im Zusammenhang mit der Anwendung des zweiten IT-Sicherheitsgesetzes kann an dieser Stelle noch nicht berichtet werden. Man kann aber schon jetzt sehen, dass beispielsweise der Einsatz technischer Komponenten ausländischer Hersteller in den deutschen Telekommunikationsnetzen öffentlich diskutiert wird. Die Sensibilität für die damit zusammenhängenden Fragen der Informations-, aber auch der Versorgungssicherheit hat deutlich zugenommen.

5.2   Anmerkungen zum Stand der Technik

Als eine Reaktion auf das erste IT-Sicherheitsgesetz hat der Bundesverband IT-Sicherheit e. V. (TeleTrusT) bereits 2019 eine *Handreichung zum Stand der Technik* herausgegeben. Diese wurde im Mai 2023 in aktualisierter Form [4] der Öffentlichkeit vorgestellt und ist im Internet[4] frei verfügbar.

In ihren einleitenden Grundsätzen stellt die Handreichung einerseits klar, dass sie als Ausgangspunkt dienen soll, um die für die eigene Organisation anzuwendenden Maßnahmen gemäß des Standes der Technik zu identifizieren, macht aber andererseits auch deutlich, dass eine technische, organisatorische oder rechtliche Beratung oder Bewertung nicht ersetzt werden soll. Das schmälert der Wert der Handreichung allerdings in keiner Weise.

Die Handreichung gibt im einleitenden Kap. 1 gibt einen Überblick über das erste IT-Sicherheitsgesetz [2]) und über die branchenspezifischen Sicherheitsstandards für die Betreiber kritischer Infrastruktur. Ergänzt wird die Darstellung durch die Einordnung in den europäischen Kontext. Der für wirtschaftlich tätige Organisationen ebenfalls wichtige Aspekt der *Angemessenheit* der getroffenen Maßnahmen wird ebenfalls erklärt.

Im zweiten Kapitel erklärt die Handreichung methodische Aspekte bei der Bestimmung des Standes der Technik und gibt auf die Weise auch seine Definition an. Zu den ähnlich lautenden Begriffen des Standes von Wissenschaft und Forschung und der allgemein anerkannten Regeln der Technik wird eine Abgrenzung vorgenommen.

Das umfangreichste Kap. 3 stellt zu 30 technischen Themen[5] den Stand der Technik vor – und ebenso zu 11 eher organisatorischen Themen[6]. Ein weiteres, als Anhang ausgewiesenes Kapitel schlägt – sozusagen als Exkurs – Maßnahmen gegen Ransomware-Angriffe vor.

---

[4] www.stand-der-technik-security.de/startseite/

[5] Abschn. 3.2.1 bis 3.2.30 in 4.

[6] Abschn. 3.3.2 bis 3.3.12 in 4.

Da die Handreichung einen sehr breiten Adressatenkreis hat, sollen hier einige ergänzende Aspekte beleuchtet werden, die im Einzelfall entweder einen anderen Hintergrund haben oder aber eine Verbindung verschiedener technischer und ggf. organisatorischer Themen aufzeigen.

Passwörter und Authentisierung, VPN

Eine für Netzbetreiber typische Situation ist dadurch charakterisiert, dass die für den sicheren Netzbetrieb erforderlichen Daten an ggf. geografisch weit voneinander entfernten Orten anfallen und an das Leitsystem gemeldet werden müssen. Dies geschieht natürlich automatisiert. Wo analoge Technik dafür genutzt wird, gibt es für jede Mess- und ggf. jede Stelleinrichtung eine separate Leitung, und der Leitungsweg ist oft unter vollständiger Kontrolle des Betreibers. Man kann sagen, dass das Problem der Authentisierung hier als 1-zu-1-Beziehung gelöst ist.

Beim Übergang zur digitalen Technik entfällt für einen Großteil der Übertragungsstrecke zwischen Fernwirkmodul und Leitsystem jedoch die drahtgebundene Übertragung. In der entfernten Station werden die Signale der Fernwirkmodule von einem gemeinsam genutzten Kommunikationsmodul gesammelt und zum zentralen Ort, wo das Leitsystem installiert ist, übertragen. Dadurch entstehen zwei bisher nicht vorhandene Probleme. Die gewohnte 1-zu-1-Beziehung geht verloren (mindestens auf der Übertragungsstrecke), und der Übertragungsweg ist nicht mehr unter Kontrolle des Betreibers. Das erste Problem wird durch das Übertragungsprotokoll auf Applikationsebene gelöst, da jedes Fernwirkmodul seine ID sendet. Das zweite Problem kann nur gelöst werden, wenn die Übertragung zwischen Kommunikationsmodul und dem Leitsystem gegen den Verlust der Verfügbarkeit, der Integrität und der Vertraulichkeit geschützt wird.

Es sollen daher nur Kommunikationsmodule eingesetzt werden, die über eigene Authentisierungsmechanismen verfügen. Diese müssen so gestaltet sein, dass sie automatisch wirken oder ausgeführt werden können. Wissensbasierte Lösungen scheiden daher aus oder müssen so implementiert sein, dass auf eine PIN oder ein Passwort automatisiert zugegriffen werden kann.

Damit allein ist aber noch kein Schutz der Integrität und ggf. der Vertraulichkeit gegeben. Die Nutzung von Mobilfunkmodems ist daher nicht ausreichend. Vielmehr sollten entfernte Betriebsstandorte unter Nutzung einer VPN-Lösung angebunden werden. Auf diese Weise können Integrität und Vertraulichkeit gewährleistet werden.

Bleibt nur noch die Verfügbarkeit zu betrachten. Der Übertragungsweg sollte redundant ausgelegt werden, wobei aber zu beachten ist, dass ein zweites Mobilfunkmodem das Problem ggf. nicht löst. Hier muss die Risikoanalyse zeigen, welche andere Maßnahme gewählt werden sollte.

Anforderungsmanagement

Das Anforderungsmanagement dient dazu, die gesetzlichen, vertraglichen und sonstigen Anforderungen an die Organisation zu kennen und sie kontinuierlich einzuhalten. Im Zusammenhang mit Energieversorgern konnte festgestellt werden, dass gerade bei den sogenannten „sonstigen" Anforderungen Lücken bestanden.

Wir haben auch weiter oben schon mehrfach auf den derzeit vor sich gehenden Technologiewechsel von analoger Technik hin zu digitalen Komponenten Bezug genommen. Ein Aspekt dieses Wechsels bereitete in der Regel keine Probleme: die Feststellung, welche funktionalen Anforderungen ein digitales Fernwirkmodul erfüllen muss. Hier gelingt die Übertragung der Anforderungen, die von der herkömmlichen analogen Technik erfüllt werden, auf die digitale recht problemlos.

Anders sieht es jedoch aus, wenn es um sicherheitstechnische Anforderungen geht, die über rein funktionsunterstützende Anforderungen hinausgehen. Unter rein funktionsunterstützenden Anforderungen sollen z. B. Anforderungen an den Temperaturarbeitsbereich oder der Feuchtigkeitsarbeitsbereich verstanden werden. Wenn die analoge Technik zuverlässige Messwerte im Temperaturbereich von z. B. −25 bis 40 °C liefern soll, so gilt dies für die digitale Technik natürlich ganz genauso.

Durch den Technologiewandel entstehen ganz neue Risiken, die erkannt und behandelt werden müssen. Wenn digitale Fernwirkgeräte bestellt werden, müssen neben den funktionalen Anforderungen auch Anforderungen an die Informationssicherheit der neuen Geräte gestellt werden. Dies ist anfänglich oft nicht geschehen, und zwar aus zwei Gründen. Erstens fehlte die Erkenntnis, dass eine neue Technologie auch neue Risiken mit sich bringen kann. In der Folge ist eine ausdrückliche Risikoanalyse nicht erfolgt, die Risiken wurden nicht erkannt und daher auch nicht behandelt. Zweitens waren Fernwirkmodule, die über eigene Sicherheitsmechanismen verfügten, nicht verfügbar.

Das zweite Problem hat zwei Seiten. Als Besteller kann man zwar seine Wünsche formulieren, muss aber bestellen, was verfügbar ist. Warum sollten Zusatzfunktionen verfügbar sein, wenn sie nur vereinzelt nachgefragt werden? Als Hersteller möchte man zwar alle Kundenwünsche erfüllen. Wenn damit eine Investition verbunden ist, muss aber die Nachfrage entsprechend groß sein.

Es mag noch andere Gründe geben, warum anfänglich digitale Geräte mit eigenen Sicherheitsmechanismen nicht verfügbar waren. Inzwischen sind diese Probleme wenigstens im Bereich der Fernwirkmodule behoben. Es zeigt sich jedoch, dass auch sicherheitstechnische Anforderungen in das Anforderungsmanagement eingeschlossen werden müssen. Dabei ist es zweitrangig, unter welchem Control die Berücksichtigung erfolgt. Anwendbar sind die Controls A-5.8 *Informationssicherheit im Projektmanagement*, A-5.20 *Behandlung von Informationssicherheit in Lieferantenvereinbarungen* oder A-5.31 *Rechtliche, gesetzliche, regulatorische und vertragliche Anforderungen*.

Um zu erfahren, dass man mit seinen Anforderungen nicht allein ist, oder um Hilfestellung bei der Identifizierung neuer Anforderungen zu erhalten, lohnt auch ein Blick auf die Controls A-5.5 *Kontakt mit Behörden* und A-5.6 *Kontakte mit speziellen Interessengruppen*.

Literatur

1. Kersten, H., Klett G., Reuter J., Schröder, K.-W.: IT-Sicherheitsmanagement nach der neuen ISO 27001, 2. Aufl., ISBN 978-3-658-27691-1. Springer (2020)
2. Gesetz zur Erhöhung der Sicherheit informationstechnischer Systeme (IT-Sicherheitsgesetz) vom 17. Juli 2015, BGBl. Teil I Nr. 31 (2015)
3. Zweites Gesetz zur Erhöhung der Sicherheit informationstechnischer Systeme vom 18. Mai 2021, BGBl. Teil I Nr. 25 (2021)
4. IT-Sicherheitsgesetz und Datenschutzgrundverordnung: Handreichung zum „Stand der Technik", Technische und organisatorische Maßnahmen, Bundesverband IT-Sicherheit e. V. (TeleTrusT) (2023)

Stichwortverzeichnis

Printed in the United States
by Baker & Taylor Publisher Services